KB251975

호르크하이머의

비 판 이 론

이종하

독일 베를린 자유대학교 철학박사를 수료하고 경희대학교, 중앙대학교, 한국외국어대학교, 경인교육대학교 강사를 지냈다. 현재 한남대학교 교양융복합대학 교양철학 담당교수를 맡고 있다. 저서로는 『아도르노의 문화철학』(철학과 현실사, 2007), 『아도르노: 고통의 해석학』(살림, 2007), 『삶·일상·윤리: 현대인의 삶을 위한 12가지 성찰』(문음사, 2010)이 있다.

호르크하이머의 비판이론

2011년 9월 1일 초판 인쇄
2011년 9월 5일 초판 발행

지은이 | 이종하
펴낸이 | 이찬규
교정교열 | 정난진
펴낸곳 | 북코리아
등록번호 | 제03-01240호
주소 | 462-807 경기도 성남시 중원구 상대원동 146-8
      우림2차 A동 1007호
전화 | 02) 704-7840
팩스 | 02) 704-7848
이메일 | sunhaksa@korea.com
홈페이지 | www.bookorea.co.kr
ISBN | 978-89-6324-138-8 (93100)

값 18,000원

호르크하이머의

비 판 이 론

이종하 지음

북코리아

호르크하이머는 누구인가? 그는 어떤 철학자인가? 이와 같은 질문은 한국의 지적 지형에서는 이미 낡은 것처럼 보인다. 호르크하이머의 철학은 '도구적 이성비판'으로 이미 잘 알려졌으며, 그의 철학적 이념을 비판적으로 계승한 비판이론의 2세대, 3세대 철학자들의 이론도 이미 활발히 소개되었고 소화가 끝난 것처럼 보이기 때문이다. 그래서 호르크하이머의 비판이론은 사회·정치 철학 영역과 비판적 사회이론 영역에서 냉소적 의미의 '고전' 이상의 위상을 점유하고 있지 못하는 것이 사실이다. 그런데 자세히 들여다 보면 실상은 많이 다르다. 철학 분야의 비판이론 수용사에서 드러나는 명확한 특징은 아도르노의 부정변증법과 미학이론에 대한 전통적인 논의, 벤야민 철학에 대한 일시적 관심, 마르쿠제의 비판이론 수용과 대중적 확산, 하버마스 철학의 광범위한 수용과 비판, 호네트의 인정이론적 비판이론이 그 중심에 있었다. 놀랍게도 비판이론 수용사에서 호르크하이머의 비판이론은 그의 주요 사상 이외에는 철저하게 관심 밖에 있었다. 심지어 서지 조사 결과 2000년 초반까지 학술지에 호르크하이머 비판이론을 다룬 논문은 아예 찾아볼 수 없었다. 그의 비판이론을 전공한 철학자도 전혀 없는 사정이고 변변한 연구서 하나조차 없다.

국내 학계의 이러한 호르크하이머의 비판이론에 대한 학문적 무관심의 원인은 어디에 있는 것일까? 호르크하이머의 비판이론은 『계몽의 변증법』 이라는 공동저자로서 소개하는 정도로 그저 충분한 철학인가? 필자의 생각은 그렇지 않다. 그의 비판이론은 단순히 비판이론 학파의 연구주제와 연구

대상을 설정하는 데 그치지 않고 학파의 설립자로서 이론적 지도자의 역할을 수행했다. 호르크하이머의 30년대 초기 저작들은 비판이론 학파의 '비판'의 형식과 내용뿐만 아니라 변증법적 사회철학의 분석 틀과 방법론의 구체성과 체계성을 어떻게 구축해야 하는가에 대한 범례를 제공했다. 그가 사회연구소장을 그만둔 이후에도 연구소의 연구방향과 연구활동이 그의 이론적 지침에서 벗어난 경우는 찾아볼 수 없을 정도로 그의 영향력은 지대한 것이었다. 비판이론가로서 호르크하이머의 관심은 변증법적 사회이론의 구성, 역사철학과 정치교육 부분에 집중되어 있다. 이 점은 다른 비판이론가와 비교해 그의 비판이론의 고유성을 가장 잘 드러내는 부분이다. 정치교육의 실천적인 측면에서도 호르크하이머는 남다르다. 그는 전후 10여 년간 독일 민주주의의 내실화를 위한 교육프로그램의 최고 책임자로서 활동한 바 있다.

호르크하이머의 철학을 유심히 살펴보면 벤야민만큼이나 아도르노에게 철학적 자극과 아이디어를 주었다는 사실을 간파할 수 있다. 호르크하이머의 비판이론은 '낡고 죽은 과거의 사회철학'이 아님을 보여주는 것도 필자가 그의 철학을 연구하고 소개하는 중요한 이유이다. 그의 비판이론은 오늘날 우리 사회에서 제기되는 문제들, 예를 들면 정규직과 비정규직 문제, 환경문제, 생명의 연대문제, 민주주의의 문제, 감시하는 사회문제, 동물권리와 해방 문제, 이기주의와 개인주의의 문제, 문화 식민지화 문제, 욕망의 문제, 행복의 개인적 차원과 사회적 차원의 문제들을 '주제화'하고 자신의 고유한 이론을 전개해 나간다. 위와 같은 그의 연구주제들은 '왜 지금 호르크하이머인가?', '오늘날 한국 사회에서 호르크하이머의 비판이론 연구가 이론사적인 측면, 정치사회적 담론 영역, 한국 사회의 실천적 문제와 어떤 연관성과 위상을 가질 수 있는가?', '호르크하이머의 비판이론의 탐구와 재해석이 한국 사회의 철학적 성찰과 이론적 구성에 얼마만큼 기여할 수 있는가?'에 대한 질문에 충분하지 않지만 의미 있는 하나의 답변을 제공한다.

이 책은 크게 4부로 구성했다. 1부는 호르크하이머의 성격과 사상 형성을 가늠할 수 있는 학문적 생애사를 다루었다. 2, 3, 4부는 각각 초기, 중기, 후기에 해당되는 대표적인 사유를 논제화하였다. 책의 구성은 12편의 학회 게재 논문을 일부 수정·보완한 것과 추가된 3편의 일반 논문에 토대를 두고 있다. 학위 논문 주제로 아도르노의 철학을 탐색하던 중에 간간이 접했던 호르크하이머의 비판이론을 4~5년 전부터 집중적으로 읽고 집필한 결과를 세상에 내놓게 되었다. 이 연구서는 비판이론 전문 연구자로서의 자기 정체성을 구축하고자 하는 필자의 연구 도정의 한 결과물이자 호르크하이머의 전체 사유를 아우르는 국내 최초의 연구서라는 기록성을 갖게 될 것이다. 이 점에서 비판이론 연구자로서의 부채의식을 일정 부분 탕감했다는 소회나 자부심보다는 논의의 치밀함과 견고함을 더 다듬었어야 하지 않았는가 하는 아쉬움과 두려움이 앞선다.

이 책이 나오기까지 철학적 자극과 격려를 아끼지 않으신 한남대 철학과 은사이신 김용환 교수님, 최신한 교수님, 황종환 교수님, 류칠노 교수님, 김왕연 교수님, 김득룡 교수님과 강의할 기회를 주시고 연구주제에 관심을 표명하신 이상임 교수님, 박상용 교수님, 맹주만 교수님, 박연규 교수님, 임채광 교수님, 황순환 교수님, 조관성 교수님, 조상식 교수님, 정영근 교수님께 깊은 감사를 드린다. 특히 또 다른 호르크하이머 연구자이자 선배이신 전석환 선생님의 비판적 지적과 격려에 감사드린다. 사회철학 연구모임인 '연사비'의 문성훈, 김원식 선생님을 포함한 회원 선생님과 논평을 해주신 학회 선생님들께 감사드린다. 뛰어난 학재를 가진 제자이자 후배인 배태진의 꼼꼼한 수정작업에도 감사를 표시한다. 힘의 원천이 되어주는 사랑하는 딸 소은과 아들 준이에게도 미안함과 고마움을 전한다.

차례 | C O N T E N T S

제3부

도구적 이성 비판과 비판의 확장
— 중기의 비판이론

제4부 비판이론의 연속성과 단절 그리고 새로운 차원의 비판이론
— 후기의 비판이론

제1부

호르크하이머의 삶

1. 성공한 유태인의 맏아들, 그리고 아버지의 권위

막스 호르크하이머(Max Horkheimer)는 1895년 2월 14일, 슈투트가르트 인근의 추펜하우젠(Zuffenjausen)에서 성공한 유태인의 아들로 태어났다. 그의 아버지 모세 호르크하이머는 무일푼으로 시작해 여러 개의 방적 공장을 소유한 자수성가형 인물이었다. 그는 바이에른의 왕으로부터 사회복지 분야에 기여한 공로로 상업고문관이라는 지위를 얻었던 인물이다. 모세 호르크하이머는 독일 사회에 동화된 유태인으로서 병역을 마쳤으며, 스스로 독일 애국주의자로 이해했다. 엄격함과 동시에 아들인 호르크하이머의 교육과 생애설계에 대해 분명한 의식을 가지고 있었던 아버지와는 달리 호르크하이머의 어머니는 그의 유년 시절에 '사랑이 무엇인지를 가르쳐준 사람'이었다.

호르크하이머는 어머니의 눈동자와 양육태도에서 깊은 사랑을 느끼며 성장한다. 말년의 호르크하이머는 자신의 삶 가운데 가장 아름답고 좋은 기억들은 어머니로부터 사랑을 배운 것이라고 말한다(GS7, 443). 가업을 승계·발전시키기 위한 아버지의 교육설계에 따라 호르크하이머는 별다른 저항감 없이 실업계 고등학교에 입학한다. 그러나 그의 아버지는 계획을 앞당겨 호르크하이머가 고등학교를 채 마치기도 전에 학교를 중퇴시키고 자신의 공장에 견습공으로 일하게 한다. 호르크하이머는 아버지에 의해 선택된 자신의 길에 저항하지 못했으며 즐거움을 느끼지도 못했다.

2. 폴록, 문학과 철학으로 다가온 친구

견습공으로 일하기 시작한 그 이듬해인 1911년에 호르크하이머는 평생의 동지이자 나중에 사회연구소의 재정후원자가 되는 프리드리히 폴록

(Friedrich Pollock)과 우정을 나누기 시작한다. 폴록 역시 유대교 혈통으로 호르크하이머보다 한 살 위이자 가죽 공장 소유주의 아들이었다. 청소년기의 호르크하이머-폴록의 관계가 중요한 것은 폴록이 호르크하이머로 하여금 보수적이고 가부장적인 집안 분위기로부터 서서히 빠져나오게 하는 데 중요한 자극을 제공했다는 것에 있다. 그뿐만 아니라 폴록은 호르크하이머를 '문학과 철학의 세계'로 이끌었던 인물이다. 호르크하이머는 폴록과 함께 졸라, 톨스토이, 입센 등의 문학 작품과 스피노자, 칸트, 쇼펜하우어 등에 대한 철학적 토론을 즐겼다.[1]

호르크하이머는 공장에서 2년간 일한 후 아버지의 권유에 따라 브뤼셀, 파리, 맨체스터, 런던 등을 여행하였다. 그 와중에 그는 영어와 프랑스어를 공부한다. 이 교양학습 여행 역시 자신의 아버지에 의해 해외학습 여행을 해야만 했던 폴록과 함께 떠난 여행이었다. 이들의 공동 교양학습 여행에서 훗날 호르크하이머의 철학적 사유에 강력한 영향을 미치는 중요한 사건이 발생한다. 그것은 다름 아니라 폴록이 한창 읽고 있던 쇼펜하우어(Schopenhauer)의 『삶의 지혜를 위한 아포리즘』을 호르크하이머가 그의 침대 머리맡에서 발견하게 된 것이다. 이 사건은 호르크하이머에게 본격적인 철학탐구에 대한 관심을 촉발시켰으며 쇼펜하우어의 주저인 『의지와 표상으로서의 세계』를 집중적으로 탐구하게 된 직접적인 동기를 제공했다. 호르크하이머의 전 생애에 걸쳐 중대한 역할을 하고 그의 철학에 그림자처럼 존재한 쇼펜하우어와의 '은밀한 만남'은 이렇게 시작되었다(GS7, 320-321).[2]

---

1 호르크하이머와 플록의 우정에 대해서는 마틴 제이의 『변증법적 상상력』에 잘 서술되어 있다. 1920년대 프랑크푸르트 신문의 연극 칼럼니스트였던 루트비히 마르쿠제의 회고에 의하면 폴록은 무뚝뚝하고 우직한 성품으로 호르크하이머의 일을 충실히 도와주었으며 훗날 사회연구소의 연구활동을 활발히 진행하기 위한 각종 행정적이고 잡다한 일들도 마다하지 않고 처리했다고 한다. 두 사람의 우정은 60년 가까운 세월 동안 큰 다툼 없이 지속되었다. 게하르트 마이어는 이들 두 사람의 오랜 우정을 호르크하이머의 기분파적 성격과 폴록의 꾸준한 성격의 상호보완적인 측면에 기인한다고 본다.
2 이 학습여행에서 철학 관심은 쇼펜하우어의 주저 독파와 칸트의 『순수이성비판』, 스피노

3. 제1차 세계대전 참전과 그 이후의 대학 시절

1917년, 제1차 세계대전이 발발하자 반전주의자였던 호르크하이머도 조국의 부름을 받고 군에 입대한다. 그는 위생병으로 복무하다가 전쟁이 끝나기 전에 전역한다(GS8, 176). 1918년, 병역 생활 중에 악화된 건강을 회복하기 위해 호르크하이머는 뮌헨의 요양소에 머물며 아비투어(Abitur) 준비를 서둘렀다. 고등학교를 졸업한 호르크하이머는 뮌헨 대학을 거쳐 프랑크푸르트 대학에서 심리학, 철학, 국민경제학 공부를 한다. 본격적으로 철학 공부를 시작한 대학 시기에 쇼펜하우어의 철학은 그에게 커다란 철학적 자극과 영감을 주었으며 쇼펜하우어 철학은 말년에 이르기까지 호르크하이머에게 지대한 영향을 미치게 된다. 철학을 중심으로 공부했음에도 그의 첫 학위는 심리학과 관련된 주제였다. 당시 프랑크푸르트 대학의 심리학부는 형성심리학의 중심 역할을 했던 곳으로 베르트하이머(Wertheimer), 겔프(Gelb), 골드슈타인(Goldstein) 같은 유명한 교수들이 활동하고 있었는데, 그러한 학문적 분위기가 호르크하이머의 학위논문 주제 선정에 영향을 미쳤을 것으로 짐작된다. 그러나 유감스럽게도 호르크하이머의 학위논문은 심사대상 자체에서 제외될 수밖에 없었다. 왜냐하면 그의 연구 성과와 동일한 내용이 덴마크의 연구자에 의해 학술지에 이미 발표되었기 때문이다. 이 시기에 호르크하이머는 자신의 인생진로에 대해 고민을 많이 했던 것으로 보인다. 비록 학위논문을 작성했지만 그 목적이 순수 연구자나 학자가 되기 위한 것은 아니었다. 호르크하이머는 말년의 인터뷰에서, 그 당시 자신은 연구 종사자가 될 생각이 없었고 본인이 원한다면 언제든 아버지의 사업을 승계할 수도

자의 『윤리학』으로 이어진다. 또한 이 당시 호르크하이머는 잡지 *Die Fackel, Forum, Die Aktion* 등을 열독했으며 이를 통해 자신의 세계관, 사회정치적 관점을 넓혀갔다. 여기에 대해서는 Die ursprüngliche Konzeption der Kritischen Theorie im frühen und mittleren Werk Max Horkheimers, in: A. Honneth/A. Wellmer, Die Frankfurter Schule und die Folgen, Berlin/New York, 1986. S. 91.

있는 상황이었으나 분명한 인생설계를 하지 못했던 모색기였다고 말한다
(GS7, 448).

4. 스승 코르넬리우스와의 만남

　　바로 그 시점에 호르크하이머가 '자신의 인생에서 가장 중요한 순간'이
라고 술회한 사건이 일어났다. 그것은 다름 아닌 한스 코르넬리우스(Hans
Cornelius)와의 만남이다. 두 사람의 학적·사적 관계는 칸트의 초월론적 미학
에 대한 코르넬리우스의 비판과 그것에 대한 호르크하이머의 질문과 반론을
통해 깊어져 갔다. 〈칸트 미학강의〉의 수강생으로서 호르크하이머의 발표
내용은 두 사람의 관계를 학적 사제지간으로 맺어지게 한다. 호르크하이머
의 발표 내용에 놀란 코르넬리우스는 발표 원고에 대한 리뷰를 자세히 한 후
에 수정·보충해 제출하라고 요청했으며 이렇게 수정·보완된 발표문은 후
에 「칸트에서 목적론적 판단력의 안티노미」라는 제하의 박사학위 논문으로
제출하게 된다. 학위취득에 앞서 호르크하이머는 코르넬리우스의 권유에 따
라 프라이부르크 대학에서 그의 스승과 좋은 관계를 유지하던 에드문트 후설
밑에서 2학기를 청강했다. 이때 호르크하이머는 후설의 조교이자 사강사였
던 하이데거를 만나게 되었고 그의 반학술적인 철학 스타일에 강한 인상을
받았다(Noerr, 1986: 455). 학위취득과 함께 호르크하이머는 코르넬리우스의 조
교가 되었는데, 이것은 당시로서는 매우 이례적인 일이었다(GS7, 450). 코르넬
리우스는 훗날 호르크하이머가 신설된 사회철학 분야 담당 정교수가 되는 데
도 결정적 역할을 하였을 뿐만 아니라 호르크하이머로 하여금 예술, 특히 회
화 감상에 눈을 뜨게 만들었다. 심지어 호르크하이머는 그에게 작곡을 배우
기도 하였다. 호르크하이머는 게하르트 라인(Gerhard Rein)과의 대화에서, 자
신은 학자로서의 길을 갈 것이라고는 전혀 생각지 않았는데 코르넬리우스의

제의로 인생의 중요한 전환점을 맞이했으며, 그와 깊은 인간적 교류를 나누었음을 거듭 밝히고 있다.

5. 평생의 삶과 학문의 동반자, 바일과 아도르노를 만나다

호르크하이머의 인생 여정과 철학적 행로를 이해하는 데 중요한 만남은 학위논문을 준비하는 동안 이루어진다. 1922년에 학위논문을 준비 중이던 호르크하이머는 훗날 학문적 동반자가 된 펠릭스 바일(Felix Weill)과 테오도르 비젠그란트 아도르노(Theodor W. Adorno)와 교류를 시작한다. 바일은 자유로운 주제, 기존 독일학계에서 다루지 않았던 주제를 독립적으로 연구하기 위해 독일 최초의 독립적인 연구기금에 의한 연구소 설립이라는 아이디어를 제공하고 자신의 아버지를 설득해 사회연구소의 초기 설립자금과 운영자금의 상당 부분을 책임졌던 인물이다. 그는 프랑크푸르트 대학에서 〈사회화의 문제〉로 학위를 취득했으며 1922년 초에는 독자적으로 '마르크스 주간(Maxistische Woche)'을 조직하기도 했다. 또한 바일은 사회과학연구소의 초대 소장으로 쿠르트 알베르트 겔라하(Kurt A. Gerlach)를 추천했다. 그러나 겔라하는 당뇨병으로 사망하는 바람에 취임강연조차 하지 못했다. 바일은 소련경제 전문가로서뿐만 아니라 연구소 행정가로서 자신의 역할을 충실히 수행했다. 오늘날의 관점에서 본다면 바일은 호르크하이머가 후에 프랑크푸르트학파를 만들어내는 데 물적 토대를 제공한 인물로 평가할 수 있다.

한편 호르크하이머와 아도르노의 만남은 코르넬리우스의 〈후설 세미나〉에서 이루어졌다. 아도르노와 호르크하이머의 만남은 비판적 사회철학자로서 아도르노 철학의 시작이라는 측면과 후에 사회조사연구소를 주도하는 두 핵심인물의 만남이라는 측면에서 매우 중요하다. 이 두 사람이 세미나에서 만났을 때, 아도르노는 학생 신분이었으며 그보다 여덟 살 연상인 호르크하이머는 이미 코르넬리우스 밑에서 박사학위를 취득하고 그의 조교로 활동하던 시기였다. 호르크하이머는 후에 아도르노의 교수자격 논문의 부심 역할을 맡기도 한다. 호르크하이머는 아도르노로 하여금 유물론 철학에 기초한 역사에 대한 비판적 인식과 사회변화에 대한 해방적 관심을 촉발시켰다. 아도르노는 호르크하이머가 이론가로서의 역량이 소진되었을 때 그를 대신해 사회연구소의 이론적 리더이자 소장으로서 중추적인 역할을 수행하게 된다. 두 사람의 학문적 연구협력 관계는 사회연구소의 소장으로서 호르크하이머가 취임했을 때 아도르노를 사회연구소의 비공식 연구원 위촉과 함께 공식화되었다.

6. 운명적 사랑, 로자 리케르

박사학위를 취득한 호르크하이머는 3년 뒤 「이론이성과 실천이성의 연결고리로서 칸트의 판단력 비판」으로 교수자격을 취득하고 프랑크푸르트 대학에서 사강사가 된다. 사강사를 시작하던 시기에 호르크하이머는 평생을 사랑한 여인 로자 리케르(Rosa Riekher)와 결혼한다. 흥미로운 것은 리케르가 호르크하이머보다 여덟 살이나 연상이며 아버지의 여비서였다는 사실이다. 호르크하이머가 그녀를 알게 된 것은 그보다 훨씬 이전인 1915년으로 거슬러 올라간다. 그는 그녀를 보자마자 사랑에 빠졌다고 고백했다. 둘은 호르크하이머가 아비투어를 마치기 위해 뮌헨으로 오면서부터 동거생활을 시작했다. 사강사로서 일하기 시작한 어느 날 밤, 호르크하이머는 만약 자신이 아내와 공식적으로 결혼하지 않은 상태로 계속 산다면 결코 교수로서 초빙될 수 없을 것이라는 생각을 했다. 그래서 다음 날 새벽 6시에 일어나 아내에게 청혼했으며 그날 낮에 결혼식을 올렸다. 호르크하이머는 리케르가 모든 부분에서 도움을 주었으며 아내가 없었다면 어떠한 긍정적인 성과

들도 도출해내지 못했을 것이라고 말하는 것으로 봐서 두 사람의 관계는 깊고 아름다운 사랑의 관계였음이 분명하다(GS7, 476). 하지만 호르크하이머의 아버지가 두 사람의 결혼을 진심으로 받아들이는 데는 몇 년의 시간이 필요했다. 호르크하이머의 아버지는 리케르가 비유태교 혈통이라는 이유 때문에 결혼을 반대했다.

7. 사회연구소의 설립

사강사로서 호르크하이머의 초기 강의는 칸트와 헤겔에 대한 내용이 주를 이루었다. 1928년부터 1932년까지 호르크하이머가 진행한 세미나 주제는 역사철학, 유물론 철학, 관념론, 영국과 프랑스의 계몽주의 철학, 헤겔과 마르크스 철학이다(Zvi Rosen, 1995: 25). 이와 같은 강의와 세미나 목록을 통해 이 시기에 호르크하이머가 유물론 철학과 사회철학에 지대한 관심을 가지고 있었음을 알 수 있다.

호르크하이머의 본격적인 이론 활동은 사강사로서의 강의와 세미나 활동보다 사회연구소를 중심으로 이루어졌다. 1922년 설립 준비 단계부터 1924년 7월 22일 프랑크푸르트 대학 부속 사회연구소로 공식출범할 때까지 호르크하이머는 바일과 함께 연구소 설립을 주도하였다. 그럼에도 뒤늦게 호르크하이머가 소장에 취임하게 된 이유는 다른 데 있다. 연구소 설립을 주도한 바일과 호르크하이머에게는 소장이 될 자격 자체가 부여되지 않았다. 왜냐하면 사회연구소의 설립과정에서 대학 부설 연구소로서의 지위를 부여받기 위해서는 연구소 소장이 대학의 정교수 신분으로 제한되었기 때문이다. 따라서 연구소의 실제적인 초대 소장은 당시 빈 대학의 경제학자였던 칼 그륀베르크(Carl Grünberg)에게 돌아갔으며 소장 임명과 함께 그는 프랑크푸르트 대학의 경제사회학부 정교수로 초빙되었다. 그륀베르크는 심장병으로 고생했기 때문에 그가 연구소 소장 역을 실제로 수행한 것은 몇 년에 불과했다.

1930년에 이르러 호르크하이머가 사회연구소의 소장으로 취임한다. 호르크하이머는 「사회철학의 현재적 상황과 사회연구소의 과제」에서 이론과 실천의 통일을 강조하였으며, 이를 위해 철학과 사회과학 제 분야의 학제 간 통합연구를 추진하고자 하였다. 이러한 그의 의도에 따라 연구소에 새로운 인물들이 등장하는데, 아도르노, 카를 란다우어(Karl Landauer), 하인리히 멩크(Heinrich Meng), 에리히 프롬(Erich Fromm), 헤르바르트 마르쿠제(Herbert Marcuse), 발터 벤야민(Walter Benjamin) 등이 그들이다(GS7, 365). 특히 주목해야 할 것은 호르크하이머가 당시 독일 대학에서 일반적으로 거부되어왔던 심리분석 방법론을 적극 수용하고자 프롬, 란다우, 멩크와 같은 심리분석 전문가를 연구원으로 참여시켰다는 점이다. 나중에 이들은 '권위주의 성격 연구' 등의 심리주의 연구에 중요한 역할을 수행한다. 호르크하이머의 인간적인 면모와 출중한 외교 능력, 개방성으로 인해 사회연구소는 대학 운영위, 출판사, 학생들과 좋은 관계를 유지했다. 사회연구소의 연구 방향과 정치적 행동을 지켜보던 당시의 사람들은 사회연구소를 마르크스-카페(Cafe-Marx)라고 부르기도 했다(Zvi Rosen, 1995: 32). 이것은 긍정적인 의미의 연구공동체에 대한 제3자의 호명이었다.

8. 뉴욕으로 간 사회연구소

그러나 호르크하이머가 소장에 취임할 즈음 이미 독일의 정치적 상황은 심각하게 변해가고 있었다. 1930년 9월에 치러진 선거에서 나치당은 두 번째로 세력이 큰 정당으로 부상했다. 선거가 끝난 후 호르크하이머는 연구소 분원을 스위스 겐프(Genf)에 설립할 것을 제안한다. 이는 나치가 발흥할 경우 겐

프로 연구소를 옮기고, 망명을 준비하기 위함이었다. 호르크하이머의 제안이 있은 후 몇 주 후에 겐프에 분원이 개소되었고, 그 뒤로 파리에도 분원이 개설되었다. 1931년에는 사회연구소의 기금 대부분을 네덜란드로 옮기게 되었다. 호르크하이머가 취한 일련의 조치는 그의 정치적 통찰에서 비롯된 측면이 강하다. 그는 이미 1920년대 후반부터 독일에서 나치가 발흥하게 될 것이라는 두려움 어린 예감을 가졌다(GS7, 366). 1933년 1월, 나치가 정권을 잡은 겨울학기 중에 호르크하이머는 〈철학개론〉을 강의하고 있었는데 히틀러가 제국의 수상으로 결정된 그날부터 학기가 끝날 때까지 '자유의 개념'에 대해 강의했다. 이러한 그의 강의는 그만큼 자신과 가족뿐만 아니라 사회연구소 소장으로서의 불투명한 미래에 대한 불안의 표현이었을 것이다. 호르크하이머의 노력 끝에 사회연구소는 1934년 5월, 컬럼비아 대학에서 연구 활동을 지속할 연구 공간을 확보한다. 이와 같은 결실은 호르크하이머가 그해 5월에 뉴욕 컬럼비아 대학의 버틀러(Nicolas Murray Butler) 총장과의 면담에서 비롯되었다. 버틀러 총장과의 첫 번째 면담은 대화할 시간이 없으니 며칠 뒤에 다시 오라는 간단한 대답으로 끝났다. 며칠 뒤 버틀러 총장은 호르크하이머에게 건물관리인을 통해 4층짜리 건물을 보여주게 한 후 "그 건물이 마음에 드느냐? 마음에 들면 당신들이 사용해도 좋다"(GS7, 368)는 대답을 주었다. 우여곡절 끝에 호르크하이머와 그의 동료들은 컬럼비아 대학의 한 건물에서 망명 연구공동체로서 자신들이 계획한 연구를 계속할 수 있었다.

9. 뉴욕과 LA 시절의 연구 활동

망명기에 나온 대표적인 연구 성과물이 바로 『권위적 인격』이다. 1936년부터 연구소는 강좌를 개설하기 시작했고, 호르크하이머는 자신의 저서를 발간하기 시작했다. 1932년부터 시작된 연구소의 공식학회지 『사회연구

(*Zeitschrift für Sozialforschung*)』[3]의 편집도 계속되었으며, 편집회의에는 호르크하이머를 위시하여 폴록, 뢰벤탈, 아도르노, 마르쿠제와 같은 핵심 인물들만 참석했다. 제2차 세계대전이 발발한 후 연구소의 재정상황은 상당히 악화되었으며 이로 인해 호르크하이머와 아도르노를 제외한 다른 연구소 학자들은 부업이나 다른 본업을 찾아야 할 지경이었다. 1939년 히틀러에 의해 유대인의 종족 멸종을 위한 작업이 본격화되자 사회연구소는 이에 대한 이론적 대응으로서 '반유대주의 연구 프로젝트'를 준비하기 시작했다. 호르크하이머는 이 연구 프로젝트를 수행하기 위해 백방으로 노력했으며 그 노력의 결과로 미국 유대인위원회(AJC)의 연구기금을 확보하게 되었다. 호르크하이머는 AJC의 학문분과 책임자 플라워맨(Samuel H. Flowerman)과 총 5권의 프로젝트 공동연구서인 『(유대인) 편견 연구』의 공동 발행자가 되었다. 그런데 이 프로젝트를 수행할 때쯤 호르크하이머는 류머티즘, 심장병, 혈액순환계 등의 병을 앓고 있었다. 또한 그의 아내 역시 뉴욕의 환경에 적응하기 어려워했다. 그래서 요양을 위해 할리우드에서 멀리 떨어지지 않은 퍼시픽 펄리세이더스(Pacific Palisades)로 이주하였으며, 프로젝트를 위해 뉴욕과 로스앤젤레스를 수시로 왕복했다. 그 뒤 아도르노도 호르크하이머를 따라 같은 지역으로 이주했다. 호르크하이머의 이웃으로는 토마스 만, 베른트 브레히트, 하인리히 만 등이 있었다. 호르크하이머는 1940~1944년 사이에 아도르노와의 공동작업 끝에 비판이론학파의 대표 저작이라 할 수 있는 『계몽의 변증법』을 집필했다. 이 기간 동안 호르크하이머는 사회연구소를 로스앤젤레스 인근으로 이주하려는 시도를 여러 차례 했으나 재정적인 지원을 확보하지

---

3   공식 연구 잡지인 「사회연구」는 1932~1941년까지 출판되었다. 첫 「사회연구」는 라이프치히의 히르쉬펠트(Hirschfeld)출판사에서 출간되었으며 나치시대인 1934년부터는 파리에서 출판되었고 마지막으로 출간된 1940~1941년에는 잡지 이름이 「철학·사회과학 연구(Studies in Philosophy and Social Science)」로 바뀌어 간행되었다. 이 잡지는 전형적인 편집 틀을 가지고 있었는데 전체의 절반은 연구소 학자들의 논문, 대략 1/3은 학술대담 등으로 채워졌다. 잡지의 편집인은 당연히 사회연구소 소장인 호르크하이머가 맡고 있었다.

못해 매번 실패하고 말았다. 호르크하이머가 연구소 이주를 시도했던 첫 번째 동기는 건강상의 문제, 두 번째는 컬럼비아 대학의 요구에 따라 사회연구소의 건물을 비워주어야 했기 때문이다(GS7, 335). 1946년 사회연구소와 협력을 강화하려는 컬럼비아 대학의 새로운 제안이 있었지만 호르크하이머는 자신의 건강상의 이유와 종전으로 인한 독일의 정치사회적 변화에 대응하기 위해 그 제안을 거절한다.

10. 사회연구소의 재건과 그 이후

전후 독일의 상황은 대단히 유동적이었다. 호르크하이머는 전후 독일의 상황을 알아보기 위해 프란츠 노이만(Franz Neumann)을 직접 독일에 보내기도 했다. 1948년에는 록펠러 재단의 재정지원을 받아 프랑크푸르트 대학의 객원교수로 있으면서 독일의 상황을 유심히 관찰하였다. 호르크하이머에게 사회연구소의 독일 복귀는 쉬운 결정이 아니었다. 그는 이미 15년이나 미국에서 살았고, 미국 국적을 취득했으며, 사회연구소의 학자들은 하나 둘씩 미국의 다양한 대학으로부터 초빙되어 가고 있는 상황이었다. 그럼에도 그는 독일 대학, 독일 사회의 재건과 다시는 발생하지 말아야 하고 잊지 말아야 할 나치즘 교육에 대한 희망을 가지고 1950년 독일로 돌아왔다. 호르크하이머는 사회연구소, 대학, 연구소 활동 경험이 독일 사회와 대학의 민주화에 기여할 수 있을 것으로 판단했으며, 이들의 노력은 실제로 독일 사회의 변화와 개선에 일정 부분 일조했다(GS7, 474). 미국의 지원하에 사회연구소는 1951년에 프랑크푸르트 대학에 재건되었다. 호르크하이머는 1950년 철학부 학장을 거쳐 1951~1953년까지 프랑크푸르트 대학의 총장을 역임한다. 흥미로운 것은 호르크하이머가 총장 재직 시나 그 이후에도 여전히 미국 국적을 유지하고 있었다는 점이다. 그가 총장 재직 시 중점을 두었던 것은 교육의 민주적 체계, 민주적인 교육실습 등이다. 이를 위해 호르크하이머는 시카고 대학과의 학술교류, 학생교류 프로그램을 추진하기도 하였다(Zvi Rosen, 1995: 48). 이것이 계기가 되어 호르크하이머는 1954년 시카고 대학으로부터 프랑크푸르트 대학의 교수 자리를 포기하지 않으면서도 정규과정의 학생지도 의무를 면제받는 좋은 조건으로 객원교수 자리를 얻는다. 실제로 호르크하이머는 1959년까지 매년 시카고 대학에서 강의를 하기도 하였다. 총장 사임 후 호르크하이머는 괴테상을 받았고, 1960년에는 프랑크푸르트 시 명예시민증, 1971년에는 레싱상을 수상한다. 독일인이자 유대 혈통의 사상가인 호르크하이머는 독일로 복귀한 이후에도 정착할 수 없는 고향에 돌아온 사상가의 내적 모습을 보여주는 것처럼 보인다. 앞서 언급한 미국 시민권의 보유와 1963년 은퇴 후 스위스로의 이주가 이를 말해준다. 스위스 이주 후인 1969년, 자신의 후임자이자 전후 프랑크푸르트학파의 대표이론가인 아도르노도 사망한다. 그 몇 주 후에는 평생 동안 무조건적인 사랑으로 항상 곁을 지켜준 아내 역시 세상을 떠나고 만다. 4년 후인 1973년 여름 어느 날, 프랑크푸르트학파의 실제적 설립자이자 이론적 지도자이며 전후 독일 정치교육의 산파 역할을 했던 호르크하이머는 조용히 눈을 감는다.

제2부

새로운 유물론적 사회비판이론의 정초(定礎)

— 초기의 비판이론

1

비판이론의 이념과 과제

1. '비판이론학파' 혹은 '프랑크푸르트학파'

비판이론의 이념과 과제라는 제하에 일견 의심스러운 시선을 던지는 사람들이 있다. 호르크하이머와 사회조사연구소 역사를 핵심적으로 정리한 『프랑크푸르트학파』의 저자 비거하우스는 프랑크푸르트학파라고 불리는 일련의 연구그룹이 실제로는 어떠한 통일된 하나의 패러다임을 찾아볼 수 없다고 주장한다(Wiggehaus, 1987: 11). 이러한 류의 주장들은 간간이 반복되어 온 것으로 통칭 2세대 프랑크푸르트학파의 대변자인 하버마스의 '비판이론의 언어적 전회'와 호르크하이머와 아도르노로 대변되는 1세대 프랑크푸르트학파 간의 철학적 연속성 문제를 거론할 때에도 흔히 제기되어 온 문제이다. 흥미로운 사실은 하버마스 자신도 제2차 세계대전 이후에 어떤 식으로든 상호 밀접하게 연관된 비판이론은 존재하지 않았다고 주장하였다는 점이다(Habermas, 1985: 171).

'하나의 비판이론이 존재하지 않는다'는 테제는 사회연구소에 직간접적으로 관여한 다양한 전공 및 관심을 가진 연구자들과 그들의 연구 방법론적 주안점 차이, 공동 연구자에서 개별 연구자로의 변화, 개별 연구자들의 사상 발전과 변화를 추적한다면 어렵지 않게 동의할 수 있는 문제이다. '하나의 비판이론은 존재하는가?'라는 식의 문제제기는 철학사와 사상사에서 흔히 한 학파로 분류되는 일련의 사상가 집단에 동일하게 제기할 수 있는 질문으로 그다지 의미 있는 질문은 아니다. 호르크하이머는 말년에 여러 인터뷰에서 프랑크푸르트학파의 역사와 오늘날 비판이론의 의미 등에 대해 반복적인 질문을 받아왔다. 호르크하이머가 비판이론이라고 말할 때에는 본인과 아도르노가 공동으로 발전시킨 이론을 말하고 자신과 아도르노 철학과의 차이에 대한 질문에는 단지 그가 자신보다 미학적인 문제를 더 많이 연구했으며, 비판이론의 이념과 과제에 대해서는 통일된 입장을 견지하고 있다고 주장한다(GS7, 419 이하). 호르크하이머의 주장을 넘어서 호르크하이머와 아도르노 철학 간의 차이뿐만 아니라 하버마스와 호네트, 그 이후 세대의 비판이론가들에게 비판이론의 핵심이념은 공유된다고 할 수 있다.

그렇다면 연구에 대한 관심과 연구방법의 차이에도 불구하고 공유되는 비판이론의 중요한 가치, 핵심 이념은 도대체 무엇인가? 우리는 그 단서를 호르크하이머가 1937년에 저술한 『전통이론과 비판이론』에서 찾을 수 있다. 이 저작은 비판이론의 이론적 과제와 이념을 명시적으로 서술하고 있다는 점에서 마르크스의 『공산당 선언』과 비견될 수 있는 비판이론의 강령서라고 할 만하다.[1] 호르크하이머를 위시한 비판적 사유전통을 '프랑크푸르트학파'라고 부른 것은 1960년대 후반에 프랑크푸르트학파 내에서가 아니라 외부에 의해서였다. 대중매체와 대중에 의해 불린 프랑크푸르트학파라는 명칭은 이론적 측면보다는 이들의 비관주의적 문화비판을 가리키는 측면이

---

1   같은 해에 호르크하이머는 위의 논문과 함께 마르쿠제와 공동으로 「철학과 비판이론 (Philosophie und kritische Theorie)」이라는 논문을 집필한다. 이 논문의 전반부는 호르크하이머가, 후반부는 마르쿠제가 작성했는데 위의 논문에서 호르크하이머가 다루었던 주요 주장들이 다시 한 번 다른 표현으로 서술되어 있다. 논문 「철학과 비판이론」의 호르크하이머 부분은 편집자에 의해 전집 4권의 「전통이론과 비판이론」 뒷부분에 첨부되었다.

더 강했다(Habermas, 1981: 483). 오늘날 우리가 프랑크푸르트학파의 철학을 비판이론이라고 지칭하는 것은 바로 호르크하이머가 쓴 앞의 논문에서 유래한 것이다. 그런데 호르크하이머가 자신과 사회연구소의 연구프로그램을 비판이론이라고 명명한 것은 사실을 은폐하고 위장하는 측면이 강했다. 비판이론은 유물론의 대체 개념으로 사용된 것이며 이는 미국 망명 시기에 사회연구소 활동을 하는 데 지장을 덜 받기 위한 차원에서 이루어졌다(Günder, 1985: 19). 호르크하이머의 원래 의도라면 논문의 제목은 「전통이론과 비판이론」이 아니라 「전통이론과 유물론」이 되었을지도 모른다. 호르크하이머는 바로 위의 논문에서 기존의 전통적인 이론형식을 비판하면서 이와 대립되는 비판이론의 이념과 방법론을 제시하고 있다.

2. 전통이론의 개념과 비판

호르크하이머가 말한 전통이란 무엇인가? 호르크하이머에게 전통이론(Traditionelle Theorie)이란 데카르트로부터 출발하는 현대적 인식이론 일반을 의미한다. 전통이론의 이론적 전제와 방법론을 상론하기에 앞서 호르크하이머는 전통이론에서 주장하는 이론(Theorie) 개념에 대한 분석으로부터 논의를 시작한다. 그에 따르면 이론이란 "몇몇의 명제들로부터 다른 모든 명제들을 추론해낼 수 있도록 서로 결합되어 있는 하나의 문제 영역에 관한 명제들의 총괄 개념"(GS4, 162)을 말한다. 호르크하이머는 데카르트, 밀, 후설 등이 주장하는 이론을 인용하면서 공통점을 찾아낸다. 이들에게 이론은 '명제들의 체계'이며 대상은 '명제들의 체계적 질서 안에서 규정'된다. 이러한 이론의 모델은 명제들 간의 '모순 없는 유기적 결합'을 추구한다(같은 책, 164). 이론의 완결성은 이론이 제시한 결론에 비추어 최고 원리의 수가 적을수록 높아지며, 이론의 타당성은 추론된 명제들과 실제적인 현상이 들어맞을 때

승인된다. 이론과 경험이 모순되는 경우 이론의 수정 가능성은 언제나 열려 있다. 왜냐하면 이론은 항상 사실(Tatsachen)과 관계하며 사실에 대한 잘못된 관찰이 발생한 경우에 이론은 수정되어야 하기 때문이다. 이 점에서 이론은 사실에 기초한 하나의 가설이며, 사실을 정확하게 나타내는 데 유용한 축적된 지식을 의미한다(같은 책, 162). 호르크하이머는 이론의 궁극적 목표는 하나의 특수한 영역에 제한받지 않고 가능한 한 모든 대상을 포괄하는 학문의 보편적 체계(das universale System der Wissenschaft)를 세우는 것이다. 전통이론에서 '이론'이 가지는 특징은 다음과 같다.

- 연역적 체계
- 수학적인 기호체계 지향
- 존재판단이 아닌 사실판단
- 대상과 인식 간의 상호작용성의 불인정(사유와 존재의 이원론)
- 개념의 조작, 가설에 의존
- 인식대상과 인식주체의 이원론과 그것의 역사성과 사회성 불인정
- 인식주체의 중립화
- 실증주의적 방법론만이 과학적이라는 전제 고수
- 인문, 사회과학의 문제영역에 자연과학 방법론의 여과 없는 적용
- 사회로부터 학문의 독립성과 자립성 강조

전통이론과 전통이론의 이론적 전제를 가지고 이론 활동을 하는 연구자들에 대한 호르크하이머의 비판을 살펴보자. 호르크하이머는 먼저 전통이론의 이론적 가정인 사실과 개념 간의 완전한 분리, 상호작용성의 불인정에 대해 비판적이다. "언제나 한쪽에는 사유를 통해 형식화된 지식이 있고, 다른 한쪽에는 그러한 지식 아래 평가되어야 할 사태가 있다. 그리고 이러한 포괄 작용, 즉 어떤 사태를 단순히 지각하고 확인하는 일과 지식의 개념적인 구조 사이에 관계를 형성하는 것이 지식을 이론적으로 설명하는 것이

라고 한다."(같은 책, 167) 이것에 대해 호르크하이머는 전통이론가들이 사실을 선정하고 개념적 설명을 시도할 때 왜 그가 다른 주제, 다른 사실이 아닌 바로 이 주제와 이 사실을 스스로 선택해 연구하는지에 대한 동기분석에 주의를 기울이지 않는다고 비판한다. 연구주제의 선정과 연구대상의 선정 단계부터 이미 깊은 상호관련성이 개입된다는 것이다(GS8, 338). 연구자의 주관적 관심, 사회적 관심, 정치적 관심이 연구주제와 대상 선정에 깊이 관여하며, 그러한 개별 관심들은 연구자와 전체 사회 간 상호작용의 산물로 이해될 수 있다. 왜냐하면 학자와 그의 학문은 사회적 장치에 얽혀 있기 때문이다(GS4, 170).

이론의 형성과 통용에 대해 전통이론은 이론이 마치 인식의 내적 본질로부터 혹은 다른 방법을 통해 비역사적으로 정초 지울 수 있으며 그것은 사회와 독립적으로 작동하는 영역이라고 가정한다. 그러나 이것은 전통이론에 의해 '물화되고 이데올로기로 범주화된' 이론 개념에 지나지 않는다. 호르크하이머에게 모든 이론은 역사적 맥락에서 형성되며 그 타당성 역시 역사·사회적 상황에서 승인되는 것이다. 이것에 대한 논거로 그는 16세기에 거의 논의 되지 않았던 기계적·합리적 사고의 패턴이 17세기에 역사적인 과정에서 지배권을 획득한 점을 제시한다. "학문적 구조의 변화가 각각의 사회적인 상황에 좌우된다는 것은 코페르니쿠스 체제와 같이 광범위한 이론에 대해서만 적용되는 것이 아니라 일상의 특수한 연구문제에도 적용된다."(같은 책, 169) 호르크하이머의 이러한 주장은 쉽게 납득될 수 있다. 환경오염에 대한 기술적 개선이라는 사회적 필요성이 제기되는 오늘날 각종 환경 관련 법규와 환경교육, 환경기술개발 촉진을 위한 기업의 연구투자에 대한 각종 혜택 조치들을 떠올릴 수 있다. 소위 한국의 10대 성장 산업과 그것에 대한 국가 연구프로그램의 시행, 지자체의 주력 업종 연구 및 시설, 생산 투자지원 등도 같은 맥락에서 이해할 수 있다. 이론형성과 승인에 있어서 초역사적·초사회적 입장을 견지하는 전통이론은 그 맥락에서 학문과

학문 활동의 독립성과 독자성을 주장하지만 어떠한 학문도 사회나 역사를 초월해 존재할 수 없다는 것은 분명하다. 호르크하이머는 과학이 독립적이거나 사회와 독립된 것으로 파악해서는 안 되며 과학은 인간사회가 자연에 대처하면서 주어진 형태로 존속하는 방식을 개별화한 것으로 이해한다. 결국 과학이란 인간의 자연에 대한 다양한 대처 방식의 하나인 셈이다. 전통이론과 달리 호르크하이머는 과학의 사회적 의존성을 강조한다. 그런데 이 의존성을 과학에 대한 사회의 절대적 규정력으로 파악해서는 안 된다. 호르크하이머는 문화의 형성과 발전을 위해 자연지배가 필수적이고, 그것을 위한 도구가 과학임을 잘 인식하고 있으며, 과학이 가져온 해방적 계기와 성과에 대해 긍정적이다. 호르크하이머가 문제 삼는 것은 과학의 절대화와 역기능, 과학의 불안전함에 있다. 이와 같은 관점에서 호르크하이머는 다른 사회의 부분영역과 마찬가지로 과학의 상대적 자율성만을 용인한다.

과학과 사회의 상호관련성, 사회결정론적인 입장에서 호르크하이머는 전통이론의 기본 전제인 인식 대상의 사회적 성격과 인식기관, 즉 주체의 역사적 성격에 대한 몰이해에 비판적이다. 호르크하이머는 "인간은 의상이나 거동 혹은 모습, 느끼는 방식에서만 역사적 산물이 아니다. 그가 보고 듣는 방식 역시 수천 년 동안 발전시켜온 사회적 삶의 과정과 분리될 수 없다."(같은 책, 174) 인식 대상의 사회적 성격은 인간의 사회적 실천에 의해 변화되고 재편되는 것이다. 자연환경이나 사회적 환경과 같은 인식 대상이 좋은 예가 된다. 인식기관의 역사성에 대해 호르크하이머는 원시시대의 사냥꾼이나 어부의 지각방식과 어떤 대상을 지각할 때 조각화하여 나누거나 합하거나, 또 어떤 것은 강조되고 어떤 것은 지각되지 않는 방식의 지각방식의 차이에서 확인할 수 있다고 본다. 지각방식의 역사성은 상인의 인식태도와 농부의 인식태도, 서구인의 인식태도와 동양적 인식태도가 그들의 삶의 조건과 사회적 실천의 차이에서 비롯된다는 일반적 관점에 의해서도 타당한 주장임을 확인할 수 있다.

다윈과 콩트 이래로 광범위하게 확산된 인문·사회과학 영역에서 이루어진 과학화와 실증주의 방법론의 전일화는 단순한 전통이론의 비판을 넘어 호르크하이머와 비판이론 학파의 중요한 화두가 되었던 문제이다. 여기서 말하는 인문·사회과학의 과학화란 인간과 사회를 다루는 학문이 스스로 자연과학의 모범을 따르려는 경향으로서 호르크하이머는 스펜서, 퇴니스, 뒤르켕 등을 예시한다. 호르크하이머에게 이들의 시도는 정신과학 영역에 아무런 의심 없이 자연과학적 방법론을 채택하고 활용하는 지극히 소박한 생각에 연유하는 것이다. 호르크하이머에 따르면 인간과 사회에 대한 경험적인 자료들이 증가한다고 해서 인간과 사회에 대한 이해가 증진되는 것은 아니다. 경험적 인문·사회과학자들의 미묘한 내용적 차이에도 이들은 한결같이 본인들이 세운 가설에 새로이 발견된 경험적 사실을 적용한 것에 지나지 않는다. 사실에 대한 가설의 관계란 사실들의 관계를 공리화하며 이는 가설의 법칙화에 기여한다. 사회적 사실들을 논리적 관계로 환원시키며 규칙화·법칙화를 추구하는 것이 전통이론의 이론적 활동의 내용이 된다. 이러한 경험적 인문·사회과학자들의 이론 활동에는 그들이 가공한 특정한 개념과 이론에 현재적 인간의 필연성, 목적, 경험, 숙련성, 습관, 경향 등이 스며들어 있으며 그들의 작업이 이론 내적인 작업의 성격뿐만 아니라 하나의 사회적 행위와 사회적 과정이라는 사실이 망각되어 있다(같은 책, 170, 179).

　　전통이론의 특징과 이론적 결함에 대한 호르크하이머 비판의 정점은 바로 전통이론이 가지는 체제 옹호적, 기존 사회의 재생산 기능에서 찾을 수 있다. 호르크하이머는 이론의 역사적·사회적 성격을 도외시하고 자신의 사회적 역할과 의미를 스스로 탐구하지 않는 전통이론, 이론과 사태 간의 깊은 통일성을 간과하는 전통이론, 자신을 사회 전체와의 관련성 속에서 파악하지 않고 순수한 이론의 영역, 독립된 영역이라는 가상 속에서 추상적 자기이해를 가진 전통이론과 이들 학자는 "그들 자신이 그에 대해 무엇이라고 생각하든 그들의 활동은 자기보존과 기존 상태의 지속적인 재생산을 위한 하나의 계기성"(같은 책, 170)만을 갖는다. 전통이론이 인간의 활동 전체, 사회적 총체성을 간과하고 인문 사회학적 문제를 취급하는 한 그것은 기껏해야 통계학이거나 사회적 현상을 단순 서술하는 기술사회학의 범주를 벗어나지 못한다. 이것은 기존 사회에 대한 비판적 활동으로 발전하지 못하며 원하건 원하지 않건 기존 체제의 옹호에 활용되며, 그 자신이 체제의 이데올로기를 자임하는 결과를 가져온다. 이론과 이론 대상 사이의 분리에 기초한 전통이론은 논리적 필연성에서 의미 있는 필연성으로 이행하지 못하고 "정숙주의와 타협주의"(같은 책, 203)의 형태로서 기존 현실의 정당성을 인정한다.

3. 비판이론의 이념과 과제

전통이론과 대립되는 비판이론은 전통이론과 달리 분명한 가치를 지향한다. 비판이론은 "더 나은 사회를 위한 사유"(GS8, 338)를 지향한다. 이러한 비판이론은 가치중립적이나 사실 기술적이지 않다. 비판이론은 전통이론과 달리 경험적 지식의 증가를 목표로 하지 않으며 "노예적 상태로부터 인간의 해방(die Emanzipationdes Menschen aus versklavenden Verhältnissen)"(KT2, 193: GS4, 219)을 자신의 이념으로 삼는다. 인간 해방이 성취된 사회는 이성적으로 조직된 사회를 의미한다. 좀 더 구체적으로 "착취와 억압이 없고, 실제로 포괄적인 주체, 즉 자의식을 가지는 인류가 존재하며 통일적인 이론의 형성이나 개인들을 포괄하는 사고에 대해 논할 수 있는 상태"(GS4, 214)를 말한다. 호르크하이머는 말년에 위와 같은 사회를 위해 초기의 비판이론은 사회적 혁명을 추구했다고 회고한다. 왜냐하면 나치 체제하에서 지배와 피지배의 관계는 점차 첨예화되었으며, 혁명이 일어난 후의 사회가 나치보다 못하리라고 생각하지 않았기 때문이다. 혁명에 대한 호르크하이머의 기대는 자본주의

의 흡인력에 따른 노동자의 의식이 약화되고 있다는 이유로 후에 포기하게
된다. 그럼에도 기존사회의 비판과 변화의 추구는 비판이론의 영구 과제이
다(GS8, 339, 345). 사회비판을 통해 비판적 사회이론을 자임하는 비판이론은
전통이론과 비교해 다음과 같은 특징이 있다.

- 사회 전체, 사회적 총체성의 인식
- 주체, 이론, 대상 간의 상호규정성, 가변성
- 추상적 · 중립적 주체가 아닌 목적의식, 자발성, 이성적 · 비판적 주체의 인정
- 모순을 모든 개념과 사실에 특징적인 것으로 인정
- 변증법적 방법론
- 사회의 변화, 혁명을 위한 이론 활동
- 사실판단이 아닌 존재판단(Existentialurteil)
- 논리적 필연성보다 사실적 필연성의 주제화

비판이론이 전통이론과 근본적인 차이를 드러내는 것은 '사회적 총체
성' 개념을 받아들이고 인식의 대상으로 삼는 데 있다. 전통이론의 개별 학
문 분과들이 자신의 특수한 분야에 대해 특수한 지식과 정보를 축적하고 사
회와 세계의 전체상에 대한 인식을 포기한 데 반해 비판이론은 사회 전체를
연구 대상으로 삼는다. 어떻게 사회적 총체성에 대한 인식이 가능한가? 전
체로서의 사회를 비판이론은 인식할 수 있는가? 이러한 질문에 관한 한 비
판이론은 부정적인 답변을 줄 수밖에 없다. 호르크하이머가 주장하는 사회
적 총체성의 인식이란 사회를 하나의 역사적 총체성과 인간의 사회적 실천
의 결과물로 간주하며, 사회 안에서의 사실, 사건, 사태, 상황을 전통이론처
럼 개별 학문, 개별 관점, 개별 방법론에 의거해 고립된 상태에서 관찰하지
않고, 사회적 상호 작용과 영향력, 특정한 사회의 발전 단계와 역사적 문맥
에 기초해 인식하고자 하는 사회인식에 대한 하나의 요청이라고 봐야 한다.
사회적 총체성을 비판이론의 인식목표로 내세우는 호르크하이머에게 사회

전체는 '주체 없는 사회 전체'를 의미하지 않는다. 이러한 인식목표는 시간의 변화에 따라 변화하는 사회적 과정에 대한 부단한 재인식과 이에 따른 사회이론의 재정립을 요구하는 비판이론가의 명료한 자기의식이 드러나 있는 것이다.

이론 구성의 측면에서 비판이론은 전통이론처럼 사회적 사건에 대한 정보와 자료의 수집과 가설수립, 연역에 의한 논리적 엄밀성 확보에 있지 않으며, 사건이 전개되는 전체상과 그것에 대한 존재판단에 의해 구성된다. 이론 구성에 있어 전통이론에서 간과된 연구자의 '의식' 문제가 개입된다. 비판이론은 그것이 지향하는 사회적 상태에 기초해 현재 사회에 대한 지속적인 존재판단과 비판의식의 상호작용 속에서 구성된다. 다시 말해 사실판단—존재판단—의식 간의 관계에서 비판이론이 구성되는 것이다. 이에 대해 호르크하이머는 이론구성은 "사회에 대한 끊임없이 변화하는 이론적인 존재판단에 근거하는 것이며, 사회도 그러한 존재판단과 역사적인 실제 사이의 의식적인 상호연관에 의해 조건적이다"(GS4, 208)라고 말한다. 사회적 상태에 대한 존재판단의 이론화는 쉬우면서도 어려운 문제이다. 쉬운 이유는 사회적 현상들을 설명하는 데 있어 "경제적인 것이 더욱 직접적이고, 의식적으로 안건을 규정하며, 문화영역의 상대적인 저항력이나 실체가 사라졌기 때문"이며, 어려워진 이유는 "개인들이 고삐 풀린 경제적 역동성의 단순한 매체로 전락하면서 급속히 빠른 속도로 새로운 형성과 운명을 초래하기 때문이다."(같은 책, 211)

비판이론의 구조 변화는 이처럼 사회발달에 따라 영향을 받게 된다. 이런 의미에서 호르크하이머는 비판이론이 "진화과정"(같은 책, 212) 속에서 자신을 발견한다고 주장한다. 같은 맥락에서 호르크하이머는 "비판이론 전체에 관한 일반적 기준이 존재하지 않지 않는다"고 말한다. "왜냐하면 그러한 기준은 언제나 현상들의 반복에 근거를 두고 있으며 그로 인해 스스로 재생산되는 총체성에 근거를 두고 있기 때문이다."(같은 책, 215) 호르크하이머의 이러한 주장은 비판이론의 구체적 비판 내용이 비어 있다는 것을 의미하는 것이 아니라 변화하는 사회에 관한 끊임없는 '비판적 태도의 존재(Existenz des kritischen Verhaltens)'에 비판이론의 가능성이 열려 있다는 말이다. 비판이론이란 비판적 사고와 비판적 태도에 근거하는 셈이다.

비판적 태도, 비판이론이 취하는 태도는 '긍정적'이거나 '생산적'이지 않으며 부정적이다. '생산적'이지 않다는 말은 비판이론이 사회변혁에 대한 전략과 사회비판에 대한 구체적인 프로그램과 행동지침을 제시하지 않는다는 의미에서 생산적이지 않다는 것이다. 그럼에도 진정한 이론은 '부정적'일 수밖에 없다고 호르크하이머는 주장한다. 왜 그런가? 호르크하이머는 비판이론이 미래사회에 대한 긍정적인 상을 제시하지 않고 현재 사회의 부정성에 대한 지속적인 비판을 제시하는 이유를 다음과 같이 설명한다.

비판이론에 있어 하나의 결정적인 계기에 대해 예나 지금이나 우리는 분명하게 인식하고 있습니다. 그것은 올바른 사회에 대해 우리가 미리 규정할 수 없다는 사실입니다. 우리는 현재 사회의 나쁜 것에 대하여 말할 수 있습니다. 그러나 어떤 것이 좋은 것인지에 대해서는 말할 수 없으며 다만 나쁜 것이 사라지도록 노력해야 한다는 것입니다(GS8, 339).

왜 이러한 부정적 방법이 '생산적'이지 않은가? '생산적'이란 말에 함축된 양가적 측면을 고려해야 한다. 사회에 대한 변화의 전략과 실천 강령을 이론적으로 제시한다면 그것이 생산적인 비판사회이론이라고 말할 수 있는가? 적어도 그것이 '생산적' 비판사회이론이 되려면 실천 가능성에 담보가 되어야 한다. 미래에 대한 환상을 심어주는 것, 사회 변혁의 슬로건만을 제시하는 것은 진정한 실천력을 담보하지 못하기 때문에 '생산적'이라고 할 수 없다. 그것은 오히려 특정한 정치집단에게만 '생산적' 효과를 유발할 위험을 내포하고 있다. 호르크하이머의 비판이론은 적극적 의미의 '생산적' 사회비판이론은 아니지만, 소극적 의미의 생산적 사회비판이론임은 틀림없다. 왜냐하면 비판이론은 "나쁜 것을 예상하고 폭로하는 것을 통해 더 나은 것을 실현시키는 데 기여할 수 있도록 시도"(GS7, 418)하기 때문이다. 호르크하이머의 철학과 그의 비판이론은 이런 이유로 비관주의의 색채를 강하게 띠고 있다고 주장되어 왔지만 그는 진보가 필연적으로 수반할 수밖에 없는 부정성들을 비판하는 것이 비판이론의 과제이며 이론적 비관주의가 가장 실천적인 긍정주의자일 수 있다고 확고하게 믿었다(GS8, 353). 이것을 호르크하이머는 『철학의 사회적 기능』에서 다음과 같이 쓰고 있다.

> 우리는 인류가 현재의 잔혹한 현상들로 인해 완전히 용기를 잃지 않도록, 또 인간적이고 평화로우며 행복한 미래사회에 대한 믿음이 지구상에서 사라지지 않도록 투쟁해야 한다(GS4, 351).

4. 철학과 비판의 의미

앞의 논의를 통해 호르크하이머가 주장하는 비판이론에서 비판의 개념이 가장 중요한 것임을 파악할 수 있었다. 여기서는 호르크하이머의 비판 개념을 좀 더 구체적으로 논의해 보자. 호르크하이머의 철학이 비판이론으로 요약될 수 있고, 비판이론의 핵심적 개념이 '비판(Kritik)'이라면, 그의 철학 개념과 비판 개념에는 어떤 깊은 상관성이 존재한다고 쉽게 짐작할 수 있다. 호르크하이머는 철학이 다른 경험적 과학과 달리 단일한 정의와 개념을 가질 수 없으며, 철학하는 방법 역시 철학자의 경험과 성격에 상당 부분 좌우된다고 보고 있다. 자연과학과 철학의 질적 차이, 실증주의 철학과 변증법적 철학의 결정적인 차이는 현실을 '설명'하는가 아니면 현실과의 긴장을 유지하면서 현실 비판을 하는가에 있다. 호르크하이머에게 철학적 사유는 비판이론이 그러하듯이 특수한 사회적 상황의 표현이며 "철학의 참된 사회적 기능은 기존의 것에 대한 비판(Kritik des Bestehendens)"(GS4, 344)임을 천명한다. 호르크하이머가 철학을 "세계 안으로 이성을 가져오는 지속적인 방법적 시도"(같은 책, 347)라고 정의하는 것도 비판이론의 이념을 '이성적 사회의 실현'으로 보는 점과 아무런 차이를 발견할 수 없다. 또한 철학이 유용성이 결여되고 독립성과 독자성을 자신의 내적 생명으로 삼는다는 호르크하이머의 주장 역시 전통이론과 구별되는 비판이론의 내적 속성이라는 측면에서 차이를 찾을 수 없다. 이러한 점에서 비판이론에서의 비판 개념과 철학의 개념, 비판이론의 과제와 철학의 과제는 동일한 의미를 지닌다. 호르크하이머에게 철학이란 비판을 의미하며 철학의 과제는 비판을 수행하는 것이다. 그렇다면 비판으로서의 철학, 비판이론의 핵심인 비판은 무엇을 의미하는가? 호르크하이머에게 비판은 개별 사건과 사안에 대한 입장 나열, 무조건적 반대나 거부, 사회에 대한 단순한 저항적 관념을 의미하지 않는다.

> 철학에서 비판이란 경제학과 정치학에서와 달리 어떤 특정한 사실에 대한 비난이나 이런저런 정책에 대한 불평 혹은 단순한 거부만을 의미하지는 않는다(GS4, 350).

호르크하이머가 말하는 비판은 "지배적인 이념이나 행동방식과 사회적인 상태를 반성하지 않은 채로, 순전히 관습적으로 받아들이지 않으려는 지적이고 실천적인 노력"(같은 책, 350)을 의미한다. 이와 같은 비판적 노력은 "사람들이 현재의 사회조직을 통해 그들에게 제시된 이념과 활동방식 속으로 휩쓸려 들어가는 것을 방지하는 데 있다."(같은 책, 344) 이를 위해 비판은 ① 개별적인 활동과 그로 인해 발생하는 것들 간의 관계, ② 특수한 존재와 사회의 일반적인 생활 사이의 관계, ③ 일상적 계획과 자신이 인정하는 이념 사이의 관계에 대한 인식을 전제로 한다. 진정한 비판은 바로 사물과 사회적 상태, 시대이념과 목표에 대한 실제적 인식에 있다(같은 책, 350). 실제적인 인식을 하기 위한 비판이론의 주된 비판 대상은 경제비판(Kritik der Ökonomie)이다. 왜 경제비판이 비판이론의 주된 비판 대상이 될 수밖에 없는가? 왜냐하면 "경제는 참혹함의 첫 번째 원인이기 때문이다."(같은 책, 222) 따라서 비판이론은 이론적인 영역에서의 경제학과 실천적인 영역에서의 경제주의(Ökonomismus)와 대결해야 한다(GS4, 220). 호르크하이머에게 경제주의는 경제에 모든 우선적인 가치를 두는 태도를 의미하는 것이 아니라 경제문제를 사회 전체와 인간 전체의 행위의 관점에서 파악하지 않고 단순한 경제현상에 집착해 현상을 파악하려는 입장을 말한다. 경제학과 경제주의 비판이 함축하는 바는 비판이론이 국가경제라는 하나의 분과영역을 넘어서야 한다는 의미이다. 비판이론은 경제학과 같은 경제 분야의 분과학문으로 축소되지 않고 그 이상(Mehr)이 되어야 한다. 그 이유는 "비판은 비판의 대상과 동일하지 않으며, 철학으로부터 국가경제론과 같은 것이 맺어"(같은 책, 219)지지 않기 때문이다. 이와 반대로 경제학 비판과 경제주의 비판이 경제적 분석 자체에 대한 포기나 제한을 의미하는 것은 아니다. 비판이론의 경제학 비판은 바로 경제적 분석의 타당성과 독립성, 역사적으로 합당한 방향 제시에 초점이 맞추어져야 한다. 비판이론이 수행하는 경제비판의 기본 방향은 경제학과 경제주의가 가지는 부정성이며, 이러한 부정성을 비판하는 방식은 사회적 삶의 핵심 결정요인인 경제적 삶의 영역이 일반적으로 받아들이듯이 사회의 생산물이 아니라 자율적이고 독립적인 인간의 고유한 욕구의 생산물이며, 이러한 욕구의 관철과 변형의 표현으로 이해해야 한다는 점이다(같은 책, 222). 개인의 욕구에 대한 관심과 활동의 산물로서 인간의 경제적 삶은 곧 비판이론이 전제하는 자유로운 개인의 공동체로서 개인의 행복이 보장되는 사회로의 발전을 추동하는 계기가 된다. 여기서 호르크하이머에게 상정하는 경제적 개인은 사회적 손에 의해 작동되는 경제 메커니즘에 종속된 중립화된 개인이 아니라 경제적·역사적 삶을 독립적으로 창조해내는 개인이다. 호르크하이머의 경제에 대한 이러한 기본 관점은 동시에 착취하는 경제, 경제결정론, 경제주의, 천박한 소비자본주의에 비판적이며 경제영역의 분과학문과 명백히 구분되는 점이기도 하다.

5. 비판이론의 어제와 오늘 그리고 미래

1937년에 호르크하이머가 「전통이론과 비판이론」에서 비판이론의 이념과 과제를 제시한 이래로 호르크하이머와 비판이론 학파 내부에 많은 변화가 있었다. 호르크하이머는 위의 논문을 발표할 즈음에 마르크스주의적 정치경제학 비판의 관점에서 후퇴한다. 1941년부터 아도르노와 함께 저술한 『계몽의 변증법』을 기점으로 호르크하이머는 정치경제학을 토대로 한 비판적 사회이론에서 논의의 중심축을 '변증법적 인간학(dialektische Anthropologie)'으로 전환하게 된다. 전후 미국에서 프랑크푸르트로 사회연구소가 재설립되면서 호르크하이머는 대학과 사회 내외에서 정치적 영향력을 행사해 왔으며 이전처럼 이론적 저작활동에 몰두하지 못하는 상황을 맞게 된다. 호르크하이머의 후기 단편들은 이 점에서 자신의 전기 사상을 보충하거나 수정하는 차원에서 파악할 수 있다. 후기의 사상적 변화는 '종교성 혹은 신학으로의 접근'으로 이해되어 왔으며, 호스펠트 같은 이는 그의 사상적 변화를 "무신론적 마르크스주의자로부터 초월성을 예감하는 비마르크스주의자로의 전환"(Hoβfeld, 1973: 50)이라고 표현하기도 한다. 이것에 대한 논의는 이 책의 다른 장 〈'아주 다른 것에 대한 동경'의 사회철학〉에서 자세히 다루었다. 여기서는 우리의 주제였던 위의 논문과 초기 비판이론의 이념에 대한 후기 호르크하이머의 회고를 통해 비판이론에 대한 그의 입장변화를 살펴보고자 한다.

먼저 호르크하이머는 비판이론의 이념으로서 기존 사회에 대한 비판은 여전히 유효한 비판이론의 기본 관심이라고 강조한다. 그러나 초기의 호르크하이머와는 달리 후기의 호르크하이머는 기존 사회의 비판을 여전히 강조하지만, 미래사회는 완전히 관리되는 사회가 될 것임을 확신하는 동시에 비관주의로의 탈주가 자신의 철학적 동기이자 사유 전반에 내재하고 있음을 시인한다. 그럼에도 호르크하이머는 여전히 희망을 말하고자 한다. 호르크하이머의 희망은 초기의 '사회 전체의 변화'에서 '보다 보편적인 가치의 실현'으로 그 내용이 변화한다. 호르크하이머가 초기 비판에서 강조한 '변혁의 문제'를 더 이상 화두로 삼지 않은 이유는 나치즘이 패망한 이후에 서구에서의 혁명은 다시금 테러리즘과 새로운 공포 상태를 초래했기 때문이다(GS8, 341). 초기의 비판이론 화두와 달리 변화된 사회구조 안에서 호르크하이머는 사랑, 우정, 독립적인 인간의 상호연대라는 보다 넓은 가치를 지향한다. 호르크하이머는 위의 가치가 개인적 범주에 귀속되는 가치라는 비판에 앞서 언급한 규범적 가치가 시민적이고 개인주의적인 생산방식과 더불어 발생하였더라도 개인적 범주를 뛰어넘어 합리적 사회의 구조원리가 충분히 될 수 있다고 믿었다(GS7, 428). 1973년, 호르크하이머는 사망 직전에 이루어진 마지막 인터뷰에서 기술과 자연과학으로 인해 종교뿐만 아니라 정신적 가치가 불필요한 것이 되어버린 시대에 '도덕'은 아직도 필연적으로 요청되어야만 하며, 정신적인 자유의 보호가 현재 인류의 중요한 과제가 되어야 한다고 말한다. 이를 위해서 호르크하이머는 판타지, 정신, 문화가 필연적인 역할을 하는 '유년기의 한 자락(ein Stück Kindheit)'이 보호되고 유지되기를 기대한다. 비판이론의 이념적 가치 지향이 보다 보편적인 차원으로 확대되었다고는 하지만 비판이론의 과제인 '진보의 대가와 위험'에 대한 비판, '비참한 사회 현실'에 대한 비판은 지속되어야 함은 자명하다. 이것은 비판이론의 어제와 오늘, 미래의 지속적인 과제이다.

연구방법론에 있어서 초기와 후기의 비판이론은 여전히 연속성을 유지한다. 「전통이론과 비판이론」에서 제기하고 있는 실증주의, 경험주의적 연구방법론에 대한 비판에도 호르크하이머가 주도한 사회연구소의 프로그램

은 경험연구를 적절하게 활용했다. 그는 실증주의를 '철학적 기술 관료주의
(philosophische Technokratie)'라고 비판하지만 1971년에 이루어진 그로스너
(Claus Grossner)와의 대담에서는 포퍼나 알베르트가 주장하는 신실증주의에
대한 인식 부족을 인정하기도 한다(GS7, 424). 그러면서 호르크하이머는 실증
주의적인 개별학문의 도움 없이는 사회의 개별 현상에 대한 비판이 가능하
지 않다고 본다. 여타의 다른 학문처럼 비판이론 역시 개별 학문의 도움을
받아야 한다. 그러나 그는 자연과학을 포함한 일반 학문은 비판이론을 사회
에 올바르게 적용하기 위한 도구로 이해되어야 할 필요가 있다고 강조한다.
이런 의미에서 실증주의는 "비판이론 안에서 지양되었다"(GS14, 348)고 말한
다. 호르크하이머의 지양 방식은 비판이론을 풍부하게 하기 위한 보조적인
역할로 제한하는 방식이다. 이 점에서 초기 호르크하이머의 연속성이 확인
된다. 호르크하이머는 1950년대 이후 지리멸렬해진 사회연구소의 연구가
다시 한 번 활성화되어 '사회의 객관적 변화와 인간심리 변화의 상호관계',
'역사의 내적논리에 관한 이론적·경험적 해석'과 같은 연구프로그램이 가
동되길 기대했다. 비록 후기의 호르크하이머는 초기에 비해 기독교적 도그
마와 다른 종교적 색채를 드러내지만 마르크스와 헤겔을 비판적으로 수용
한 비판이론의 부정적 방법론은 초기 비판이론과 후기 비판이론에서도 일
관되게 그 혼적을 찾을 수 있다.

2

초기 저작에서의 유물론 개념[2]

1. 들어가면서

호르크하이머 철학을 하나의 통일적인 체계로 파악한다는 것은 쉽지 않다. 그것은 호르크하이머의 철학적 화두가 시기에 따라 변화되었다는 점과 개별 철학적 주제에 있어서도 연속성과 비연속성을 보여주는 데 기인한다. 호르크하이머 철학연구자들은 그의 사유 단계를 임의의 기준에 따라 시기별로 다양하게 구분한다. 이번 장에서 다루는 호르크하이머의 초기 철학은 1920년의 「경제원리」에서 『계몽의 변증법』 초고를 쓰기 시작한 1941년에 해당되는 시기이다. 이 시기에 호르크하이머는 다양한 철학적 전통의 수용과 대결을 통해 자신의 유물론 철학을 구축해간다. 다시 말해 마르크스 유물론의 초보적 이해에서 시작해 자신의 고유한 유물론적 사회이론을 발전시킨다. 초기 유물론 철학 시기에서 1931년은 특별한 의미를 갖는다.

1931년은 호르크하이머가 사회연구소의 소장으로 취임하면서 이전의

---

2   「호르크하이머의 초기 저작에서 유물론 개념」, 『철학논총』 제64집.

그륀베르크 연구소장 주도하에 마르크스 연구, 정통 마르크스주의 마르크스 이해, 마르크스의 유물론과도 구별되는 호르크하이머 고유의 유물론 이해에 기초한 연구프로그램을 가동시킨 시점이다. 1931~1941년 사이의 그의 철학은 일반적으로 '학제적 유물론'이라고도 불린다. 호르크하이머의 유물론이 본격적으로 생산적 이론 활동을 했던 이 시기는 나치즘이 발흥하던 시대이다. 호르크하이머의 충실한 제자였던 슈미트는 이 점을 의식해 유물론적 "비판이론이 다시 반복되기 어려운 1930년대의 조건에서 발생한 마르크시즘의 특별한 수용"(Schmidt, 1974: 15)이라고 평가한다. '특별한 수용'이란 변화된 사회적 조건 속에서 마르크스 유물론의 수용과 재해석을 통한 비판적 전개를 의미한다. 호르크하이머의 유물론 형성은 마르크스의 초기 저작의 수용에서 비롯되었다. 마르크스의 유물론적 사유의 수용은 한편으로는 "초월론적 주체의 무의식적이고 초개인적인 활동"을 "사회적 노동과 실천"(Rogler, 1986: 81)이라는 관점에 의거한 칸트, 헤겔의 관념론 비판과 생철학 비판으로 나타나며, 다른 한편으로는 마르크스 유물론의 재해석과 비판을 통한 호르크하이머의 고유한 유물론의 형성으로 나타났다. 이번 장은 호르크하이머의 초기 유물론 철학의 전모를 밝혀내기 위해 ① 유물론에 관한 그릇된 이해와 유물론적 관점에서 당대의 철학에 대한 호르크하이머의 비판, ② 초기 호르크하이머 유물론의 형성과 내용을 중심적으로 다루게 될 것이다.

2. 반유물론적 사유 비판

1) 유물론의 형이상학적 해석에 관한 비판

　　호르크하이머는 유물론을 세계관의 철학이나 하나의 형이상학적 입장으로 파악하려는 딜타이나 야스퍼스 류의 시도에 대해 비판적이다. 그에 따르면 딜타이는 유물론을 "세계의 근거, 육체와 영혼의 관계에 대한 이론"(GS3, 73)을 다루는 하나의 형이상학으로 간주한다. 호르크하이머가 보기에 딜타이는 당대의 일반적인 이해에 따라 유물론을 관념론의 대립물이 아닌 심령주의(Spiritualismus)에 대립하는 형이상학으로 이해했다. 그에게 유물론은 세계인식과 실천적 삶의 자기형성 문맥에서 다루어진다. 호르크하이머는 딜타이나 그 시대의 유물론에 대한 이해가 "모든 현실은 물질이고 그것의 운동"(GS3, 73)이라는 조야한 수준이었다고 평가하지만 논거를 제시하지는 않는다. 이와 같은 조야한 이해는 손쉽게 유물론에 대한 단순한 주장들을 아래와 같이 이끌어낸다.

- 의식을 물질적인 운동으로 설명할 수 없다(앨버트 랑에).
- 감정을 포함한 모든 정신적인 과정들이 물리적 운동과정이라는 유물론의 논리는 잘못된 것이다(에리히 베허).
- 신체적이고 심리적인 현실 사이의 근본적인 다양성을 단계적으로 강제하는 직접적인 체험에 대별되는 유물론적 주장은 항상 역설로 남아 있다(빈델반트).
- 모든 유물론적 주장은 우리가 체험하는 심리적 과장들과 관련된 사실을 변화시키지 못한다(빌헬름 예루살렘).
- 유물론에서 의식의 과정들은 증명할 수도 없고 원리적으로 이해시킬 수도 없다(니콜라이 하르트만; GS3, 74 이하).

호르크하이머가 소개한 유물론에 관한 비판론자들의 주장 중 가장 냉소적인 것은 신칸트주의자인 빈델반트의 입장이다. 그는 정신적 과정을 유물론적으로 정립하려는 지속적인 시도야말로 사과를 배의 종류로 보거나 개를 고양이의 종류로 보는 것처럼 의미 없는 주장이라고 말한다. 호르크하이머가 보기에 이러한 소박한 비판들은 유물론에 대한 오해에서 비롯된 것이다. 그에 따르면 유물론은 비판론자들이 주장하듯이 물질과 정신의 관계에 대한 교조적인 논리를 제공하지 않는다. 유물론은 물질과 정신의 관계가 단지 물질이라는 단일조건에 의해 규정되며 그것에 관한 인과론적 설명만을 제공하지 않는다. 유물론은 비판론자들의 주장처럼 완결된 폐쇄적 세계관이나 철학체계가 아니다. 비판론자들의 몰이해와 달리 "마르크스와 엥겔스의 변증법적 유물론은 세계관을 포함하지 않는다."(GS14, 175) 또한 유물론은 역사나 사회문제에 대한 최종 근거나 진리를 제공하는 것도 아니다. 여기서 유물론 비판론자들이 비판하는 유물론과 호르크하이머가 이해하는 유물론은 상이한 유물론임이 확인된다. 호르크하이머가 이해하는 유물론은 형식적 특징을 갖지 않는다. 유물론적 사유를 결정짓는 것은 그 내용에 있다. 그에게 유물론은 "자신의 내용, 즉 사회의 경제적 이론에 의해 지칭"(GS3, 104) 되는 것이다. 그렇다고 해서 호르크하이머에게 '유물론＝정치경제학 비판' 이라는 도식이 성립하는 것은 아니다. 그에게 있어 진정한 유물론은 사회적 고통과 비참한 현실을 비판하는 것을 목적으로 한다. 왜냐하면 '경제는 비참함의 첫 번째 원인'이기 때문이다. 따라서 유물론이 "이론적이며 실천적 비판을 우선적으로 경제"(GS4, 222) 문제로 삼는 것은 자연스러운 일이다. 호르크하이머의 유물론은 사회적 고통과 그러한 현실을 산출하는 자본주의적 조건에 대한 비판임과 동시에 그것의 원인과 극복의 전략을 모색하는 일련의 실천적 지식과 실천행위 전반을 포괄하는 개념이다. 호르크하이머의 유물론은 "순수 이론적 동기가 아닌 현재의 사회를 이해하려는 욕구"에서 출발하며 손쉽게 사회와 "역사의 이상"(GS3, 105)으로 논리적 비약을 감행하거나 탈출구를 찾지 않는다. 그의 유물론은 유물론의 형이상학화가 가져온 그러한 낭만적 이상화의 길을 거부하고 '현재의 사회적 고통과 싸움을 지속하려는 실천적 인식태도와 그것의 실천'을 의미한다.

2) 형이상학에 대한 유물론적 비판

　　호르크하이머는 형이상학을 "모든 인간이 가지고 있는 인식 수단을 통해 존재를 파악하고 총체성에 대해 생각하며 인간과는 무관한 세계의 의미를 발견"(GS3, 108)하려는 철학적 입장이라고 정의한다. 형이상학은 "본질성, 실체, 영혼, 불멸성" 등이 중심 주제이며 "최고의 이념, 초월적 혹은 근원적인 것을 다루는 것이 인간에게 가장 적합하고 가치 있는 활동이라는 테제"(GS4, 108)를 내세운다. "전체 세계를 이성의 산물"로 간주하는 "형이상학의 일반적 비밀"은 "오직 이성 자체만이 절대적 인식을 획득할 수 있다는 것"이다. 이와 같은 형이상학적 인식이론의 전제에 대한 호르크하이머의 유물론적 비판은 "지양될 수 없는 개념과 대상 간의 긴장이라는 인식"(GS4, 87)을 형이상학자들이 간과한다는 데에 있다. 그는 이성적 인식의 절대성이 아닌 인식의 역사성과 사회성 및 사회적 실천으로서 인식행위의 강조를 통해 형이상학에 내재한 인식론적 전제를 유물론적 관점에서 비판한다. 형이상학의 이성적 인식이론과 달리 호르크하이머의 유물론적 인식이론은 ① 객관이나 대상의 조건, ② 인식주체의 주관적 요소, ③ 인식주관의 이론적 관점과 인식방법, ④ 인식주체와 대상의 구성적이며 끊임없는 상호작용, ⑤ 대상과 인식주체의 변화를 전제로 한다(GS3, 88).

　　호르크하이머의 형이상학에 대한 유물론적 비판 중에서 가장 중요한 것은 형이상학적 사유에 내재한 정치철학적 함의이다. 형이상학은 사회에 존재하는 모순과 대립을 해결하기보다는 '조화'를 추구한다. 형이상학에서 "사회 전체의 현존상태를 문제 삼는 일은 절대 있을 수 없으며 양심이나 자유의 관념론과 같은 형이상학적 신앙으로의 도피"(GS4, 112)만이 발견된다. 형이상학은 "역사적 변화와는 무관하게 의미 있는 존재와 관계를 가짐으로써 주어진 상태를 옹호"(GS4, 157)한다. 형이상학은 "세계의 모순"이 "원래적인 현실"로 간주하며 "조화와 의미 있는 실존"을 추구한다. 호르크하이머가

보기에 이것은 "가장 사악한 권력이 바라는 것"(GS4, 153)이며 이와 같은 형이
상학은 결국 모순의 사회체제와 타협하는 논리를 제공하는 것과 다르지 않
다. "일반적으로 형이상학적 의식은 수많은 인간의 고단한 삶과 정부의 그
때그때의 적을 위해 자기희생이 필연적이라는 생각과 타협"(GS4, 108)한다.

호르크하이머에 따르면 형이상학은 비단 세계와 사회의 승인과 타협의
논리를 제공하는 정치사회적 작용뿐만 아니라 사회적 갈등 관계 속에서 개
인의 현실인식과 사회비판의 의식을 약화시키며 내향적 해결책을 제시한
다. 형이상학은 "사회 속에서 인간 삶의 운명이 인격의 내재적 결정과 형이
상학적인 자유를 통해 그 품위를 얻을 수 있으며 원래의 참된 실존과 관계
를 맺음으로써 삶의 의미"(GS4, 114)를 획득한다고 주장한다. 또한 형이상학
은 "고립되고 무가치한 개인들"에게 "초인간적인 힘들이나 전능한 자연 혹
은 무한한 세계 근원과 합일"(GS4, 113)할 수 있다는 믿음을 갖게 만든다. 이
것이 고립된 개인과 사회적 갈등 관계 속의 개인들의 삶과 그들의 운명에
대한 형이상학적 처방이다. 호르크하이머에게 형이상학적 처방이란 다름
아닌 "형이상학적 환상"(GS4, 111)을 보여주고 그 환상 안에서 의미를 찾도록
하는 방식이다. 형이상학적 환상의 주입은 개인에게 "개인의 비판적이고 목
표를 설정하는 기능을 사멸"시키며 개인들의 주체적 "결정과 실천"을 망각
하게 만든다. 형이상학적 환상의 논리는 개인들로 하여금 "사고와 의지라는
정신적인 과정의 두 요소"(GS4, 154)를 분리시킴으로써 관철되는 것이다.

3) 생철학에 대한 유물론적 비판

유물론적 사유에 경도된 초기 호르크하이머에게 당대에 깊은 철학적
영향력을 행사하던 생철학과의 이론적 대결은 필수적인 것이었다. 호르크
하이머가 유물론적 비판을 가하는 생철학은 쇼펜하우어나 니체의 생철학이
아닌 딜타이와 베르그송의 생철학이며 이들에 대한 주요 비판의 논점은 각

각 상이하다. 호르크하이머의 딜타이에 관한 유물론적 비판은 그의 '역사이성 비판'의 분석 틀에 대한 메타비판 차원에서 이루어진다. 그에 따르면 딜타이는 역사와 사회를 "인간(정신) 행위의 산출"(Rogler, 1986: 35)로 간주한다. 그에게 경제, 법, 종교, 예술, 학문과 같은 문화체계들은 인간 영혼의 산물이며3 이와 같은 문화체계들은 내적 상이성이 있음에도 하나의 '정신적 통일(geistige Einheit)'을 이루고 있다. 먼저 호르크하이머는 '역사와 정신사를 동일시'하는 딜타이 역사철학의 근본테제를 문제 삼는다. 이 테제는 역사가 "자신의 의식 그 자체와 본질적으로 동일하다는 믿음과 결부"(GS3, 68)되어 있다. 호르크하이머의 유물론적 역사테제에서 볼 때 역사는 딜타이의 주장처럼 정신사가 아니라 사회적 삶의 전 과정에서 도출되는 산물이다. 호르크하이머가 말하는 사회적 삶의 과정이란 인간적 요소와 인간 외적 요소의 결합으로, 자연에 대한 인간의 전향적인 투쟁의 과정을 의미한다. 같은 맥락에서 딜타이 역사철학의 기본 전제인 통일적인 영적 삶(einheitliches Seeleleben)과 보편적 인간 본성 역시 거부된다. 호르크하이머는 각 시대나 문화에서 찾을 수 있는 인간 일반이라고 지칭할만한 유사성 자체를 거부하지는 않는다. 문제는 욕구, 지각, 믿음 등의 다양한 영역에서 유사성이 발견된다고 해서 그것을 하나의 통일적인 인간존재의 차원으로 환원할 수 없다는 점이다. 개인의 성격, 개성 및 정신의 결정요인을 개인(의 역동성)과 사회의 특수한 상황, 개인과 사회그룹 간의 상호관계 양상과 상호작용 및 전체 사회와의 관계, 개인과 사회의 상호영향 관계에 의해 상이하게 나타난다는 점을 고려한다면 딜타이 역사철학적 테제는 헤겔과 다른 형식의 또 다른 역사 형이상학에 지나지 않는다. 사회 역시 딜타이가 이해하는 것처럼 '표면적인 조직형식

---

3   딜타이에게 법, 종교, 예술, 철학, 국가 등은 정신의 표현이며 정신이 객관화의 산물로서 그것 자체가 객관적 정신으로 이해된다. 여기에 대해서는 Dilthey, W., *Der Aufbau der geschichtlichen Welt in den Geisteswissenschaften,* in ders. Gesammelte Schriften, Bd. VII, Göttingen, 1979. p. 146 참조.

들의 총체'도 아니며 '인간 본성의 다양한 측면들이 스스로 표현되는 한계 내에서 존재'하는 것도 아니다. 딜타이의 생철학적 관점에서 전개하는 사회 분석 역시 지배, 종속, 자유, 억압에 대한 의식적이고 무의식적인 모든 애착과 같은 심리적 분석으로 환원될 수 없는 것이다(GS4, 355). 왜냐하면 심리주의가 가지는 사회분석의 이론적 강점에도 호르크하이머의 유물론에서 심리학이나 심리학적 사회분석은 근본적 방법론이 아닌 보조적 방법론으로 정치경제학적 분석의 보충물이기 때문이다.

베르그송에 대한 호르크하이머의 유물론적 비판은 그의 이론에 내재한 형이상학적 전제에 초점을 맞추고 있다. 그는 먼저 베르그송의 핵심 개념 중의 하나인 직관 개념을 비판적으로 검토한다.

> 베르그송에게 인식의 문제와 역사문제에 있어 해결책인 직관은 생, 에너지, 지속 창조적 진화와 같은 것을 하나의 대상으로 통일한다. 그러나 현실적으로 인간은 (인식에 있어) 분열되어 있으며, 모순된 다양한 것들을 간파하려는 직관은 역사에서 무엇이 결정적인지를 놓치고 있다(GS3, 109).

베르그송의 직관 개념이 역사에서 결정적으로 간과하는 것은 직관을 수행하는 주체와 현실과의 변증법적 관계이며 역사를 구성해내는 주체의 능력이다. 또한 베르그송이 말하는 직관은 사유나 인식에 있어 확정과 질서 지우기와 같은 기능을 수행한다고 볼 수 있다. 행위로서 사유를 이해하는 한 베르그송이 이해한 바와 달리 개념과 직관은 인식에 있어 상호작용하는 것이다. 베르그송이 주장하는 직관에 의해 '있는 그대로의 실재'를 파악하는 것은 '그냥 내버려 둠'으로써 실재의 인식에 도달하는 것이 아니라 사회와 관계하는 개인의 자극과 관심에 의해 규정된 방향성에 달려 있는 문제이다. 이론 활동 자체를 "일반적인 사회적 실천의 한 부분"(GS4, 178)으로 이해하는 호르크하이머의 관점에서 본다면, 직관 역시 사회적 실천의 한 부분으로 이해되어야 한다. 왜냐하면 직관을 하나의 인식행위로 이해하는 한 그러한 인식행위에는 "현재의 인간 존재형태가 갖는 필연성, 목적, 경험, 숙련성, 습관, 경향"(GS4, 179)이 침투될 수밖에 없기 때문이다.

만약 직관의 계기성을 실제에 있어서나 각각의 역사적 상황에 따라 변화하는 기능으로 파악하지 않고 유일한 절대적인 방법으로 간주한다면, 직관은 종국에 하나의 환상이나 이데올로기가 될 것이다(GS3, 245). 호르크하이머는 베르그송이 직관의 능력을 과대평가했으며 그의 직관 개념이 독단론자의 체계처럼 비역사적이고 추상적인 개념에 불과하다고 보았다. 직관 개념의 추상성의 극복은 각각의 개념과 고립된 개별 직관들이 계속적으로 변화하는 인식의 전체 구조에 관계할 때 가능하다.

직관 개념의 비판에 이어 호르크하이머는 「베르그송의 시간의 형이상학에 대하여」에서 시간 개념을 문제 삼는다. 그는 시간을 "형이상학적 원리로 격상"(GS3, 228)시키는 시간의 형이상학을 비판한다. 호르크하이머에 따르면 구체적인 시간의 철학을 정초하려는 시도는 실패할 수밖에 없다. 발전, 변화, 전환을 시간 개념 속에 포착하고 인간의 역사를 도외시하는 '구체적인 시간의 철학'은 성립 불가능하기 때문이다. 베르그송의 지속(durêe)으로서의 시간 개념은 "현실의 시간을 추상화하고 부정"(GS3, 237)하는 것이다. "지속의 상하에서(sub specie duratonis)"라는 베르그송의 표현은 변화의 관점을 드러내는 동시에 무한한 변화, 영원이라는 의미를 갖는다. 현재 안에서 끊임없이 연장되는 내적 경험 안의 점진적인 새로움으로서 지속이란 호르크하이머에게는 "현재의 절대화"(제이, 1987: 92)에 지나지 않는다. 그런데 이와 같이 현실을 지속적으로 파악하는 것은 고통스럽고 병든 구체적인 현실을 외면하는 것이다. 호르크하이머에게 현실은 개인의 내적인 시간 속에서 통일적이지도 않고 영원하지도 않다.

3. 호르크하이머 초기 사유에서의 유물론

1) 마르크스 유물론의 수용

2장에서 다룬 반유물론적 철학에 대한 호르크하이머의 유물론적 비판은 마르크스 유물론의 사유에 바탕을 둔 것이었다. 그런데 초기 호르크하이머의 마르크스 유물론에 대한 입장은 마르크스 정치경제학 비판의 '충실한 수용'과 변화된 사회조건에 대한 비판적 재해석 및 단절, 새로운 비판적 유물론의 전개라는 복합적인 양상을 보여주고 있다. 새로운 사회철학으로서 비판이론이 본격적으로 정립되는 시기인 1930년 중반 이후에 호르크하이머의 비판적 유물론이 그 내용을 드러내지만, 마르크스 유물론 철학에 대한 관심과 연구는 1차 대전 이후 이미 시작되었다. 마르크스 유물론의 흔적을 찾아볼 수 있는 초기 호르크하이머의 저작은 1920에 쓴 「경제원리」라는 짧은 노트이다. 이 저작에서 호르크하이머는 '경제원리＝인간 행위의 원리＝자연적 질서'라는 도식을 정립하였으나 그에 관한 심도 있는 논의에 이르지 못했다(GS11, 14) 1926～1931년 사이에 서술한 『여명』은 마르크스 유물론에 대한 심화된 이해를 보여주고 있다. 이 저작에서 그는 사회주의 혁명에 대한 확고한 믿음을 드러낸다. 비록 그는 노동자 계급의 분열, 독일 공산당의 정치적 전략과 실천능력 비판, 공산당의 교조화된 도그마에 대한 비판을 감행하였음에도 사회주의 혁명의 가능성에 대한 희망과 기대를 포기하지 않았다.[4] 나치즘의 등장 이후에도 호르크하이머는 혁명을 통해서만 나치즘의 청산이 가능하다고 믿었으며, 실천적 의미에서 여전히 마르크스주의자였다

---

4 호르크하이머에게 여명이란 계급의식의 강화와 억압 장치의 고도화와 작용의 광범위성이 동시에 작동하는 위기의 상황 속에서 드러나는 사회주의 혁명의 가능성을 상징화한 개념이다. 여기에 대해서는 GS2, 313 이하; GS7, 385; Dubiel, H., *Wissenschaftsorganisation und politische Erfahrung*, Frankfurt a. M., 1978. p. 27.

고 고백한다(GS7, 385). 그러나 사회주의 혁명에 대한 호르크하이머의 입장 변화는 불과 몇 년 후에 나타난다. 그는 1937년에 「전통이론과 비판이론」이 라는 논문에서 노동자의 계급의식 상실과 사회구조의 분화로 인해 사회주 의 혁명의 불가능함을 천명하기에 이른다.

인식이론과 관련해 호르크하이머는 『독일 이데올로기』에서 언급한 '새 로운 유물론'에 관한 테제들을 충실히 따르고 있다. 그의 인식 발생과 인식 의 사회적 조건, 인식대상과 인식주체의 사회역사적 조건, 사회변동과 이론 간의 변증법적 매개, 이론 발생의 사회조건과 사회적 선택메커니즘에 대한 일련의 언급들은 마르크스의 유물론적 인식이론을 다르게 서술하는 데 그 치고 있다. 마르크스의 새로운 유물론은 그가 비판한 기존의 유물론과 달리 "대상, 현실, 감각적인 것을 직관 대상의 형식 아래 파악하지 않고 감각적인 인간의 행위, 다시 말해 실천"(Marx/Engels, 1983: 5)의 관점에서 이해한다. 감 각적 확실성과 사회적 현실이 주어진 것이 아닌 역사적·사회적 실천이라 는 마르크스의 주장을 호르크하이머의 초기 저작에서는 다음과 같이 수용 한다.

의복과 등장, 감정의 형성과 그것의 지각방식은 역사의 산물일 뿐만 아니라 수천 년 동안 발전되어 온 인간의 보고 듣는 방식 역시 인간의 사회적 삶의 과 정으로부터 분리시킬 수 없다. 감각을 불러일으키는 사실(Tatsachen)은 지각대 상의 역사적 성격과 지각기관의 역사적 성격이라는 이중적 방식에서 사회적 으로 이미 형식화된다(GS4, 174).

호르크하이머는 유물론이 실재 경험을 감각에서 찾지만 감각경험을 절 대화하지는 않는다고 강조한다.

감각을 통한 모든 존재하는 것의 증명에 대한 요구는 감각 자체가 역사적 과정에서 변화하지 않거나 감각이 세계의 확고한 초석이라는 사실을 의미하는 것이 아니다. 감각적인 것의 자명성이 존재판단의 근거가 된다면, 그러한 경험은 세계의 지속적인 요소들과 동일한 것이 될 수 없다(GS3, 102).

　　호르크하이머에게 감각은 인식의 토대가 될 수는 있지만, 감각이 곧 지각이 될 수는 없다. 같은 맥락에서 인식의 발생과 조건이 세계의 발생 및 조건과 동일한 것이 될 수 없다. 이와 같은 입장은 유물론적 인식이론이 조야한 속류 유물론과 달리 인식에 있어 사유의 역할과 인식주체-인식대상, 인식과정이라는 제 요소 간의 상호영향에 주목하는 데 따른 것이다. 호르크하이머는 인간의 인식 역시 역사적 · 사회적 차원에서 매개됨과 동시에 역사와 사회적 맥락에 종속되어 있다고 주장한다. 인식주체 역시 유한한 사회적 주체이며 역사적 · 사회적 규정성으로부터 자유롭지 못하다.

　　사회 분석 틀로서 마르크스의 정치경제학 비판과 경제적 관점은 호르크하이머의 초기 유물론적 사유부터 후기 사유에 이르기까지 핵심적인 지위를 갖는다. 왜냐하면 "인간사회의 삶의 과정을 추동하는 다양한 방식 중에서 경제적 카테고리는 역사적으로 근본적인 것"(GS3, 57)이기 때문이다. 호르크하이머는 '오늘날의 유물론'이라는 표현을 즐겨 사용하는데, 마르크스적 유물론을 지시하는 이 표현은 항상 유물론의 혁명적 성격과 결합되어 있으며, 유물론이 '정치경제학적 사회이론'임을 나타낸다. 정치경제학적 사회이론과 동일한 의미를 갖는 유물론은 자본주의적 경제 질서의 구조적인 문제를 파헤치고 그것의 지양을 위한 전략과 방법을 제시해야 한다. "오늘날의 사회형식은 정치경제학의 비판에서 파악"(GS3, 311)되어야 하는 것이다. 한편 호르크하이머는 교조화된 경제주의와 마르크스의 정치경제학적 분석 틀을 의도적으로 구분한다. 그에 따르면 마르크스의 정치경제학 비판뿐만 아니라 자신의 비판이론 역시 일종의 경제주의로 비판하고 있는데, 이것은 교조화된 마르크스주의에 의해 '잘못 이해된 마르크스'이며 비판이론에 대한 오해이다. 경제주의의 근본 문제는 "경제적인 문제를 너무 중요시하는 데 있는 것이 아니라 경제문제를 너무 편협하게 받아들이는 데 있다." 중요한 것은 어떻게 합리적이고 이성적인 "보다 높은 경제적인 조직원리"(GS4, 222)를 구성해낼 것인가에 있다. 호르크하이머에게 경제는 '비참함의 근본적 원인'이기도 함과 동시에 비판적 유물론이 추구하는 이성적인 사회와 개인의 행복을 위한 물적 토대이기도 하다. 비판적 유물론이 설정하는 의미 있는 사회변화에서 중요한 것은 경제적 잠재행위 능력이 확장될 수 있는가의 여부이다. 경제문제는 미래사회의 전망과 평가에서도 핵심적 지위를 갖는다. 미래 사회의 형식은 그 사회의 경제에 의해 유일하게 평가되어야 한다는 것이 호르크하이머의 입장이기 때문이다. 역사발전의 법칙성이나 미래 역사의 예측에 관한 한 초기 호르크하이머는 처음부터 마르크스의 입장을 수용하지 않는다. 그는 생산력과 생산관계의 모순이 역사의 추동체라는 마르크스의 입장을 수용하면서도 마르크스처럼 경제적 법칙성에 근거해 '역사발전의 법칙성'을 도출해내는 데 반대한다. 초기뿐만 아니라 호르크하이머 전체 사유의 단계에서도 역사 법칙성이나 인간으로부터 독립된 어떤 힘에 의해 역사가 진행된다는 숙명론적인 역사이해는 배제되었다. 호르크하이머에게 역사 자체가 하나의 통일적인 의미를 갖거나 발전한다는 사유는 일종의 역사 형이상학에 지나지 않는다. 역사에 있어서 필연성을 가정하거나 역사 예측을 감행하는 역사철학은 교조화와 형이상학의 길로 접어드는 것이다. 호르크하이머는 이러한 자신의 입장을 1930년 논문인 「부르주아적 역사철학의 기원들」에서 분명히 밝히고 있다.

2) 학제적 유물론

초기 호르크하이머 유물론의 특징은 한마디로 학제적 유물론(der interdisziplinäre Materialismus)이라고 할 수 있다. 학제적 유물론은 기존의 기능주의적 사회과학을 비판함과 동시에 마르크스주의적 교조주의를 방법론적으로 극복하고자 하는 연구프로그램의 이념과 연구방법론을 지칭한다. 호르크하이머의 학제적 유물론은 "사회의 경제적 삶과 개인들의 심리적 발달 그리고 학문, 예술, 종교라는 정신적 내용뿐만 아니라 법, 윤리, 유행, 여론, 스포츠, 오락, 라이프스타일을 포함하는 문화영역 간의 연관 관계"(GS3, 32)를 보편적인 철학적 체계로 실체화하는 것이 아니라 "개별 분과의 학문적 연구 활동과 철학적 이론을 변증법적으로 결합"(GS3, 29)시키고자 한다. 이와 같은 학제적 유물론을 하버마스는 "사회과학적 수단을 통해 철학을 전개"하고 "사회이론 속에서 철학을 지양"(Habermas, 1986: 161)하는 새로운 유물론적 방법론이라고 말한다. 이때 물론 철학은 마르크스 철학에 근간을 두면서 마르크스 유물론을 비판적으로 재구성하는 유물론적 사회이론을 의미한다. 학제적 유물론은 "사회적 총체성의 올바른 이론"(GS3, 214) 정립을 목표로 한다. 다시 말해 "현상의 혼란스러운 다양성에 내재한 통일적이며 역동적인 구조의 인식"(GS3, 51)을 목표로 삼는다. 총체성의 인식이 학제적 유물론의 근본 목적임에도 호르크하이머는 루카치식의 헤겔화된 마르크스적 총체성 개념에 비판적이다. 루카치는 "마르크스의 노작들 속에 항상 차지하는 방법론적 핵심 지위"인 총체성을 "헤겔적 방법"(루카치, 1986, 23)을 통해 실현하고자 한다. 호르크하이머가 보기에 "역사과정 속에서 자기실현을 하는 주객동일자"(루카치, 1986, 25, 235)를 프롤레타리아의 계급의식에서 찾는 루카치의 헤겔화된 관점은 마르크스의 정치경제학적 비판을 떠나 헤겔의 자기의식의 주체-객체의 변증법적 모델로의 이행을 의미한다. 초역사적 주체-객체의 동일자로서 프롤레타리아의 상정은 헤겔의 초역사적 주체-객체 변증법의 '비현실적인 관계에 토대를 두고 있는 사유 차원의 영원화(Verewigung)'와 크게 다르지 않다. 헤겔의 관념론적 변증법을 비판하는 관점을 프롤레타리아 계급의식론에 준용하는 호르크하이머는 루카치와 달리 주체-객체 "인식의 미완결성(Unabschließbarkeit der Erkenntnis)"(GS3, 37)을 강조한다. 그에게 중요한 것은 "특정한 시점의 특정한 사회계급의 특정한 인간"(GS3, 194)이며 긴장 속에서 중단되지 않는 인식의 활동성이다. 학제적 유물론에서 인식이란 "지속적으로 변화하면서도 실재에 대한 사유의 긴장이 해소되지 않고 이를 통해 인식의 고유한 개념"(GS3, 91)을 획득하는 것을 말한다. 위와 같은 총체성 문제를 둘러싼 호르크하이머의 루카치 비판은 학제적 유물론이 가지는 반형이상적 특징과 사회인식의 학제적 방법에 기인한 것이다. 총체성의 인식을 위해 학제적 유물론은 전체 사회의 진행과정을 소망과 기대에 근거하지 않고 '사태'에 근거해 설명한다. 동시에 개별적인 설명과 해석이 도그마에 빠지거나 경험적이고 기술적인 차원에서 매몰되는 것을 경계한다(GS3, 34). 이것은 형이상학과 실증주의 방법론 비판, 프로이트의 정신분석학의 보조적 활용과 경험연구 수행과 같은 구체적인 연구프로그램으로 가시화되었다. 호르크하이머는 '마르크스 유물론과 정신분석학의 유기적인 결합'을 강조한다. 그는 정신분석학을 "마르크스주의의 필연적 보충물"(Bonβ, 1987: 379)로서 이해하며 경제적인 메커니즘 배후에 깊이 작동하는 심리적 과정 및 생산관계와 생산력의 연결고리로서 정신분석학에 주목하였다. 또한 유물론의 보충학문으로로서 정신분석학은 나치즘의 분석도구로서 적극 활용되었다. 〈권위와 가족〉이라는 연구프로그램과 『계몽의 변증법』은 나치즘의 정신분석학적 분석의 범례라 할 만하다.

3) 유물론과 염세주의의 결합

마르크스 유물론과 구별되는 호르크하이머 유물론의 가장 큰 특징은 유물론에 염세주의적 계기성과 관점을 도입했다는 데 있다. 청소년기부터 쇼펜하우어의 염세주의 철학에 영향을 받은 호르크하이머는 "형이상학적 염세주의에는 모든 진정한 유물론적 사유의 계기성이 함축"(GS3, 18)되어 있다고 말한다. 여기서 유물론적 사유의 계기성이란 염세주의에 내재한 현실비판적 성격을 의미한다. 쇼펜하우어의 염세주의는 "모든 종교에 내재한 잔혹한 긍정성"이나 긍정적인 영혼, 밝은 사상을 거부하는 "부정성을 말하며 사상 속에서 그것을 보존"(GS7, 139)한다. 그의 부정성의 정신이 비록 개혁과 혁명에 대한 불신과 시스템의 변화에 대한 무관심으로 나타나기도 하지만, 불의에 대한 경험을 철학적으로 합리화하거나 병든 절대주의에 빠지지 않는다는 점에서 '비판적'이다. 쇼펜하우어의 염세주의는 세계에서 고통이 사라지지 않으며 다양한 시대마다 고유한 사회적 불의의 양상의 변화, 발전의 병리적 변증법을 간파한다는 점에서 '비판적'이다. 이렇듯 "쇼펜하우어 철학의 정신은 저항(비판)"(GS7, 53)인 것이다. 대학 입학 전에 폴록을 통해 쇼펜하우어의 철학을 탐독한 호르크하이머는 마르크스 유물론의 수용과 재해석의 사유과정에서 마르크스적 관점에서 쇼펜하우어 철학을 비판하지 않고, 쇼펜하우어의 부정성의 철학과 마르크스 유물론의 '비판정신'에 주목한 것으로 보인다.

호르크하이머가 쇼펜하우어의 사유에 영향을 받은 흔적은 실존적 삶과 사회적 삶의 영역을 '고통'이라는 중심 개념을 통해 파악하는 데서 찾을 수 있다. 그는 고통을 "삶의 형식"으로 이해하며 그와 같은 관점을 사회와 역사에 적용시킨다. 이것은 후에 『계몽의 변증법』의 주제인 자연지배에 의한 고통의 생산과 재생산의 역사철학적 설명모델의 착상에 간접적인 영향을 주었다. 호르크하이머에게 나타나는 쇼펜하우어의 또 다른 영향 중 하나는 쇼펜하우어의 '현재의 안녕에 의한 과거 고통의 지양 불가능성' 테제를 호르크하이머가 전면적으로 수용하는 데 있다.

> 과거의 불의는 다시 좋게 만들 수 없으며 지나간 성차(에 의해 발생하는)의 고통을 없애는 것은 불가능하다(GS3, 86).

쇼펜하우어의 염세주의 철학은 호르크하이머로 하여금 모든 종류의 긍정주의와 긍정의 철학을 부정하는 것을 넘어 부정의 철학을 기획하게 만들며, 그의 유물론 개념의 배후에 자리 잡고 있음은 분명하다. 그럼에도 호르크하이머의 유물론의 저류에 흐르는 쇼펜하우어의 영향관계를 추적해내는 것은 쉬운 작업이 아니다. 핵심적인 이유는 호르크하이머의 유물론 개념의 각론과 쇼펜하우어의 염세철학 간의 일대일 대응관계를 추론해낼 만한 단서를 호르크하이머가 전혀 제시하지 않았다는 데에 있다. 따라서 호르크하이머 유물론 개념과 쇼펜하우어의 염세주의 결합은 전체적이고 내용적인 삼투에 의한 내실적 결합이라기보다는 호르크하이머 전 사유체계에 나타나는 전투적이며 동시에 회의적인, 이성적 사회 건설에 대한 요구와 그것의 실현 불가능성에 대한 믿음 사이에서 보이지 않는 형식으로 결합되어 있다.

4. 호르크하이머 사유에서 초기 유물론적 사유의 연속성과 비연속성

3장의 서두에서 언급했듯이 호르크하이머에 의한 마르크스 유물론의 수용은 충실한 수용, 변형과 단절의 다양한 측면을 보여준다. 1930년대 호르크하이머의 새로운 비판적 유물론이 형성된 이후 그의 초기 유물론 사유 역시 변화된 사회와 맞물려 연속적 측면과 비연속적 측면을 드러낸다. 이 장에서는 이와 같은 점을 살펴보고자 한다. 호르크하이머의 초기 유물론적 사유는 1930년대 이후 새로운 운명에 직면한다. 1940년대 초에 들어서면서 호르크하이머는 마르크스의 유물론적 비판의 틀을 벗어나 자연과 인간의 관계를 메타적 차원에서 고찰하는 문명비판, 이성비판으로 자신의 철학을 새롭게 전개한다. 『도구적 이성비판』과 『계몽의 변증법』으로 대변되는 중기의 이성비판기에 호르크하이머는 마르크스의 사회분석에서 경제 분석의 우선성을 제외한 거의 모든 마르크스 유물론의 테제들과 결별하는 것으로 보인다. 앞장에서 서술한 바와 같이 이러한 경향이 1930년대에 부분적으로 나타나지만, 이성비판기 이후에는 마르크스 테제의 중립화와 명시적인 단절 형태를 보여준다. 벨머에 따르면 독일 노동운동의 실패, 파시즘과 스탈린 체제의 조직화된 테러 등이 호르크하이머로 하여금 초기 유물론적 사유와의 단절과 함께 다른 새로운 이론적 기획을 시도하게 만들었다(Wellmer, 1985: 138). 이성비판기에 호르크하이머는 사적 유물론의 중요 개념을 의도적으로 중립적인 개념으로 대체한다. 라이엔과 브란센은 호르크하이머가『계몽의 변증법』에서 어떻게 마르크스적 용어를 중립화했는가를 자세히 추적한다.[5] 이성비판기에 호르크하이머는 마르크스의 계급 없는 사회에 대한 테제를 비판한다. 그는 그것의 실현 가능성을 부정하며 계급 없는 사회는 관리되는 사회의 또 다른 형식 이상이 될 수 없다고 주장한다(GS14, 204) 프랑크푸르트 대학 복귀 이후 호르크하이머는 그의 초기 유물론 사유에서 수용되었던 마르크스의 위기이론, 자본의 중앙화와 집중화 테제, 역사철학 테제, 계급이론 등과 완전한 단절에 이른다. 초기 호르크하이머의 유물론적 사유에서 남아 있는 것은 사회분석에서 경제 분석의 우선성, 변증법적 사회분석 관점 이외에는 없게 되었다. 이 시기에 호르크하이머는 정치교육이라는 실천적 관심에 매진하였다. 이와 같은 사정은 후기에 이르러서도 크게 다르지 않다. 호르크하이머는 1960~1971년까지 '삶의 전 영역에서 민주주의'의 실현을 목적으로 하는 정치교육 활동에 매달렸다. 그는 정치교육 활동과 함께 변화된 전후 독일 사회의 새로운 유물론적 사회철학이라는 이론 생산적 활동을 중지하다시피 하고, 현실사회주의 체제비판에 몰두하였다. 호르크하이머 정치교육론의 이론적 전거가 현실사회주의 비판의 근거가 되었다. 그는 현실사회주의를

---

5   그들에 따르면 독점의 개념은 문신 지배라는 개념을 사용한다. 이 밖에 착취라는 개념은 노예화라는 보다 일반적인 개념으로 대체되었다. 이 시기 이후 계급개념은 문맥에 따라 경제기구, 대량생산의 행위자, 현대산업 시스템, 문화산업, 시스템, 콘체른, 트러스트 개념 등으로 대체되었다. 자본개념은 경제, 힘과 같은 개념으로 대체되었다. 마르크스의 생산관계 개념은 보다 중립적인 경제의 형식개념으로 대체되었으며, 계급지배라는 개념 역시 더 이상 등장하지 않는다.

"거짓의 산물"(GS7, 91)이자 인간의 자유가 말살된 "총체적 관료주의(totalitäre Bürokratie)"(GS7, 139)라고 비판한다. 호르크하이머의 현실사회주의에 대한 비판에서 주목해야 하는 것은 마르크스를 '보편적이고 사회적인 자유를 주장한 자유의 철학자'로 재해석하면서 어떻게 마르크스 유물론이 현실사회주의에서 도구화되었는지를 비판한다는 점이다(GS7, 90).

5. 나오면서

지금까지 호르크하이머 초기 사유에서 유물론 개념을 살펴보았다. 호르크하이머는 초기 사유에서 유물론에 대한 형이상학적 해석에 대한 강력한 비판들을 수행했으며 동시에 마르크스 유물론의 수용과 비판을 통해 변화된 시대 상황에 맞는 새로운 유물론을 기획하였다. 살펴본 바와 같이 그의 초기 사유에서 유물론에 대한 관점은 크게 마르크스 유물론의 충실한 수용, 비판과 단절, 비판이론 형성기의 독자적이며 독립적인 유물론의 전개를 복합적으로 보여주었다. 또한 초기의 유물론적 사유가 중기와 후기를 거치면서 마르크스 유물론과의 분명한 단절이 이루어졌고 초기에 수용된 마르크스 유물론의 주요 테제들 역시 중기와 후기 사유에서 더 이상 등장하지 않는다는 것이 확인되었다. 그럼에도 그가 전체 사회의 발전과 변화를 분석하는 데 있어 유물론을 인간 삶의 다양한 조건을 분석하는 데 핵심적인 분석 틀로 일관되게 이해했다는 점은 이론의 여지가 없다.

호르크하이머의 초기 유물론 사유에서 가장 특징적인 측면은 학제적 유물론을 통해 마르크스의 유물론을 사회이론으로 새롭게 재구성하였다는 점이다. 학제적 유물론이라는 호르크하이머의 고유한 유물론은 마르크스 유물론의 중립화와 단절을 가져왔으며, 이성비판과 인간의 보편적 연대라는 중기와 후기 사유에 다리를 놓는 역할을 수행하였다. 초기 유물론적 사유에서 또 다른 중요한 특징은 그의 유물론이 쇼펜하우어에게 영향 받은 염세주의 철학과 특이한 방식으로 결합되어 있다는 점이다. 위와 같은 결합이 사실이라면, 얼마만큼 내적 통일성을 확보하는가? 상이한 역사 사회적 테제를 담고 있는 두 철학이 의미 있는 하나의 철학으로 융합될 수 있는가? 이러한 질문에 호르크하이머의 초기 유물론 철학이 적절한 대답을 내놓기는 사실상 불가능하다. 호르크하이머 초기의 유물론은 쇼펜하우어 철학의 중요한 동기였던 '고통'의 문제를 유물론적 해석에 단서를 제공했다는 점에서 의의를 찾을 수 있다. 유물론은 나치즘을 극복하고 새로운 사회를 건설하는데 핵심적인 개념이었다. 그럼에도 그의 초기 유물론은 역사법칙의 필연성이나 토대결정론과 같은 정통 마르크스주의와 일정한 거리를 두면서 사회이론으로서 유물론이 갖는 '이론적 개방성'을 강조했다. 이 점은 모든 종류의 교조주의의 배격과 이론 생산과 재생산에 있어 '변화하는 사회'적 조건에 대한 끊임없는 이론적 대응과 재구성을 문제 삼는다. 위의 이론적 성격은 호르크하이머의 초기 유물론이 '체계로서의 유물론'이 아닌 '미완의 사회이론'이 될 수밖에 없음을 말해주며 그의 비판이론의 정신의 반영이기도 하다. 호르크하이머 초기 유물론의 사유의 복합적 성격에도 사회분석에서 경제문제는 핵심적인 사항이다. 문제는 호르크하이머의 사회분석에서 경제문제에 대한 구체적인 분석이 결여되어 있다는 점이다. 그가 그토록 강조한 '보다 높은 차원의 경제원리' 역시 제시되지 못했다. 이론적 난점에도 호르크하이머 초기 유물론에서 '고통의 유물론적 해석'과 학제적 유물론은 오늘날 한국사회문제의 철학적 조명과 사회이론적 분석에 있어 의미 있는 단서를 제공한다. 사회의 복잡성 증가와 사회문화적 경계의 확장은 학제적 연구의 강화와 학문 간 통섭의 필요성을 더욱 요구하며 동시에 새로운 방식으로 출현하는 사회적 고통에 대한 철학적 질문과 사회적 대안을 필요로 한다. 호르크하이머 초기 유물론이 시사하는 바는 비판적 사회이론과 사회철학적 질문이 제기되는 장소에서 새로운 이론적 대응과 이론 생산의 중요성이다.

3

마르크스 철학의 수용과 비판[6]

1. 들어가면서

　호르크하이머 사회철학에서 마르크스 철학의 영향은 지대하다. 그의 사회철학적 발전은 마르크스 철학에 대한 입장의 변화, 즉 수용과 비판의 내적 관계에 따라 변화한다고 해도 과언이 아니다. 호르크하이머의 마르크스 철학의 수용은 관념론적 역사철학의 한계와 비판을 통해 변증법적 유물론에 입각한 비판적 사회철학을 구축하려는 이론 형성사적 문맥과 제1차 세계대전 이후 소련 혁명의 성공과 독일의 사회주의·공산주의 운동의 전개 및 나치와 파시즘 출현과 결탁이라는 역사적 경험에 대한 반성적 문맥 속에서 그 구체성을 드러낸다. 호르크하이머에게 마르크스 철학의 수용과 비판의 관점은 칸트와 헤겔의 관념론적 역사철학, 철학적 인간학, 실존철학, 현상학과 같은 세계관의 철학, 실증주의 철학에 대한 비판논리와 기존 사회 비판의 이론적 토대를 제공한다(GS11, 451). 호르크하이머의 마르크스 철학에 대한 수용과 비판은 그

6　「호르크하이머: 마르크스 철학의 수용과 비판」, 『동서철학연구』 제53집.

의 철학이 발전함에 따라 다양한 방식으로 전개되며, 교조화된 정통 마르크스
주의와 현실사회주의에 대한 그의 비판은 초기와 후기에 이르기까지 일관된
입장을 고수한다. 호르크하이머에 대한 마르크스 철학의 영향에도 그는 마르
크스 철학에 대한 체계적인 연구서나 단일 주제 논문을 집필하지는 않았다.
이 글은 첫째, 비체계적으로 서술된 호르크하이머의 마르크스 철학의 수용과
비판을 크게 비판이론 이전 시기, 1930년대 비판 이론기, 도구적 이성 비판기,
후기로 나누어 마르크스에 대한 호르크하이머의 입장과 그 속에 나타난 연속
성과 단절을 추적한다. 둘째, 후기 호르크하이머의 철학이 보수화되었고 종
교철학적 관심으로 회귀하면서 마르크스 철학과의 결별을 시도했다는 일반
적 이해가 제한적 타당성만을 갖는다는 것을 제시하게 될 것이다. 셋째, 마르
크스 철학에 대한 호르크하이머 철학의 고유성과 마르크스 철학의 수용과 비
판에 나타난 그의 철학의 한계와 의의를 따져볼 것이다.

2. '비판이론' 전의 마르크스 철학의 수용

호르크하이머의 마르크스와 마르크스주의에 대한 비판은 마르크스 비
판, 정통 마르크스주의적 이론 비판 및 소비에트 공산주의, 동유럽 공산주
의, 중국 공산주의 비판과 같은 현실사회주의 비판으로 구분할 수 있다. 호
르크하이머의 마르크스와 마르크스주의에 대한 입장의 형성은 마르크스 이
론과 현실, 정통 마르크스주의의 이론과 그것의 현실화에 나타나는 이론과
실천의 간극과 모순에 대한 반성적 성격과 함께 새로운 환경 변화에 대한
새로운 비판적 사회철학의 정립이라는 적극적 관심에서 비롯되었다. 특히
초기 저작은 그가 마르크스와 엥겔스의 『정치경제학 비판』을 사회비판에
어떻게 수용·발전시키는지 그 단서를 제공한다. 마르크스에 대한 호르크
하이머의 본격적인 연구는 제1차 세계대전이 끝나갈 무렵부터 시작되었다.

그는 독일 사회에서 나치가 정치 세력으로 그 영향력을 확대해 나가는 일련의 변화에 따라 마르크스에 더욱 매진하게 된다. 그 당시 호르크하이머는 '혁명이냐, 국가사회주의의 지배냐' 하는 두 가지 가능성만이 존재하는 것으로 인식했으며, 마르크스주의야말로 우파의 총체적인 공포정치에 대한 유일하고 적절한 이론적 대응인 것으로 파악했다(GS7, 346). 이러한 사실은 호르크하이머의 마르크스에 대한 이론적 관심이 사회비판과 정치비판이라는 실천적 관심으로부터 촉발했다는 사실을 보여준다. 그렇다고 해서 호르크하이머가 마르크스의 주요 테제들을 비판 없이 그대로 수용하지는 않는다. 그는 소위 정통 마르크스주의에 대한 비판과 거리 두기를 일관되게 지켜왔으며 현실사회주의로서의 소련 체제에 대한 비판도 지속해왔다.[7]

일반적으로 호르크하이머 연구자들은 마르크스 철학의 수용을 1920년대 중반 이후로 잡고 있다. 마르크스적 사유의 유사성을 발견할 수 있는 가장 초기의 문헌은 호르크하이머가 1920년에 쓴 「경제원리(Das Wirtschaftsprinzip)」라는 제하의 노트에서이다. 이 글에서 호르크하이머는 경제 원리야말로 경제학에서 핵심적인 문제영역이며, 경제 원리는 기관을 가진 존재나 그렇지 않은 자연 및 의식적인 현상과 무의식적인 현상의 세계에서도 유효한 자연법과 같은 것이라고 주장한다. 일반적인 자연법을 경제원리라고 이름 붙이는 이유는 경제가 인간의 행위와 관계하며, 모든 행위의 발생은 자연의 질서에

---

7 호르크하이머의 사회정치철학이 인간해방과 이성적 사회의 건설을 핵심주제로 삼고 있지만, 그 자신이 정치현장에서 구체적인 투쟁에 관여하지는 않았다. 이러한 이유는 첫째, 역사와 사회, 인간해방을 주제로 한 그의 사회정치 철학이 마르크스의 사상에 일방적으로 의존하지 않았으며 칸트, 헤겔, 쇼펜하우어, 프로이트 등과 같은 또 다른 사상가들의 영향을 받고 있는 데 기인한다. 둘째, 호르크하이머는 나치와 나치의 국가자본주의, 자본주의의 비판, 사회비판과 같은 일련의 이론적 대응을 변혁과 이성적인 사회를 위한 하나의 사회적 실천으로 이해해 왔다는 점이다. 셋째, 호르크하이머는 초기 저작부터 자본주의에 대한 비판을 수행해 왔지만, 그 자신은 성공한 사업가의 아들로서 부르주아적 환경에서 성장한 계급적 출신성분으로 '행동으로 실천하는 사회주의자'로의 길을 가는 데 한계가 있음을 보여준다.

의해 규정되기 때문이다. 호르크하이머에게 자연적 질서란 인간행위의 원리로서 경제 원리를 의미한다. 이 원리는 어떠한 예외도 인정하지 않으며, 이 원리에 반하는 어떠한 행위도 불가능하다. 「경제원리」는 경제학 이론을 논의하지 않는다. 위의 글은 마르크스의 정치경제학 비판을 분석적으로 다룬 흔적을 찾아보기 어려운 시론적 성격을 갖는다. 위의 글은 사회분석과 사회이론에서 경제 원리를 핵심문제로 간주하는 수준에 머물러 있다. 또한 1930년대 들어와 프로이트 심리학의 사회철학에 결합시키는 과정에서 나타나는 마르크스의 하부-상부구조 이론모델의 변형이 예고되어 있지도 않다(GS11, 16). 1926년부터 1931년 사이에 쓴 호르크하이머 잠언록인 『여명』과 비판이론의 강령서라고 할 만한 논문 「전통이론과 비판이론」에서는 「경제원리」의 시론적 성격에서 벗어나 마르크스적 입장이 강화되었다. 이들 저작에서 호르크하이머는 사회이론과 역사 이해에 있어 경제적 토대의 중요성, 상품분석과 교환가치의 전일화, 이익극대화 논리, 자본주의의 모순에 관한 마르크스의 분석을 충실히 따르고 있다.[8]

호르크하이머 전집 간행자인 군젤린 슈미트 뇌르의 말처럼 『여명』은 그 어떤 시기나 그 어떤 저작에서 찾아볼 수 없는 사회주의에 대한 강조와 그것의 실현 가능성에 대한 조심스런 전망을 제시한다(GS2, 467). 그의 주장은 『여명』 첫 번째 잠언인 여명에서 호르크하이머가 당시 시대가 처한 상황을 이중적으로 서술하는 곳에서 확인할 수 있다. 그에 따르면 "이데올로기가 필연적으로 제기되는 것이 공허하면 공허할수록 그것들이 보호받기 위해 사용되는 수단은 점점 더 무자비해진다. 동요하는 우상들이 자신을 지키기 위한 열의와 (그로 인한) 공포의 정도는 여명이 이미 어느 정도 진행되고 있다는 것을 보여준다"(GS2, 313). 여기서 여명이란 계급의식의 증대와 제국주의가

---

8 「전통이론과 비판이론」에서 호르크하이머는 사회이론에서 경제적 관계에 관한한 마르크스적 입장을 고수하고 있지만, 사회주의 혁명의 가능성에 대한 회의, 노동자 계급의 무기력, 정통 마르크스주의 이데올로기에 대한 비판적 입장을 보여주고 있다.

중세 교회보다 더 교묘한 억압과 지배의 장치들을 가동하는 위기적 상황에서 프롤레타리아 혁명의 가능성을 의미한다. 20세기 초 인플레이션과 그로 인한 사회적 위기는 호르크하이머에게 사회주의의 실현 가능성과 그것의 실현이 국가사회주의를 막는 적절한 수단이 될 수 있다는 희망을 갖게 하였다. 실제로 그는 1970년 헤르세와의 대화에서 혁명의 성공 가능성을 믿었다고 고백한다(GS7, 891). 그러나 호르크하이머 자신이 이 문제에 관해 일관된 입장을 가진 것으로 보기 어렵다. 이에 대한 군젤린 슈미트 뇌르의 지적 역시 부분적 타당성만을 갖는다. 그의 주장과 달리 『여명』에서 호르크하이머는 자본주의 체제의 공고화, 인간의 상품가치화가 사회주의 혁명의 가능성 자체를 좌초시키는 동인이라고 말한다. 노동자 계급의 분열로 인해 사회주의 혁명을 위한 단일전선을 형성할 수 없다는 점 역시 중요한 원인이다.

> 마르크스가 보여준 바와 같이 자본주의적 경제 과정에서 기계의 사용으로 인해 노동에 종사하는 노동자 수가 줄어드는 경향이 있다. 프롤레타리아 중 실제로 노동에 종사하는 이의 비율이 점점 낮아지게 된다. 이러한 노동 종사의 감소는 프롤레타리아 개별단위 계층의 상호관계를 변화시킨다. …… 이전에 전체 노동자계급과 룸펜 프롤레타리아 간의 괴리가 있었듯이 오늘날 노동에 종사하는 사람과 예외적으로 혹은 전혀 노동에 종사하지 않는 사람 사이에 유사한 괴리가 존재한다. …… 노동과 궁핍도 분리되었으며 이것은 다양한 직업영역에 분포되어 있다. 이와 같은 변화는 노동자들에게 긍정적이라는 것을 의미하지 않는다. …… 그러한 노동자들의 비참함은 현재 사회형식의 조건과 토대이다. …… 혁명에 대해 가장 직접적이고 절실한 관심을 갖는 이들인 실업자들은 전쟁 이전의 프롤레타리아 계층이 그랬던 것처럼 자기학습 능력, 조직화 및 자본주의적 운용에 통합된 사람들에 대한 계급의식과 신뢰성을 갖지 못한다(GS2, 373 이하).

사회주의 혁명에 대한 호르크하이머의 회의는 위와 같은 상황뿐만 아니라 당대의 좌파정당의 분열과 무기력, 리더십 부재 등의 복합적인 요인에 기인한다. 그의 독일공산당(KPD)에 대한 비판은 공산당의 이론적 도그마화에 초점이 맞추어져 있다. 그에 따르면 독일공산당은 마르크스의 유물론을 문자적으로 신봉함으로써 유물론적 내용, 다시 말해 현실세계 인식에 실패했다. 이는 그들로 하여금 혁명을 위한 실천적이며 이론적인 차원의 준비를 할 수 없게 만들었으며, 유물론을 내용 없는 이데올로기로 전락시켰다. 정치적 측면에서도 공산당은 환경의 변화를 포착하지 못하고 슬로건만을 반복하며 정치적 실천 프로그램을 개발하지 못한 채 도덕적 훈계만을 하고 있다(GS2, 378). 두비엘에 따르면 호르크하이머가 공산당 유물론의 도그마화와 실천역량의 빈곤을 비판하지만, 그는 바이마르 공화국의 말기에 공산당 당원이었음에도 실제로는 사민당(SPD)보다는 공산당의 입장에 더 가까웠다(Dubiel, 1978: 27). 공산당의 교조화와 실천력에 대한 비판보다 호르크하이머의 사민당에 대한 비판은 좀 더 과격하다. 호르크하이머에게 사민당의 관점은 '자본주의의 토대 위에서 인간적 상황의 실제적인 개선이 불가능하다는 인식'을 놓치는 오류를 범한다. 이는 사회주의 혁명을 포기하는 의회주의와 조합주의로 나타난다. 호르크하이머는 사민당이 사회주의 혁명이론의 모든 요소를 폐기하고 현실을 고수·집착하는 것으로 보았다. 그의 사민당 관점에 관한 비판의 정점은 개혁파로 자처한 사민당의 개혁정책과 이데올로기가 자신들이 빈번히 싸워왔던 실증주의의 후손임을 스스로 증명하는 것이라는 비판에서 확인된다(GS2, 377). 그에게 사민당의 입장은 더 이상 마르크스의 그것과 같은 것이 아니다.

호르크하이머는 1937년 「전통이론과 비판이론」에서 사회적 총체성에 대한 노동자 인식과 사회구조의 분화가 사회변화의 중요한 난제임을 언급한다. 이 주장은 1947년 저작인 『도구적 이성비판』에서 프롤레타리아 혁명의 불가능성에 대한 좀 더 다양한 논의로 재등장한다. 그에 따르면 노동대중은 사회의 메커니즘을 개념적으로 인식하지 못하며, 대중문화는 그들의 미성숙한 의식이 성장하지 못하도록 다양한 장치들을 동원한다.9 사회혁명의 불가능성은 노동대중 내부에서 그 원인을 찾을 수 있다. 바로 노동귀족과 노동대중과의 괴리이다. 호르크하이머에 따르면 이 괴리는 노조 간부, 노동귀족이 노동자의 전체의식을 대변하려 시도하지만, 그들의 경제적 · 사회적 지위와 영향력은 산업체제에 의존하는 데 기인한다. 노동대중은 노조 간부들의 지도 대상이 되었으며, 노조의 지도자들은 자본가 그룹처럼 노동대중을 통제하는 데 관심을 갖게 되었다. 호르크하이머는 노조의 지도자들이 자신들의 영향력을 노동대중에 근거하지 않고, 산업체제에 의존함으로써 사회비판, 변화의 필요성을 더 이상 주장하지 않는다고 보았다. 노동 귀족화된 노조 지도자들의 자본가 그룹이 주장하는 기술주의적 입장에 대한 공공연한 동의는 새로운 사회로의 변화 요구 자체를 스스로 거부하는 결과를 야기한다. 프롤레타리아 혁명의 불가능성에 대한 호르크하이머의 또 다른 논거는 노조 조합원과 비조합원 간의 균열이다. 이는 사회변화를 위한 노동자 그룹의 사회적 연대가 불가능해졌다는 것을 내포한다(GS6, 152 이하).

3. 비판이론기의 마르크스 수용과 중립화

비판이론의 출발을 알리는 호르크하이머의 저작은 사회연구소 소장 취임연설인 「사회철학의 현재 상황과 사회연구소의 과제」이다. 그는 이 연설에서 비판이론은 사회철학이며, 사회철학의 궁극적 목표는 사회적 삶의 연관문맥 속에 있는 인간의 운명을 해명하는 것이라고 선언한다. 사회철학은

---

9   호르크하이머는 루카치가 『역사와 계급의식』에서 주장하는 프롤레타리아 계급의식과 마르크스의 사회비판의식의 동일성 테제로부터 비판적 거리를 둔다. 루카치 테제의 탈형이상화는 사회적이고 정치적 실천으로서 이론에 대한 인식과 이와 같은 의식 속에서 작업을 수행하는 집단인 비판적 지식인 집단의 몫이 된다. 호르크하이머는 역사적으로 변화된 조건 하에서 혁명의식은 더 이상 계급의식의 형성으로 등장하지 않고 학문적으로 다듬어진 이론의 형식을 갖게 된다고 보는 것이다. 여기에 대해서는 Dubiel(1978), 39쪽 이하 참조.

칸트, 헤겔, 쉴러, 하르트만의 철학에서처럼 초인격적 영역에서 개별 인간을 다루거나 하이데거와 같이 추상적이고 고립된 전망 부재의 실존을 대상으로 하지 않는다. 또한 인간의 문제를 사실성과 개인 상호 간의 관계 문제로 환원하는 실증주의적 태도를 거부한다. 그의 사회철학은 물질적·정신적 문화 전체 속에서 인간을 파악한다. 비판이론의 과제를 수행하기 위해서는 철학과 다양한 개별 학문 간의 협동연구, 경험연구와 이론 간의 변증법적 상호침투가 불가피하다. 왜냐하면 호르크하이머는 철학이나 그 어떤 개별 학문이 인간의 운명에 대한 실체를 드러낼 수 없기 때문이다(GS3, 20). 변증법은 개별 학문과 철학, 경험과 이론을 매개하는 방법이다. 변증법적 방법은 "생생한 대상들의 상을 구분하는 오성에 의해 획득된 추상된 계기들로 만들어가기 위한 모든 지적 수단의 핵심"(GS3, 184)[10]이다.

호르크하이머는 변증법적 방법의 모범을 마르크스의『정치경제학 비판』에서 찾는다.「오늘날 철학에서 합리주의 논쟁」에서 그는 마르크스가 교환가치, 가격, 노동시간 등에 대한 경험적 연구결과들을 현대의 사회형식으로서 '자본' 개념과 상호 유기적으로 결합시키는 데 성공했다고 본다. 호르크하이머에게『정치경제학 비판』은 경험적 조사로서의 연구(Forschung)와 경험에 근접한 일반적 이론의 형성으로서 서술(Darstellung)의 모범적인 사례이다. 물질적 삶의 과정은 다양한 형태의 형성단계를 거치게 되며 사적 유물론 다름 아닌 경제적 영역의 법칙성에 근거해 세계사를 설명하는 것이다. 마르크스의『자본론』은 이와 같은 생각을 증명한 핵심 저작인 것이다.[11]

10　호르크하이머는 마르크스 철학의 도그마적 해석, 실존주의적 해석, 실증실용적 해석, 신칸트학파적 해석관점에 비판적이었다. 마르크스 철학의 철학적 해석은 변증법적 관점에서 마르크스를 해석하는 것으로 호르크하이머는 이해한다. Schmidt, A., *Die 〈Zeitschrift für SozIalforschung〉 — Geschichte und gegenwärtige Bedeutung, Einleitung zur Reprimtausgabe der Zeitschrift,* in: Zeitschrift für Sozialforschung, München, 1970, 8쪽 이하 참조.

11　호르크하이머에게 경제적 영역의 법칙성에 근거해 세계사를 설명하는 것이 곧 '역사발전의 법칙성'을 의미하지 않는다. 비판 이론기에 접어든 호르크하이머는 역사에 있어 어떤 법칙성이 있다거나 인간으로부터 독립된 어떤 힘에 의해 역사가 진행된다는 숙명론적인 역사

그럼에도 이 시기에 호르크하이머의 입장은 이중적이다. 그는 마르크스의 유물론적 변증법과 사적 유물론을 사회이론적 관점에서 파악함과 동시에 마르크스의 입장을 중립화한다. 한편으로는 마르크스를 수용·비판하고 다른 한편으로 정통마르크스주의를 비판하면서 새로운 유물론적 사회이론을 기획하는 호르크하이머에게 마르크스의 정치경제학 비판의 관점을 일정 부분 중립화하는 것은 불가피하다. 그는 정치경제학 비판의 범주를 넘어서 경제영역과 문화 전 영역을 연구대상으로 삼으며 연구과제도 프롤레타리아의 해방의 문제를 넘어서 인간의 운명에 대한 해명으로 삼는다. 비판적 사회이론은 더 이상 계급적 당파성에 기초하지 않으며 보편과 특수, 이론적 기획과 개별경험을 변증법적으로 매개시켜야 한다. 호르크하이머는 철학의 당파성을 거부한다. 철학의 과제는 마르크스가 포이에르바흐 테제에서 선언한 '세계를 변혁'에 있지 않고 현실비판과 유토피아를 상정하지 않는 중단 없는 부정적 비판에 있다(GS4, 344).

호르크하이머는 1935년 노트에서 사적 유물론을 인간의 상태를 개선시키려는 투쟁의 한 부분으로 간주한다. 호르크하이머에게 사적 유물론은, "이 땅의 인간들이 자본의 피비린내 나고 우둔한 지배와 그러한 질서의 파쇼적 집행자 아래 살기보다 지속적으로 행복하고 현명한 삶을 사는 희망찬 목적이 될 수 있다."(GS12, 247) 그러나 이와 같은 희망을 실현하는 주체를 프롤레타리아에서 찾지 않고 인간 일반의 의지와 노력과 활동성에서 찾는다. 인간이 역사적 삶의 형식의 생산자로 이해된다. 이 시기의 사적 유물론의

이해를 거부한다(Horkheimer, M., *Kritische Theorie. Eine Dokumentation*, A. Schmidt(Hg.) Bd1, Frankfurt a. M. 1968, 202쪽, 이하 KI로 표기). 또한 호르크하이머에게 역사 자체는 하나의 통일적인 의미를 부여할 수 있는 것도 아니며, 동시에 항상 발전하는 것도 아니다. 호르크하이머는 이미 1930년 「시민적 역사철학의 기원들」에서 역사는 발전한다는 사실성과 역사는 개인의 고통과 비참이라는 사실성을 모두 갖는다고 지적한다. 이러한 역사 이해는 훗날 『계몽의 변증법』에서 문명의 발전과 문명의 자기파괴성에서 본격적으로 논의된다. 『계몽의 변증법』이나 『도구적 이성비판』에서 역사발전의 동력인 생산력과 생산관계의 모순과 갈등, 다시 말해 정치경제학적 역사 이해는 그 중요성이 감소한다.

지위는 더 나은 인간의 상태로 나아가는 데 있어 유일한 투쟁의 지침이 아니라 기존 질서에 대한 비판과 투쟁을 진작시키는 비판적인 사고와 비판적인 활동을 추동함으로써 인간 일반의 해방이라는 실천적 과제의 차원으로 이해된다. 사적 유물론은 "노예상태로부터 인간의 해방을 목표"(GS4, 219)로 하는 비판이론에 의해 중립화되는 것이다.

사적 유물론의 중립화에 관한 또 다른 단서는 사적 유물론을 하나의 열린 이론(offene Theorie)으로 간주하는 데 있다. 호르크하이머는 사적 유물론이 역사의 역동성을 가능한 한 규정적인 형식으로 반성을 시도하지만, 역사를 총체적으로 이해하는 데 최종적인 시각이라고 주장할 수 없으며, 오히려 지속적인 연구에 의해 스스로를 교정해야 한다고 주장한다. 열린 이론으로서 사적 유물론을 해석하려는 호르크하이머의 이론적 입장은 그 자신의 비판이론에도 동일하게 적용된다. 그는 「전통이론과 비판이론」에서 비판이론 자체를 열린 이론으로 규정한다. 그에 따르면 비판이론은 변화하는 역사와 사회의 각 단계와 변화하는 인간에 근거하며, 비판이론 자체는 어떤 일반적인 기준도 갖지 않는다. 비판이론은 사회에 대한 부정적 규정, 다시 말해 비판적 활동 속에서 자신을 위치 지울 수 있다. 따라서 비판이론의 내용은 고정적인 실체를 갖지 않는다. 사적 유물론의 중립화는 비판적 사회이론 연구 과제의 설정에서도 확인된다. 호르크하이머는 "사회의 경제적 삶과 개인들의 심리적 발달 그리고 학문, 예술, 종교라는 정신적 내용뿐만 아니라 법, 윤리, 유행, 여론, 스포츠, 오락, 라이프스타일을 포함하는 문화영역 간의 연관관계"(GS3, 32)를 비판적 사회이론의 연구과제로 삼았다. 이것은 사적 유물론의 중립화를 통한 새로운 유물론으로서 비판적 사회이론의 전개를 의미한다. 이와 같은 과제를 수행하는 데 심리학이 중요한 자리를 차지한 것은 주지의 사실이다. 호르크하이머는 심리학이 사회와 역사 해석에 있어 보충학문(Hilfswissenschaft)에 지나지 않는다고 하면서도 프로이트의 심리학적 방법론을 개별연구나 사회연구소 연구프로그램에 광범위하게 적용해 왔다. 호네트는 비판이론기에 호르크하이머가 사회에 대한 경제적인 해석관점과 심리학과 같은 경제 외적인 카테고리를 상호 통합하는 것이 중요한 방법론적 고려였다고 지적한다. 심리학적 방법론은 경제적 영역에서 야기한 사회계급 간 긴장과 갈등이 어떻게 유지되는가를 설명하는 데 적용된다(Honneth, 1990: 32). 새로운 유물론으로서의 비판이론, 새로운 사회철학은 이와 같은 연구 방법론적 확장을 통해 마르크스적 틀을 넘어 전개되기 시작한다.

한편 호르크하이머는 교조주의에 의해 "잘못 이해된 마르크스"의 정당한 이해를 요구한다. 호르크하이머는 정통 마르크스주의의 경제주의 비판을 통해 마르크스의 '올바른' 이해를 통해 사회철학의 새로운 지평을 열어나가고자 한다. 경제주의는 "물질적 존재로서 경제를 유일하고 참된 실재"로 간주한다. 경제주의는 "법, 예술, 철학과 마찬가지로 인간의 심리적인 것과 인격성이 송두리째 경제로부터 파생"(GS3, 32)된다는 추상적이고 잘못된 마르크스 이해에 근거한다. 호르크하이머에게 있어 경제주의는 정부에 대한 개별자들의 실제적 관계, 특별한 이해를 가진 상대적으로 확고한 사회그룹이 존재하고, 사회적 차이가 유지되거나 심화되는지의 여부, 실제적인 민주주의와 사회기관의 본질적인 계기의 발전 정도와 같은 사회화의 개념으로 이해되어야 하는 문제 영역을 포착하지 못하는 한계를 갖는다. 그러나 호르크하이머 자신은 경제주의 비판에 대한 오해를 불식시키기 위해 경제부분이 비판적 사회이론을 추구하는 비판이론에서 여전히 핵심적인 문제임을 비판이론 시기의 주요 논문인 「전통이론과 비판이론」, 「전통이론과 비판이론 후기」, 「철학의 사회적 기능」 등에서 강조하고 있다. 이것은 호르크하이머의 경제비판이 사회에 대한 변증법적 분석을 시도하지 못하는 단순히 관념화된 경제주의 비판임을 말해준다.

4. 이성비판기의 마르크스 수용과 거리 두기

1930년대와 1940년대 초 호르크하이머는 마르크스의 정치경제학 비판을 비판이론의 방법론적 모범으로 삼음과 동시에 정치경제학 비판을 넘어선 새로운 비판적 사회이론을 기획하고 있음을 확인하였다. 1940년대 중반으로 접어들면서 그는 도구적 이성비판에 근거한 문명비판으로 철학적 관심을 전환시킨다. 벨머는 독일 노동운동의 실패, 파시즘과 스탈린 체제의 테러 등이 호르크하이머로 하여금 '새로운 이론적 지향'을 모색하게 만들었다고 지적한다(Wellmer, 1985: 138). 『도구적 이성비판』과 같은 해에 출간된 『계몽의 변증법』에서 호르크하이머의 마르크스 정치경제학과의 거리 두기가 뚜렷하게 나타난다. 이 두 저작에서 그는 마르크스적 정치경제학 비판의 틀을 벗어나 자연과 인간의 관계를 역사철학적 차원에서 고찰하는 문명비판, 이성비판으로 자신의 철학을 새롭게 전개한다. 호르크하이머의 『도구적 이성비판』은 "현대 산업사회 문화의 저변에 놓여 있는 합리성"(GS6, 25) 개념을 천착한다. 그 합리성은 다름 아닌 이성의 자율성을 포기하고 인간과 자연을 지배하는 과정에서 발생하는 이성의 도구화를 의미한다. 그는 이성에 내재한 정의, 평등, 행복, 관용과 같은 이념이 이성이 지배의 도구로 전락함으로써 어떻게 자신의 비합리성을 드러내는지를 밝히고자 한다. 이와 같은 호르크하이머의 철학적 관심의 전환은 『계몽의 변증법』에서 계몽의 자기 파괴성, 다시 말해 "왜 인류가 진정한 인간적인 상태로 들어가는 대신에 새로운 야만상태에 빠지게 되었는가"(GS6, 16)를 이성 비판적 차원에서 해명하려는 동일한 이론적 목표를 설정하게 만들었다. 마르크스 철학과의 거리 두기는 1942년의 글인 「권위적 국가」에서도 나타난다. 위 글에서 호르크하이머는 사회분석 틀의 중심을 정치경제학적 관점에서 정치적이고 문화적 차원으로 무게중심을 옮긴다.

이 시기에 호르크하이머는 자신이 이전에 사용하던 마르크스적 개념 자체를 의도적으로 중립적인 개념으로 대체시킨다. 라이엔과 브란센은 호르크하이머가 『계몽의 변증법』에서 어떻게 마르크스적 용어를 중립화했는가를 자세히 추적한다. 그들에 따르면 독점의 개념은 문맥에 따라 경제기구, 대량생산의 행위자, 현대산업 시스템, 문화산업, 시스템, 콘체른, 트러스트 개념 등으로 대체되었다. 자본 개념은 경제, 힘과 같은 개념으로 대체되었다. 마르크스의 생산관계 개념은 보다 중립적인 경제의 형식 개념으로 대체되었으며, 계급지배 대신 지배라는 개념을 사용한다. 이 밖에 착취라는 개념은 노예화라는 보다 일반적인 개념으로 대체되었다. 이 시기 이후 계급의 역사라는 개념 역시 더 이상 등장하지 않는다.

호르크하이머 철학의 전환과 마르크스적 개념을 중립화하는 일련의 변화가 마르크스 철학과의 결별을 의미하지는 않는다. 실제로 호르크하이머는 『계몽의 변증법』의 「반유대주의의 요소들: 계몽의 한계」에서 시민적 반유대주의 분석을 유대인들의 경제적 기능과 역할, 성과라는 경제적 분석 틀을 사용한다. 「문화산업: 대중기만으로서의 계몽」 장에서도 문화산업을 작동시키는 기본 메커니즘인 이익극대화의 경제원리와 경제적 선별 메커니즘에 이루어지는 방식에 대해서 설명한다. 이 장에서 호르크하이머가 설명하고자 하는 바는 바로 문화산업 내에서 문화독점(Kulturmonopole)이 어떻게 정치적·사회적·문화적 차원에 영향을 미치는가이다. 이 점에서 라이엔과 브란센이 지적한 마르크스적 개념의 중립화 테제는 변화된 마르크스 분석 틀의 내용적 거리 두기로만 볼 것이 아니라 마르크스의 정치철학적 개념을 문화 분석에 적용하는 과정에서 더 적절한 개념, 다시 말해 마르크스의 정치경제학 용어의 문화이론적 재정의라고 볼 수 있다.

이 시기에 마르크스 철학과의 또 다른 거리 두기의 사례는 계급 없는 사회에 대한 테제 비판이다. 호르크하이머는 계급 없는 사회의 가능성 문제가 아닌 계급 없는 사회 자체가 인간적인 사회라고 단정 지을 수 있는지에 대해 의문을 던진다. 그는 계급 없는 사회가 모든 것이 좋을 수 없으며 정작 그런 사회가 실현된다 하더라도 그것은 위로부터 관리되는 세계일 것이라고 확신한다. 마르크스 철학과의 거리 두기와 함께 호르크하이머의 마르크스주의에 대한 비판의 목소리는 점점 거세진다. 그에 따르면 마르크스주의는 역사 문제의 사회주의적 해법에 대해 추호의 의심도 가지고 있지 않으며, 마르크스주의자들에게 마르크스주의는 여전히 전체진리(die ganze Wahrheit)이다. 교조화된 마르크스주의에 대한 비판은 현실사회주의에 대한 과격한 비판으로 나타난다. 호르크하이머는 현실사회주의를 '권위주의 국가', '억압체제', '총체적 관료주의', '거짓의 산물', '야만의 단계'와 동일시한다. 이와 같은 비판의 수사학은 후기 호르크하이머의 현실사회주의 비판에서 지속적으로 등장한다. 이와 같은 호르크하이머의 입장은 한편으로는 독일공산당과 동유럽 공산당에 대한 소비에트의 관리와 통제, 권위주의 국가화된 레닌과 스탈린체제에 대한 그의 공격적인 시각의 반영이며 다른 한편으로는 문명 비판적·역사철학적 전회의 반영이기도 하다. 인간과 자연의 상호관계에서 역사의 진보와 퇴행을 새롭게 해석하고자 한 호르크하이머에게 인간과 계급 간의 갈등과 모순에 근거한 마르크스의 역사철학은 인간과 자연의 관계를 간과하고 인간의 문제에만 매몰된 오류를 범한 것이다.

5. 후기 호르크하이머의 마르크스 비판

마르크스 학습기라고 할 수 있는 비판이론 이전의 시기와 마르크스 철학의 새로운 확장으로서의 비판이론기, 비판이론에서 이성비판으로 전환기, 그 이후인 1960년대 이후 호르크하이머의 철학은 또 다른 변형을 거치게 된다. 많은 호르크하이머 연구자들은 후기의 호르크하이머를 초월성으로 회귀하고 있다고 주장한다. 이러한 주장은 "신학적 계기를 그 자신에 담지하지 않은 어떠한 철학도 존재하지 않는다"(GS7, 276)거나 "비판이론은 적어도 신학적인 것에 대한 사고, 즉 다른 것에 대한 사고를 내포한다"(GS7, 393)는 호르크하이머의 철학적 입장에 근거해 논의를 전개한다. 호스펠트는 호르크하이머의 관심이 전환한 것을 "무신론적 마르크스주의자로부터 초월성을 예감하는 비마르크스주의자로의 변화"(Hoßfeld, 1973: 50)로 파악한다. 포스트는 후기 호르크하이머가 보여주는 신학적·초월적인 것에 대한 탐색의 원인을 마르크스주의와 초기 비판이론의 이론적 범주로 기술할 수 없는 그 무엇에 이르렀기 때문이라고 보고 있다(Post, 1971: 52). 그뮌더는 후기 호르크하이머가 초기 비판이론의 이념인 정의로운 사회의 이념을 희생시키면서 신학으로 접근했다고 주장한다(Gmünder, 1985: 47). 전기와 중기에 비해 후기 호르크하이머에 있어서 초월적·신학적 계기성을 더욱더 드러내고 있는 것은 사실이다. 그러나 이와 같은 주장들은 호르크하이머가 이해하는 신학의 의미, 신학적인 것이 담지하는 현실 비판적 함의에 주목하지 않으며, 1930년대 방식의 사회비판 프로그램을 일관되게 수행할 수 없는 '완전한 관리사회'로의 변화와 이에 대한 비판 이론적 대응을 간과한 것으로 보인다. '완전히 다른 것에 대한 동경'은 슈미트가 올바르게 지적한 바와 같이 "관리되는 사회로부터 빠져나오려는 유한한 존재의 동경"(Schmitt, 1974: 142)인 것이다. 후기 호르크하이머는 '완전히 다른 것에 대한 동경'[12]이 반드시 종교철학적 차원에서만 이해될 이유가 없다고 말한다. 같은 시대에 이루어진 철학대담

---

12 '완전히 다른 것에 대한 이론적 설계'가 아닌 '동경'은 열린 이론으로서의 비판이론의 내재적 속성에서 찾을 수 있다. 호르크하이머는 이미 1937년 「전통이론과 비판이론」에서 비판이론의 이론적 특성으로서 개방성(Offenheit)을 언급했는데 1969년 연설문인 「비판이론 어제와 오늘」에서 이를 다시 한 번 천명한다. 그에 따르면 "우리는 단지 현대사회에서 무엇이 나쁜가에 대해서 말할 수 있지 무엇이 좋은지에 대해서 말할 수 없다. 우리는 단지 나쁜 것이 사라지도록 노력해야 한다"(GS8, 339쪽). '완전히 다른 것'의 비규정성은 비판이론의 열린 성격에 근거하는 것이다. 또 다른 이론적인 이유는 이성적인 미래사회는 강제가 아닌 합의에 의한 사회운영으로 어떠한 이론도 사회구성원의 미래적 의사결정과 합의를 미리 이론적으로 선취할 수 없다는 인식에 기인한. 호르크하이머의 완전히 다른 것의 동경과 비규정성은 유대교의 이미지상의 금지에 영향을 받고 있으며 이것은 아도르노에게서도 마찬가지로 확인된다.

에서도 호르크하이머는 이성적인 사회의 모습과 완전히 다른 것에 대한 전망의 본질적인 차이를 말하고 있지 않다. 호르크하이머는 '완전히 다른 것에 대한 동경'을 말하면서도 여전히 "철학의 참된 사회적 기능은 현존하는 사회에 대한 비판"(GS7, 401)[13]이라는 비판이론기에 설정한 철학의 과제를 고수한다. 또한 호르크하이머 자신이 '완전히 다른 것에 대한 동경'을 종교철학적으로 해석할만한 단서를 체계적으로 제시하지 않는다는 점을 상기할 필요가 있다. 후기의 호르크하이머는 여전히 유물론적 입장을 버리지 않았으며 경제적인 관점에서 사회를 분석하는 데 마르크스 없이 불가능하다는 입장을 견지하였다.

현실사회주의와의 최종적인 결별은 후기 호르크하이머의 정치적 보수화로만 이해할 수 있는 것이 아니라 '자유의 사상가'로서 마르크스를 재해석하고 현실사회주의로부터 마르크스 철학을 구분 지으려는 그의 노력과 관련이 있다. 특히 관리되는 세계에 대한 논의는 자본주의 체제 발전에 따른 자유의 종말과 관련이 있다. 이 지점에서 호르크하이머가 마르크스에게 배웠다고 스스로 고백하는 "자유에의 동경"(GS7, 379)은 인간 일반의 보편적 자유에 대한 동경으로 발전한다. 먼저 후기 호르크하이머의 특징인 사회주의에 대한 비판과 결별의 원인을 살펴본다. 소비에트 체제에 대한 호르크하이머의 비판은 1961년의 글 「문화비판으로서의 철학」에서 확인된다. 여기서 그는 마르크스가 비판했던 초기 산업화 시대의 영국보다 오히려 러시아가 더 인간을 잔혹할 만큼 기능화하고 있다고 강조한다.[14] 같은 해의 논문 「쇼

---

13 이와 같은 호르크하이머의 입장은 1970년의 대담 「완전히 다른 것에 대한 동경」과 1971년 대담인 「비판이론의 미래」에서 거듭 확인할 수 있다.

14 호르크하이머의 현실사회주의에 대한 비판은 그의 초기 철학에서부터 시작되었다. 1920년대 독일공산당의 교조주의, 사민당의 수정주의에 대한 비판과 레닌의 철학에 대한 비판적 검토와 그 이후 사회주의에 의한 나치 출현의 방어라는 희망의 소멸, 소비에트 공산당의 독재화와 사회주의 국가에 대한 소련 공산당의 지배적 관계 등은 미국 망명 후의 호르크하이머로 하여금 현실사회주의에 대한 회의와 함께 비판적 시각을 강화시켰다. 호르크하이머는 미국 망명 전에 사회연구소에서 수행했던 〈권위와 가족〉 연구프로젝트를 미국에서도 계속

펜하우어의 현재성」에서 호르크하이머는 소비에트 체제가 '총체적 관료주의(totalitäre Bürokratie)'에 도달했으며 오히려 혁명 전의 차르 시대보다도 더 자유가 존재하지 않는다고 말한다(GS7, 139). 호르크하이머의 소비에트 체제 비판은 레닌, 스탈린 체제 지배하의 현실사회주의 비판을 넘어 동유럽 사회주의 국가비판과 중국 마오쩌뚱 체제 비판으로 이어진다. 호르크하이머가 보기에 동유럽 독재체제는 간교함, 도구, 교조화의 정신에 근거하고 있으며, 이들의 체제 작동방식은 니체를 히틀러 식으로, 예수를 대심판관으로 이해하는 방식 그대로 운용되고 있다. 그에게 동유럽의 독재 권력은 "거짓의 산물(Lügengebilde)"에 불과하며, 마르크스의 철학은 단지 의식조작의 도구로 이용될 뿐이다.

> 동유럽국가에서 마르크시즘은 그것의 목적론적이고 이상적인 요구가 거부된 채 마치 실제적인 종교처럼 기능한다. 그것은 대외적으로나 대내적으로 의식조작의 도구로서 봉사하고 있다(GS7, 196).

동유럽 현실사회주의에 대한 호르크하이머의 비판은 1965년에 쓰인 「자유의 위협」에서 수행된 중국공산당 비판에도 동일하게 표현되고 있다. 마오쩌뚱 체제하의 중국에서 개인의 의미, 개인의 자유는 언급될 수 없다. 단지

진척시켰으며 이에 대한 그 자신의 연구 성과는 1942년에 「권위적 국가(Autoritärer Staat)」라는 논문으로 출간되었다. 이 논문에서 호르크하이머는 소비에트 체제를 권위주의 국가와 동일한 것으로 간주한다. 호르크하이머에게 권위주의 국가란 사적 자본이 국유화되어 있는 국가자본주의 체제 혹은 국가사회주의 체제를 의미한다. 그에게 "국가자본주의는 현재의 권위주의 국가"인 것이다(GS5, 294쪽). 권위주의 국가로서 소비에트 체제는 국가에 의해 경제가 관리·통제된다는 의미에서 국가자본주의 체제이며 당에 의한 지배라는 측면에서 국가사회주의의 혼합형식(Mischform)이다. 권위주의 국가인 소비에트 체제는 '억압적'이다. 국가권력의 적들은 국가권력에 의해 잠잠해지고 계획에 의한 통제는 억압을 강화한다. 학자들이나 비판자들은 감옥이나 시베리아로 보내지고 당의 관료주의화는 저항을 허용하지 않는다(같은 책, 295~313쪽 참조). 소비에트 체제의 특징인 단일정당의 지배, 비밀경찰, 중앙통제경제와 같은 사회메커니즘은 호르크하이머로 하여금 그가 경험한 파시즘 체제와 크게 다르지 않음을 확인시켜 준다(같은 책, 297쪽).

"국가적 우리(das nationale WIR)라는 새로운 우상이 존재"(GS7, 139)할 뿐이다. 호르크하이머는 여기에서 '전복된 계몽(umgeschlagene Aufklärung)'의 현실을 읽어내고자 한다. 그에게 중국 사회주의 현실은 '야만으로 이행하는 단계'로 포착된다(GS8, 279). 주목할 만한 사실은 호르크하이머가 동유럽 체제를 비판할 때 마르크스의 철학과 현실사회주의를 분리하며, 마르크스의 철학을 옹호하는 전략을 택하고 있다는 사실이다. 호르크하이머의 관점에서 동유럽체계는 마르크스의 자유의 철학을 왜곡하고 권력화에 악용한 것에 지나지 않는다. 이 문맥에서 호르크하이머는 마르크스의 철학을 자유의 철학으로 간주하며 '보편적이고 사회적인 자유'가 마르크스 철학적 주제라고 강조한다. 마르크스의 관심은 '자유의 확대와 자유의 확산'이라는 것이다. 그에 따르면 자유야말로 마르크스 시대의 유일하고 적절한 목표이며 마르크스는 사적 유물론을 통해 이를 근거 짓고 있다고 본다. 호르크하이머가 보기에 레닌이나 그의 동료들도 권력을 잡기 이전에는 자유롭고 정의로운 사회 건설을 위해 노력했다.

한편 1968년 호르크하이머는 「오늘의 마르크스」에서 마르크스 이론에 대한 총론적인 비판을 가하고 있다. 호르크하이머는 다음과 같은 주장을 통해 마르크스의 역사 전망이 실패했음을 분명히 한다.

> 역사는 마르크스가 생각했던 것과 달리 진행되었다. 그가 분석했던 자본주의에서 프롤레타리아의 빈곤화는 확실히 진전되지 않았다. 게다가 그에 의해 기대되었던 혁명은 좌절되었다(GS8, 306).

이는 호르크하이머가 자본주의의 발전에 따라 프롤레타리아의 빈곤화가 가속화된다는 마르크스의 혁명이론과 단절하고 있음을 보여준다. 호르크하이머는 노동자 계급의 경제적 상태가 마르크스 시대보다 계속해서 나아졌으며 단순 육체노동자가 사무직 노동자로의 지위 상승과 삶의 개선이 이루어졌다고 본다. 또한 사무직 노동자가 사회에서 의미 있는 사회그룹이 되었다고 판단한다. 오늘날처럼 계급구조가 고착된 서구사회에서나 유사한 양상이 전개되고 있는 한국적인 상황에서 호르크하이머의 주장은 동의하기 어려운 주장이다. 그러나 이러한 주장은 독일과 유럽사회에서 계급구조의 유동성이 제도적으로 확보되기 시작한 1960년대 후반이라는 사회문화적 변동기의 시대적 상황을 반영한다는 점에서 제한적 타당성을 갖는다. 호르크하이머는 위의 주장에 근거해 마르크스의 위기이론(Kriesetheorie) 역시 거부한다. 그에 따르면 자본주의의 경제적 위기는 점점 드문 현상이 되어 가고 있으며 정부의 조정에 의해 위기 발생을 방어하고 약화시킬 수 있는 능력을 가지게 되었다고 한다. 따라서 올바른 사회를 건설하려는 사회적 연대가 더 이상 프롤레타리아의 폭발적 사회연대의 형식으로 나타나지 않는다.[15] 호르크하이머의 입장은 혁명 개념의 중립화와 프롤레타리아 사회연대에서 인간 일반의 보편적 연대라는 새로운 희망과 연관되어 있다. 그는 혁명이 역사적 상황에 따라 다양한 형태가 될 수 있으며, 파쇼적인 폭력지배로부터의 해방을 기대하는 인간의 희망 속에 혁명이 자리 잡을 수 있다고 보고 있다(GS7, 371). 호르크하이머는 프롤레타리아 혁명이 불가능한 관리되는 체제하에서 자유의 실현을 위한 인간의 연대를 주창한다. 억압의 산물인 프롤레타리아의 사회적 연대 대신에 관리되는 사회에서 인간의 연대(Soridarität der Menschen)가 비판이론의 새로운 과제가 되는 것이다.

호르크하이머는 마르크스의 자본 중앙화와 집중화 테제에 대해 재평가한다. 그에 따르면 마르크스는 자본의 중앙화와 집중화를 지나치게 긍정적으로 이해했다. 그것을 사회주의의 시작으로 보는 것 역시 잘못된 것이다. 호르크하이머의 마르크스 비판은 경제적 문맥에서 이루어지지 않고, ‘관리되는 세계(Verwaltete Welt)’에 대한 비판 차원에서 행해진다. 이와 같은 비판전략이 경제

---

15 이 밖에 호르크하이머는 마르크스의 생산수단의 공유화 테제를 부정한다. 호르크하이머는 지금까지 마르크스의 주장처럼 공동소유가 사적 소유보다 더 나은 조직원리라는 것이 증명되지 않았다고 주장한다(GS14, 293쪽).

문제에 대한 사회철학적 환원이라고 볼 필요는 없다. 왜냐하면 호르크하이머에게 자본의 집중화는 사회가 통일적으로 조직된 그룹의 관리체계로 진입과 경제적 과정들의 내적논리가 사회의 모든 것을 규율화하고 조정하게 되는 것을 의미하기 때문이다. 자본 중앙화와 집중화의 결과가 관리되는 세계인 것이다. 관리되는 사회는 관리(Verwaltung)가 사회에서 결정적인 권력을 갖게 되고 절대적 관리의 경향으로 나타난다. 관리되는 사회에서 자율적 주체의 가능성은 주어지지 않는다.

호르크하이머가 자율적 주체의 한 예로 들고 있는 상대적으로 독립적인 사업가의 상대적 자율성 역시 점차 사회의 관리체계로 편입되어 간다. 관리되는 세계는 사회가 자유와 사회정의를 향해 나아가지 않고, 관리메커니즘의 조정 하에 주어진 상황에 의문을 제기하지 않는 의식과 행위가 자동화(Automatisation)된 사회이다(GS7, 377). 자본 중앙화와 집중화가 관리되는 세계로 이행된다는 주장은 '자유의 왕국' 도래에 관한 마르크스 주장에 대한 비판의 재비판을 함축한다. 주지하다시피 마르크스는 역사의 마지막 단계에 자유의 왕국이 도래할 것이라고 가정했다. 자유의 왕국이란 인간의 사고가 더 이상 자연과의 대결에 의해 규정되지 않고 완전히 자유로우며, 인간성이 실현된 상태를 의미한다. 자유의 왕국은 무엇보다도 어떠한 저항이나 가난, 사회적 위험도 존재하지 말아야 하며 인간의 사유 역시 지금까지와 달리 편안해야 한다. 이러한 점을 충분히 제시하지 않는다는 점에서 호르크하이머는 역사의 목표에 대한 마르크스의 사유를 관념적이라고 주장하며 그를 지독한 관념론자(ein krasser Idealist)로 규정한다. 호르크하이머 비판의 초점은 자유의 왕국이 도래한다는 것에 대한 희망적 관측과 구체성의 결여에 맞추어져 있다. 동시에 그는 자유의 왕국이 도래하기 어려운 측면을 자유와 정의, 자유와 평등 개념이 갖는 변증법적 성격에서 찾는다. "자유와 정의는 변증법적 개념들이다. 더 많은 정의는 더 적은 자유, 더 많은 자유는 더 적은 정의. 자유, 평화, 형제애는 신비에 찬 슬로건이다. 그러나 평등을 얻기를 원하면 자유가 제한되어야만 한다. 사람들을 자유롭게 하려면 어떤 평등도 주어질 수 없다"(GS7, 370).

호르크하이머에 따르면 마르크스는 자유를 모든 힘의 자기실현으로 파악했으면서도 자유를 실현하는 과정에 예상되는 방해, 위험, 고통이 있다는 사실을 충분히 고려하지 못했다. 호르크하이머에게 인간의 자기실현이란 그와 같은 것과의 충돌 없이는 불가능하다. 그러나 관리되는 사회는 이미 '충돌' 가능성이 체제통합력에 의해 해소된 사회를 가리킨다. '자유의 왕국'의 불가능성에 대한 비판적 성격을 갖는 관리되는 사회에 관한 논의는 그가 관리되는 사회의 긍정적 측면을 언급함으로써 자신의 입장을 모호하게 만드는 결과를 초래한다. 호르크하이머는 관리되는 사회에서 인간의 물질적 욕구가 해결될 가능성이 있음을 인정한다. 심지어 "우정과 사랑, 독립적인 결합"(GS7, 428)에 의한 인간의 '보편적 연대'의식이 싹틀 수 있다는 가능성을 배제할 수 없다고 말한다. 그럼에도 그는 관리되는 사회에서 어떤 인간과 어떤 사회 그룹이 물질적 욕구를 해소할 수 있고, 어떻게 보편적 연대가 가능한지에 대하여 아무런 설명을 하지 않는다. 이러한 호르크하이머의 모호한 입장과 구체성의 결여는 그 역시 '지독한 관념론자'의 범주를 벗어나지 못한다는 비판을 피할 수 없다.

6. 나오면서

지금까지 호르크하이머의 마르크스 철학 수용과 비판을 그의 철학의 발전에 따라 살펴보았다. 호르크하이머 사회철학은 초기 학습기와 후기의 비판적 대결 시기까지 마르크스의 정치경제학, 정치철학에 대한 입장이 점차 약화되면서 자신의 고유한 사회철학을 발전시켰다. 동시에 호르크하이머는 마르크스의 철학, 정통 마르크스주의, 현실사회주의를 엄밀하고 일관성 있게 구분하는 논의전략과 분석을 통해 마르크스에 대한 정당한 이해를 추구했다. 특히 마르크스 철학과 현실사회주의를 구분하는 이론적 관점은 유물론을 더 나은 사회건설을 위한 현실비판의 무기로 이해하는 초기의 입장과 자유의 철학자로서 마르크스 철학을 재해석하려고 시도하는 후기의 입장에서도 일관

되게 관철된다. 이와 같은 호르크하이머의 인식태도는 정통 마르크스주의의 교조화에 대한 무비판적 시각과 1990년 공산체제의 붕괴 이후 한국의 좌파 진영에 나타난 마르크스 이론과 현실사회주의의 동일화로 인한 인식의 혼란상과 무기력한 태도, 손쉬운 입장의 전환 등에 대한 비판적 성찰의 단서를 주기에 충분하다. 언제나 변화된 세계에서 사회비판의 이론적 실천을 강조한 호르크하이머에게 비판 이론기에 나타나는 방법론적 풍부함과 마르크스적 유물론의 중립화는 새로운 유물론의 전개라는 관점에서 이해될 수 있다. 이와 같은 중립화는 도구적 이성 비판기와 인간의 보편적 연대를 강조하는 후기 호르크하이머의 철학을 이미 예고하고 있다. 후기 호르크하이머는 마르크스 정치경제학, 정치철학과 비판적으로 대결했다. 그러면서도 그는 마르크스의 정치철학과 현실사회주의를 일관되게 구분하는 노력을 보임으로써 마르크스의 정당한 이해를 추구한다. 이 점에서 현실사회주의에 대한 호르크하이머의 결별이 곧 그의 정치적 보수화로 해석되어야 하는 것은 아니다. 후기 호르크하이머의 보수화 논거로 제시되는 마르크시즘에서 종교철학으로의 이행이라는 해석 틀은 그의 종교철학적 사유가 사회비판의 지평에서 이루어진다는 사실을 간과하는 것이다. 호르크하이머의 마르크스 철학 수용과 비판에서 왜 마르크스에게 정치경제적 분석이 중요한지, 그 자신의 철학에 있어서 왜 그것이 중요한지에 대한 심도 있는 논의를 찾아볼 수 없다. 또 그가 지향하는 '이성적인 사회', '보편적 인간연대'가 실현된 사회를 위해서 어떤 종류의 경제체제가 구상될 수 있는지에 관한 방법론적 논의를 진전시키지 못했다. 관리되는 사회에 대한 신랄한 비판과 관리

되는 사회의 긍정성에 대한 지적은 마르크스의 자유의 왕국도래에 대한 비판적 성격을 약화시키며 논의의 일관성 유지하지 못하게 한다.

　　마르크스 철학의 수용과 비판에서 제기될 수 있는 호르크하이머 사회철학의 많은 결함에도 호르크하이머 사회철학의 의의는 이성적인 사회가 건설되기 이전과 그 이후에도 현실의 부정성에 대한 중단 없는 비판이라는 비판이론 자체의 이론적 태도에 있다. 비판이론이란 기존사회의 부정성에 대한 비판적 활동 속에 자신을 드러내며, 사회의 변화에 따라 비판이론의 내용은 변화해도 비판이론의 태도는 지속된다. 오늘날의 경제현실과 관련해 호르크하이머의 완전고용 노동자와 실업자, 불완전 임시고용, 노동자와의 갈등에 대한 분석은 신자유주의 경제 질서에서 상존하는 경제모순으로서 정규직과 비정규직 문제의 성격과 노동자 간의 사회적 노동협약을 통한 사회연대의 가능성을 타진하는 이론적 단서를 제공한다.

4

프로이트의 수용과 비판[16]

1. 들어가면서

호르크하이머 연구자들에게 그의 프로이트 정신분석학의 수용문제는 중요한 연구 대상이 아니다. 이는 호르크하이머가 프롬이나 마르쿠제처럼 프로이트와의 이론적 대결을 통해 자신만의 고유한 사회심리학적 테제들을 제시하지 않은 점이 결정적인 이유일 것이다. 그러나 뇌르의 지적처럼 프로이트의 정신분석학은 호르크하이머 철학 전반에 특별한 역할을 수행하였다(Noerr, 2007: 18). 프롬과 마르쿠제의 의미 있는 연구 성과 뒤에는 사회분석에 있어 정신분석학의 중요성을 인식한 호르크하이머의 지원과 후원이 있었다. 호르크하이머는 사회연구소 소장이 되면서부터 정신분석학적 방법론을 비판이론의 핵심적 방법론 중 하나로 삼고 연구프로젝트를 가동시켜 왔다. 마틴 제이는 1939년 이후 호르크하이머가 프로이트 정신분석학을 전혀 수용하지 않는다고 주장한다.[17] 제이의 주장과 달리 호르크하이머는 중기, 후

---

16 「호르크하이머의 프로이트 수용과 비판」, 『철학탐구』 제26집.

17 마틴 제이, 황재우 역, 『변증법적 상상력』, 1986, 167쪽 참조. 제이의 이와 같은 주장은 유

기에도 프로이트 정신분석학에 대한 수용과 비판을 일관되게 수행했다. 실제로 호르크하이머가 정신분석학적 범주를 활용한 저술과 의미 있는 저작을 발간한 것은 1939년 이후라고 할 수 있다.[18] 호르크하이머에게 프로이트 정신분석학은 첫째, 유물론적 사회이론의 이론적 한계를 극복하고 더 정치한 사회이론의 기획을 위한 방법론과 둘째, 나치체제의 발생과 확산을 설명하기 위한 보충적 방법론의 성격을 갖는다. 호르크하이머의 정신분석학적 범주를 적용한 저작들은 대부분이 나치 발생에 대한 이론적 해명을 그 목적으로 했다. 이 글은 호르크하이머의 철학에서 프로이트 정신분석학의 수용과 비판을 비판적으로 재구성하며, 나치 분석을 위해 어떻게 정신분석학의 범주가 활용되는지를 해명하는 데 있다. 이를 위해 ① 비판이론과 정신분석학의 관계에 관한 호르크하이머의 이해, ② 정신분석학의 비판적 · 계몽적

물론적 사회이론의 이론적 풍부함을 위해 프로이트의 정신분석학을 결합시키는 데 주도적인 역할을 수행한 프롬과 사회연구소와의 결별이 이루어진 1938년을 염두하고 있는 것이다. 프롬은 1935년 논문 「정신분석적 치료의 사회적 조건」에서 프로이트 테제들의 한계를 지적하면서 이른바 수정주의의 길을 걷는다. 프롬의 수정주의는 오이디푸스 콤플렉스의 보편화에 관한 부정, 성적 욕구의 절대화의 부정, 죽음의 본능에 대한 비판으로부터 시작해 프로이트 이론의 사회학화와 과학화를 기치로 내걸었다. 1930~1938년까지 사회이론과 정신분석학의 결합을 위한 호르크하이머와 프롬의 협력관계의 시기이다. 이 시기에 호르크하이머는 프롬의 입장에 대체로 동의하였다. 1938년에 발생한 두 사람의 결별 이후에도 호르크하이머는 프로이트의 이론적 범주를 사회분석과 역사철학에 일정하게 활용한다. 제이의 입장을 따르고 있는 민형원 교수의 주장처럼 프로이트에 대한 호르크하이머의 입장이 1938년 이후 '아주 다르다'고 할 수도 없다. 수용상의 변형만이 차이가 날 뿐 아주 다른 양상으로 전개되지 않는다. 이것은 호르크하이머의 프로이트 수용이 처음부터 전폭적 수용이 아닌 유물론적 사회이론과 부정적 역사철학을 구성을 위한 제한적 활용의 차원에서 이루어진 데 따른 것이다. 민형원, 「비판이론과 정신분석학(3): 초기 비판이론으로부터 고전적 비판으로의 이행을 중심으로」, 『미학』 제51집, 2007, 130쪽, 주1 참조.

18　1939년 이후 호르크하이머의 정신분석학 관련 저술목록은 다음과 같다. "Autoritärer Staat" (1940), "Die Psychologie des Nazitums, Antisemitismus: Der soziologische Hintergrund des psychoanalystischen Forschungsansatzes"(1944), *Aufklärung der Dialektik*(1947), "Autorität und Familie in der Gegenwar"(1947), "Ernst Simmel und Fruedschen Philosophie"(1948), "Vorurteil und Charakter"(1952), "Zur Psychologie des Totalitären" (1954), "Die Psychoanalyse aus der Sicht der Soziologie"(1968).

성격, ③ 나치 체제에 관한 정신분석학적 해명의 한 시도로서『권위와 가정』
과『계몽의 변증법』의 분석, ④ 프로이트 정신분석학에 관한 호르크하이머
의 비판과 의의 및 한계를 다룰 것이다.

2. 정신분석학과 비판적 사회이론

호르크하이머의 정신분석학에 대한 관심은 그의 철학에 있어 태동기라
고 할 수 있는 1920년대 초까지 거슬러 올라간다. 그의 정신분석학에 대한
관심은 시대적 상황과 개인적 차원에서 촉발하였다. 제이에 따르면 1920년
대 헨드릭 드 만(Hendrik de Man)에 의해 주도된 유물론과 심리학의 관계에 대
한 담론이 프랑크푸르트 대학 주변에서 활발하게 전개되었다. 호르크하이
머의 심리학에 대한 관심은 심리학자 슈만과 학위논문 지도교수였던 레오
코르넬리우스를 통해서였다(Wiggerhaus, 1996: 59). 그는 프로이트식의 정신분
석학이 형성심리학보다 유물론적 사회이론에 적합한 것으로 판단하였다(제
이, 1986: 144). 호르크하이머의 프로이트 정신분석학 수용에 의미 있는 자극
을 준 인물은 레오 뢰벤탈이다. 뢰벤탈은 호르크하이머의 정신관련 문제를
해결하는 데 도움을 주기 위해 란다우어를 소개하였다. 호르크하이머는 그
에게 심리치료를 받았다. 이와 같은 배경 하에서 호르크하이머는 란다우어
의 프랑크푸르트 정신분석연구소 설립에도 도움을 주었으며, 이 연구소의
소장 란다우어와 그의 연구원들을 초대해 세미나와 강연 및 공동연구를 진
행하기도 했다.[19]

호르크하이머의 정신분석학에 대한 관심은 마르크스 철학의 보완이라

---

19 1928년경 호르크하이머가 시달리던 괴로움은 준비한 노트 없이는 강의를 할 수 없는 심리
상태였다. 호르크하이머는 1년간 치료를 받았다. 이듬해인 1929년 정신분석학 연구소는 호
르크하이머의 지원 아래 사회연구소 건물 안에 자리를 잡게 되었다.

는 차원에서 제기되었다. 그는 초기작인 『여명』에서 "심리학이 충분하게 뒷받침되지 않은 유물론적 역사서술은 결핍"(GS2, 368)될 수밖에 없다고 지적한다. 이와 같은 초기의 관점은 사회연구소 공식 취임연설에서 좀 더 분명하게 표명된다. 호르크하이머에 따르면 마르크스는 "경제적 삶, 개인들의 심리적 발달, 좁은 의미의 문화영역에서 발생하는 변화들 간의 연관 문맥"(GS3, 36)을 규명하는 일에 실패했다. 왜냐하면 그는 "심리적 연결고리의 복잡한 역할을 등한시하고 무시"(GS3, 33)했기 때문이다. 호르크하이머가 "철학이론과 개별 분과학문들 간의 전향적이고 변증법적인 상호침투와 발전"(GS3, 32)을 강조할 때, 그 핵심은 마르크스 철학과 정신분석학을 유기적으로 결합시키려는 의도를 함축한다. 방법론으로서 정신분석학에 대한 호르크하이머의 정당화는 사회발전 메커니즘이 마르크스의 주장처럼 한 가지 차원으로 더 이상 설명될 수 없다는 인식에서 출발한다. 사회적 삶과 사회발전, 역사 과정에 관한 인식들은 다양성의 차원에서 다양한 매개를 통해 비로소 가능하며, 그것을 가능하게 하는 핵심적 방법 중의 하나가 심리학이다. 호르크하이머는 정신분석학이 마르크스 철학의 한계를 극복하고 유물론의 질적 풍부함을 가져올 것으로 기대했다. 그는 정신분석학이 인간의 심리적 기제에 관한 지식과 함께 심리적 기제가 사회 형성과 발전에 어느 정도로 또 어떤 방식으로 작용하는가의 문제를 해명해줄 것이라고 믿었다(Decker/Türke, 70). 호르크하이머는 마르크스의 경제적인 메커니즘 배후에 깊이 작동하는 심리적 과정, 생산관계와 생산력의 연결고리로서 정신분석학에 주목한다.

인간이 보다 높고 합리적인 조직행태를 통해 경제적 관계를 대체하는 대신, 인간의 힘과 필요를 뛰어넘어 성장한 경제적 관계가 유지되는 것은 수치적으로 중요한 사회적 계층의 행위가 인식에 의해서가 아닌 의식을 왜곡하는 본능의 추동체에 의해 규정되기 때문에 가능한 것이다(GS3, 59).

인용구에서 보듯이 호르크하이머는 계급관계에서 심리적 작용과 역사적 발전의 계기가 단순히 이데올로기적 생산 작용에 의해서가 아니라 집단 구성원의 특성 및 의식구조와 깊은 관련이 있음을 간파했다. 또한 호르크하이머는 프롤레타리아 혁명 가능성의 상실, 노동자 계급의식의 소멸, 좌파정당의 무기력화와 독일공산당의 교조화라는 상황 속에서 나치 출현에 관한 이론적 해명의 단서를 '의식을 왜곡하는 본능의 추동체'로 보는 정신분석학에서 찾았다.[20] 사회주의 혁명의 실패와 나치 출현의 해명을 위한 새로운 비판적 사회이론은 "마르크스주의의 필연적 보충물"(Bonβ, 1987: 379)인 정신분석학의 토대 위에 구축되어야 했던 것이다. 그러나 이것이 곧 '사회이론의 심리주의화'를 의미하지는 않는다. 호르크하이머는 심리주의적 역사기술도 심리학을 수반하지 않는 역사기술만큼이나 불충분한 것[21]이라고 보았으며, 이러한 시각은 사회이론에도 동일하게 적용된다. 이러한 관점에서 호르크하이머는 딜타이나 마키아벨리가 수행한 심리주의적 역사해석의 시도를 비판한다.[22] 그는 정신분석학이 역사학의 "보조학문(Hilfswissenschaft)"(GS3, 57)

---

20 사회주의 혁명과 관련된 호르크하이머의 현실인식과 1930년대 그의 마르크스 이론에 대한 이해를 위해서는 이종하, 「호르크하이머: 마르크스 철학의 수용과 비판」, 『동서철학연구』 제53호, 2009, 162쪽 이하 참조.

21 심리학, 특히 사회심리학에 대한 연구의 필요성은 비단 호르크하이머뿐만이 아니라 뢰벤탈, 슈테를하임, 프롬, 마르쿠제, 아도르노, 벤야민 모두가 공유했던 바이다. 비판이론학파의 초기에 프롬이 학파 내 전문가로 통했다. 프롬은 정신분석학과 마르크스주의를 결합하려는 호르크하이머의 연구기획을 이론적으로 구체화하였다. 이 시기 호르크하이머의 프로이트에 관한 이론적 입장은 프롬에 힘입고 있다.

22 딜타이는 역사적 과정에서 경제, 법, 종교, 예술, 학문과 같은 문화체계 등과 같이 다양한 형식의 문화적 표현 방식이 인간 영혼(Menschenseele)의 실현, 정신의 객관화에 대한 결과이며, 또한 이것이 끊임없는 변화 과정 속에 놓여 있다고 보았다. 딜타이의 역사철학적 사유에서 역사는 본질적으로 정신사(Geistesgeschichte)이다. 호르크하이머는 역사를 정신사가 아닌 사회적 삶의 과정에서 나타난 산물로 이해한다. 역사는 정신의 표현이 아니라 자연에 대한 인간의 전향적인 투쟁의 산물이다. 호르크하이머는 마키아벨리의 인간 본성 동일론, 성격에 대한 과도한 의미 부여를 인간심리의 존재론적 설정(ontologische Setzung)으로 지칭하며 비판한다. 여기에 대해서는 GS2, 185쪽 이하 참조.

이상이 될 수 없듯이 정신분석학이 새로운 비판적 사회이론의 전부가 아닌 보조학문이 되어야 한다고 믿었다. 호르크하이머의 관점에서 정신분석학 역시 사회이론의 보완이 필연적으로 요구된다. 사회적 사건의 배후에 있는 사회구조에 대한 인식을 결여한 정신분석학은 사회에 대한 개인의 적응과 개인 심리의 정상화만을 문제 삼는다. 정신 병리적 접근으로서의 심리치료에 경도된 심리학은 정상성의 문제, 적응의 대상으로서 사회적 현실의 정당성 문제에 천착하지 않는다. 이와 같은 정신분석학은 결국 체제 순응과 적응의 수단으로 봉사하게 된다. 심리치료기술(Psychotechnik)로 전락한 심리학에 대한 호르크하이머의 비판적 인식은 비판적 사회이론이 정신분석학의 보조학문이 되어야 하며 상호보완적 관계이어야 함을 강하게 시사한다(Lorenzer, 1986: 270).

3. 정신분석학의 비판 · 계몽적 성격

비판적 사회이론이 비판 · 계몽적 성격을 함유하듯이 비판적 사회이론의 중요한 방법론으로서 정신분석학도 비판 · 계몽적 성격을 갖는다. 이 점을 드러내기 위해 호르크하이머는 기존의 해석 틀과 달리 프로이트 정신분석학[23]에 철학적 해석을 시도하며, 정신분석학의 철학적 위상을 부각시킨다. 그에 따르면 프로이트의 정신분석학은 단순한 분과학문 그 이상을 의미한다. 프로이트의 정신분석학은 "인간 실존의 비합리성 이해를 위한 열쇠, 개인과 사회적 삶의 과정의 수수께끼와 같은 총체성을 여는 열쇠"이며 "모

---

23 호르크하이머가 사용하는 심리학 개념은 다의적이다. 그의 어법에서 심리학은 많은 경우 프로이트의 정신분석학을 의미한다. 그러나 호르크하이머는 심리치료를 의미하는 경우에도 때로는 심리학으로 표기한다. 경험적 심리학도 경우에 따라서는 심리학으로 표기한다. 프로이트적 정신분석학 이외의 다른 심리학도 심리학으로 표시하기도 한다. 이 글에서는 이 점을 고려해 정신분석학과 심리학을 문맥에 따라 사용할 것이다.

든 비합리성에 의한 파괴적인 문명의 위협에 대항하는 하나의 유의미한 도움"(GS5, 398)을 제공한다. 이 점에서 호르크하이머는 프로이트 정신분석학을 철학적 모티프만을 가진 것이 아니라 하나의 철학으로 간주한다. 호르크하이머에게 정신분석학은 하나의 비판철학이며 동시에 계몽적 성격을 갖는 철학이다. 비판의 철학으로서 정신분석 철학은 "지배 이데올로기의 …… 마술을 분쇄"(GS5, 397)하고 "형이상학적 환상, 편견과 미신의 제거"(GS5, 402)를 자신의 과제로 삼는다. 프로이트의 정신분석학은 전통철학이 추구한 철학적 환상을 해체시킨다. 그의 해체 전략은 "개인적·사회적 습관과 가치관을 생물학적 욕구로 환원"(GS5, 396)하는 방법이다. '생물학적 유물론'으로서 프로이트의 정신분석학은 관념론, 이데올로기, 높은 가치, 낭만적 사랑 개념에 대항하는 비판의 수단이기도 하다. 호르크하이머는 프로이트의 정신분석학을 '계몽'과 '계몽의 장소'로, 프로이트를 '계몽가'로 지칭한다. "프로이트식의 (정신)분석적 계몽"(GS5, 396)의 성격은 "인간의 불행은 금기의 영향과 심리적이고 심리 외적 억압의 다른 형식들 하에 발생한 모든 진리의 왜곡에서 연유"(GS5, 401)한다는 기본 시각에 있다. 또한 프로이트의 "인식 주도적 관심이 모든 타율적 폭력으로부터 인간의 해방이라는 의미에서 계몽"(GS5, 400)에 있다. 결국 호르크하이머에게 정신분석학의 계몽적 성격이란 정신분석학에 내재한 휴머니즘적 성격을 의미한다. 호르크하이머에 따르면 정신분석학은 하이데거의 현존재 분석보다 더 사변적이지도 않으며, 사회에 독재를 야기한 그의 기초존재론보다 인간의 삶을 더욱 인간화하고 인간성을 실현하는 데 기여한다. 왜냐하면 정신분석학은 인간의 고유한 내면에 알려지지 않은 힘들을 완전하게 다루는 데 도움을 주기 때문이다. 프로이트의 정신분석학은 기계화된 문화(motorisierte Kultur) 속의 불만들을 극복하고 진정한 의미의 주인이 될 수 있는 학문적 도구가 될 수 있다. 프로이트의 정신분석학이 담지한 비판적·계몽적 성격과 휴머니즘적 성격에 대한 호르크하이머의 지속적인 강조는 비판적 사회이론의 정신분석학적 방법론에 대한 정당화를 위한 시도이다. 프로이트의 정신분석학을 하나의 비판·계몽의 철학으로 간주하는 호르크하이머의 입장은 중기와 후기 호르크하이머에서 일관되게 고찰할 수 있다.

4. 나치즘의 분석도구로서의 정신분석학

1)『권위와 가족』: 권위-가정-나치의 관계

프로이트의 정신분석학을 새로운 사회연구의 중요한 방법론으로 채택한 호르크하이머는 나치체제 하에서 권위에 대한 연구를 필연적인 과제로 인식한다. 권위와 가족에 관한 호르크하이머의 연구는 사회주의 혁명 가능성의 상실과 나치체제를 가능하게 한 사회심리의 심층탐색을 의미한다. 호르크하이머는 권위와 가족에 관한 연구프로젝트 방법론의 핵심을 정신분석학에 두었다.『권위와 가족에 대한 연구』[24] 서문에서 그는 권위연구의 필요

---

[24] 이 연구의 모태는 프롬이 1928년 이후 부분적으로 수행한 독일 노동자의 의식에 대한 조사 연구이다. 프롬은 당시 정신분석학 연구소에서 활동하면서 위의 연구를 진행했으며, 이 연구를 위해 호르크하이머로부터 지원을 받고 있었다. 프롬의 연구 목적은 독일 노동자의 사회적 지위, 권위와 가족에 대한 태도, 정당 및 투표 성향과 같은 정치적 태도 등에 관한 경험 연구를 통해 나치즘의 발생과 확산을 해명하는 것이었다. 호르크하이머는 1930년 프롬을 사회연구소의 연구원으로 영입하고, 1932년부터 위의 연구과제를 사회연구소의 핵심 연구과제로 추진하게 되었다. 권위와 가족 연구는 혁명의 실패와 나치즘의 발흥을 경제적 차원에서뿐만 아니라 사회심리적 측면에서 총체적인 설명을 제공하기 위한 대규모 연구프로젝트이다. 이 연구프로젝트는 호르크하이머가 연구 전체를 관리하였고, 프롬, 마르쿠제, 폴록 외 20여 명의 연구진이 참여하였다. 호르크하이머는 권위 문제에 관한 일반론, 프롬은 권위적 성격의 형성과 발전에 대한 연구, 마르쿠제는 루터로부터 시작해 마르크스까지 나타난 권위현상에 관한 이념사적 고찰을 시도했다. 애초에 기획된 폴록의 권위와 경제의 상호관계에 대한 연구는 완료되지 않아 제외되었다. 호르크하이머 자신은 처음에 이 작업에 참여할 의사가 없었으나 연구소가 표명한 학제 간 연구의 첫 성과라는 점에서 일반적 이론 부분을 담당하였다. R. Wiggerhaus, *Die Frankfurter Schule*, München 1988, 172쪽 참조.

성을 다음과 같이 서술한다.

> 새로운 시대(나치즘)에 접어든 사회에서 정치적·도덕적·종교적 세계관을 연구하면 할수록 권위가 결정적인 요소라는 것이 점점 더 명확해진다(GS3, 330).

호르크하이머는 사회에서 작동하는 권위를 확산시키는 결정적인 요인을 가정의 가부장적 구조로 인식한다. 사회적 관계는 가족 내에서 지속적으로 재생산되고, 가족구조는 사회적 관계를 확고하게 하는 데 일조한다는 것이다. 권위-가정-나치체제의 내적 관련성에 관한 호르크하이머의 이론 틀을 분석하기에 앞서 권위문제에 관한 호르크하이머의 일반 입장을 이해할 필요가 있다. 호르크하이머에게 권위는 인간의 모든 역사에 존재해왔으며, 권위의 강함과 약함은 모든 문화에서 나타나는 현상이다. 따라서 권위는 "핵심적인 역사적 범주"(GS3, 359)이다. 권위는 모든 시대의 개인과 그룹의 삶에 결정적인 역할을 수행한다. 노동에 의해 실현된 인간의 역사 역시 노동을 둘러싼 명령과 지시에 대한 자발적 복종으로 설명할 수 있으며, 사회적 활동을 위한 행위나 그와 같은 활동에서 형성된 행위, 반응방식 모두 권위 개념 아래 포착될 수 있다. 그렇다면 권위는 무엇인가? 호르크하이머는 권위 개념에 대한 일반적 정의는 존재할 수 없다고 말한다. 그러한 권위 개념을 규정하는 것 역시 공허한 것이다. 권위 개념은 권위의 발생과 작동방식의 역사·사회적 문맥의 구체성 속에서 파악되어야 하는 문제이기 때문이다. 이와 같은 이유로 호르크하이머는 임시로 권위를 외부적 요청에 복속당하는 상황과 이에 대한 내적이고 외적인 행동방식 및 반응방식과 관련해 파악하자고 제안한다. 역사적 범주로서 권위는 이중적 작용을 갖는다. 권위는 '인간 능력 발전의 조건'이지만, 동시에 경제영역에서 물질적 종속관계의 영구화하고 정신력 무능의 영속화하는 원인이 되기도 한다. 권위가 어떻게 작동하고 작용되는가는 각각의 사회적 상황을 고려한 사회적 총체성 속에서 분석되어야 한다. 여기서 분명한 것은 호르크하이머가 권위 자체를 부정하지 않는다는 점이다. 그는 권위를 크게 두 가지로 구분한다. 첫째는 일종의 '승인된 종속성(bejägte Abhähigkeit)'으로서의 권위이다. 승인된 종속성으로서 권위는 개인의 이해가 사회그룹(사회)의 이익에 부합하는 경우에 발생한다. 호르크하이머는 아동의 인성과 능력을 개발하는 좋은 교육체제 하에 있는 아동을 그 대표적인 예로 들고 있다. 이 경우 아동의 승인 능력에 대한 문제를 제기할 수 있으나 그것이 호르크하이머가 말하는 것 자체를 오해하게 하는 충분한 이유는 되지 못한다. 중요한 것은 '개인 이해에 기초한 권위 승인의 자발성'인 것이다. 이 문맥에서 호르크하이머는 '개인의 이해와 충돌하는 상황에서 좋은 권위의 승인 가능성'을 말하지는 않는다. 그의 주장은 무정부적 권위 거부에 관한 반론적 성격을 갖는다. 호르크하이머는 생산과정에 왜 권위가 필요한지를 다음과 같이 언급한다.

> 사회적 노동과정은 다양한 종류의 지식을 필요로 한다. 지도와 실행기능의 구분을 포기하는 것은 단지 하나의 유토피아가 아니라 원시시대로 퇴행하는 것을 의미한다(GS3, 386).

위와 같이 호르크하이머는 합리적 권위에 대한 승인을 강조한다. 합리적 권위를 승인하는 것 자체가 사회발전과 인간 능력의 개발에 있어 의미 있는 조건인 것이다. 그런데 승인은 강력한 외부로부터의 요구나 '현실적이고 의식적인 개인 이해'의 바탕 위에서만 이루어지지 않는다. 호르크하이머에게 권위 승인은 '인정(Anerkennung)'의 절차를 필요로 한다. 권위의 인정은 사실성(Tatsachen)의 인정에 근거한다. 예를 들어 노동자와 사업자 간에 자유롭게 노동 계약을 체결하는 경우에 발생하는 권위 문제는 노동자에 의한 '경제적 사실성'에 대한 인정을 전제로 하며, 그 기초 위에서 사업자의 권위와 힘의 확립이 실제로 인정된다. 경제적 사실성은 노동자의 계약체결에 있어

급박성, 경제력의 차이, 직접적인 배고픔과 비참함의 인정이다. 이러한 인정은 '익명의 신으로서 맹목적인 경제적 메커니즘'을 '필연적'으로 받아들이게 된다. 자본주의 사회에서 계급 간의 권위는 상위계급의 요구를 직접적으로 인정하는 형식이 아닌 상품, 가격, 권리형식, 소유관계와 같은 경제적 자료에 기초해 경제적 예속을 '자연적인 사실'로, 필연적인 것으로 간주하게 만든다. 호르크하이머는 새로운 권위관계로서 나치와 추종자의 관계가 의식적·무의식적 차원에서 정치 지도자에 대한 경제적 종속성의 인정 위에서 작동된다고 본다. 호르크하이머가 권위승인에 대한 절차로서 제시한 인정의 단계는 평등한 조건에서의 쌍무적 계약을 의미하지 않는다. '인정'은 현실적인 권력관계에 대한 시인의 성격이다. 두 번째로 권위에는 단순한 위압적인 권력이나 억압에 기초한 권위가 있다. 시민사회에서 이러한 권위는 더 이상 통용되지 않는다. 외부로부터 제기되는 권위는 가족, 학교, 교회 등과 같은 제도들에 의해 형성되고 작용한다. 단순 폭력과 강압에 의한 물리적 권위에서 제도화된 권위로의 발전뿐만 아니라 권위의 형성과 발전, 작용방식은 사회·역사·문화적 조건에 따라 변화하는 것이다.

권위에 대한 개념분석과 함께 호르크하이머는 데카르트, 볼테르, 로크, 칸트, 피히테를 신, 전통, 관습 등과 같은 권위적 사유를 거부하고 권위에 대한 믿음에 대항해 싸움을 수행한 인물로 평가한다. 호르크하이머는 이들이 비합리적 권위에 대한 해방으로서 개인의 자율성을 강조하지만, 개인을 현실적인 존재조건에서 고찰하지 못했다고 지적한다. 즉, 권위는 사회적 관계에서 형성되는 허상임을 인식하지 못했다는 것이다.[25] 이와 같은 이유로 호

---

25 실제로 의미 있고 차원 높은 권위는 호르크하이머의 지적처럼 "개인의 이해와 착취가 해체"되는 지점에서 형성된다. 더 좋은 사회, 이성적인 사회라는 호르크하이머 비판이론의 이념은 '자유로운 시민들의 연합'으로 나타나지만, 이 연합은 '사회연대'의 가치에 근거한다. 호르크하이머가 시사하는 진정한 의미의 권위는 '개인의 이해'를 넘어서고 '억압과 착취'가 제거된 비판이론의 이념과 맞닿아 있다. 권위의 문맥에서 보면, 해방 사회는 부정적 '권위 없는 사회'이며 긍정적인 권위가 인정·승인되는 사회이다.

르크하이머는 권위를 사회와의 관계, 특히 사회와 가정의 관계 속에서 분석한다. 권위 문제에서 가정이 중요한 이유는 가정의 사회적 기능 때문이다. 가정은 "인간의 성격을 재생산하고 사회적 삶을 촉진시키는 중요한 교육적 창구 중의 하나"로서 "부르주아 질서의 존속을 위해 특수한 권위적 태도에 필수불가결한 능력을 부여"(GS3, 388)한다. 호르크하이머는 가정의 기능과 구조의 변화는 생산관계의 변화에 의해 규정된다고 보았다.

호르크하이머는 가장의 역할에 대한 분석에서 정신분석학의 개념을 직접적으로 사용하지 않는다. 그러나 그의 분석은 프로이트 정신분석학에서 분석적 준거로 삼는 부르주아 가정의 아버지 모델을 그대로 따르고 있다. 특히 호르크하이머는 가장의 역할을 프로이트 심리학의 마조히즘의 개념 틀 내에서 분석하는 것처럼 보인다. 부르주아적 가부장적 질서 체제하에서 자녀와 아내는 심리적으로 가장에게 종속되어 있다. 자녀의 성장가정에서 심리적·정신적 발달을 지배하는 것은 가장이다. 자녀들은 '아버지가 원하는 것'을 파악·적응·실천해야만 하는 심리적 종속상태에 놓이게 된다. 가장은 "항상 옳으며, 자녀는 가장이 원하는 이상적인 것과 행동의 조화를 추구하는 심리적 상태를 강요받게 된다. 자녀의 의지 포기와 순응의 대가는 가장에 대한 '피학대적 경향(die masochistische Neigung)"(GS3, 400)이다. 가장의 권위는 의심받지 않는다. 아동들은 가장의 권위를 존중하는 것을 학습하게 된다. 자녀의 결혼문제에서도 가장은 자녀의 에로스적 사랑을 제어하기 위해 '도덕적·심리적 억압'을 가한다. 이것은 가장이 집의 지배자(Herr im Haus)이기 때문에 가능하다. 가장의 힘은 가정 내 독점적 경제적 지위와 그의 물리적 강인함에 기초한다. 가장의 아내 역시 심리적 종속성에 놓여 있다. 가장은 여성의 심리에 심대한 영향을 미친다. 여성의 사회적 삶은 가장을 통해 이루어지며, 여성의 심리와 지위는 가장의 지위와 수입에 종속되어 있다. 이 문맥에서 호르크하이머는 프롬의 심리 분석을 심층심리 분석으로 간주하면서 심층심리학이 심한 열등감, 질서와 예속적 삶으로의 심리적 삶의 편향, 비자립적 태도와 같은 권위적 성격유형의 설명에 기여했다고 평가한다. 이와 같은 가정 내의 권위적 성격유형의 형성은 자녀의 모든 실패를 사회적 원인이 아닌 개인(자녀)의 문제로 환원시키는 것과 관련이 있다. 모든 실패를 종교적으로 죄악시하는 태도와 실패를 부족한 재능에서 비롯된 것으로, 자연주의적인 것으로 실체화 시켜버리는 태도를 학습하는 가정 내의 분위기가 권위적 성격형성에 결정적이다. 권위적 가장의 교육은 죄책감, 희생의 각오, 고유한 의사결정과 독자적 행위에 대한 혐오, 비판 없는 봉사의 태도를 내면화시킨다.

그러나 가장의 "심리적 · 육체적 폭력"과 가족 구성원의 관계는 기계적이지 않으며 "긴장과 대립의 상호 얽힘과 관계의 총체성에 의해 매개"(GS3, 412)된다. 이 관점에서 호르크하이머는 산업화에 따른 가족구조의 변화가 어떻게 가장의 권위를 몰락(Verfall der väterlichen Autorität)시켰는지를 설명한다. 수입의 종류와 정도에 따라 조건적이던 사회적 그룹의 존재양상이 가정에도 영향을 미친다. 가장의 권위가 몰락되는 것은 가장의 심리적 · 도덕적 · 물리적 폭력이 더 이상 가족구성원에게 영향을 미치지 못하게 하는 결과를 초래한다. 가장의 권위가 몰락하게 되는 원인은 첫째, 국가와 학교의 역할 증대이다. 국가와 학교가 가정 내 사회화 기능을 흡수하면서 가장은 도덕적 · 정신적 권위를 상실한다. 둘째, 가정 구성원이 노동시장으로 편입되는 것은 가족구성원의 경제적 종속성을 해체시킴으로써 가장의 권위를 유지하기 어렵게 만들었다. 이는 행복과 사랑에 대한 개인의 욕구와 가족 내 가장의 지배적 욕구 사이의 간격과 갈등을 야기한다.[26] 그렇다면 가장의 권위상실과 기존 가정의 사회적 기능의 약화가 곧 가정의 상실과 가정해체를 의미하는가? 호르크하이머는 가정이 가지는 사회적 기능만을 주목하고,

---

26 호르크하이머는 사랑으로 인한 가정 내 권위와의 갈등으로 〈로미오와 줄리엣〉, 〈돈 주앙〉을 지적한다. 개인의 권리와 권위 간의 갈등을 다룬 작품으로는 〈음모와 사랑〉, 〈봄의 깨어남〉, 〈친화력〉을 들고 있다.

정서적 역할과 같은 가정의 비기능적 요소가 여전히 가정의 중요한 요소임을 간과한다. 또한 가장의 권위를 구성하는 요인을 경제력과 완력의 차원에 국한시키는 오류를 범하고 있다.

『권위와 가족』 연구프로젝트는 호르크하이머에 의해 기획되지만, 이 연구프로젝트의 목적인 가정 내 형성된 권위적 성격유형과 파시스트적 성격유형의 상호관련성의 해명을 위한 경험적 분석은 호르크하이머의 몫이 아닌 프롬의 것이었다. 『권위와 가족』의 서언과 이론 부분인 〈권위〉에서 호르크하이머의 분석은 권위 개념, 권위의 인정문제, 사상사에서 권위의 문제만을 언급하고 있을 뿐이다. 그는 ① 가족 내의 정서적 결합과 불합리한 권위관계로서 나치와 나치 추종자, 나치와 일반 시민의 정서적 유대에 대한 설명, ② 내면화된 권위로서 자녀의 초자아형성과 가장의 관계에 관한 설명, ③ 자아약화, 자아해체(Ich-Abbau)와 초자아적 권위형성의 관계에 관한 정신분석학적 해명을 설득력 있게 제공하지 못한다. 〈가족〉에서도 호르크하이머는 가장 권위의 이상화를 언급하면서도 이것과 히틀러의 우상화의 관계, 가장 권위의 형성과 작동방식과 나치의 권력 작동 방식에 관한 비교분석을 하지 않는다. 호르크하이머는 프롬의 분석에 동의하면서 나치가 가정 내의 권위적 성격의 형성과 작용의 심리적 메커니즘을 체제에 적극 활용했다고 강조할 뿐이다. 정신분석학을 응용한 권위-가족-나치관계에 관한 호르크하이머의 미진한 분석에도 그의 분석은 권위적 가정이 아닌 자율적이고 민주적인 가정에 대한 기대가 숨겨져 있다. 호르크하이머는 가정을 "권위 행사의 연습장"(GS5, 384)이나 "잠재적 파시스트"(GS5, 388)의 권위적 성격의 형성하는 장소가 아닌 사회적 요구에 대해 저항 가능한 장소로서 이해할 것을 암시한다. 사회해방을 추구하는 비판이론의 이론적 기획은 기존 사회의 논리를 재생산하는 장으로 가정이 아닌 사회해방을 위한 전초기지로서 새로운 가정의 모델이 필요한 것이다. 유감스럽게도 호르크하이머는 이 문제의 해결을 위해 가정 내의 관계구조의 변화를 위한 정신분석학적 대안을 제시하는 데 실패했다. 그는 가정의 심리적 메커니즘의 변화 가능성에 대한 분석을 밀도 있게 진행하지 않은 채 권위적 인격을 극복하기 위한 전략의 핵심을 교육에서 찾았다. 그는 사람과 사물에 대한 자발적이고 생동적인 관계를 갖는 능력을 형성해내는 심도 있는 교육적인 과정을 역설하며, 유아기부터 그러한 교육과정이 이루어져야 한다고 강조한다. "교육은 자율적인 양심과 강인하고 자기 확신적인 자아형성을 지향"해야 하고, 동시에 "청소년들에게 문명화 과정에서 나타나는 합목적이지 않은 자극들을 극복"할 수 있도록 도와야 한다. 호르크하이머에게 교육이란 편견과 선입견, 권위적 성격에 관한 인식에 그치는 것이 아니라 그와 같은 "야만에 대한 저항"(Horkheimer, 1968a: 6) 능력을 키워주는 것이어야 한다. 나치의 정신분석학적 설명 시도로서『권위와 가족』의 이론부분에서 호르크하이머의 분석도 충분한 것이 아니지만, 앞서 지적한 바와 같이 연구프로젝트의 총괄 책임자로서 그의 의도는 분명한 것이었다.『권위와 가족』연구프로젝트의 의도는『계몽의 변증법』에서 역사철학적 언어로의 변형을 통해 좀 더 명확하고 직접적인 방식으로 표현된다.

2)『계몽의 변증법』과 정신분석학

『계몽의 변증법』은 프로이트 정신분석학의 수용과 비판이라는 관점에서 본다면 독특한 성격을 갖는다. 이 저작의 전반에서 차지하는 정신분석학적 범주의 위상과 적용에서 보면 정신분석학의 위상과 역할은 숨어 있다. 그러나 특정 주제를 다루는 부분에서는 그 어떤 관련 저작들에 비해 프로이트의 개념과 이론을 적극적으로 활용하고 있다.『권위와 가족』과 비교하면 이는 더욱 분명해진다.『계몽의 변증법』은 총체적 지배가 실현된 사회의 해명에서 사회심리적 설명보다는 철학적·인간학적 설명모델이 중심이 됨을 명시적으로 제시한다.『계몽의 변증법』자체는 비판적 사회이론에 근거한 인간해방의 프로젝트로부터 부정적 역사철학(negative Geschichtsphilosophie)으로의 비판이론의 패러다임 전환을 의미한다. 그럼에도 『계몽의 변증법』의 〈반유태주의적 요소들〉과 〈문화산업〉 장은 다시금 정신분석학이 개인과 집단의 비합리적 태도와 행동, 사회에 의한 충돌 조절 메커니즘을 설명하는 유효한 사회 인식의 설명도구임을 잘 보여준다. 〈반유태주의적 요소들〉은 나치와 나치시대의 정치사회적 현상에 내재한 객관적 비합리성의 주관적 조건을 조명하는 '나치 발생의 사회심리학'을 자처한다. 〈문화산업〉 장은 충동 메커니즘이 어떻게 문화산업에 의해 조정되는지 설명하기 위해 프로이트의 정신분석학적 범주를 불완전한 방식으로나마 적용한다.

　『계몽의 변증법』의 근본 주제인 '신화는 이미 계몽이었고, 계몽은 신화로 되돌아간다'는 문명사 전반에 대한 역사철학적 해명을 위해 프로이트의 퇴행(Regression) 개념을 문명사적 관점에서 변형시킨다. 프로이트는 퇴행을 다음과 같이 설명한다.

> 초기의 심리적 상태는 오랫동안 표현되지 않는다. 그 심리적 상태는 어느 날 심리적 힘들의 표현형식이 되는 시점까지 잠재해 있다. 또한 그것은 이후의 모든 발전이 없어지고 마치 되돌려질 수 있는 유일한 표현형식인 것과 같이 존재한다. 이와 같은 심리적 발전의 특이한 형성은 그것의 형성 방향에 있어 무제한적인 것이 아니다. 이것은 되돌리기를 위한 특별한 능력으로서 퇴행(Regression)으로 표시한다(Freud, GW X, 347).

　프로이트가 심리의 원초적 층위가 어떻게 다년간에 걸쳐 지속되고 있는가를 퇴행 개념으로 설명을 시도한 것에 착안해 호르크하이머와 아도르노는 문명의 비합리성을 계몽의 신화로 퇴행이라는 테제를 통해 설명한다. "왜 인류는 진정한 인간적인 상태에 들어서는 대신에 새로운 종류의 야만상태에 빠지는가?"(GS5, 16)와 같은 호르크하이머의 근본적인 물음은 프로이트 퇴행 개념의 인간학적·역사철학적 변형을 의미한다. 『계몽의 변증법』은 이성이 어떻게 지배와 결합함으로써 도구적 이성으로 전락하는지, 문명의 조건으로서의 자연지배적 이성이 인간의 내적 자연과 외적 자연을 지배의 대상으로 삼음으로써 문명의 비합리성을 노정했는지를 보여준다. 이는 퇴행이라는 프로이트의 정신분석학적 범주에 입각한 이성비판이자 문명비판이다. 퇴행 개념과 함께 호르크하이머와 아도르노는 억압된 것의 회귀라는 개념 틀을 통해 부정적 역사철학에 심리학적 범주를 적용한다. 호르크하이머와 아도르노에게 억압이란 이성에 의해 억압된 자연을 말한다. 이성은 "모든 비이성적인 것을 적대시하는 원리"(GS5, 112)를 작동시킴으로써 자연을 억압한다. "문명은 자연에 대한 사회의 승리"(GS5, 216)이다. 문명은 내적 자연과 외적 자연의 억압과 지배의 산물이다. 내적 자연의 억압은 단지 '감정과 자연적 충동에 대한 혐오'뿐만 아니라 "조롱받거나 혐오의 대상이 되는 성격"과 "배설물이나 육체에 대한 역겨움으로부터 광신, 나태, 정신적 육체적 가난에 대한 경멸"(GS5, 115)과 같은 일련의 행동양식을 포함한다. 그런데 억압된 자연은 제거되지 않은 채 병리적인 대체물을 형성한다. 문명이 야만으로 회귀하는 것이다. 호르크하이머와 아도르노는 억압된 것의 회귀가 어떻게 반유태주의와 같은 폭력적 야만으로 나타나는지를 프로이트 투사와 편집증 개념을 원용해 설명한다. 프로이트에서 투사는 편집증 환자에게만 발견되는 징후가 아니다. 투사는 "외부세계에 대한 우리의 관념 형성에 일정한 몫"을 차지한다. 투사는 "내부에서가 아닌 …… 외부로부터 오는 확실한 감각지각의 원인"(Freud, GWVIII, 303)을 제공한다. "어떤 의미에서 모든 지각작용이 투사다"(GS5, 217)라고 말하는 호르크하이머와 아도르노는 프로이트의 투사 개념을 따르고 있다. 호르크하이머에게 투사는 자연적인 것이다. 인간의 생존투쟁 속에서 투사는 자동화된다. 일종의 무의식적 자동화 작용인 투사는 외부세계와 주체 간의 다리를 놓는 행위이다. 프로이트처럼 호르크하이머와 아도르노에게도 투사는 자아형성에 중요한 역할을 수행한다. 자아를 구성하는 인간은 투사를 정교화하고 억제하며 자기통제 하에 두는 것을 배운다. 대상세계에 대한 지각과 대상 간의 관계에 의해 자아를 구성하는 이성 활동은 반성작용이며 일종의 의식적인 투사이다. 그런데 반유대주의의 투사는 반성이 결여된 병적인 요소를 내포한다. 이 점에서 잘못된 투사이다.

> 반유대주의는 잘못된 투사에 기초한다. …… 잘못된 투사는 분출할 태세가 갖추어져 있는 내면세계와 외부세계를 혼동함으로써 발생하는 가장 친근한 경험들을 적대시한다. 잘못된 투사는 자신의 것이면서 자신의 것이라고 인정하고 싶지 않은 주체의 충동들을 객체의 탓으로 돌린다(GS5, 217).

프로이트 정신분석학에서 병적인 투사(pathische Projektion)는 "사회적으로 터부시된 충돌들을 주체로부터 객체로 전이"(GS5, 222)하는 것을 말한다. 병적인 투사는 공격성으로 나타난다. 반유대주의에서 유대인 개인은 고약한 전염성의 존재, 유대인은 게르만 민족공동체의 조화를 해치는 존재로 투사된다. 호르크하이머와 아도르노는 이와 같은 투사 속에 숨겨진 욕구를 읽어낸다. "전체 유대인은 금지된 주술과 피의 제의에 참여한다는 비난을 받는다. 그 비난 속에 은밀히 감추어져 있는 것은 미메시스적인 희생 제의로 돌아가려는 원주민(게르만 민족)의 무의식적인 욕구이다. 비난을 통해 그들은 이 욕구를 의식적으로 즐겁게 수행한다."(GS5, 215) 병적인 투사 속에 숨겨진 공격성은 "타인의 육체를 질투, 공격, 박해한다."(GS5, 222) 병적인 투사가 "체험된 선사시대의 모든 잔혹성"(GS5, 215)을 유대인에게 실행하는 것이다. 반유대주의의 병적인 투사는 편집증과 결합한다. 편집증 환자는 모든 것을 자신의 뜻에 따라 만들고 해석한다. 그는 외부세계를 자신의 목적에 일치하게 지각한다. 그는 모든 사람이 자신에게 봉사해야 한다고 요구한다. 주어진 대상의 고유한 속성은 제거되고 편집증 환자의 체계 속에 용해된다. 편집증적 성격은 사유의 초일관성을 가지는데 그것은 자신이 지정한 이해의 범위를 넘어서지 않으며, 편집증 환자의 고정관념이 그려놓은 원안에서만 작동한다. 호르크하이머와 아도르노가 보기에 나치즘은 "대중이 편집증에 걸린 새로운 조건"을 광적으로 조종·유포한 체계이다. 이 점에서 나치즘은 "편집증적 광기의 특별한 예"(GS5, 223)이며 그것 자체가 "광기의 체제"(GS5, 228)인 것이다.

반유대주의 분석에서 유용하게 사용된 프로이트의 투사와 편집증 개념은 후기 자본주의 분석에서 그 유효성을 잃는다. 그러나 호르크하이머와 아도르노의 후기 자본주의의 분석에서 프로이트 심리학의 범주는 여전히 의미 있는 역할을 한다. 총체적 지배국면에 들어선 후기 자본주의에서 문화산업은 개인의 충동조절 메커니즘을 관장한다.

충동조절 메커니즘의 주체는 심리학적으로 교묘히 이용당해 스스로 충동을 조절할 수 있는 권리를 박탈당한다. 그 대신 사회 자체가 좀 더 합리적인 방식으로 그러한 메커니즘을 작동시킨다. 양심과 자기유지, 욕구의 갈등 사이에서 개인은 매번 무엇을 할지에 대해 더 이상 고통스런 내적 변증법을 수행하는 자신과의 싸움을 할 필요가 없다(GS5, 234).

개인의 충동조절은 문화산업의 메커니즘에 의해 결정된다. 문화산업은 충동을 승화시키지 않고 억압한다. 문화산업에서 성적 충동은 반복적으로 전희(Vorlust)를 자극하되 결코 충족시키지 않는 방식을 통해 전희를 마조히스트적으로 불구화시킨다. 문화산업 메커니즘은 자율적인 존재로서 개인의 여러 내적 장치를 위축시킨다. 문화산업은 "위원회나 배우들이 자아나 초자아"로 기능하게 하며, "대중은 내적 검열 메커니즘에 의할 때보다 훨씬 힘을 안 들이고 문화산업이 제시한 표어와 모델에 따라 자신을 만들어 간다."(GS5, 234) 문화산업이 '주체임을 포기한 개인'을 양산한다. 아무런 판단도 스스로 내릴 수 없게 만듦으로써 사유하는 힘을 잃어버리게 만든다는 의미에서 문화산업은 "유쾌한 거세"(GS5, 116)이다. "저항이 가능하지 않을까라는 생각을 품는 것을 내버려두지 않는 체제"로서 문화산업은 일종의 영원한 "거세 위협(Kastrationsdrohung)"(GS5, 167)인 것이다.

『계몽의 변증법』은 프로이트를 다루는 호르크하이머의 전 저작에서도 프로이트 개념을 가장 빈번하고 직접적으로 사용하였다. 그러나 『계몽의 변증법』의 저작의 의도와 방법이 프로이트의 『문화 속의 불만』처럼 정신분석학 개념의 직접적인 적용을 통한 문명과 문화의 비판이 아닌 것 역시 분명하다. 『계몽의 변증법』은 호르크하이머가 「역사와 심리학」에서 보충학문으로서 정신분석학이 부정적 역사철학에 어떻게 이론적으로 기여하는가를 가장 대표적으로 보여주는 사례인 것이다.

5. 호르크하이머의 프로이트 비판

호르크하이머는 프로이트 정신분석학에 관한 긍정적인 평가 및 사회이론적 적용과 함께 그에 대한 비판적 입장을 견지해왔다. 프로이트에 관한 호르크하이머의 비판 내용은 그의 초기·중기·후기 사상마다 심각한 차이를 드러내지 않는다. 어느 시기든 호르크하이머는 수용과 비판의 균형 잡힌 시각을 보여주고 있다. 프로이트 비판의 초점은 사회학의 관점에서 심리학 비판의 성격을 갖는다. 먼저 초기 호르크하이머는 프로이트의 타나토스 이론을 '체념적 문화허무주의'와 결합된 일종의 생물학주의로 간주한다. 호르크하이머는 프로이트의 『문화 속의 불만』에서 제기한 타나토스 이론이 증오, 공격성, 파괴성을 지닌 인간 영혼의 기본 요소이며 하나의 본질적인 생물학적 사실로 간주한다고 지적한다.

그는 파괴의 충동, 즉 '악과 공격 및 파괴, 잔인성으로 기우는 인간의 타고난 경향'을 생물학적으로 직접 규정한 정신생활의 한 가지 기본적 사실로서 설정한다(GS4, 81).

　호르크하이머의 관점에서 잔혹성의 모든 유형에 원인을 제공하는 원초적인 욕구라는 것은 존재하지 않는다. 전쟁에서나 일상적 삶에서 발견되는 잔혹성과 난폭성은 인간 영혼의 구성적인 요소에서 비롯된 것이 아니다. 그것은 일시적·환경적 요인 및 억압적인 사회질서의 개인적·사회적 투영과 학습의 산물이다. 이러한 호르크하이머의 비판은 인간 심리에 관한 프로이트식 생물학주의를 호르크하이머식 사회 결정론적 관점에서 비판한다고 볼 수 있다. 이 시각에서 호르크하이머는 프로이트의 생물학적 관점에 기초한 "파괴의 본능", "인간 상호 간의 원초적인 적의"에 관한 가정은 억압된 사회에서 자유로운 사회로의 변화 가능성과 광범위한 사회의 변화에 대한 사유를 포기한 것으로 파악한다. 프로이트는 "인간의 원초적인 공격적 성향을 제거할 가능성"을 배제하기 때문이다. 호르크하이머의 관점에서 "생물학적 형이상학"(GS5, 84)으로 지칭되는 프로이트의 파괴와 죽음에 대한 본능의 가정과 대립되는 긍정적인 충동을 본질적인 인간의 성향으로 간주한다 하더라도 그것이 더 이성적인 사회의 실현을 보장하지는 않는다. 호르크하이머에게 개인적·사회적 차원에서 인간적인 사회의 실현은 단순히 "영혼의 문제만이 아니라 역사적인 문제"(GS5, 83)이기 때문이다. 또한 파괴와 죽음에의 충동에 대한 가정의 확실성 자체는 의심스럽기 그지없다. 왜냐하면 "파괴와 죽음을 향한 충동이라는 운명이 보다 더 이성적인 사회 속에서 어떠한 형태를 가지게 될 것인가에 대해서는 일정한 대답"(GS5, 86)을 찾을 수 없기 때문이다. 계속해서 호르크하이머는 프로이트의 엘리트주의를 비판한다. 그가 파괴의 충동을 제어하기 위한 장치로 종교, 법률, 도덕을 이해하는 한 대중의 관리·통제를 위한 엘리트를 요구하는 오류에 빠지는 것이다.

　초기 호르크하이머와 달리 중기 호르크하이머는 죽음의 본능론(Todestriebehre)에 관한 미묘한 입장 변화를 보인다. 이와 같은 변화 양상은 비판적 사회이론에서 문명비판으로, 사회이론에서 철학으로의 철학적 중심사유의 이동과 관련이 있다. 그는 죽음의 충동론을 일종의 상징적 묘사로 간주한다. 호르크하이머에게 죽음에 대한 욕망은 당대의 시대적 상황을 민감하게 파악한 개념이며 문명 자체의 파괴적 경향성을 탁월하게 개념화한 것이다.

> 죽음의 본능과 연결된 일단의 개념들은 인간학적 범주들입니다. 이러한 개념에 대한 프로이트적 해석이나 사용방식에 대해 우리가 의견을 달리한다 하더라도 우리는 이 개념들의 객관적인 의도는 충분히 타당성을 가지고 있으며, 상황에 대한 프로이트의 위대한 통찰이 그에 의해 가려지고 있다는 사실을 알게 됩니다(제이, 1986: 166 재인용).

후기 호르크하이머는 프로이트 정신분석학이 가정하는 "심리적 정상성 개념(der Begriff der psychischen Gesundheit)"과 이른바 "건강한 태도의 기준 자체"(GS8, 295)를 문제 삼는다. 호르크하이머는 한 사회의 정상성은 사회의 변화에 따라 병리적 혹은 비정상적으로 판정받을 수 있다는 점을 지적한다. 정신분석이 갖는 이러한 한계는 정신분석학이 상정하는 정상성의 역사성과 사회성에 대한 지적일 뿐만 아니라 그것이 윤리나 도덕을 대체할 수 없다는 것을 함축한다. 정상성에 대한 호르크하이머의 비판은 정신분석의 사회적 기능에 대한 비판으로 이어진다. 정신분석의 내재적 목표와 기능은 기존체제의 적응능력과 활동능력을 배양하는 것이다. 다시 말해 기존 사회에 조응하는 감정생활과 행동방식, 직무능력을 정상화하는 기능을 담당한다. 호르크하이머가 보기에 정신분석학과 여기에서 파생한 정신치료는 결국 위협적인 사회 · 정치적 권력에 저항하는 것을 광기나 병으로 간주하고 기존체제의 적응에 초점을 맞춤으로써 체제유지에 기여할 뿐이다. 호르크하이머의 프로이트 비판은 그의 철학적 사유의 변화와 함께 비판의 무게중심과 내용이 약간의 차이를 보여주고 있지만, 비판 속에서도 프로이트의 정신분석학의 긍정적 평가를 잊지 않고 있는 것도 분명한 사실이다.

6. 나오면서

　　호르크하이머의 프로이트의 수용과 비판에서 특별히 새로운 이론 생산적인 측면은 찾아보기 어렵다. 이와 같은 이론 생산의 결여는 그의 이론 생산 능력의 문제에 있지 않다. 그것은 정신분석학을 바라보는 호르크하이머의 관점에 기인한다. 호르크하이머는 정신분석학을 철저하게 '보조학문' 이상으로 보지 않음으로써 정신분석학과의 이론적 대결을 하지 않았다. 마르크스 철학의 한계를 극복하고 더 풍부한 유물론적 사회이론의 구축을 목표로 호르크하이머는 프로이트의 정신분석학을 수용했다. 그러나 정신분석학은 정치경제학적 사회분석이론에 우선될 수 없었다. 이 점은 호르크하이머의 전 사유단계에서 일관되게 관철되었다. 보조학문으로서 정신분석학은 나치체제의 발생과 확산을 해명하는 심층적 사회심리분석의 기제로 활용되었다. 『권위와 가족』 연구보고서에서 호르크하이머는 프로이트의 심리학적 범주를 희미하고 불분명하게 사용하며, 프로이트 이론 틀을 적극적으로 활용하지 않는다. 『계몽의 변증법』은 부정적 역사철학의 구성에 프로이트를 이전보다 더 적극적으로 활용한다. 전체 주제를 관통하는 테제나 반유태주의에 관한 논의에서 호르크하이머는 프로이트와 이론을 역사철학적으로, 정치철학적 차원에서 재서술한다. 『계몽의 변증법』 이후 호르크하이머의 프로이트적 범주의 활용은 나치와 관련된 설명에 한정된다. 결국 호르크하이머에게 프로이트의 정신분석학은 나치와 관련된 제한적 주제를 해명하고 비판적 사회이론의 중심방법론인 정치경제학적 설명을 보완하는 차원에 머물러 있다. 또한 호르크하이머의 프로이트 수용의 급격한 변화의 흔적을 찾아내기 어려운 이유도 위의 사실과 관련이 있는 것으로 보인다.

　　호르크하이머의 프로이트 수용은 한국 사회의 철학적 반성을 수행하는 데 있어 정신분석학이 하나의 유의미한 방법론이 될 수 있음을 시사한다. 실제로 박정희에 관한 향수, 한국의 대통령 선거와 국회위원 선거에 나타난

'욕망의 정치학'을 해명하는 데 정신분석학은 유용한 설명력을 제공할 것이다. 그러나 호르크하이머의 지적처럼 정신분석학은 한국 사회의 철학적 분석을 시도함에 있어 하나의 방법론일 뿐 핵심적인 방법론일 수는 없다. 정치경제학적 분석, 사회이론적 분석, 철학적 분석, 정신분석학적 분석의 상호 침투와 매개 없는 한국 사회의 분석은 그 설명력의 한계와 제한적 타당성을 노정할 것이다. 사회의 총체성에 관한 인식으로서 호르크하이머 비판철학의 이념은 학제 간의 한국 사회의 분석을 철학 고유의 부정적 사유와 비판적 활동 안에서 유기적으로 매개함으로써 구현될 수 있는 것이다. 또한 호르크하이머의 정신치료로 기능화된 정신분석, 정신분석학의 비판·계몽적 성격이 실종된 정신분석학에 대한 비판은 오늘날 미술치료, 음악치료, 색채치료, 독서치료, 상담치료 등 각종 심리치료 산업의 확장 논리에 의미 있는 대항논리를 제공해 준다. 비판적 의식의 고양이 배제된 심리치료 산업은 체제비판을 통한 합리적 사회, 더 이성적인 사회로의 이행을 저해하는 체제순응의 기술과 도구로 작용될 수 있다는 점을 의식하지 않는다. 정신분석학과 사회의 관계를 비판적으로 성찰하고자 하는 '오늘의 비판이론'은 위의 호르크하이머의 비판을 활성화해야 할 과제를 떠안아야 한다.

5

과학 방법론 비판[27]

1. 들어가면서

핵물리학자인 칼 프리드리히 폰 바이체거는 1963년에 발표한 『과학의 한계』에서 우리 시대는 과학의 시대이고 과학이 지배적인 종교의 역할을 한다고 주장했다(바이체거, 1996: 13). 나치체제 하에서 원자폭탄 제조에 참여한 경험이 있는 바이체거가 과학 내재적 측면에서 과학의 이중성과 한계에 대한 비판을 수행했다면, 나치체제에 대한 철학적 반성을 이론화한 호르크하이머는 사회철학적 관점에서 과학주의와 과학 방법론에 관한 비판을 수행했다. 과학 일반과 과학적 방법론에 대한 호르크하이머의 관심은 그가 1930년대 초반 사회연구소의 소장으로 취임한 이후 새로운 유물론적 사회이론을 창출하려는 이론 생산적 차원에서 제기되었다. 따라서 이 시기의 과학과 과학 방법론에 대한 관심은 그의 사유의 중심에 놓여 있다 해도 과언이 아니다. 호르크하이머는 새로운 유물론적 사회이론의 과학적 방법론을 구축

---

27 「과학 방법론 비판: 호르크하이머의 과학주의 넘어서기」, 『동서철학연구』 제57호.

하기 위해 당시 학계 일반에 만연한 과학주의, 논리적 경험주의, 실증주의를 비판함과 동시에 기존의 전통 논리학과 형이상학, 전통 마르크스주의 비판이라는 이중전략을 채택한다. 이는 과학 방법론에 대한 그의 관심이 "과학의 본질에 관한 현대의 이론을 가능한 한 분명하고 간단하게 설명함으로써 최근에 전개된 발전 추세를 파악하고 궁극적으로 그러한 이론이 안고 있는 난점을 극복"(차머스, 1985: 23)하려는 순수 과학 이론적 또는 과학철학적 관심에서 제기되지 않았다는 점을 말해준다. 호르크하이머의 과학 방법론 비판은 사회철학적 관심에 근거한 과학 방법론 비판의 성격을 가지며, 그의 궁극적 목적인 '사회과학 방법론의 철학적 근거 지움'을 위한 기초를 이룬다. 호르크하이머의 '오래된 작업'은 오늘날의 과학철학, 과학사회학의 이론적 발전을 고려할 때 의미 있는 담론을 형성해내는 데는 한계를 노정하지만 과학과 인간, 과학과 사회의 상호관계를 문제 삼을 때 여전히 영향력 있는 철학적 성찰을 제공한다. 이번 장은 호르크하이머의 과학 방법론 비판을 체계적으로 재구성하고 그 의의와 한계를 규명하기 위해 첫째, 근대과학의 성과에 대한 평가 둘째, 과학 방법론의 분석과 비판 셋째, 호르크하이머의 새로운 방법론의 모색을 논의의 중심에 둘 것이다.

2. 근대과학의 성과와 한계

주지하다시피 근대과학의 성립은 자연과학의 발달에 토대를 두고 있다. 호르크하이머는 근대과학이 이미 르네상스시기에 시작되었으며, 이때 과학은 "체계적으로 정립된 경험의 도움을 받아 자연과정에 규칙성을 확립"(GS2, 181)하고, 자연과정의 인식에 근거해 자연에 일정한 영향을 미치거나 자연의 영향을 제어하는 일련의 활동을 의미한다. 새로운 근대과학은 자연의 과정을 '동일형식화(Gleichförmigkeit)'함으로써 과거의 현상과 미래 사건

의 유사성을 파악하고 조건의 변화에 따른 예측과 영향의 측정 가능성을 획
득하였다. 르네상스시기에 탄생한 새로운 근대과학은 자연의 규칙적인 현
상의 전제로부터 논리적으로 의존하는 것으로 자연법칙의 인식과 자연 지
배를 비로소 가능하게 하였다. 동일형식화에 대한 확신은 특히 물리학, 화
학, 수학, 의학의 토대를 제공하며 과학적 인간학을 발생시켰다. 근대과학
의 출발과 함께 과학은 과학적 "연구결과의 유용성과 예측을 과학의 과
제"(GS4, 170)로 삼는다.

기술문명에 대한 근본적인 비판을 수행한 사회철학자로서 호르크하이
머의 과학에 대한 몰이해나 과학에 대한 급진적인 비판을 가할 것이라는 일
반적인 선입견과 달리 그는 근대과학의 성과를 공정히 평가한다. 먼저 호르
크하이머는 근대과학이 종교적 질서를 해체하는 데 기여했다는 점을 다음
과 같이 지적한다.

인간을 포함한 모든 사물의 근원적이라 할 수 있는 질서에 대한 종교적인
이념은 이미 17세기의 과학에서 지양되고 있다(GS4, 110).

근대과학이 이룩한 또 다른 성과로 호르크하이머가 지적한 것은 과학
의 발전과 과학기술의 응용이 자연의 성공적 이용과 자연지배에 기여했을
뿐만 아니라, 노동에 있어 고통과 노고를 절감시키고 물적 토대의 성장에
기여했다는 점이다.

시민사회의 기술적 진보는 과학 활동의 기능과 분리할 수 없다. 한편으로는
사실들이 지식을 위해 그러한 과학적 활동을 통해 유용하게 결집됨으로써 지
식을 주어진 상황 속에서 유용하게 이용할 수 있게 되었으며, 다른 한편으로
는 기존의 지식이 사실들에 적용되었다. 그러한 작업이 사회의 물질적 기초를
지속적으로 혁신하고 발전시키는 데 기여했다는 점은 의심의 여지가 없다(GS4,
168).

호르크하이머는 우리의 삶이 과학의 개입에 의해 꾸준히 변화하고 개선될 수 있다고 믿는다. 이와 같은 입장은 그가 근대과학의 성과와 그것이 갖는 '해방적 잠재력'을 충분히 인정한다는 것을 의미한다. 호르크하이머가 폴 발레리의 과학발전에 관한 비관론을 소개하면서도 그의 입장에 동조하지 않는 것은 근대과학의 성립과 발전이 가져온 성과를 정당하게 평가하고 근대과학과 과학 일반이 갖는 내재적 한계를 간파하고 있기 때문이다. 한 발자국 더 나아가 호르크하이머는 과학 적대적인 "낭만주의적 유심론, 생철학, 유물론적 혹은 실존론적 현상학"(GS4, 112)에서 "과학을 철학적으로 폄하하는 것은 사적인 삶의 영역에서 위안거리일 뿐 사회적으로는 하나의 기만"(GS4, 114)이라고 말하면서 과학의 성과에 대한 정당한 평가를 요구한다.

이것은 호르크하이머가 과학에 대한 철학적 교조주의를 거부함을 의미한다. 그는 근대과학의 시작과 발전을 과학 내적 발전에서 그 원인을 규명하지 않고 과학과 사회의 관계, 과학 발전에 영향을 미치는 사회적 환경이라는 측면에서 규명하고자 한다. 호르크하이머에 따르면 17세기의 과학이 사회 전반에 수용된 까닭은 과학 자체의 논리적인 특성에 기인하는 것이 아니라 17세기의 사회적 토대에 기인한다. 17세기는 과학의 "논리적인 특성들이 유익"한 것으로 이해되고 "기계론적 사유"(GS4, 169)가 확산·지배되는 역사적인 과정에 있었다. 과학과 사회의 관계에서 본다면 호르크하이머는 과학 중립론자의 입장과 사회 결정론적 입장을 곳곳에서 보여준다. 먼저 호르크하이머는 ① 과학이 사회의 진보나 퇴행을 가져올지에 선험적으로 규정하기는 불가능하다는 것, ② 과학의 기능이 인간과 사회에 미치는 양가성, ③ 과학 사용자의 사용 여부에 따른 긍정적 개선 가능성을 인정한다(GS6, 75). 이 점에서 본다면 호르크하이머는 과학 중립론에 서 있다고 보아야 할 것이다. 그런데 앞서 언급한 17세기 과학의 발전과 사회적 관계에 대한 그의 언급이나 논리적 경험주의, 실증주의, 실용주의 비판에서 사회결정론적 입장을 취한다고 볼 수 있다. 과학은 자립적이거나 독립적인 것으로 간주될 수 없으며 과학적 활동은 사회적인 세계에 속하는 것으로 하나의 사회적 실천이라는 것이다. 사회적 실천으로서 과학 활동은 인간의 삶과 사회에 결정적인 영향을 받는다.

　　과학 중립론과 과학의 사회결정론의 입장을 동시에 보여주고 있는 호르크하이머의 근대과학의 성과에 대한 판단은 지극히 부정적이다. 그는 과학의 활동과 성과가 과연 인간의 삶에 실제적 발전을 가져왔는지 근본적인 의문을 제기한다. 호르크하이머는 근대과학의 내재적 한계와 무관하게 근대과학이 "인간의 사고방식이나 행동방식에 커다란 발전을 가져오지 않았으며, 인간의 활동이 이전보다 훨씬 더 기계적"(GS4, 337)이 되었다고 주장한다. 심지어 과학의 발전과 함께 인간의 삶은 "물질적·정서적·정신적 측면에서 빈곤"(GS4, 338)해졌다고 진단한다. 호르크하이머는 자신의 진단을 논증하기 위해 근대과학의 기저에 있는 인식론적 토대를 비판한다. 그의 과학 방법론에 대한 메타 비판은 왜 과학이 인간적이고 이성적인 사회건설에 기여하지 못하고 인간성의 빈곤과 비인간화된 사회형성에 일조했는지를 규명하는 데 있다.

3. 과학 방법론 비판

1) 형이상학에 대한 과학의 비판

　　호르크하이머는 과학적 방법론을 비판하기 위해 과학이론이 어떻게 형이상학을 비판하고 과학 방법론을 실체화하는지를 고찰한다. 그에게 형이상학이란 "근본적으로 모든 인간이 가지고 있는 인식 수단을 통해 존재를 파악하고 총체성에 대해 생각하며 인간과는 무관한 세계의 의미를 발견할 수 있는"(GS4, 108) 철학적 입장으로 요약할 수 있다. 이와 같은 형이상학은 본질성, 실체, 영혼, 불멸성, 절대공간, 절대시간 혹은 기타의 형이상학적 카테고리와 개념을 사용한다. "과학이 유일하게 가능한 인식의 형태이며 형이상학적인 사고의 잔재는 점차 사라져야 한다는 주장"(GS4, 112)은 모든 '형이상학적 환상'과 형이상하적 카테고리를 거부하는 '과학'의 기본 입장이다. 과학적 인식이란 "자연과학을 통해 획득된 엄밀한 형식의 정제된 경험"(GS4, 114)에 기초한다. 과학의 관점에서 형이상학의 학설은 개연성의 결여, 잘못된 추론에 근거하며 학문적으로 의미 없는 주장이다.

> 형이상학자들이 수백 년 전부터 윤리적인 계율을 따르고 하나의 영원한 운명을 가지는 영혼을 꾸준히 주장하기는 하나 그들의 체계에는 결정적인 곳에서 단순한 의견이나 별로 개연성이 없는 주장, 잘못된 추론들이 등장하기 때문에 그들은 결국 불확실한 것을 주장한다(GS4, 110).

과학의 형이상학 비판은 루돌프 카르납의 1930년 논문 「구논리학과 신논리학」에서 전개한 주장의 재서술이라 할 수 있다. 카르납은 "플라톤, 칸트 셸링, 헤겔에 연결되어 있는 전통적 의미의 모든 철학과 거기에 기초한 새로운 존재 형이상학이나 정신과학적 철학은 새로운 논리학의 엄정한 판단 하에서는 내용적으로 잘못됐을 뿐만 아니라 논리적으로 유지될 수 없는 의미 없는 것"(Carnap, 1989: 87)이라고 주장한다. 비트겐슈타인의 『논리철학 논고』에 영향을 받은 논리실증주의(Logikal Positivisum)의 의미 검증이론에서 모든 개념은 주어진 것과 연관된 직접적인 경험내용의 사실과 명제의 참과 거짓을 판별하는 경험적인 방법의 유무가 유의성의 기준이다. 카르납에게 주어진 대상은 기호로 환원될 수 있으며, 대상은 명제들의 형식으로 관계한다. 카르납이 모든 형이상학적 명제가 의미 없는 명제라고 주장하는 것은 '지각을 통한 증명'과 '진술될 수 없는 것'에 대해 진술하는 것의 무의미성을 지시한다.

호르크하이머는 "공식적으로 올바른 것으로 간주되는 과학적 인식"(GS4, 110)과 과학의 형이상학 비판에 동의를 표한다. 헤겔과 칸트 철학에서 등장하는 절대정신과 초월적 이성의 부정을 통해 역사 형이상학과 도덕 형이상학을 비판했던 호르크하이머에게 과학의 형이상학 비판은 정당한 것으로 비춰진다. 유물론자인 호르크하이머와 논리실증주의의 형이상학 비판 간의 공통분모는 경험의 전제로서 대상의 물질적 소여성과 대상으로 주어지지 않는 추상적 실체에 대해 부정한다는 데 있다. 호르크하이머는 단순히 과학의 형이상학에 대한 비판의 정당성을 해명하는 데 그치지 않는다. '형이상학에 대한 올바르고 정당한 비판의 필요성'은 과학의 형이상학에 대한 동의 차원을 넘어 과학주의, 논리실증주의, 이데올로기화된 실증주의 비판과 유물론적 변증법의 새로운 재구성 차원에서 제기되는 것이다. 이와 같은 의미에서 호르크하이머는 "비판이론은 모든 긍정적인 형이상학과 대항해 싸우듯이 실증주의와 투쟁한다"(GS14, 520)고 말한다. 과학의 형이상학 비판이 과학적 방법론의 철학적 구성을 목표로 한다면, 호르크하이머의 형이상학 비판은 변증법적 사회이론 개발을 위한 방법론적 비판에서 제기되었다. 바로 그와 같은 관점에서 그는 "우리 시대에 형이상학을 재수용"(GS10, 177)하려는 현대철학의 다양한 시도는 삶의 투쟁과 시대의 문제를 해결하는 데 있어 잘못된 철학적 대응이자 방법론적으로 옳지 못하다고 주장한다.

2) 논리적 경험주의에 대한 메타 비판

카르납, 막스 프랑크, 비트겐슈타인을 인용하면서 호르크하이머는 형이상학에 대한 그들의 비판을 논리적 경험주의, 실증주의, 신실증주의, 현대 경험주의로 다양하게 지칭했다. 이와 같은 호르크하이머의 자의적인 규정은 과학과 과학 방법론에 대한 이들 논의의 질적 차이를 구분하지 않는 순진함을 보여주지만, 그 자신은 이들의 과학이론과 과학 방법론에 공통분모가 있으며, 그에 대해 사회철학적 관점에서 비판하는 것을 본인의 과제로 이해한다. 호르크하이머가 비판하는 다양한 과학 방법론을 여기서는 그의 방식에 따라 '논리적 경험주의'로 통칭한다. 호르크하이머의 논리적 경험주의에 대한 비판은 논리적 경험주의의 개별문제에 대한 비판이라기보다는 논리적 경험주의의 이론적 전제, 인식론적 태도, 인간과 세계에 대한 이해에 대한 메타 비판의 차원에서 수행된다. 그는 논리적 경험주의의 '잘못된 이론적 가정'을 비판한다. 호르크하이머는 먼저 '경험대상과 그것에 대한 명제적 서술'을 비판한다. 그에 따르면 세계는 비트겐슈타인의 주장처럼 "사실들의 총합"(Wittgenstein, 1995, 11: 1.1)이 아니다. 왜냐하면 "존재의 새로운 형식들, 특히 인간의 역사적 활동을 통해 나타나는 형식들"(GS4, 120)이 있으며 논리적 경험주의의 인식태도는 이것을 원천적으로 배제하는 오류를 범한다. 호르크하이머가 여기서 강조하고자 하는 바는 경험대상과 경험의 범위가 사회적 실천과 의식적인 역사적 활동에 영향을 받는다는 점이며 논리적 경험주의는 이를 원천적으로 배제한다는 것이다.

> 사고나 그로부터 출발하여 인식과정에 파고들어 이를 역사적인 삶과 의식적으로 결합시키는 변증법적이고 비판적인 요소들, 나아가 그와 관련된 본질과 현상의 차이나 변화 속에서의 동일성, 목표 설정의 합리성, 심지어 인간이나 인격이나 사회 혹은 계급 등 어떤 특정한 관점과 입장을 전제로 하는 의미의 범주들은 경험주의자들에게는 존재하지 않는다(GS4, 121).

이러한 호르크하이머의 비판은 자연스럽게 '주체'의 지위문제로 넘어간다. 논리적 경험주의는 주체 일반의 개념을 거부한다는 것이다. "주어진 것과 일반적인 사물 사이의 차이를 비판적으로 평가하는 기구로서의 주체가 사라지게 됨으로써 이제 사실, 대상 등의 개념이 피상적으로만 무엇인가를 특정한 것으로 의미"(GS4, 131)하는 것이 된다. 여기서 호르크하이머는 칸트식의 오성과 이성의 기능 구분을 염두에 두면서 논리적 경험주의는 인식

주체를 단지 오성의 기능에 한정하고 이성의 판단능력을 배제하는 것으로 파악한다. 그는 칸트의 경험하는 주체에 관한 이론이 우리에게 "인식을 좌우하는 보편적인 주체성이 감추어져 있다는 사실"(GS4, 177)을 보여주는 사례라고 말한다. 호르크하이머에게 주어진 것이란 주체의 인식 개입 없이 일반적으로 존재하는 것이 아니다. 주어진 것은 그것을 기술하는 "인식론적 주체에 의해 매개된 것"이며 주어진 것이 "이론가의 의식과 무관하게 존재할지라도 그러한 것이다."(GS4, 146) 매개된다는 것은 인간의 표상과 개념들에 의한 규정을 의미하며 이러한 규정의 두 측면은 인식대상의 사회적 성격과 인식기관의 역사적 성격의 두 계기성에 의해 결정된다. 호르크하이머에 따르면 대상의 지각 방식도 사회적 삶의 영향과 지각기관의 물리적 발전에 영향을 받는다. 원시적인 사냥꾼이나 어부의 지각방식과 현대인의 지각방식은 다르다는 것이다.

그 다음으로 호르크하이머가 문제 삼는 것은 논리적 경험주의가 문제 삼는 자연주의적 오류에 대한 비판이다. 그는 논리적 경험주의가 "논리학적인 명제를 규범적으로 사용하거나 그로부터 비판적인 추론을 하는 것을 분명하게 금지"(GS4, 148)한다고 말하며 사실과 가치를 분리시키는 몰가치적 태도를 문제 삼는다. 호르크하이머는 어떤 종류의 이론이든 그 이론은 가치개입적일 수밖에 없다고 전제한다. 이론 자체가 문화적 전체의 한 요소일 뿐만 아니라 과학적 이론 자체도 특정한 시기의 "인간 존재 형태가 갖는 필연성, 목적, 경험, 숙련성, 습관, 경향 등이 침투"(GS4, 179)되어 있으며, 순수 과학이론도 특정 사회의 집단과 계급에 따라 서로 상이한 방식의 관계를 맺기 때문이다. 호르크하이머는 사실과 가치의 분리에 따른 몰가치성은 인식대상을 하나의 고립된 존재, 단순한 관찰의 대상, 관찰된 사실로만 파악하고 개념들이나 판단들 역시 하나의 독자적인 구성요소로만 파악하는 데 그 원인이 있다고 진단한다. 논리적 경험주의에 대한 호르크하이머의 메타 비판에서 그가 가장 신랄하게 비판하는 부분은 논리적 경험주의에 함축된 통일

과학의 이념이다. 호르크하이머는 "인간과 사회에 관한 과학이 많은 성공을 거둔 자연과학들의 모범"(GS4, 164)을 따르고자 하는 학문적 경향성을 문제 삼는 것이 아니라 모든 과학에서 이용하는 언어를 물리학적 언어(논리적 언어)로 환원할 수 있고 전체 과학이 물리학이 될 수 있다는 카르납 류의 이론적 태도가 문제라는 것이다. 이러한 이론적 태도는 "물리학과 사회이론 사이에 근본적인 차이가 없다. 사회이론은 (과학 방법론적 측면에서) 물리학의 수준에 이르지 못했다"(GS4, 141)는 주장으로 나타난다. 이러한 통일 과학적 이념을 지향하는 태도를 호르크하이머는 '과학의 실체화' 혹은 '과학절대주의'라고 명명하며 동시에 사회과학이나 정신과학에서 그러한 경향을 따르는 사회행동주의 이론이나 사회진화론, 계량연구 등은 '소박한 생각'일 뿐이라고 말한다. 호르크하이머에게 사회에 관한 이론은 물리학의 경우처럼 실험적 관계를 갖지 않고, "사회적인 사건과정을 단순히 경험적인 자료수집으로 분류하는 것은 불가능"(GS4, 166)[28]하며, 그러한 연구방법과 성과가 신뢰하기 어렵다는 것이다. 이와 같은 호르크하이머의 주장은 사회과학과 정신과학의 학문적 목적의 고유성과 방법론적 독자성의 강조로 나타난다. 사회과학은 인간과 자연 사이의 관계를 구성하거나 인간과 인간 사이의 관계를 사회 전체의 구조적 연관 속에서 구성해내는 것을 목적으로 삼는다. 호르크하이머는 논리적 경험주의에 관한 비판을 그가 이미 머릿속에 그려놓은 변증법적 사회이론의 방법론적 이론 틀 내에서 수행하며, 그러한 비판을 실증주의 비판에서도 그대로 적용한다.

---

28 호르크하이머의 논리실증주의에 관한 비판은 딜타이, 신칸트학파, 분트, 브렌타노, 후설의 실증주의 비판의 계보를 잇는 것이지만, 그 자신은 유물 변증법적 관점에서 그들의 철학을 비판해 왔다.

3) 실증주의 비판

마틴 제이는 호르크하이머에 의해 수행된 실증주의에 대한 최초의 중요한 비판을 "1937년 형이상학에 대한 새로운 공격"이라고 주장한다. 그러나 마틴 제이의 주장은 불충분한 문헌학적 검증에 기초한 것이다. 호르크하이머 실증주의의 주요 비판에 대한 암묵적 전제나 비판의 핵심내용들은 1931년 사회연구소 취임 연설문인 「사회철학의 현재적 상황과 사회연구소의 과제」, 1933년 논문 「유물론과 형이상학」, 같은 해 논문인 「사회과학에서 예측의 문제」에 이미 등장하고 있다. 그렇다면 호르크하이머는 실증주의를 어떻게 이해하고 비판하는가? 호르크하이머에게 실증주의는 "계몽의 현재적 형식"(GS14, 515)이다. 이 말은 실증주의적 과학관과 과학적 방법론을 유일한 진리의 척도로 간주하는 지배적인 과학 상황을 기술하기 위한 표현이다. 호르크하이머는 1930년대에 "현재 인기 있는 철학적 유행사조"인 실증주의가 "학문적으로 관심 있는 그룹들, 특히 영미 세계에서 승리의 가도"(GS15, 750)를 달리고 있다고 말한다. 호르크하이머는 실증주의적 과학관과 과학적 방법론을 진리의 유일하고 절대적인 기준으로 삼는 태도를 "검열관의 권력"(GS6, 86)과 "진리의 심판자"(GS6, 88)로 비유한다. 호르크하이머는 자신의 비판을 정당화하기 위해 실증주의가 한 과학적 방법론인가를 검토한다. 그에게 실증주의는 하나의 '미신'일 뿐이다.

> 실증주의는 과학을 진리의 유일한 근원으로 인정하는 철학이다. 실증주의는 칸트 뒤로 되돌아가고 진리와 올바름을 혼동한다. 실증주의는 원칙적인 과학적 방법, 다시 말해 최종적으로 체계적 방법에 의해 증명될 수 없는 모든 것은 미신이라는 결론을 도출한다. 그러나 이것이야말로 하나의 미신이다(GS14, 525).

여기서 호르크하이머는 실증주의자들이 말하는 과학적 방법인 '관찰'

의 과학 방법론적 논변의 오류를 지적한다. 그에 따르면 실증주의자들은 관찰을 과학적 진리를 획득하는 방법으로 전제하면서 "왜 관찰이 과학적 진리의 기준인가?"라고 물으면 다시금 '관찰에 호소'하는 순환논증에 빠져 있다. 또한 실증주의자의 과학 방법론의 정당화 논변은 선결 문제 요구의 오류를 수반한다. 실증주의자들은 검증되지 않는 어떠한 과학적 진술이 의미가 없다고 하면서 자신들의 이 명제는 검증을 하지 않는다는 것이다. 실증주의는 과학의 "절차적 방법과 진리 자체를 혼동"(GS6, 88)하며 독단론자들이 계시나 직관을 명증성의 토대로 간주하는 바와 같은 소박한 방법론을 사용하면서 그와 같은 방법론을 의식적으로 비판하고 자신들의 오류를 덮어버린다.

이와 같은 실증주의의 자기 정당화 논변은 "과학을 철학이론으로 만듦으로써 과학의 정신 자체를 부정"(GS6, 89)하는 것이며 반과학적인 "철학적 관료주의(philosophische Technokratie)"(GS7, 423)인 것이다. 호르크하이머가 보기에 과학 방법론으로서 실증주의는 교조화되었으며, 그 자체로 학문과 사회에 영향을 미치는 이데올로기로 작용한다. 과학과 과학 방법론을 과학 내적 논리로만 파악하는 실증주의자들에게 "학자나 그의 과학이 사회적인 장치 속에 얽혀 있으며 그들 자신이 그에 대해 무엇이라고 생각하든 그들의 (이론적) 활동이 기존 상태의 지속적인 재생산이라는 자기유지의 계기성"(GS4, 170)을 내포한다는 인식은 처음부터 배제되어 있다. 호르크하이머가 실증주의의 이데올로기적 작용을 문제 삼는 것이 바로 이 지점이다. 사실과 가치의 동일시, 과학과 사회의 변증법적 상호작용이 아닌 분리와 과학의 자율성에 기초한 실증주의는 현실에의 순응을 요구하며 현실에 자율적인 이성의 비판적 활동을 멈추고 형식화된 이성을 작동시킨다. 이를 통해 실증주의는 현실의 억압과 차별에 대한 이론적 근거를 암묵적으로 제시한다. 호르크하이머에게 "사실과 상식에 따르라는 실증주의의 명령"은 "현실에 복종하라는 요구"(GS6, 104)와 다르지 않다.

실증주의에 대한 호르크하이머의 신랄한 비판에도 독일 사회학대회에서 촉발된 실증주의 논쟁에서 그는 어떤 종류의 이론 생산적인 역할을 수행하지 못했다. 비판이론 진영에서 실증주의 논쟁의 주역은 아도르노와 하버마스였다(Adorno, 1976: 81).[29] 호르크하이머가 비판하는 실증주의가 하나의 단일한 철학으로 논의될 수 있는지 의심스럽다. 다시 말해 나겔, 헴펠, 포퍼, 한스 알베르트의 사유를 실증주의라는 표제 하에 동일한 철학으로 간주할 수 있는가의 문제이다. 실제로 호르크하이머 자신은 실증주의 철학에 대한 심도 있는 이해를 가지고 있지 않았다고 스스로 고백한다. 호르크하이머의 실증주의 개념은 지나치게 포괄적인 개념이다. 그는 도구적 이성을 작동시키는 명제들, 주어진 상황에서 그러한 명제가 인간이 얻을 수 있는 유일한 진리로 간주하도록 하는 모든 학문을 실증주의 철학 개념에 포섭시킨다. 그의 실증주의 개념에는 실증주의, 신실증주의, 논리실증주의의 이론적 차이가 고려되어 있지 않으며, 자연과학과 정신과학의 구분 없이 실증주의적 방법론을 적용하는 모든 학문을 실증주의로 이해한다. 호르크하이머의 실증주의 철학 개념에 대한 포괄적인 정의는 실증주의에 대한 몰이해와 의도된 비판의 결합이라고 평가할 수 있다.

4) 실용주의 비판

호르크하이머의 실용주의 비판 역시 사회철학적 관점에서 수행되는 메타 비판으로 『도구적 이성비판』에서 집중적으로 다루어진다. 그는 실증주의에 의한 이성의 형식화가 어떻게 실용주의에서 도구화되는지를 부각시킨다. 호르크하이머는 실용주의를 비판하기 위해 이성의 형식화·도구화·주관화와 실용주의의 연관성을 해명한다. 실용주의에 의해 이성은 그 이념을

---

29 아도르노는 자신의 기조연설문과 논문에서 호르크하이머의 논문을 인용하며 호르크하이머가 이미 1930년대 실증주의 비판의 주요논거들을 제시했다고 언급한다. 아도르노와 호르크하이머의 실증주의 비판의 차이는 아도르노가 실증주의의 이데올로기의 작용을 더 심도 있게 분석하며 포퍼의 논점을 각론 차원에서 분석한다는 점이다.

포기하고 도구화되었으며, 사유 자체가 "생산의 고정된 구성요소로 전락"(GS6, 42)했다.

> 이성은 자율을 포기한 후에 도구로 전락했다. 실증주의가 부각시킨 주관적 이성의 형식주의적 관점에서는 이성이 객관적 내용과는 무관하다는 점이 강조된다. 실용주의가 부각시킨 이성의 도구적 관점에서는 이성이 타율적 내용에 굴복했음이 강조된다. 이성은 전적으로 사회적 과정에 구속되었다. 인간과 자연을 지배하는 과정에서 이성이 수행하는 역할, 즉 이성의 조작적 가치만이 유일한 기준이 되었다(GS6, 42).

조작적 가치로의 이성기능의 축소는 이성의 이념뿐만 아니라 신화적·종교적·합리주의적 이념의 이론적 토대를 파괴한다. 그렇다면 실용주의의 이론적 난점은 무엇인가? 호르크하이머에게 실용주의 철학은 '하나의 이념, 하나의 개념, 하나의 이론이 행위를 위한 개요 또는 의견'이라는 철학적 입장이다. 제임스나 듀이의 실용주의 철학은 '진리의 증명과 실천적 행위', '의미와 효과'를 동일시한다. 호르크하이머는 이와 같은 동일시가 두 실용주의 철학자가 상정하는 객체 개념을 모호하게 만든다고 주장한다. 그가 보기에 제임스와 듀이의 객체 개념 자체가 주체의 행위에 미치는 어떤 작용효과에만 관계한다면 "도대체 어떤 의미가 '객체' 개념에 부여될 수 있는지를 파악하기란 매우 어렵다."(GS6, 63) 의미와 효과의 잘못된 동일화는 모든 객체를 "단순한 대상으로 전락"시키고 객체를 "수단과 효과의 사슬을 구성하는 하나의 요소로 간주함으로써 객체의 의미나 개념의 의미가 '누군가'에 의해 결정한다는 결론"(GS6, 64)을 도출하게 된다. 여기서 '누군가'는 동일시하는 주체인 것이다. 두 번째로 호르크하이머는 실용주의가 갖는 실험방법론을 문제 삼는다. 호르크하이머는 실험적 방법만이 개념의 완전한 정의와 확실성을 가져다주며 모든 개념이 본질적으로 실험행위에 종속될 수 있다는 퍼스의 주장을 비판한다. 그는 "모든 개념, 즉 생각할 수 있는 모든 것이 본질적으로 실험 행위에 의존되어 있다면 어떻게 실험 행위가 '생각할 수 있는'이라는 기준에 종속되는 것이 가능한가?"(GS6, 65)라고 의문을 제기한다.

　　이 문제에 관해 호르크하이머는 더 이상 논의를 진전시키지 않지만, ① 생각할 수 있지만 실험할 수 없는 것, ② 생각할 수 있지만 실험이 부적절하거나 실험의 명증성을 확보하기 어려운 것, ③ '생각할 수 있는' 실험이라는 퍼스의 개념에서 '생각할 수 있음'이라는 개념의 모호성, ④ '생각할 수 있음＝실험＝증명＝개념의 확실성과 명증성＝진리'라는 인식도식의 문제성, ⑤ '생각할 수 있음'이라는 이론적 통찰 자체의 고유성을 강조하는 것으로 보인다. 호르크하이머에게 '의미'는 듀이의 주장처럼 "사실에 대한 견해나 입장, 행동의 방법"이 아니다. 그것은 이론적 성찰의 고유성을 부정하고 사유 자체를 폐기하는 것이다. 호르크하이머에게 개념과 의미와 "사유는 사유가 아닌 어떤 것, 즉 그것이 생산에 미치는 영향에 비추어 평가"(GS6, 68)될 수 없는 것이다. 호르크하이머가 보기에 제임스, 퍼스, 듀이의 실용주의는 "객관적 내용과 그것을 판단하는 힘과의 모든 관계를 이성에서 제거"하고 "'무엇'보다는 '어떻게'를 다루는 수행능력으로 이성을 격하"(GS6, 72)시킨다. 이와 같은 실용주의의 근본 오류는 "현존하는 과학과 상이한 것으로서 이성의 모든 사변적 능력에 대해 주의"(GS6, 72)를 기울이지 않는 데 있다. 다시 말해 실용주의는 "실험실에서의 사유와 철학적 사유 사이의 차이"(GS6, 70)를 구분하지 못한다는 것이다. 호르크하이머에게 '실천적 세계'의 실증주의인 실용주의는 "상업문화의 정신"(GS6, 69)과 "회상이나 숙고를 위한 시간이 없는 사회의 반영"(GS6, 62)이다. 결국 실용주의는 "이성은 자신의 주관성을 형성하는 본질이 상실"(GS6, 72)되었음을 보여주는 단서이자 현대의 문화적 위기를 해명해낼 능력이 결여된 독단론적 과학 방법론인 것이다.

4. 새로운 사회방법론의 모색

　　지금까지 살펴본 호르크하이머의 과학과 과학주의, 과학 방법론 비판은 궁극적으로 새로운 유물론적 사회이론과 그것을 위한 사회철학적 토대를 구축하려는 하나의 목표 위에 수행되었다. 그는 모든 학문에 침투하는 과학적 방법론을 배격하고 사회의 총체성을 문제 삼는 고유한 변증법적 사회이론을 새롭게 구축하고자 한다. 새로운 사회이론을 위한 호르크하이머의 방법론적 모색은 크게 세 가지 차원에서 이루어진다. 그 첫째가 학제간 연구를 통한 사회문제의 통합적 방법론이다. 호르크하이머는 「사회철학의 현재 상황과 사회연구소의 과제」에서 새로운 사회철학은 사회적 삶의 총체적 문맥 안에서 인간의 삶을 규명해야 한다고 주장한다. 새로운 방법론의 원칙은 철학과 다양한 개별 학문 간의 협동연구, 경험연구와 이론 간의 변증법적 매개, 다시 말해 양적 연구와 질적 연구의 상호보완이 이루어지는 변증법적 방법론을 채택한다. 변증법은 개별학문과 철학, 경험과 이론을 매개로 하는 유일한 방법이다. 호르크하이머가 두 번째 방법론적 원칙으로 채택한 정치경제학 비판의 정당한 이해를 통한 사회분석이다. 이를 위해 그는 교조적인 정통 마르크스주의의 토대−상부구조 논의 비판, 사적 유물론의 중립화 및 마르크스 역사관 및 현대 자본주의 분석 비판, 현실사회주의 비판을 수행한다. 세 번째 방법론의 중요한 원칙은 프로이트 심리학의 비판적 수용이다. 호르크하이머는 "사회의 경제적 삶과 개인들의 심리적 발달 그리고 학문, 예술, 종교라는 정신적 내용뿐만 아니라 법, 윤리, 유행, 여론, 스포츠, 오락, 라이프스타일을 포함하는 문화영역 간의 연관관계"(GS3, 32)를 새로운 유물론적 사회이론의 연구방법론으로 채택한다. 호르크하이머는 심리학이 사회와 역사 해석에 있어 "보충학문(Hilfswissenschaft)"(Horkheimer, 1968: 18)에 지나지 않는다고 하면서도 프로이트의 심리학적 방법론을 개별 연구나 사회연구소 연구프로그램에 광범위하게 적용해 왔다.[30] 호르크하이머에게 프로이트 정신분석학은 ① 유물론적 사회이론의 이론적 한계를 극복하고 더 정치한 사회이론의 기획을 위한 방법론, ② 나치체제의 발생과 확산을 설명하기 위한 보충적 방법론의 성격, ③ 경제적 영역에서 야기한 사회계급 간 긴장과 갈등이 어떻게 유지되는가의 문제를 규명하는 데 중요한 분석 도구이다.

그렇다면 호르크하이머는 새로운 변증법론 유물론의 세 가지 주요 방법론을 매개하는 과학적 방법론으로서 변증법을 어떻게 이해했는가? 그는 먼저 변증법을 "합리적으로 스스로를 증명하는"(GS12, 477) 방법론으로 규정한다. 이와 같은 변증법 이해는 방법론으로서 변증법의 정당성이 자기 근거적이라는 점을 시사한다. 여기서 '자기 근거적'이란 이론적 자기 근거 지움이 아닌 레닌의 실천변증법의 관념에 가깝다. 호르크하이머에게 변증법은 "순수 논리적 범주이거나 사유의 이론 혹은 객관적 논리로서 세계 현상의 법칙성"(GS12, 600)과 무관한 것이다. 객관의 논리이든 주관의 논리이든 모든 논리학은 상황에 대한 하나의 반응으로 보아야 하며, 주체와 객체의 논리를 포괄하는 변증법은 다름 아닌 기본적 범주와 사회, 역사, 자연의 관계들에 대한 광범위한 이론으로 이해되어야 한다. 여기서 그는 주체와 객체, 인식 주관과 대상의 상호관계는 주어진 고정된 관계이거나 분리되어 있다는 실증주의나 관념론적 변증법의 주객 관계의 인식을 부정하고 상호침투와 역동적 관계모델로서 변증법을 상정한다. 호르크하이머의 실증주의 비판에서 언급했듯이 인식대상과 인식기관은 끊임없는 변화 속에 있으며, 이 두 관계

30　호네트는 비판이론기에 호르크하이머가 사회에 대한 경제적인 해석 관점과 심리학과 같은 경제 외적인 카테고리를 상호 통합시키는 것이 중요한 방법론적 고려였다고 지적한다. 마틴 제이는 1939년 이후 호르크하이머가 프로이트 정신분석학을 전혀 수용하지 않는다고 주장한다. 제이의 주장과 달리 호르크하이머는 중기, 후기에도 프로이트 정신분석학에 대한 수용과 비판을 일관되게 수행했다. A. Honneth, *Die zerrissene Welt des Sozialen*, Frankfurt a. M., 1990, p.32, p. 35; 마틴 제이, 황재우 역, 『변증법적 상상력』, 1986, 167쪽 참조; 이종하, 「호르크하이머의 프로이트 수용과 비판」, 『철학탐구』 26집, 169쪽 이하 참조.

는 조화(Hamonie)관계가 아닌 상호 침투하는 긴장관계에 놓여 있고, 변증법은 이것을 서술(Darstellung)하는 것이다. 서술이란 실제적인 변증법적 운동을 파악하는 것을 말한다(Küstners, 1980: 610). 호르크하이머는 변증법이 사실(Tatsache)을 단지 소여성(Gegebenheit)으로 파악하지 않고, 수용적-구성적 연관문맥을 드러내고 대상을 사유 속에 개념으로 포착하는 데 그치지 않으며 대상을 사유 속에 보존하는 방식을 취해야 한다고 주장한다. 이는 그가 변증법을 전체(Ganze)의 계기를 포착하면서 반성적 인식을 수행하는 과정으로 이해한다는 것을 의미한다. 호르크하이머는 헤겔 류의 관념론적 변증법에서 사용하는 도그마적 개념인 총체성 개념과 사회적 인식의 대상으로서 자신의 전체(Ganzheit) 개념을 구분한다. 관념론적 변증법에서 총체성 개념은 '변화'를 배제하고 주체로부터 자유로운 객관성을 전제하다는 점에서 비합리적이고 전체를 실체화하는 것에 지나지 않는다.

이와 달리 호르크하이머는 변증법을 "사회의 전체 과정을 인식하는 계기"(GS2, 235)임과 동시에 인식수단으로 파악한다. 소위 사회적 총체성의 인식의 가능성은 변증법이 어떻게 개별적인 사회의 조건을 인식하고 그것의 구체성을 어떻게 전체적 관점에서 매개하는가를 읽어내는 데에 달려 있다. 이는 변증법이 방법론적으로 주관적 경험을 형식주의 틀 속에 귀속시키지 않고 현상-사회-역사적 발전의 상호침투라는 변증법적 인식으로 전환시키면서도 변증법적 인식의 정당성을 확보하기 위해 귀납적 용법을 수용해야 함을 의미한다. 이를 위해 변증법은 불가피하게 존재에 관계하는 진술인 존재판단(Existenzialurteil)을 수행해야 한다. 존재판단 역시 사회의 변화에 따라 지속적으로 새롭게 수행되어야 한다. 존재판단은 사실판단과 달리 주관적 경험에 대한 형식주의, 정숙주의, 타협주의의 판단형식이 아니라 기존 질서에 대한 비판, 다른 더 나은 가능성에 대한 대안적 탐색을 전제로 하는 비판을 함축한다. 이 점에서 존재판단은 규범판단이며 호르크하이머의 유물론적 변증법은 규범적 요구에 의해 수행되는 반성적 방법론이다. 이와 같은 반성적 반성론으로서 변증법은 "사회에 대한 끊임없이 변화하는 이론적인 존재판단에 근거하며, 사회 역시 그러한 존재판단과 역사적인 실제 사이의 의식적인 관계에 의해 제약"(GS4, 208)을 받게 만든다. 반성적 방법론으로서 변증법의 궁극적인 목적은 결국 "해방이라는 실천적 과제"(GS4, 207)를 떠맡으며, 의식적으로 인간의 모든 가능성을 탐색하는 '사회적 실천을 인식'하려는 실천적 방법론이다. 이런 의미에서 변증법 그 자체도 하나의 "역사적 상황의 계기성"을 갖는다. 왜냐하면 변증법은 "이론적이고 실천적 측면에서 다양하게 서술되는 역사적 상황과 그러한 서술 자체를 포함하는 사회를 올바른 사회로 향하게 하려는 의지의 표현"(GS3, 13)으로서 실천적 관심에 의해 정향되기 때문이다.

과학주의, 논리적 경험주의, 실증주의에 대항하는 방법론으로서 호르크하이머의 변증법은 얼마만큼 성공적인 방법론인가 살펴볼 필요가 있다. 먼저 제기할 수 있는 문제는 이른바 사회적 전체, 사회적 총체성의 변증법적 인식에 대한 호르크하이머의 입장이 모호하다는 것이다. 호르크하이머는 한편으로 사회적 전체에 대한 인식의 가능성을 주관-객관, 개인-사회-역사의 상호 규정적 관계를 파악하려는 사유 혹은 인식의 계기성이나 인식론적 태도에서 찾으면서도 다른 한편으로는 인식대상으로서 사회적 전체의 인식 가능성을 부정한다. 이 두 입장에 대한 개념적 구분과 실제적 경계에 대한 호르크하이머의 해명이 더 필요한 것으로 보인다. 다음으로 지적되어야 할 것은 주관적 경험의 변증법적 반성인식으로의 전환문제이다. 여기서 호르크하이머는 '어떻게 그것이 가능한가?'에 대한 문제를 규명하지 않고 있다(Müller, 2001: 142). 주관적 경험이 변증법적이지 않고 '독단적'이거나 '계급 이익에 부합'하는 이데올로기로 혹은 그가 비판한 정숙주의나 타협주의가 아닌 변증법적 반성의식으로 전환될 수 있는가라는 문제에 관해 그는 논의를 진전시키지 않고 '자연스러운 전환'을 가장한다. 이 점과 관련해 호르크하이머는 변증법적 인식으로 전환하지 못하는 논리적 경험주의나 실증주의

자들의 '주관적 경험'에 대해서 전혀 분석하지 않았을 뿐만 아니라 그 자신
이 수행한 변증법적 사회이론에서 이성비판으로의 이론적 패러다임의 전환
과 관련된 주관적 경험의 변증법적 매개에 관해 논의하지 않았다는 점이 지
적되어야 한다. 체계적 학문 방법론으로서 그가 말하는 변증법의 방법론적
정당성의 결핍은 그의 방법론에 동의하지 않는 이상 이론적 공백으로 남아
있다고 비판받을 수 있다. 그의 변증법은 인식과 인식태도에 대한 충분한
반성의 계기를 제공하지만, 규범적이고 방법론적 요청이지 엄밀한 과학적
인 방법론으로서 정당성을 문제에 이론적 결함을 노정하고 있다.

5. 나오면서

지금까지 호르크하이머의 과학주의, 실증주의, 논리적 경험주의, 실용
주의 과학 방법론에 대한 이해와 비판을 살펴보았다. 과학자의 윤리, 공학
윤리가 실천적 차원에서 그 중요성이 광범위하게 수용되는 오늘날 호르크
하이머의 과학주의에 대한 비판과 과학에 대한 정당한 평가의 요구, 과학의
양가성에 대한 이해는 기존의 관념론적 과학 적대주의나 19세기 말과 20세
기 초반의 문명 비판적 차원에서 제기된 반과학주의 정신과 뚜렷이 구분되
며, 비판이론에서 과학 적대주의가 일정 부분 자리 잡고 있다는 일반적 오
해가 잘못된 것임을 보여준다. 특히 과학과 사회에 상호관계 문맥 내에서의
과학, 과학적 활동, 과학 방법론을 이해한다는 점에서 과학절대주의나 교조
적 과학비판과 달리 이론 생산적 관점을 함유하고 있다고 봐야 할 것이다.
논리실증주의에 대한 호르크하이머의 비판은 현대의 과학철학적 관점에서
보면 그 유의미성을 찾아내기 어렵다. 왜냐하면 오늘날의 과학철학자들 중
그 누구도 논리실증주의의 논변을 대변하지 않기 때문이다. 논리실증주의
자들이 주장하는 검증원리는 헴펠, 포퍼, 에이어, 콰인 등에 그 이론적 한계

가 명확히 드러났다. 호르크하이머의 논의와 관련해 논리실증주의를 본격 논의한 그의 1937년 논문 「형이상학에 대한 새로운 공격」에 주목할 필요가 있다. 호르크하이머는 이 논문에서 1936년 출간된 에이어의 『언어, 진리, 그리고 논리』를 전혀 언급하고 있지 않다. 만약 호르크하이머가 논리실증주의를 비판하는 에이어의 '확인 가능성' 원리를 충분히 검토했다면, 그는 그가 비판하고자 했던 논리실증주의에 대한 비판을 좀 더 성공적으로 했을 것이다. 또한 호르크하이머의 논리실증주의, 실증주의, 실용주의 과학 방법론의 비판 곳곳에는 포퍼가 제기한 반증 가능성의 원리나 토마스 쿤의 패러다임 이론에 단초가 되는 '원초적 단서'들을 제시하면서도 이를 논리실증주의 비판에 체계적으로 연계시키지 못하고 있다. 이러한 호르크하이머의 이론적 약점들은 사회철학자의 과학과 과학 방법론 비판 차원에서 이해하는 미덕을 필요로 한다. 변증법을 하나의 방법론으로 수용하고 거기에 기초한 사회이론의 정립이라는 부수적 차원에서 호르크하이머의 과학과 과학 방법론 비판이 제기되었음을 고려해야 한다. 호르크하이머 논의의 의의는 그가 논리실증주의의 철학적 관료주의를 비판하면서도 그들에게 자극받아 독자적인 사회연구 방법론을 모색하고 관념론적·교조적 유물론을 넘어서는 과학적 방법론을 전개했다는 데에 있다.

6

이데올로기의 이해와 비판[31]

1. 들어가면서: 사회적 현실과 이데올로기 비판

호르크하이머의 비판이론은 사회비판에서 출발한다. 사회비판은 사회적 현실의 비판, 다시 말해 부정적 사회현실에 대한 비판과 그러한 사회현실을 가능하게 하는 이념과 그 이념의 사회적 작용을 동시에 포함한다. 따라서 호르크하이머의 비판이론은 사회현실과 그것의 설명기제로서의 이념을 상호 연관시키는 문제에 관심을 가지며 자연스럽게 이데올로기 비판과 관련을 갖게 된다. 이 점에서 "사회비판으로서의 비판이론은 이데올로기와 분리될 수 없다"[32]는 게스의 주장은 타당하다. 현실비판으로서 비판이론의 핵심은 현실 인식을 왜곡하고 거짓 인식을 심어주는 이데올로기 비판에 있

---

31 「호르크하이머의 이데올로기 비판」, 『철학과 현상학 연구』 제41집.

32 게스는 비판이론의 이데올로기 비판이 ① 사회비판과 지배 이데올로기 비판의 비분리성, ② 인식의 과제로서 망상인 이데올로기 비판의 불가피성, ③ 이데올로기 비판에 있어 자연과학과 질적으로 구분되는 인식구조의 변화 필요성과 같은 세 가지 명제에 토대를 두고 있다고 주장한다. 여기에 대해서는 레이몬드 게스, 신중섭 · 윤평중 역, 『하버마스와 프랑크푸르트학파 · 비판이론의 이념』, 서광사, 2006, 63쪽 이하.

기 때문이다. 주로 하버마스의 이데올로기론을 분석적 관점에서 서술한 레이몬드 게스의 주장은 하버마스의 철학보다는 당대의 새로운 이데올로기 개념을 제안한 만하임의 지식사회학에 대한 적법한 비판과 이데올로기 개념의 확장을 통해 그 자신의 이데올로기 개념을 보여주고자 시도한 호르크하이머의 철학적 입장에 더욱 부합되는 주장이다. 호르크하이머는 동시대의 이데올로기 개념의 중립화를 시도하는 만하임을 직접적으로 공격함과 동시에 사회비판으로서 이데올로기 비판을 일관되게 수행하면서 효과적인 지배비판을 위해 이데올로기 개념을 확장했기 때문이다.

호르크하이머의 이데올로기 비판은 하나의 사회철학으로서 비판이론이 본격적인 이론모델이 형성되기 시작한 1930년대 초로 거슬러 올라간다. 그의 이데올로기 비판은 사회현실에 대한 이념적 설명으로서 부르주아 역사철학의 발전을 탐색한『부르주아 역사철학의 시원』, 칼 만하임의 지식사회학적 이데올로기 개념을 비판한『하나의 새로운 이데올로기 개념?』, 1951년의 논문「이데올로기와 행위(Ideologie und Handeln)」에서 본격적으로 다루어진다. 그 이외에 호르크하이머의 이데올로기 비판은 체계적 저술형식을 갖지 못하고 산발적이고 파편적인 형태로 이루어졌다. 이 글은 먼저 어떻게 호르크하이머가 이데올로기 논의의 전개 과정을 파악하고 있는가를 살펴본 후 그의 이데올로기 비판의 주요 대상이었던 만하임의 이데올로기 논의에 대한 논점을 검토한다. 아울러 이데올로기 개념의 포괄적 확장을 통해 사회비판으로서 이데올로기 비판을 수행하는 호르크하이머의 확장된 이데올로기 개념의 의의와 한계를 논의할 것이다. 끝으로 이데올로기 종말이 선언된 이후에도 왜 이데올로기 연구와 비판이 중요한 철학적 활동이 되어야 하는지를 호르크하이머의 철학적 문맥에서 살펴볼 것이다.[33]

---

[33] 호르크하이머의 이데올로기 이론에 관한 국내 단독 주제연구나 논문은 서지조사 결과 찾을 수 없었다. 따라서 의미 있는 선행논의에 대한 검토가 불가능함을 밝혀둔다.

2. 이데올로기 논의의 경험적 배경

호르크하이머의 이데올로기 비판은 어디에서 출발하는가? 렌크(Kurt Lenk)는 호르크하이머의 이데올로기 비판의 경험적 배경에 주목한다. 그런데 이데올로기 문제에 관한 호르크하이머의 문제의식은 렌크의 주장처럼 비단 그의 사적 경험에 근거한다기보다는 제1차 세계대전과 나치에 대한 역사적 경험의 이론적 동기화라는 측면과 독립적인 연구주제로서의 이데올로기 비판이라는 실천 이론적 측면이 있다고 봐야 할 것이다. 렌크에 따르면 제1차 세계대전 당시에 공적 삶의 병영화, 표면적으로 갈등 없는 조직화에 대한 두려움, 국가 주도하의 선전선동 장치로 인간의 통합에 대한 호르크하이머의 역사적 경험이 이데올로기 비판의 주요한 동기가 되었다고 주장한다(Lenk, 1986: 244). 이 점은 호르크하이머가 1914년 전쟁 중에 쓴 편지글에 나타나는 전쟁에 대한 분노, 전쟁의 성과에 대한 깊은 회의와 함께 전쟁에 대한 열광적 자극을 통해 사회구성원을 탁월하게 조직화하며 인간을 고통의 굴레로 떨어뜨리는 것에 대한 격렬한 비판에서 확인할 수 있다. 호르크하이머는 전쟁의 사건을 "야만의 시간(Zeit der Barbarei)"(GS1, 22)으로 지적하면서 "왜 세계 전체가 깨어 있는 상태에서 유일하고 거대하며 전쟁과 같은 바보 같은 사건이 발생하는지"(GS1, 23) 묻는다. 호르크하이머가 보기에는 아군이나 적군이나 같은 그릇된 동기에서 전쟁을 수행한다.

침략자로부터 자신의 조국을 구하고 자유와 명예, 문화와 문명을 위해 싸운다. 그리고 불사르고 살해하는 것이 고귀한 일로 치부된다. 자신이 옳고 무조건적으로 그렇게 해야만 한다고 생각하기 때문이다. 그러나 이 무조건이라는 개념에 도대체 얼마만큼의 지옥과 얼마만큼의 부끄러움이 들어 있단 말인가 (GS1, 30).

　　전쟁반대론자로서 호르크하이머는 민족이란 이데올로기적 개념 자체
는 의미 없는 것이라고 강조하며 전쟁의 이데올로기를 제공하는 주체들에
대한 증오의 감정을 다음과 같이 표현한다.

　　　　나는 모든 정당, 모든 국가주의자, 모든 무정부주의자를 증오한다. 왜냐하
　　면 그들의 노력은 범죄이거나 미친 짓이기 때문이다(GS1, 24).

　　전쟁의 참상을 전쟁경험을 통해 체험한 초기의 호르크하이머는 전쟁
자체에 대한 비판과 다양한 형태의 전쟁을 추동하는 이데올로기에 대한 비
판을 수행하지만 아직 본격적인 이데올로기 비판을 전개시키지 못하고 단
편적인 비판에 머물러 있다. 그 이후 나치의 등장과 나치 프로파간다에 대
한 고찰은 호르크하이머로 하여금 이데올로기 문제를 비판이론의 하나의
주요한 연구주제로 삼는 계기를 제공한다. 그가 본격적으로 사회비판이론
을 기획하고 전개할 즈음인 1930년에「부르주아 역사철학의 시원」과 같은
해에 쓴「하나의 새로운 이데올로기 개념?」에서 이데올로기 문제를 본격적
으로 다루고 있다는 점에 주목할 필요가 있다. 이는 비판이론이 지향하는
'이성적인 사회의 건설'을 방해하는 현실적인 요인과 이론적인 요인에 대한
비판적 대결을 의미함과 동시에 부르주아 역사철학에서 이데올로기 문제의
이해와 더불어 근대적 유토피아의 이데올로기적 성격과 근대적 형이상학,
이성과 정신 개념의 절대화에 내재한 이데올로기적 문제성, 이데올로기의
중립화를 시도하는 만하임의 새로운 이데올로기론에 대한 이론적 대결을
시도하는 것이 별개의 이론적 작업이 아니라 사회비판의 문맥에서 이데올
로기 비판이 수행된다는 점을 말해주는 것이다.

3. 이데올로기 논의의 전개

1951년의 논문에서 호르크하이머는 이데올로기가 오늘날 더 이상 중요한 의미를 갖는 개념으로 여겨지지 않는다고 주장한다. 이 주장은 이데올로기를 둘러싼 당시의 상황에 대한 그의 인식에 근거한다. 첫째로 그는 이데올로기 개념의 일상화와 보편적 사용에 주목한다. 이데올로기 개념은 철학이나 학술문헌에서 '발전', '삶의 형식', '무의식' 등과 같은 개념들과 마찬가지로 일상의 언어사용에서 익숙해진 개념이 되었다. 둘째로 이데올로기 개념이 예전처럼 정치적 담론에서 발견되는 특수한 의미층위를 가진 것이 아니라 각종 사유의 덩어리, 이론, 개별적 관념이나 정신적인 것, 일반을 의미하는 것으로 이해되고 있다. 이와 같은 차원에서 보면 이데올로기 개념이 가졌던 이전의 이론적 지평은 상실된 것이다. 그러나 호르크하이머의 시각에서 일상적 차원에서 이데올로기 개념의 불명료성과 보편적 의미의 획득이 이데올로기 문제가 해소되었다거나 이데올로기 비판의 유효성이 상실되었다는 것을 의미하지 않는다. 그에게 이데올로기 문제는 사회가 존속하는 한 여전히 현재성을 갖는 문제이기 때문이다.

이러한 문제의식에 근거해 호르크하이머는 이데올로기 개념에 대한 설명을 역사적 기원으로부터 시작한다. 이데올로기가 학문적이고 정치적인 개념으로 중요한 역할을 하게 된 것은 이데올로기 개념을 처음으로 사용한 프랑스의 철학자 데튀 드 트라시(Destutt de Tracy)에 의해서다. 트라시는 이데올로기를 동물학의 한 영역으로 간주했으며 『관념학의 원리』에서 과학의 기초가 되는 관념들의 기원을 연구하는 학문이 이데올로기임을 천명했다. 트라시의 객관적인 과학의 학문으로서 이데올로기에 대한 관점은 단지 '관념으로서의 이데올로기'를 다루는 것이 아니라 '관념으로서의 이데올로기가 내포하는 물질적 우선성'을 보여주는 방식을 채택한다.[34] 호르크하이머는 트라시 이외에 사상사에서 이데올로기의 문제를 다루고 있는 철학자로서 베이컨(Bacon), 홉스(Hobbes), 비코(Vico), 엘베시우스(Helvetius), 마르크스(Marx), 엥겔스(Engels), 만하임(Mannheim), 파레토(Pareto) 등을 언급한다.

일반적으로 인정되는 바와 같이 호르크하이머 역시『근대철학사 강의』에서 베이컨의 우상론(Lehre von den Idolen)을 현대적 의미의 이데올로기에 대한 초보적인 이론적 시도로 간주한다. 이데올로기 문제에 대한 본격적인 질문을 전개한 철학자는 홉스이다. 홉스는 이데올로기 개념 자체를 사용하고 있지 않지만 어떻게 도덕적·형이상학적·종교적 관념들이 발생했으며, 비자연적이고 저편의 대상의 존재에 관한 확신이 어떻게 사람들을 수천 년 동안 지배할 수 있었는지, 그러한 관념들이 어떻게 사람들을 지배하고 '이데올로기적 권력수단'이 되는가에 대한 근본적인 질문을 던진다. 홉스는 가장 중요한 요소로서 이데올로기적 수단에 의한 인간의 지배를 정당하게 평가해야 역사의 진행에 대한 올바른 이해에 도달할 수 있다고 믿었다. 홉스는 이데올로기의 필연성을 정치철학적이고 역사철학적인 지평 위에서 승인한 철학자이다.

홉스에게 인간이 만든 모든 관념은 타자를 지배하기 위한 것으로, 이러한 관념의 발생에는 기만과 속임수가 자리 잡고 있다. 홉스에게 이데올로기는 타자의 의식을 기만하는 순전히 계산된 의도의 산물이며 권력의 획득과 유지를 위한 수단이다. 호르크하이머는 이데올로기 문제에 대한 홉스의 이

---

34 18세기 관념들의 기원을 연구하는 학문으로서의 이데올로기는 순수 인식론의 문제인 표상과 관념의 기원을 탐구하는 과학으로 이해되었으며 자연과학적 인식모델을 토대로 하였다. 이와 같은 당시의 이데올로기 개념은 종교적이고 형이상학적 차원의 미신, 편견, 선입견을 극복하려는 계몽주의에 그 뿌리를 두고 있다. 당시의 이데올로기 개념과 이데올로기 담론은 기존의 세계관과 학문방법론에 대한 반성이자 새로운 사회질서 형성을 요구하고 대중교육에도 관심을 갖는 일종의 과학적 사회운동의 성격을 함축하고 있다. 호르크하이머의 관심은 당시의 이데올로기 담론이 가지는 사회과학 운동적 성격보다는 트라시가 관념의 기원을 경험적인 감성적 지각에서 찾는다는 점에 입각해 그의 이데올로기 개념에 대한 유물론적 해석에 있다. 트라시의 이데올로기 이해에 대해서는 K. Salamun(Hrsg.), *Ideologien und Ideologiekritik*, ders., Vorwort, Darmstadt 1992, 5쪽.

론적 업적을 이데올로기를 '사회에 작용하는 환상'으로 간파했다는 점에서 찾는다. 호르크하이머는 홉스의 이론적 기여와 함께 그의 한계를 지적한다. 홉스의 이론적 한계는 이데올로기 문제를 사회적 삶의 연관문맥에서 다루기보다는 개인의 심리적 차원에서 접근하는 데 있다. 호르크하이머는 중세 시대의 종교성에 대한 홉스의 분석이 성직자들의 기만적인 의도에 기초한 심리적 분석에 머물러 있다고 비판한다. 호르크하이머에게 개성이나 성향의 이해는 홉스의 주장처럼 개인 심리의 차원이 아니라 그것을 형성하는 사회적 차원의 문제분석을 전제로 한다.

한편 호르크하이머는 홉스나 스피노자와 구별되는 르네상스 시대의 유토피아주의자인 켐퍼넬러, 토마스 모러스와 계몽시대의 유토피아주의자인 아베 모렐리의 사유 속에 나타나는 유토피아의 이데올로기적 특성과 유토피아의 형식으로 전개되는 이데올로기의 발전 양상을 분석한다. 유토피아는 시간을 뛰어넘는 특성을 갖는다. 유토피아는 사회의 특정한 상황에 조건 지어진 동경에서 발생하는 것으로, 당대의 현존하는 수단을 가지고 하나의 완벽한 사회를 건설하려 한다. 이런 의미에서 호르크하이머는 유토피아를 시대 조건적 판타지의 안락한 낙원으로 간주한다(GS2, 242). 유토피아는 사회가 부르주아적 자연법에 의해 제시된 목적인 만인의 이해를 만족시킬 수 있다는 확신에 근거한다. 이것은 경쟁하는 개인들의 의지를 포기하고 그들의 삶의 과정에서 모든 이해와 관심을 계획적으로 설정해야 가능한 것이다. 호르크하이머가 보기에 단순히 외형적 복지뿐만 아니라 도덕과 학문의 발전이 경제영역에서 인간의 관계와 상호연관을 가져온다는 근대적 유토피아의 확신은 플라톤의 『국가』와 결합되어 있으며, 기존 상태의 옹호자와 크게 다르지 않다. 호르크하이머가 지적하는 유토피아의 공통점은 더 나은 질서에 대해 숙고하지 못하며, 그것을 위한 전제를 인식하지 못하는 데 있다. 다시 말해 유토피아주의자들은 그들이 설계하는 사회의 역사적 발전 단계, 사회의 물적 조건을 고려하지 않는다. 유토피아주의자들은 기존 사회의 토대를

변화시키는 데 노력과 희생이 뒤따라야 한다는 것을 인식하지 못하며 단지
주체의 사유 속에서 그 답을 찾는 데 그치고 있다. 유토피아는 현실을 변화
시킬 수 있는 주어진 가능성을 간과하고 절대적 완벽성을 예고함으로써 당
대를 뛰어넘으려 한다. 이것이 유토피아가 기존질서의 이데올로기적 옹호
를 수행하는 방식이며 호르크하이머는 이 지점에서 유토피아의 이데올로기
적 특성을 간파한다.

　이데올로기 개념의 역사적 발전에 있어 마르크스의 이데올로기 개념은
이전의 그것과 확연히 구별된다. 이데올로기 개념의 역사적 전개에 대한 호
르크하이머의 논의 전반에서 발견되는 흥미로운 사실은 그가 칼 마르크스
의 이데올로기론을 명시적으로 다루고 있지 않을 뿐만 아니라 그가 취하는
이데올로기 개념이『독일이데올로기』의 이데올로기 개념을 따르는지,『정
체 경제학 비판』의 이데올로기 개념을 따르는지도 언급하지 않는다는 점이
다. 주지하다시피 마르크스는『독일이데올로기』에서 이데올로기는 계급사
회를 전제로 하며 지배 계급의 이익을 공동이익이라는 정당화를 부여함과
동시에 사회모순을 은폐하는 것으로 파악한다(Marx, 1983: 13).『정치경제학
비판』에서 마르크스는 계급이데올로기와 구별되는 '철학적·정치적·법률
적 의식'과 같은 상부구조에 해당되는 의식형태 일반이라는 보다 일반적인
의미의 이데올로기 개념을 제시한다.[35] 이러한 호르크하이머의 논의 태도
는 그가 마르크스의 이데올로기 개념의 다양한 의미층위와 용법에 대해 직

35　지배계급의 이데올로기라는 부정적 이데올로기 개념과 구별되는 관념 형성적인 이데올로
　기적 의식형태의 총체성을 마르크스는 다음과 같이 서술한다. "자연과학적으로 엄밀하게
　규정될 수 있는 경제적 생산조건의 물질적 변형은 법적, 정치적, 종교적, 미학적 또는 철학
　적, 간단히 말해 인간이 이러한 갈등을 인식하고 그것들과 싸우는 이데올로기적 형태들로
　부터 구별되어야 한다(*MEW Bd. 13*. 9)." 사회적 의식의 모든 형태로서 마르크스의 이데올
　로기 개념을 해석하려는 경향에 대한 비판으로서 라라인은 그것과 특수한 왜곡된 의식형태
　로서의 이데올로기 개념을 구분한다. 이러한 라라인의 입장은 마르크스가 부르주아의 다양
　한 관념적 형태 전체를 부정하지 않았다는 전체에서 출발한다. 여기에 대해서는 J. Larrain,
　Marxism and Ideologie(신희영 역, 백의 1998, 222-226쪽 참조).

접적이고 내재적인 성찰을 시도하지 않았다는 사실을 확인시켜줌과 동시에 마르크스의 이데올로기 개념의 다의성 자체를 상당 부분 공유하고 있다는 것을 함축한다. 실제로 이 점은 호르크하이머가 역사적 이데올로기론 비판과 만하임의 이데올로기 중립화 비판에서 ① 사회적이고 역사적 생산물, ② 사회 현실과 그것을 설명하는 이론, ③ 특수하고 잘못된 현실 옹호적 사유방식, ④ 일반화·중립화할 수 없는 계급적 세계관, ⑤ 환상, ⑥ 허위의식으로서 이데올로기 개념의 수용, 인간의 의식을 포함한 행위일반과 사회기관의 작용범위까지 이데올로기 개념을 확장하는 데서 확인된다. 이 점은 추후 논의 속에서 다시 설명할 것이다.

4. 이데올로기와 진리

렌크의 지적처럼 호르크하이머의 이데올로기 비판은 항상 진리(Wahrheit)의 문제와 관련성을 갖는다(Lenk, 1986: 247). 호르크하이머는 이데올로기와 진리를 구분하며 진리를 추상적인 정신활동의 산물이 아닌 인간의 창조적 행위라는 실천적 문맥에서 파악한다. 그렇다면 진리와 이데올로기는 어떻게 다른가? 호르크하이머에게 이데올로기는 다양한 측면에서 자신의 종속성을 의식하지 못하며, 발전된 인식 앞에서 허상으로 전락하는 단순한 의견에 지나지 않는다. 따라서 이데올로기는 진리와 반대로 항상 임의적인 것이다(GS7, 21). 그렇다고 해서 호르크하이머가 전통철학에서 주장하는 초시간적·초역사적인 진리 개념이나 추상적이고 정신적인 진리 개념을 수용하는 것도 아니다. 호르크하이머는 단호히 초월적이며 초역사적인 절대적 진리 개념은 유지될 수 없으며, 진리란 유한한 것으로 파악한다.

호르크하이머는 이데올로기를 "전체 사회를 이해하는 사회적 그룹들의 태도"(GS2, 180)로 간주하는 반면 진리 개념은 "올바른 실천의 계기(ein Moment der richtigen Praxis)"(GS3, 305) 속에서 파악한다. 올바른 행위의 계기로서 진리는 인간의 삶에 의미를 부여하는 창조적 행위와 관련되며 인간 스스로 의미 형성을 만드는 과정과 행위 개념을 포함하는 개념이다. 따라서 호르크하이머는 인간이 진리를 갖는다면 삶의 전체가 변화하고 삶이 다른 의미를 갖게 된다고 말한다. 결국 그의 진리 개념은 삶의 의미 형성이라는 인간의 이론적 활동과 실천적 활동을 가리킨다.

> 진리란 단지 이론과 실천의 통일 속에서만 존재한다. 인간 개념에는 인간이 자신의 삶 속에서 진리를 드러내게 하는 것도 포함한다(GS14, 209).

그런데 호르크하이머가 진리를 인간 삶의 의미형성 및 행위와 관련시키는 배경에는 그의 남다른 세태인식이 작용한다. "오늘날의 인간에게 철학적 진리 개념은 아무런 의미가 없다"(GS13, 421)는 호르크하이머의 주장은 진리 개념에 대한 현대인의 이론적 입장을 대변하는 차원에서 주장되는 것이 아니라 진리를 추구하거나 삶의 의미를 천착하지 않는 젊은 세대의 일반적 의식 상태를 비판적으로 서술하는 대목에서 제기된 것이다. 진리를 실존과 행위라는 실천적 문맥에서 파악하는 것은 호르크하이머의 이데올로기 개념에 끼친 마르크스의 영향만큼이나 진리의 기준을 실천으로 삼은 마르크스의 영향으로 보인다.

호르크하이머의 진리 개념에서 진리성의 기준은 이데올로기에 의해 잘못 설정된 가치와 이념적 지향에 대한 중단 없는 반성과 부정이다. 따라서 호르크하이머에게 진리판단의 내용적 기준은 존재하지 않는다. 오직 비판과 비판적 의도, 지속적 과정으로서 비판적 활동성 자체에 진리가 자리 잡고 있다. 진리란 현실 자체이거나 현실에 환상을 부여하는 이데올로기도 아니며 초현실적·초역사적인 어떤 것이 아니다. 호르크하이머에게 진리란 현실의 부정성을 부정적 방식으로 드러내는 비판을 의미한다. 진리는 더 나은 사회, 다른 사회를 지향하는 사회적 과정을 포함하며, 그 속에서 끊임없이 진리와 이데올로기를 판별하는 과정 또한 포함한다. 무엇이 이데올로기이고 무엇이 진리인가는 이데올로기의 다양한 사회적 기능과 작용에 대한 면밀한 분석에 기초해야 하며, 이데올로기적 실천이 진리의 목적에 부합하는지 검토되어야 한다.

5. 이데올로기 비판으로서 지식사회학 비판

호르크하이머의 현대 이데올로기론 비판의 초점은 만하임의 지식사회학 비판에 맞추어져 있다. 호르크하이머는 만하임이 『이데올로기와 유토피아』에서 발전시키고 있는 이데올로기 개념의 중립화가 명료한 사회분석이 결여된 발생론적 방법의 오류에 근거하며, 종국에는 기존 사회의 정당화에 기여한다는 점을 부각시킨다. 만하임의 지식사회학[36]은 기존의 고전적 인식론에 대한 비판적 인식에서 출발한다. 고전적 인식론은 인식의 문제를 인식과 인식의 논리적 차원에서 다루었다면 만하임은 인식의 가능조건에 대한 초월론적 분석, 관념론적 분석, 순수 경험론적 관점을 벗어나 인식의 가능조건, 인식내용과 사회적 조건의 관계를 주요한 탐구의 대상으로 삼았다. 다시 말해 지식사회학은 역사적·사회적 상황의 구체적 관련성 안에서 사유를 이해하는 것이다.[37]

---

36 지식사회학이라는 개념이 처음으로 사용된 것은 막스 셸러의 1924년 저술인 *Probleme einer Soziologie des Wissens*에서이다. 지식사회학의 정초자로서 셸러는 지식, 가치지향의 존재 연관성에 대한 주장을 제기하였으며, 당위에서 가치로의 윤리이론적 전환을 시도했다. 만하임은 셸러의 관점을 사회인식 이론적 관점에서 체계화를 시도했다.

37 칼 만하임, 『이데올로기와 유토피아』, 청아, 1991, 39쪽 참조. 만하임은 지식사회학의 기본 과제를 ① 다른 사회적 배경에 기인하는 정신의 구조적 차이에 대한 이론적 체계 제공, ② 역사적으로 다양한 사회집단과 정신구조 간의 상관성과 차이에 대한 해명, ③ 마르크스의 인식의 당파성이라는 존재 결정론적 이데올로기론을 극복하고 존재와 인식의 관련성의 차원에서 중립적인 인식이론을 정초하는 데에 두었다. 만하임에 따르면 이론적인 측면에서

　'인간 존재의 사유일반이 인간 존재에 구속되어 있다'는 지식사회학의 근본 가정은 만하임의 주장처럼 마르크스나 마르크스주의자들에게는 익숙한 테제인 것처럼 보인다. 일반적으로 마르크스나 마르크스주의자들에게 이데올로기는 부르주아 계급의 지배를 정당화하고 계급모순을 은폐하는 허위의식으로 이해하기 때문이다. 그러나 만하임은 "이데올로기론을 당파의 투쟁도구에서 초당파적인 사회학적 정신사"(GS2, 271)로 만들고자 한다. 지금까지 이데올로기 개념은 정치적 대립자의 세계관에 내재한 사회적 조건이 고려되지 못한 상태에서 논의되어 왔다. 만하임은 존재구속성(Seingebundenheit)이라는 개념을 통해서 이데올로기가 가지는 사회조건적 특성을 일반화하고자 한다. 그는 이데올로기를 특수이데올로기(partikulare Ideoloie)와 총체적 이데올로기(totale Ideologie)로 구분한다. 특수이데올로기가 특정한 개별 사고와 관계한다면, 총체적 이데올로기는 전체 세계관, 전체 인간의 의식을 포함하는 것을 말한다. 전통적 이데올로기론이 특수이데올로기를 대상으로 했다면 만하임의 지식사회학은 총체적 이데올로기를 인식의 대상으로 삼는다(칼 만하임, 1991: 102).

　만하임의 총체적 이데올로기 개념은 존재 구속성의 일반화, 이데올로기 개념의 일반화를 그 중심에 두고 있다. 그에 따르면 어떠한 이데올로기도 절대적 정당성과 보편성을 가지지 못한다. 왜냐하면 하나의 이데올로기는 자신의 존재 구속성에서 연유하기 때문이다. 그런데 존재 구속성에서 존

지식사회학은 지식의 존재 구속성에 관한 보편적이고 일반적인 이론을 확립하는 것을 목적으로 하며, 역사적·사회학적 연구로서 지식사회학의 과제는 위와 같은 지식의 존재 구속성을 과거와 현재의 다양한 지식내용을 통해서 밝혀내는 것이다. 지식사회학이 추구하는 바는 개인과 집단의 활동과 지식이 지식 외적 요인과 사회역사적 문맥과 조건에 따라 어떤 영향과 변화, 발전을 가지는가에 대한 이론이다. 여기서 지식이란 단순한 대상적 앎과 앎의 내용을 의미하는 것이 아니라 인간의 지각, 표상, 의식, 이념, 사유 전반을 일컫는 개념이다. 다시 말하면 지식은 "토속적인 믿음으로부터 실증적 과학에 이르기까지의 모든 사고양식과 모든 형태의 사상을 의미"한다.(정호근, 칼 만하임의 지식사회학 연구, 홍성사, 1984, 157쪽)

재 개념은 마르크스의 이데올로기 비판에서 말하는 물질적 존재와 다른 것이다. 만하임은 존재가 물질과 동일시되어서는 안 되며, 그와 같은 동일시를 마르크스가 범함으로써 잘못된 형이상학에 빠졌다고 비판한다. 만하임의 시각에서 존재 개념은 '전체 사회구조의 의미연관 속에서 의미를 지향하는 존재'로서 정신적인 존재이며 "의미 맥락적 존재"(송호근, 홍성사, 1984: 174)이다.[38] 만하임은 지식의 존재 구속성, 이데올로기의 문제를 인간의 인식 일반의 문제로 확장한다.

호르크하이머의 만하임 비판의 초점은 존재 구속성(Seingebundenheit) 개념에 맞추어져 있다. 지식사회학은 지식(이데올로기)과 존재의 연관성을 보편적인 사실로 받아들임으로써 "모든 사유 형성물은 이데올로기이다"(GS4, 342)라는 테제를 정립시킨다.

> 지식사회학은 경제 유물론과 같이 기본적인 역사철학적 이론을 지향하는 것 없이 각각의 지배적 표상방식을 특정 사회를 특징짓는 계층에 종속시키는 것을 자신의 과제로 삼는다. 지식사회학에 따르면 모든 세계관은 특징적인 사회적 관점의 전망에 의해 조건 지어지고 이러한 조건관계에 관여하는 모든 요소 ── 정신적·심리학적·물질적 결정자 ── 는 중요한 집단 내에서 다양한 무게를 갖는다(GS7, 14).

호르크하이머가 보기에 이러한 지식사회학의 전제는 "회의주의적인 입장의 반복"에 지나지 않는다. 즉 "인간에게 철학적 진리나 혹은 진리 일반이 전혀 존재하지 않는다는 사유"(GS4, 343)에 기초한다는 것이다. "모든 의식이 역사와 사회의 특정한 상황에 조응하는 것인 까닭에 그것의 진리는 의심해야 하는 것이다."(GS2, 286) 호르크하이머는 지식과 이데올로기의 존재 구속

---

38 만하임은 존재 개념과 달리 존재요소를 제시한다. 중요한 존재요소는 계급, 세대, 분파, 직업집단, 지위집단, 집단 무의식 등을 들고 있다.

성 테제가 자기주장의 진리요구의 근거를 제시하지 못함으로써 필연적으로 상대주의에 빠진다고 지적하는 셈이다.

지식과 이데올로기의 존재 구속성은 "철학적 이념들에 대한 객관적인 검증을 포함하고 있지 않으며 그러한 이념들의 실제적인 적용 가능성에 대해 천착하지도 않는다. 그것은 단지 그러한 이념들을 한 사회집단에 복잡하게 편입, 한정시키는 데 그치고 있다."(GS4, 343) 모든 지식, 이론, 가치는 존재 구속성을 가지며 이데올로기일 수밖에 없다는 만하임의 주장은 "학문적으로 주장될 수 없는 것"이며 "존재라는 내용 없는 개념(inhaltloser Begriff des Seins)"(GS2, 292)에서 출발한다. 왜 귀족, 관료, 시민 등의 사회계층을 가리키는 만하임의 존재 개념은 내용이 없는 개념인가? 그 이유는 만하임이 '존재' 개념을 규명하기 위해서 특정한 사유의 발생조건과 사회구조, 특정한 세계관과 이데올로기를 가진 사회그룹의 발생과 그것의 역사적 과정, 사회적 상황에 대한 명료한 분석을 결여하고 있기 때문이다. 호르크하이머는 만하임에서 보이는 사회적 존재분석의 결핍으로 인한 내용 없는 존재분석이 가상적 중립성을 주장하게 만들며, 그와 같은 이론 역시 정치적 이해관계의 틀 속에서 작용한다는 사실을 지적한다.

일반화를 시도하는 사회학을 포함하여 어떠한 사회이론도 정치적인 이해관계를 가지고 있으며, 그러한 이해관계의 진리성 여부를 결정짓는 것은 가상적인 반성(중립성) 속에서 스스로 반복하여 행동이나 사고를 하지 않음으로써 이루어지는 것이 아니라 구체적인 역사적 활동을 통하여 이루어지는 것이다(GS4, 196).

같은 맥락에서 만하임의 지식사회학은 '세계관의 내용과 형식이 각각의 특정한 계급의 경제적 상황에 기초한다'는 마르크스의 입장을 넘어 마르크스주의를 모험의 영역으로 끌어올리고 있다. 마르크스의 당파성에 근거한 이데올로기를 당파성이 배제된 중립적(wertfrei)이고 동일한 질적 가치를 가진 것으로 파악하는 한 지식사회학은 은연중에 기존 사회를 긍정하는 이데올로기 기능을 수행하게 된다.

> 특정한 이념의 진리인식 문제를 조건들의 등장과 역사적인 통일체로 귀속시키고 뒤로 물러나게 함으로써 지식사회학의 당파성 없는 상대주의는 모든 기존 체제의 동료로서의 기능을 완수한다(KTI, 242).

이런 이유로 만하임의 이데올로기론은 상존하는 모순들에 대한 관념론적 의미변형(idealistischen Umdeutung)에 지나지 않는다. 존재 구속성 논제에 관한 호르크하이머의 비판적 관점은 "자유 부동하는 지식인(freischwende Intellektuellen)" 개념의 비판으로 이어진다. 지식계급으로 대변되는 자유 부동하는 지식인은 "지속적인 변화와 이동의 추세를 보이는 사회계층 또는 그와 같이 발전을 거듭하는 생존조건을 바탕으로 하여 자기들의 구성원을 충당시켜 나가며 …… 사고방식이 직업상의 조직에서부터 오는 규제를 전혀 받지 않는다."(만하임, 1991: 49) 호르크하이머는 만하임처럼 정신의 본질로서 자유에 대해 누구보다 강조하지만, 그 정신의 자유가 만하임의 정신처럼 자유 부동하는 정신이 아니다. 호르크하이머에게 정신과 정신의 자유는 사회적 발생문맥과 작용이라는 관점에서 파악되어야 한다.

> 정신은 자유롭다. 정신은 어떠한 외적인 압력도 받아들이지 않으며 자신의 결과를 어떤 하나의 권력 의지에 순응시키는 것도 허용하지 않는다. 그러나 그 정신은 사회적 삶에서 분리된 것이 아니며 그 위에 부유하는 것도 아니다. 정신의 자율성, 즉 인간 고유의 삶과 자연 지배를 목표로 하는 한 그것은 이러한 경향을 역사 속에서 작용하는 힘으로서 인식할 수 있다(GS4, 197).

호르크하이머가 이 대목에서 강조하고자 하는 바는 고립적인 상태에서 정신의 현상을 파악했을 때 중립적인 것으로 인식할 수 있으나 정신은 결코 중립적이거나 자유롭지 않다는 사실이다. 호르크하이머에게 정신은 그 자체로 이해관계 없이 파악될 수 없으며 단지 투쟁의 결과로서 자유로운 정신을 말할 수 있다. 그 점에서 정신은 중립적이거나 사회 실천적 문맥으로부터 자유로운 개념이 아니다. 따라서 만하임이 제시한 자유 부동하는 지식인은 '추상적인 지식인' 개념에 지나지 않는다. 호르크하이머가 주장하는 지식인은 "전체주의적인 프로파간다처럼 뿌리를 박고 있는" 획일화된 교조적 지식인도 아니고, 만하임이 주장하는 "자유주의적인 지식인들처럼 자유로이 부유하지도 않는다."(GS4, 197) 비판적인 이론가의 과제는 지식인들의 본질적 특성인 계급들 사이에서 부유하는 것이 아니라 "자신의 시각과 자기가 지지하는 억압받는 사람들 사이의 긴장을 줄여 나가는 것"(GS4, 195)이다. 호르크하이머의 입장에서 보면 만하임의 이데올로기 비판은 발생학적 이데올로기 비판에 지나지 않는다. 또한 만하임의 이데올로기론은 사회적 현실의 거짓표상에 관한 인식 비판적 분석을 결여하고 있는 것이다.

6. 이데올로기 개념의 확장

호르크하이머는 이데올로기 비판을 한편으로는 단순한 정치 이데올로기 범주를 넘어 형이상학, 종교, 실증주의 철학 등의 이론영역으로 확장시키며, 다른 한편으로는 이데올로기의 작용범위까지도 이데올로기 비판의 대상으로 삼았다. 호르크하이머의 고유한 이데올로기론과 그의 이데올로기 개념은 이러한 비판영역의 확장을 통해 성립되고 있다.

먼저 어떻게 호르크하이머가 이론영역에서 이데올로기 개념을 확장시키는지 살펴보자. 그는 "영원한 가치에 대한 모든 말"은 "이데올로기의 왕국"(GS14, 119)에 속하는 것으로 간주한다. 영원한 가치의 이념은 현실의 상황과 사회적이고 객관적인 사실관계에 종속되어 있으며, 사회적이고 제도화된 방해요소를 넘어서기 위한 아우라의 생산과 같은 것으로 간주된다. 영원성에 대한 종교적 진술을 이데올로기로 간주하는 호르크하이머에게 그러한 진술은 실현되지 않은 사실성, 사회적 현실의 실제성만을 역설적으로 보여주는 것이다. 같은 맥락에서 이성을 역사적 전체과정의 한 계기로 인식하는 것이 아니라 영원한 것으로 실체화하는 것 역시 이데올로기이다. 호르크하이머에게 이성은 영원한 것이 될 수 없으며 이성의 인식능력은 시간성을 갖는다. 따라서 모든 진정한 인식은 닫히고 완결된 영원한 인식이 아니라 역사의 과정에서 종결되지 않는 인식이다. 이성이나 정신, 인식이 특정한 시대의 사회적 과정에 종속되는 역사적이고 사회적 산물인 것이다.

이론적 차원에서 수행되는 이데올로기 비판의 중심에 서 있는 것은 실증주의 비판이다. 호르크하이머의 실증주의 비판은 비판이론 성립기의 핵심적 저작 중 하나인 「전통이론과 비판이론」으로 거슬러 올라간다. 비판이론의 방법론적 강령이라고 할 만한 이 논문에서 호르크하이머는 실증주의를 '과학의 과제를 결과 예측과 유용성'으로 규정한다. 실증주의자들에게 사회 전체에서 학문의 위상, 성격, 사회적 가치와 영향에 대한 관심은 지극히 사적인 차원으로 간주한다. 그들은 과학과 지식을 초사회적·독립적·유동적인 것으로 파악한다. 실증주의자의 학문 개념은 "학자나 그의 과학이 사회적인 장치 속에 얽혀 있으며 그들 자신이 그에 대해 무엇이라고 생각하든 그들의 (이론적) 활동이 기존 상태의 지속적인 재생산이라는 자기유지의 계기성"(GS4, 170)을 갖는다는 인식을 결여한다. 실증주의는 "과학을 실체화하려는 경향"(GS6, 75)으로 나타난다. 다시 말해 실증주의는 실증주의적 방법에 기초하지 않은 모든 과학을 비과학적인 것으로 비판하며 스스로 '검열관의 권력'과 '진리의 심판자'를 자임한다는 것이다. 실증주의적 과학절대주의의 근본문제는 "(실증주의가) 계몽된 이성의 재판관"을 차지함에 따라 "사실적인 것(das Tatsächliche)이 유일한 것"(GS5, 48)이 됨으로써 "사실성만 정의로 인정하며 인식을 사실성의 단순한 반복"(만하임, 1991: 49)으로 제한하는 데 있다.

호르크하이머에 따르면 실증주의는 과학의 "절차적 방법과 진리 자체를 혼동"(GS6, 88)하는 것이며, "과학을 철학이론으로 만듦으로써 과학의 정신 자체를 부정"(GS6, 89)한다.

호르크하이머의 실증주의 비판의 핵심은 그것의 정치사회적 기능에 있다. 과학 영역에서 사실과 가치를 동일화하고 과학과 사회의 내적 연관성을 고려하지 않는 실증주의의 득세는 현실에의 순응을 요구하며 현실에 자율적인 이성의 비판적 작동이 아닌 형식화된 이성의 작동만을 야기한다. 이를 통해 실증주의는 현실의 억압과 차별에 대한 이론적 근거를 암묵적으로 제시한다. 호르크하이머에게 "사실과 상식에 따르라는 실증주의의 명령"은 "현실에 복종하라는 요구"(GS6, 104)와 다르지 않다. 이것은 유일한 과학의 기준으로 교조화된 실증주의 그 자체가 이데올로기이며 이데올로기로서 강력한 사회적 영향력을 행사한다는 호르크하이머의 관점을 잘 표현하고 있다. 심지어 호르크하이머는 실증주의 이외에도 비판적 학문이라 하더라도 실제적인 위기 원인에 대한 폭로를 방해하는 것으로 작용한다면 사회적 위기의 원인을 회피하고 평가절하하는 형이상학과 다름없이 '이데올로기적'인 기능을 수행한다고 간주한다.

호르크하이머는 실증주의와 비판적 학문의 이데올로기적 속성과 기능을 비판함에도 학문 자체가 저항과 비판의 이데올로기로서 작용할 가능성을 부정하지는 않는다. 그는 역사적으로 특정 학문과 학문의 경향이 어떻게 혁명적 전기를 마련하는 이데올로기로서 작용하는가를 근대 프랑스의 계몽주의 철학에서 발견한다. 호르크하이머는 "프랑스 계몽철학은 기존 사회 상태에 대한 혁명적인 비판"과 극복을 위한 시도로 이해한다. 계몽철학은 "정치적 운동의 구체적 현안 관심을 충족"(GS9, 347)하는 중요한 투쟁의 무기였다. 왜 프랑스 계몽주의 철학은 긍정적인 이데올로기 기능을 수행한 것일까? 그것은 계몽철학이 지배 이데올로기를 제거하는 방식을 통해 수행된다.

프랑스의 계몽(철학)은 새로운 학문을 수단으로 기존 지배체제의 모든 이데
올로기적 방어항목을 허물어뜨리고 없애버리는 수단이었다. 이데올로기적적
방어항목은 본질적으로 종교적 · 교회적 세계관이다(GS9, 347).

앞서 호르크하이머가 이론 영역에서 가치의 이데올로기화, 이론의 이
데올로기화와 이론의 이데올로기적 작용까지도 이데올로기 개념으로 포착
하고 있음을 확인하였다. 이것은 '이데올로기적 작용을 하는 모든 가치와 이
론들' 그 자체가 이데올로기라는 입장의 표현이다.

실천 영역에서 호르크하이머는 행위자의 관점을 통해 자신의 이데올로
기 개념을 확장한다. 호르크하이머는 나치의 국가독점주의와 같은 시스템
을 하나의 행위자로 간주하고 시스템의 메커니즘을 이데올로기의 수행도구
로 파악한다. 『여명』에서 나치의 국가독점자본주의를 세계적 차원의 조직
화된 착취의 체계로 파악하면서 측정할 수 없는 고통의 내용이 나치의 국가
독점자본주의 유지 기반이라고 주장한다. '나치의 국가독점자본주의의 존
재 가능성을 제공하는 모든 것'들은 호르크하이머에게 하나의 이데올로기적
기능을 수행하는 도구에 지나지 않는다.

전 영역의 공식적 국가경제, 정신과학들, 철학, 학교, 교회, 예술, 신문 등은
그러한 거대한 사실을 가리고, 축소하고, 둘러대고, 부정하는 것을 자신의 과
제로 인식한다(GS2, 333).

여기서 호르크하이머의 이데올로기 개념은 마르크스적 허위의식의 차
원을 벗어나 나치체제 유지에 기여하는 형식과 내용의 다양성을 포함한 어
떤 것 일체, 다시 말하면 권력에 봉사하는 기능을 수행하는 모든 것까지도
포함하는 개념이 된다. 이데올로기 개념이 의식과 이론의 범주를 넘어서 수
단과 방법까지도 포함하는 포괄적 개념이 된 것이다.

시스템을 하나의 이데올로기적 행위자로 간주한 호르크하이머가 나치

체제 이후에 중요한 이데올로기적 행위자로 파악하는 것은 대중문화산업과 대중문화이다. 호르크하이머는 대중문화산업과 그것의 생산물인 대중문화를 현실 긍정적 인식을 확산시키고 체제의 옹호와 선전 기능을 수행하는 이데올로기적 도구로 보았다. 따라서 그의 대중문화산업과 대중문화 비판은 이데올로기 비판이라 해도 과언이 아니다. 『계몽의 변증법』〈문화산업〉 장의 부제인 '대중기만으로서의 계몽'이 이를 잘 보여준다. 호르크하이머에 따르면 대중문화에서 이데올로기는 "두꺼운 안개층 때문에 통찰이 불가능하면서도 사방에 편재하는 현상을 이상적인 것으로 설정하고 현상을 충실히 재현"하는 방식을 채택한다. 다시 말하면 "대중문화는 사실에 대한 숭배를 이용하여 가능한 한 자세한 묘사를 통해 잘못된 세계를 사실의 세계로 승격"(GS5, 174)하고 이상화한다. 또한 문화산업은 "있는 그대로의 세계를 찬양"하게 만들며, 교묘한 장치들을 통해 "일상생활의 진부함을 새롭게 재생산"(GS6, 148)한다. 대중문화의 기능은 여기에 그치는 것이 아니다. "사회생활 전반을 지배하는 정신"의 구조와 내용이 "대중문화의 실행자에 의해 완성된 형태로 받아들인 사유와 행위의 모형들"(GS6, 158)로 채워진다. 대중문화의 대중의 욕구관리와 통제를 포함한 다양한 기능은 체제에 맞서는 개인의 가능성을 차단함과 동시에 "개별성을 압박하는 사회적 강압을 더 견고하게 하는 데 기여"(GS6, 161)한다. 호르크하이머에게 대중문화산업과 대중문화가 수행하는 심리적·사회적·정치적 작용과 활동성 자체는 이데올로기적 기능의 수행과 다르지 않으며, 그 방식은 '기만적(trügerisch)'이다. 왜냐하면 이데올로기적 내용을 직접적으로 드러내는 방식이 아닌 은폐하는 방식을 취하기 때문이다.

이데올로기의 행위자 관점에서 이데올로기 개념의 적용영역을 광범위하게 확장한 호르크하이머의 입장은 '인간의 모든 행위 자체가 이데올로기적 기능을 수행한다'는 주장에서 그 정점에 이른다.

대립에 기초해 형성된 사회의 실제적 속성을 은폐하는 인간의 모든 행위방식은 이데올로기적이다. 그리고 철학적·도덕적·종교적 믿음행위, 학문이론, 법 조항, 문화적 제도와 기관이 이러한 기능을 수행한다는 분명한 사실은 결코 그들의 최초의 제공자의 성격과 관련이 있는 것이 아니라 그것이 사회에서 행해지는 모든 행위의 객관적 역할과 관련이 있는 것이다(GS3, 44).

호르크하이머는 인간의 행위를 '객관적'으로 사회의 모순과 대립구조의 관점에서 파악한다. 인간행위는 모순과 대립을 반영하고 표현하는 것으로 간주된다. 위의 인용문에서 언급한 다양한 인간행위의 결과는 사회의 모순과 대립을 반영해야만 한다. 그렇지 않다면 그와 같은 행위의 방식과 내용은 사회비판적·이데올로기적 비판력을 가지지 않는다는 의미에서 이데올로기적이라는 것이다.

호르크하이머의 이데올로기 개념의 확장은 새로운 이데올로기 개념의 제안이라는 이론적 기여를 했지만 나름의 한계를 갖는다. 그는 사회비판, 지배비판의 지평 위에서 비판되어야 하는 모든 가치, 대상, 기능과 행위 활동성을 이데올로기 비판의 대상으로 삼았다. 이것은 기존의 이데올로기 개념에서 볼 때 그 개념의 확장만큼이나 이데올로기 개념을 지나치게 포괄적으로 정의했다는 비판을 면하기 어렵다. 비판적으로 말해 호르크하이머에게 이데올로기로부터 자유로운 공간은 존재하지 않는 것처럼 보인다. 절대성을 추구하는 모든 가치가 이데올로기일 수 없고 인간의 모든 행위가 그의 지적처럼 이데올로기일 수 없다. 또한 문화산업과 대중문화의 논리가 전부 이데올로기일 수 없다. 이는 호르크하이머의 이데올로기 개념 자체가 모호하다는 비판에 놓이게 만든다. 다음으로 호르크하이머는 "이데올로기적 내용과 이데올로기적 기능"(Ricoeur, 1977: 205)을 구분하지 못했다는 점을 지적할 필요가 있다. 이데올로기적 내용을 함축했다고 해서 반드시 그 기능을 수행하는 것은 아니다. 호르크하이머가 계몽주의 철학의 이데올로기적 긍정성을 높이 평가하듯 이데올로기의 내용이 항상 비판의 대상이 되는 것도 아니다. 마지막으로 모든 것을 이데올로기 개념으로 포착하려는 호르크하이머 자신의 관점이 왜 이데올로기적이라고 주장될 수 없는지 그 자신이 충분히 논증하지 못하며 그 비판의 필요성만을 강조한다는 점이 지적될 수 있다.

7. 호르크하이머의 이데올로기 비판과 이데올로기 종말

이데올로기 종말에 대한 주장은 1950년대 중반에 레이몽 아론의 주장 이래로 다니엘 벨, 에드워드 쉴스, 오토 브루너 등과 같은 논자들에 의해 1960년대와 1970년대에 걸쳐 활기차게 제기되었으며, 1990년대 초반에는 프랜시스 후쿠야마에 의해 좀 더 과장된 형태로 표현되어 왔다. 사실 이들의 주장처럼 이데올로기가 종말을 고했다면 더 이상의 이데올로기 비판이나 호르크하이머의 이데올로기론에 대한 연구 자체가 전혀 의미 없게 될 것이다. 또한 공산권의 붕괴 이후 구 공산질서의 자본주의 체제로의 편입과 세계화의 진전이라는 측면과 각종 선거 경험에서 주요 정권 교체 세력 간의 정책에 있어 이데올로기적 경계가 불분명한 측면을 고려한다면 정치 영역에서 탈이데올로기화(Entideologisierungsprozess)는 충분히 진행된 것처럼 보이기도 한다. 더욱이 탈정치화, 다극화, 세계화, 커뮤니케이션의 혁명, 다문화화, 잡종 혼성문화의 현상들은 이데올로기의 종말론자들의 주장이 설득력을 보여주는 것처럼 보이며 이데올로기 비판의 유효성 자체를 의심스럽게 만드는 것처럼 보이기도 한다. 그러나 과연 그러한가?

먼저 이데올로기 종말론자들이 말하는 이데올로기의 종말은 과연 어떤 것을 의미하는가를 확인해볼 필요가 있다. 이데올로기 종말론자들이 말하는 이데올로기 개념은 19세기 지식인들에 의해 발생한 이른바 거대이데올로기(Grossideologie) 혹은 교조적·행동주의적 이데올로기이며 그것의 종말을 의미한다. 다니엘 벨은 이데올로기 교리의 다이너미즘의 감퇴, 외부의

적과 내부의 적에 대항하는 무기로서 이데올로기 역할의 감소가 소련 이데올로기의 종말의 원인으로 분석한다(벨, 1984: 253). 또한 미국사회에서 고전적 자유주의자의 부재 자체가 이데올로기 종말의 증거로 제시된다. 1990년대 초에 현실사회주의의 붕괴에 열광한 후쿠야마가 『역사의 종말』에서 선언한 서구자유주의의 최종적 승리 역시 거대이데올로기로서 사회주의 이데올로기의 종말을 의미한다(후쿠야마, 1992). 이데올로기의 종말론자들의 특징은 그것이 후쿠야마식의 일방적 수렴론이든 다니엘 벨식의 세련된 수렴론이든 수렴론적 관점을 견지한다.[39] 후쿠야마를 제외한 이데올로기 종말론자들의 주장에서 언급하고 있는 이데올로기의 효력범위는 보편적이지 않다. 벨 자신은 이데올로기 종말의 효력 범위에서 아시아, 아프리카 등의 신흥국가를 제외했으며 이들 국가에서는 정치지도자들에 의해 새로운 형식의 이데올로기가 형성되고 있다고 주장했다(벨, 1984: 265). 결국 그는 이데올로기의 효력 범위를 구소련과 서구 선진산업사회에 한정한 것이다.

이데올로기 종말에 대한 과도한 주장들에 대해 가장 일반화되고 지속적으로 제기되는 반론은 이데올로기 종말을 주장하는 것 자체가 이데올로기적이라는 것이다. 그 자체가 이데올로기적일 수 있는 근거는 이데올로기 종말을 주장하는 담론 자체가 기존의 지배적인 이데올로기나 체제를 정당화하는 효과를 유발하거나 그 가능성을 갖는 데 있다. 이데올로기 비판에서 끊임없이 되풀이되어 온 이런 방식의 비판은 이미 테오도르 가이거(Theodor Geiger)에 의해 명확하게 표현되었다(Geiger, 1968: 32, 151). 교조적 이데올로기의 종말을 주장한 벨은 행동주의적 이데올로기와 구별되는 가치 체계로서 이데올로기 개념을 제안한다. 이데올로기는 한마디로 "가치의 구체화, 즉

---

39 벨이 이데올로기의 종언을 말할 때 언급하는 복지국가의 용인, 권력 분권화에 대한 희망, 혼합경제체제와 정치적 국가 다원론은 전통적 이데올로기의 종말을 말함과 동시에 고전적 자유주의와 사회주의적 정치이데올로기가 중간지점에서 수렴되는 것을 지적하고 있는 것이기도 하다. 후쿠야마의 일방적 수렴론은 담론으로서의 이데올로기와 이데올로기의 현실화에 대한 존재판단 자체를 혼동하는 조야한 수렴론이다.

사회의 성원이 도덕적인 것 내지 바람직한 것에 대하여, 좋은 사회란 어떤 것인가에 대하여 잠재적 혹은 현재적으로 내리는 규범판단을 구체적으로 표시하는 것"(벨, 1984: 250)으로 사회의 변화에 따라 "이데올로기 자체가 부단히 수정"(벨, 1984: 248)된다. 심지어 벨은 "사회가 민중을 동원하지 않고 다원적이고 다양화되면 이데올로기는 그만큼 확산"되며, "어떤 경우에든 이데올로기적 토대는 항상 존속"(벨, 1984: 250)한다고 주장한다. 놀랍게도 이데올로기 종말론자인 벨의 주장은 이데올로기 비판론자인 호르크하이머의 비판적 입장과 그 맥을 같이한다. 호르크하이머는 다원화되고 다양화된 서구사회에서 실증주의적 사고원리, 문화산업의 논리와 활동성을 확장된 형식의 새로운 이데올로기로 포착함으로써 벨이 주장한 '이데올로기의 존속에 대한 테제'를 선취했다고 볼 수 있다. 호르크하이머의 시각에서 모든 이데올로기는 사회성과 역사성을 반영하며 동시에 사회역사적 변화에 따라 이데올로기의 양상도 달라진다. 체제 차원의 이데올로기는 역사가 존재하는 한, 좀 더 정확히 말해 사회적 부정성이 제거되지 않고 존재하는 한 존속하며 새로운 이데올로기에 대한 연구와 이데올로기 비판 역시 사라지지 않는다. 이 맥락에서 호르크하이머에게 이데올로기 비판이란 그의 전 사유체계에서 핵심적 주제어인 '비판'의 개념이 적용되는 지점과 크게 다르지 않다. 비판이란 지배적인 이념이나 행동방식, 사회적 관습을 무반성적으로 받아들이는 인지적 태도에 대한 비판뿐만 아니라 현존하는 세계의 부정성에 대한 비판 자체가 이데올로기 비판이 되는 것이다.

8. 나오면서

19세기적 거대이데올로기가 사라지고 경제 패러다임이 지배하면서 정치적 이데올로기보다는 경제적 이데올로기가 더 크게 부각되는 것이 현실이다. 그러나 국제정치적 담론에서 정치적 이데올로기가 여전히 작동하고 있다는 것 또한 부인할 수 없다. 호르크하이머의 이데올로기 비판이 수행되던 사회정치적 환경과 오늘날을 비교한다는 것은 의미 있는 일은 아니다. 사회의 복잡성, 추상성, 다양성, 혼성성과 같은 구조적 차원과 구조에 대한 인간의 대응관계가 엄청나게 변화했기 때문이다. 그럼에도 호르크하이머의 이데올로기 비판은 여전히 현재성을 갖는다. 호르크하이머처럼 모든 것을 이데올로기 개념으로 포착하려는 태도의 한계를 인식하는 한, 그의 확장된 이데올로기 개념은 거대이데올로기가 사라지고 다양한 삶의 영역에서 새로운 형식의 부분이데올로기가 작동하는 우리 시대에 이데올로기 비판의 새로운 지평을 열었다고 적극적으로 평가할 수 있다. 사회비판의 일환으로서 이데올로기 비판은 기존 사회의 부정성을 제거하고 더 나은 사회질서를 모색하는 한 지속되어야 한다. 이데올로기 종말 시대의 새로운 형식의 이데올로기 연구와 비판은 호르크하이머의 만하임 비판이 말해주듯이 변화하는 사회에 대한 엄밀한 총체적 분석을 전제로 해야 할 것이다.

제3부

도구적 이성 비판과 비판의 확장

— 중기의 비판이론

1

철학의 성격과 방법론

1. 철학에 관한 정의와 정의 불가능성 테제

철학은 정의될 수 있는가? 이러한 질문은 썩 의미 있는 질문처럼 보이지 않는다. 철학사에 등장하는 수많은 철학자들이 고유한 방식으로 철학을 정의해 왔으며, 철학에 대한 정의가 각각 다르기 때문이다. 호르크하이머는 「철학의 사회적 기능」의 서두에서 플라톤, 칸트, 후설, 에른스트 마흐, 버트란트 러셀, 홉하우스, 콩트, 스펜서 등과 같이 과학적 성격에 초점을 맞춘 철학에 대한 정의와 이것에 반대해 미적이며 감성적 측면에 강조점을 둔 쉴러, 노발리스, 휠덜린, 셸링, 베르그송 등의 철학에 관한 정의를 살펴본 뒤 다음과 같이 주장한다. 철학자가 내리는 정의가 "결코 어디서나 일반적으로 인정받고 있는 정의는 아니라는 사실을 곧 알 수 있다"(GS4, 332).

호르크하이머는 철학의 정의 가능성을 단호한 어조로 거부한다. 『도구적 이성비판』에서 그는 명시적으로 "철학은 정의될 수 없다"(GS6, 167)고 선언한다. 왜냐하면 철학자는 "인간, 동물, 사회, 세계, 정신 그리고 사유에 대해 자연과학자들이 화학적 물질에 대해 말하는 것처럼" 말할 수 없기 때문이다. 호르크하이머에게 철학은 단지 "다른 개념들과의 상호관계와 미묘한 의미 차이를 고려하면서 이러한 개념들 각각의 의미를 펼쳐 보여주는 것"(GS6, 168)이며 더 중요한 것은 "언어로 표현되지 않은 진술에 더 민감해져야 하고 언어 속에서 지양된 경험의 층위에 몰입해야 한다."(GS6, 168) 이러한 호르크하이머의 철학관은 그의 사상적 동반자인 아도르노의 '비동일성' 철학의 정신과 맞닿아 있고, 아도르노가 비동일성 철학을 개념화하기 이전에 이미 선취적으로 언표하고 있다고 보아도 큰 무리는 없다.

철학의 정의 불가능성 테제에 이어서 호르크하이머는 철학의 내용과 방법론에서 상이성과 이질성에 대하여 주목한다.

> 철학의 일반적인 성격에 대해서만 견해 차이가 나타나는 것이 아니라 그 내용에 있어서도 커다란 견해 차이를 나타낸다. …… 모든 사람이 다 알고 있는 바와 마찬가지로 (철학의) 연구 방법에 있어서도 통일적인 견해는 전혀 찾아볼 수 없다(GS4, 333).

철학의 연구내용에 있어서도 존재론, 신의 인식, 체험에 대한 학(學), 언어의 문제, 가치의 문제를 그 연구 중심으로 삼는 철학 등 실로 철학의 연구 내용도 다양하다. 호르크하이머가 지적하지 않는 다른 연구 영역을 포함해 철학의 개별분과 영역이란 연구내용의 차이에 따른 구분이라 하겠다. 철학 연구의 방법에 있어서도 철학의 분과만큼이나, 또 철학자만큼이나 다양하다. 그런데 호르크하이머에 의하면 한 철학자가 어떤 철학을 하고 어떠한 방법론을 선호하는가 하는 문제는 전적으로 "철학자의 경험이나 성격에 좌우"(GS4, 334)된다. 이것은 호르크하이머가 철학이 다른 학문의 이론 활동과 다르다는 차원을 보여주기 위한 것일 뿐 철학적 방법론의 다양성에 대한 중립적인 태도를 취하고 있다는 것을 의미하지 않는다. 철학의 고유한 성격을 드러내는 데 효과적인 방식은 과학과 철학을 비교에서 찾을 수 있다. 다음에서는 양자의 비교를 통해 호르크하이머가 말하는 철학의 성격을 좀 더 명확히 살펴보자.

2. 철학적 인식의 특성: 과학과 철학의 비교

이러한 학(學)으로서의 철학의 정의문제에 드러나는 특징은 과학과는 확연히 구분된다. 호르크하이머가 보기에 과학은 연구대상과 방법에 있어 과학자 집단 내에 일정한 합의가 존재한다.[1] 여기서 모종의 합의란 모든 과학에 내포된 실증적 사유원리를 의미한다. 호르크하이머에 따르면, 과학은 '실증적 절차'만을 문제 삼으며 소위 과학의 정당화 논거를 '과학적 방법'에서 찾음으로써 순환논증의 오류에 빠진다는 것이다. 또한 그는 과학적 정당화 논거의 비합리적 차원을 지적하는 데 과학자들이 말하는 '비합리적 방법'을 사용하는 이론적 활동에 대한 맹목적 비난을 통해 정당성 문제를 해결하고자 한다는 것이다. 호르크하이머가 보기에 이와 같이 과학을 절대적 진리로 간주하고 '폭군적 지위'를 가지고 절대적 권위를 행사하려는 과학적 태도야말로 비과학적인 것이다. 과학이 방법론적 통일에 근거한 이론 활동이라면 철학은 철학적 방법론 간의 싸움이라고 할 수 있다. 왜냐하면 철학의 다양한 분과나 학파는 그 밖의 철학적 방법론을 전체적으로 거부하기 때문이다.

활동영역에서도 철학과 과학은 차이를 보인다. 과학이 고유한 문제영역과 특정분야 이론 활동의 고유성이 있다면, 철학은 특정한 학파와 다른 학파 간의 분명한 경계를 갖는 활동영역이 존재하지 않는다(GS4, 340). 과학

---

1 호르크하이머의 이와 같은 주장은 사실 토마스 쿤이나 파이어아벤트와 같은 과학이론이나 과학철학자 혹은 카시러와 같은 문화학자의 주장과 대립된다. 호르크하이머의 관점에서 본다면 과학과 과학 방법론에 대한 다양한 입장 역시 과학을 보는 대립되는 철학의 입장의 차이이며 이것이 시사하는 바는 철학은 과학처럼 과학 자체에 대해서도 고유한 관점의 고유한 관점만이 존재한다는 것을 말한다.

과 구분되는 철학의 이러한 이론적 성격은 철학이론의 내적 성격에 기인한다. 철학은 그 본성상 자신의 이론적 활동 역시 스스로 규정하고 그 규정의 의미를 스스로 문제 삼는 자기준거적 이론 활동이기 때문이다.

사실과 가치의 관계라는 측면에서 철학과 과학을 살펴보면 철학이 사실과 가치를 엄격히 구분한다면 과학은 사실과 가치를 동일한 것으로 간주한다. 호르크하이머는 가치를 사실로 환원시키는 과학을 비판하면서 과학에서 말하는 '사실' 개념에 대한 비판을 시도한다. 과학에서 말하는 '사실'은 그에게는 사회적 과정의 산물이자 동시에 역사적 생산물이다. 따라서 과학에서 언표하는 '사실'은 사회적·역사적 맥락과 그것의 발전과정 안에서 파악되어야만 한다. '사실 개념' 역시 그 자체의 사회역사적 용례와 발전과 개념의 상호 관련성 안에서 파악되어야 한다(GS6, 95). 여기서 우리가 확인할 수 있는 것은 호르크하이머가 과학과 과학적 활동을 중립성과 자율성을 부정하고 사회결정론적 관점에서 이해한다는 점이다.

사회발전과 사회기여라는 관점에서도 과학과 철학은 분명한 차이를 노정한다. 호르크하이머는 과학이 사회발전에 기여했으며 과학이 가지는 해방적 잠재력을 충분히 인정한다. 고통스런 육체노동으로부터의 해방과 풍요로운 삶을 위한 물적 토대야말로 과학이 이룬 성과임이 분명하다(GS4, 168). 그러나 과학에 기초한 사회발전이 인간 해방과 그것의 단초인 이성적인 사회시스템 구축에 기여했다고 평가하지 않는다. 오히려 과학의 논리가 사회운영과 시스템에 적용한 결과 사회가 '완벽하게 작동되는 관리체계'로 변화되었다는 것이다. 관리되는 사회에서 개인은 비주체로 전락하고 사적 영역의 자리로 관리의 논리가 편입된다. 의사소통적 차원은 아니라 하더라도 하버마스가 말하는 체계에 의한 '생활세계의 식민지화' 테제의 논리를 호르크하이머는 사회와 개인의 관계에서 이미 논의했다고 보아도 무방할 것이다. 사회발전에 대한 과학의 직접적 기여와 달리 철학은 '사회에 대한 생산적인 기여'를 하지 못한다. 또한 철학은 사회발전의 직접적인 도구나 수단이 될 수도 없다. 호르크하이머에게 정치선전술로서 이데올로기와 철학은 다른 것이다. 따라서 이데올로기화된 철학과 그것의 사회적 도구화는 철학과 사회발전의 관계와 무관한 문제인 것이다. 숭고한 철학적 이론마저도 인간적인 사회를 위한 촉매제로서 혹은 야만사회의 교정자로서 사회적 기여를 직접적으로 산출할 수 없다. 그것은 일반 시민의 수용과 실천적 공간의 확보와 실행의 문제를 전제로 하기 때문이다(GS6, 185).

사회와의 관계라는 측면에서도 철학과 과학은 뚜렷한 차이가 있다. 호르크하이머가 보기에 과학과 사회의 긴장과 대립은 사실상 존재하지 않으며 예외적인 경우에만 나타날 뿐이다. 그가 예로 드는 경우는 특정한 과학적 학설이 시대의 지배적인 세계관과 대립되는 경우로서 이러한 갈등은 본질적으로 과학집단과 사회에서 학설의 수용과 관련해서 발생한다. 이에 반해 철학과 사회 간의 긴장과 갈등은 본질적인 것이다. 왜냐하면 철학은 "이성과 현실이 조화를 이루고 있으며 사회에서 인간의 자율성이 확립"(GS4, 340)되었다고 주장하지 않기 때문이다. 철학은 다름 아닌 ① 사회생활의 형태, ② 지배적인 사고방식, ③ 기존의 지배적인 도덕의 관습적 수용과 수행, ④ 전통적인 기준에 입각한 판단과 관습적 태도에 대한 반성적 활동이자 비판을 말한다. 호르크하이머가 '철학이 비판이다'라고 말할 때의 비판 개념은 "지배적인 이념이나 행동방식 내지는 사회적인 상황을 무반성적으로 순전히 관습적으로 받아들이지 않으려는 지적이고 또한 실제적인 노력"(GS4, 350)을 의미한다. 이것은 철학의 내적 성격, 즉 현실과의 긴장관계를 끊임없이 유지하려는 철학적 인식 태도의 본래성에 기인한다.

3. 철학적 개념의 문제

호르크하이머의 철학 개념을 이해하는 데 철학과 언어의 문제를 살펴보는 것은 불가피하다. 철학적 사유는 언어를 매개로 이루어지기 때문이다. 그의 언어에 대한 성찰은 초기 벤야민식의 언어신비주의가 아니라 비트겐슈타인과 같은 분석적 언어이거나 이른바 영미의 언어철학적 담론과도 분명한 거리가 있다. 일반적으로는 호르크하이머가 어떤 종류의 언어이론이나 언어(Sprache)에 대한 철학적 성찰을 시도하지 않았다고 알려져 있다. 그러나 그것은 오해이다. 슈베펜호이저나 뇌르가 지적하듯이 1930~1940년대 호르크하이머는 언어에 대한 담론을 전개했다. 1939년 컬럼비아 대학의 논리학 강좌에서는 논리적 경험주의의 언어 개념에 대한 비판도 수행했다는 점을 기억할 필요가 있다. 30, 40년대 언어에 관한 호르크하이머의 문제의식은 먼저 언어와 문명 발전의 내적관계에 대한 성찰이다.

> 낱말들의 변화하는 내용과 강조점은 인간 문명의 역사를 말해준다. 언어는 억압된 것들에 대한 동경과 자연이 처해 있는 곤경을 반영한다. 언어는 미메시스적 충동을 해방시킨다(GS6, 179).

그에게 언어의 발전은 곧 문명의 발전과 궤를 같이한다. 호르크하이머에게 형상의 언어에서 기호의 언어로의 발전은 곧 세계에 대한 개념적 파악을 의미하는 것으로 문명의 시작을 의미한다. 기호의 언어단계에서 언어의 분업이 발생하며 그중 하나가 과학의 언어가 된다. 이러한 발전단계에서 언어는 사회적 힘을 획득하며 더욱 강화된다(GS5, 40). 특히 사회적 커뮤니케이션의 특정한 언어 형식, 예를 들면 '약속'의 언어행위와 형식은 합리적 계약에 바탕을 둔 '시민사회의 구성적 요소'로 파악될 수 있다. 두 번째 분석 틀은 권위주의적 지도자의 연설이 가지는 사회적 기능이다. 이것은 호르크하이머 언어담론의 중심을 이루고 있다. 그는 언어를 '사회적 통제수단'으로, 다시 말해 사회적 지배의 수단으로 간주한다(GS5, 45). 지도자들의 언술행위는 규범을 수반하며 규범의 내면화를 목표로 한다는 것이다. 그것은 대중으

로 하여금 시민적 미덕으로 수용 및 재형식화하도록 영향을 미친다. 언어가
가지는 사회적 기능에 관한 호르크하이머의 입장은 2세대 비판이론가인 하
버마스의 의사소통론과 엄격하게 구분되는 것으로, 이른바 정치담론이나
사회연설에 관한 한 설득력 있는 논변이라고 볼 수 있다.

이제 철학적 사유에서 사용하는 언어의 문제에 관한 호르크하이머의
입장을 살펴보자. 그는 '철학적 개념과 술어가 가지는 추상성의 문제'에 주
목한다.

> 철학적 사유는 불가피하게 '자연'과 '정신' 같은 추상적 개념을 사용할 수밖
> 에 없다. 그러나 그와 같은 모든 추상적 개념들은 구체적 현존재에 대한 잘못
> 된 서술을 함축하고 있는데, 이 잘못된 서술은 궁극적으로 그 추상적 개념 자
> 체를 손상시킨다. 따라서 철학적 개념은 그것이 획득되는 과정을 도외시할 때
> 부적합하고 공허하며 그릇된 것이 된다(GS6, 171).

여기서 호르크하이머가 강조하는 것은 철학의 추상적 개념들이 '구체
적 현존재에 대해 잘못 서술'한다는 점이다. 그렇다면 구체적 현존재에 한
적절한 서술은 어떻게 가능할까? 호르크하이머는 그 대안으로 '철학적 개념
이 그것이 획득하는 과정'을 면밀하게 살펴보고 개념 속에 포착되지 않은 경
험의 층위를 주목할 것을 제안한다.

> 철학은 언어의 표현되지 않은 진술에 더 민감해져야 하고 언어 속에 지양된
> 경험의 층위에 집중해야 한다(GS6, 168).

'철학적 개념 속에 지양된 경험의 층위'에 대한 강조는 개념으로 포착되
기 이전의 경험 주체들의 체험, 역사성, 사회성, 문화적 축적의 침전물인 경
험을 개념으로 포착할 때 개념을 구성하는 그와 같은 요소가 빠져나가고 개
념의 형식논리적 전용을 비판하기 위함이다. 개념의 형식논리학에 관한 비

판의 단초는 30년대 초기 논문인 「전통이론과 비판이론」에서 강조하는 인식주체와 인식대상 및 개념의 역사성과 사회성의 강조에서 찾아볼 수 있다. 그런데 호르크하이머의 '개념으로 포착되기 이전의 경험의 층위'에 대한 강조는 호르크하이머의 비동일성 개념과 크게 다르지 않다. 주목할 만한 사실은 후에 아도르노가 비동일성의 철학을 본격적으로 이론화하기 이전에 호르크하이머와 아도르노는 소위 '동일성 사유의 불가피성'과 '경험에 대한 개념의 지배 계기성'의 비판을 공유하고 있었다는 점이다. 두 사람의 공저인 『계몽의 변증법』에서 이미 호르크하이머는 개념적 사유의 지배 계기성을 비판해왔다. 그에 따르면 언어 일반뿐만 아니라 개념은 보편성을 추구한다. 이러한 보편성의 추구는 불가피하게 경험의 층위를 재단하고 중립화함으로써 '개념과 현실의 불일치'를 야기한다. 개념의 추상화에 기반한 보편성은 "사유 속에 있는 질적인 것을 해체"(GS5, 35)시키는 것이며, "개념영역에서 지배"(GS5, 36)의 다른 이름이다.

호르크하이머의 철학적 개념과 술어가 가지는 추상성의 문제는 결국 경험과 개념이 지시하는 현실에 대한 '개념의 지배'로 요약할 수 있다. 이러한 문제에 대한 비판적 대안은 사실 제한적이다. 그 이유는 호르크하이머는 아도르노와 마찬가지로 '살아 있는 경험'을 재차 강조하지만 동시에 개념적 사고의 불가피성에 대한 인식도 공유한다. 호르크하이머는 개별 개념들은 진리에 대한 물음의 단편들로서 개념을 통해 진리에 도달할 수 있고 그 안에서 개념이 자신의 의미에 도달한다고 보았다. 위의 문제와 관련해 아도르노가 비동일성 개념을 통해 개념적 사유에 대한 근본적인 비판과 한계를 설정하고자 했다면, 호르크하이머는 '섬세하게 철학적 개념을 사용'할 것을 역설한다. 그것이 개념학으로서 철학의 주요 과제가 되어야 한다는 것이다.

다른 개념들과의 상호 관계와 미묘한 의미 차이를 펼쳐 보여주는 것, 즉 정확한 서술이 여전히 철학의 주요 과제이다(GS6, 168).

4. 철학의 과제와 역할

오늘날 철학의 과제가 무엇인가에 대한 호르크하이머의 답변을 확인하기 위해서는 우회의 길이 필요하다. 위의 질문에 대한 답변은 오늘날의 철학이 자신의 과제를 제대로 수행하지 못한다는 그의 평가에서 실마리를 찾는 방식이다. 호르크하이머는 철학이 자신에게 기대하는 사회적 기능을 수행하지 못함으로써 철학이 종언을 고했다고 선언한다.

> 오늘날 철학의 중요한 어려움은 개인과 사회의 대결과 동일시되는 정신, 사유가 더 이상 사회적 기능을 수행하지 못하는 데 있다. 단지 다른 것이 철학이 더 이상 필요한 것이 아니라 정신 자체와 다른 것 중의 누구도 철학을 필요로 하지 않는다. 루카치는 서구사회에 대항하는 정치선동자로서 무엇을 말한다. 하이데거는 ─ 그가 진실한 이상 ─ 기능이 없으며 상위의 경영자로서 간주된다. 저술이란 순환에 속한다(GS14, 38).

여기서 호르크하이머가 문제 삼는 철학은 정치 이데올로기화된 당파적 철학과 체제비판에 눈을 감고 체제관리에 봉사하는 철학을 가리킨다. 그는 진정한 철학이야말로 "사회의 상태와 인간의 상태로부터" 시작되어야 하며, "인간이 어떻게 존재해야 하고, 어떤 것이 옳은가?" 하는 존재판단과 함께 그것을 준거삼아 "기존의 상태"(GS14, 333)를 비판하는 것이다. 이와 같은 비판으로서의 철학의 과제에 대한 명확한 규정 속에는 '인간성이 실현되는 이성적인 미래사회', 다시 말해 인간해방을 위한 철학의 역할에 대한 요구가 내재해 있다. 그렇다면 어떻게 철학은 자신의 과제를 실천할 수 있는가? 철학이론 자체가 철학의 과제를 해결해주지 않는다. 철학은 인간으로 하여금 사회상태와 인간의 존재적 상황을 의식하도록 자극해야 한다. 그러한 철학의 구체적인 활동이 전제되지 않고 더 나은 인간의 상태와 사회는 실현되지 않는다. 또한 철학은 그 스스로 잘못된 세계관과 현실을 철학의 추구하는 과제에 비추어 공정하고 비판적 성찰을 제공함으로써 "역사의 교정자"나 "인류의 기억과 양심"(GS6, 185)이 될 수 있다.

이성비판적 관점에서 바라보는 철학의 과제 역시 같은 차원에서 서술되고 있다. 호르크하이머는 주관적 이성의 다른 이름인 도구적 이성비판에 의한 객관적 이성의 질병과 죽음을 비판했을 뿐 도구적 이성 자체를 부정하지 않았다. 그는 인간해방을 위해 도구적 이성과 객관적 이성의 화해를 요청한다.

> 철학의 과제는 하나의 이성을 다른 이성 개념과 완고하게 반목시키는 것이 아니라 상호 간의 비판을 증진시키는 것이며, 그리하여 가능하다면 현실 가운데 있는 두 개념의 화해를 정신적 영역에서 준비하는 것이다(GS6, 175).

호르크하이머는 도구적 이성의 합리적 사용과 객관적 이성의 이념이 이론적 차원과 실천적 차원에서 화해할 때 인간적인 사회의 실현이 가능할 것으로 파악한다. 그에게 도구적 이성은 인간적인 사회를 위한 물적 토대를 제공하는 기초 원리이며, 그것의 합리적 사용은 객관적 이성의 이념에 따라 운용되는 것을 의미한다. 이것이 화해의 의미이다. 그런데 호르크하이머는 도구적 이성의 전일화된 상황, 수단과 목적이 전도된 상황에서 어떻게 화해의 접점을 찾아낼지에 대해서는 침묵하고 있다. 이 지점에서 비로소 사회학적 상상력이 더더욱 필요할 텐데도 그는 침묵한다. 호르크하이머의 '의도된 침묵'에 대한 입장을 우리는 그의 고유한 철학적 방법론에서 읽어낼 수 있다.

5. 호르크하이머의 부정적인 철학방법론

호르크하이머의 철학하는 방법은 부정의 방법이다. 그의 철학에서 "부정은 …… 결정적인 역할"을 한다. 호르크하이머가 말하는 부정은 인식론적 관점의 불가지론이나 회의주의, 도덕적인 절대 가치의 부정을 의미하지 않는다. 그렇다면 도대체 무엇을 부정하는가? 부정의 철학이 목표로 하는 것은 절대 진리와 절대 가치를 추구하는 모든 시도를 의미한다. 또한 부정적 방법은 엄숙주의를 표방하지 않는다. 부정은 '거짓 상'을 진리로 수용하지 않고, '거짓 상의 이념과 대결'하려는 인식태도와 관련되는 개념이다(GS5, 46). 이를 통해 "잘못된 절대성의 파편으로부터 상대적 진리를 구원"(GS6, 182)하기 위함이다. 상대적 진리란 부정을 통해 절대성에 의해 잘못 포착되거나 왜곡된 '사태'의 고유성과 사태 그 자체를 드러내어 사태가 함축한 진리성을 찾아내는 것을 의미한다.

부정의 철학적 방법론이 사회역사적 맥락에서 작동되는 경우 그러한 부정은 다시금 "지배 이데올로기가 요구하는 절대성에 대한 부정과 현실이 요구하는 뻔뻔스러운 주장에 대한 부정"(GS6, 182)의 형식을 갖는다. 다시 말해 사회역사적 맥락에서 부정적 철학방법론은 '체계성 총체성과 역사적 총체성'을 절대화하는 것을 부정하는 것을 의미한다. 그렇다면 사회적 현실에 대해 부정적 방법론은 어떻게 그 방법론을 가동시키는가? 이는 이론적 차원과 현실적 차원에서 다르게 나타난다. 이론적 차원에서 부정적 방법론은 사회의 원리와 발전법칙성, 미래사회에 대한 예측 가능성과 전망의 과학성을 정당화하려는 모든 이론적 태도를 부정한다. 이러한 부정은 관념론적 사회 설명 모델이든 진보적인 설명모델이든 구분 없이 부정적이다. 현실적 측면에서 부정의 방법론은 부정적 현실을 부정하고 비판함과 동시에 현실 긍정의 철학과 비판으로 나타난다. 호르크하이머의 부정적 방법론이 역사와 관련해서는 모든 종류의 역사형이상학과 역사를 움직이는 초월적이고 절대적인 존재의 부정, 다양한 형식의 역사법칙성을 부정하는 형식을 취한다. 이러한 부정의 방법론은 역사의 진행방향이 필연적인 것이 아니라 지금과 '다르게 진행될 수 있다'는 개방성과 역사 형성에 있어 주체들의 역동성을 전제로 한다고 보아야 할 것이다.

호르크하이머의 부정적 방법론은 이론과 현실에 대한 중단 없는 비판을 수행한다는 점에서 진정한 의미의 '비판 정신'이라 할 수 있다. 그런데 문제는 이론 영역과 현실 영역에서 부정의 방법론은 종종 새로운 이론을 구성해내지 못했을 뿐만 아니라 그 자신이 원하던 '이성적인 사회 건설'을 위한 구체적인 사회개혁 프로그램을 제시하지 못한다는 비난에 봉착한다. 그러나 이러한 비난은 부정의 철학방법론에 대한 오해에서 비롯된 것이다. 호르크하이머는 먼저 모든 이론은 사회와의 지속적인 변증법적 매개를 시도하는 활동성이 중요할 뿐 이론체계에 의해 현실이 포착되어서는 안 된다고 주장한다. 그가 보기에 이론의 자기반성적 활동 역시 이론 내적 논리의 맥락이 아닌 현실과의 조응이라는 차원에서 이론의 자기 활동성이 문제시되어야 한다. 호르크하이머의 관점에서 부정적 방법론은 자신의 철학적 입장에 '기준점'을 설정하고 체계를 구축하는 것이 아니라 자신의 부정적 방법론마저 부정적 판단의 대상으로 삼는다. 이 점에서 그의 부정의 방법론은 자신의 부정적 방법의 철학 자체에 진리성을 부여하는 것을 거부하는 대단히 근본적인 철학방법론이라 할 수 있다. 결국 부정적 방법론은 일종의 '비판적 인식태도'의 문제로 환원되는 것이다.

한편 호르크하이머 자신은 그의 부정적 방법론에 대한 비판을 예견하면서 부정적 방법론이 부정적 사회를 비판해내고 그러한 사회보다 더 나은 사회로 발전하는 데 기여할 수 있다는 점을 강조한다. 그의 부정의 방법론은 "나쁜 것을 예상하고 폭로하는 것을 통해서 더 나은 것을 실현하는 데 기여할 수 있도록 시도"(GS7, 418)하는 인식태도 및 그 활동성을 포함하는 개념인 것이다. 부정적 철학방법론의 표피적인 고찰은 그의 철학을 자칫 비판주의로 간주하기 쉽다. 그러한 고찰은 부정적 방법론이 가지는 '역설적 생산성'을 간과했다고 보아야 할 것이다. 나쁜 상태, 정당하지 않은 부정성의 현실에 대한 부정 속에는 '이것보다 더 나은 상태와 세계에 대한 명료한 전망'은 갖고 있지 않다 하더라도 부정의 힘은 나쁜 상태로 벗어나려는 힘의 의지와 실천의 내적 동력을 담지하고 있다. 부정 속에는 나쁜 것, 비이성적인 현실이 사라져야 한다는 존재판단과 변화에의 욕구가 있는 것이다. 여기서도 호르크하이머의 부정적 방법론은 부정 이후의 이론과 실천에 대한 부정성을 가동시킨다. 그것 역시 더 나은 이론과 실천을 위한 부정적 방법론의 활동인 셈이다.

2

도구적 이성 비판

1. 희망을 상실한 시대에 대한 철학적 서사

호르크하이머 철학의 중심을 관통하는 핵심 개념은 잘 알려진 대로 '도구적 이성'이다. 그의 철학은 도구적 이성과 그것이 인간, 체제, 사회 및 개인에게 미치는 부정성을 비판한 철학이다. 그렇다면 호르크하이머는 왜 도구적 이성을 문제 삼는가? 도구적 이성은 제거되어야 할 이성의 독특한 능력이자 활동형식인가? 도구적 이성을 비판하는 이성이 자신의 반성능력을 회복한다면 도구적 이성이 야기한 부정성은 치유 가능한가? 이러한 문제를 검토하기 위해 그의 시대 진단을 살펴보자. 그의 시대 진단은 한마디로 암울 그 자체이다.

인류의 희망은 그것이 여전히 불확실하게 다루어지던 시대, 즉 인본주의자들이 그 희망을 처음으로 공식화했던 때보다 오늘날에 더 실현되기 어려워 보인다. 확실한 것은 기술적 지식을 통해 사유 지평과 행위 지평이 확장되면서 개별 주체의 자율, 증가하는 대중 조작 기구에 저항하는 주체의 능력, 주체의 상상력 그리고 주체의 독립적인 판단이 퇴보하는 것처럼 보인다는 점이다. 수단으로서 기술의 발전적 진보는 반인간화의 과정을 수반했다. 진보는 그것이 실현해야 할 목표인 인간의 이념을 파괴하려는 위험을 가한다(GS6, 26).

위의 인용구는 기술적 진보가 개인의 죽음, 반인간화, 인류가 추구한 인간의 이념이 상실된 희망이 사라진 시대를 서술하고 있다. 계속해서 호르크하이머는 희망이 없는 인류가 처한 시대의 사회적 상황과 그것이 인간의 사적 영역에 미치는 결과에 대해 다음과 같이 표현한다.

> 종으로 인간이 발전한다는 것은 시민적 개인주의의 종말과 같은 의미를 갖는다. 표식이 벽에 붙어 있다. 즉, 사회는 점점 더 합리적으로 조직되었다. 사랑, 우정, 자율성 같은 것은 난센스가 아니다. 죽음(프로이트)에 대한 과도한 비애나 배고픔도 없고, 불결한 집들도 없다. 모든 것이 관리되고 소위 자동적으로 움직인다. 헉슬리의 『멋진 신세계』가 딱 들어맞는다. 인간은 개미나 벌과 같은 종이 되어버렸다(GS14, 540).

개인의 죽음은 종으로서 인간의 탄생을 의미하며 그러한 인간은 자동화되고 관리되는 개성 없는 자동인형과 같다. 호르크하이머의 눈에 오늘날 인류의 상태는 로봇의 사회와 크게 다르지 않아 보인다. 그런데 왜 인간의 현재적 상태는 이와 같이 희망을 잃어버리게 된 것일까? 호르크하이머는 이 문제를 해결하기 위해 '도구적 이성' 논제를 제기한다.

2. 도구적 이성

호르크하이머의 도구적 이성 논제는 '이성에 대한 이성의 자기비판'적 성격을 갖는다. 현대 문명의 문제를 해결하는 단서를 '이성의 질병과 광기' 의 치료에서 찾는 그의 철학에서 도구적 이성비판은 핵심 논제이다. 호르크하이머는 이성을 객관적 이성과 주관적 이성으로 구분한다. 이러한 이성의 구분은 칸트적 전통에 따른 이성의 사용방식에 의한 구분이다. 두 가지 다른 이성이 독립적으로 존재한다거나 이원론적 이성의 구분은 가상에 불과하다(GS6, 175). 주목해야 할 것은 객관적 이성과 도구적 이성이 역사적 과정에서 다르게 표출된다는 점이다.

> 역사적으로 이성의 두 가지 측면, 즉 주관적 측면과 객관적 측면은 처음부터 있어 왔으며 객관적 이성에 대한 주관적 이성의 우세는 오랜 진행 과정 속에서 나타났다(GS6, 30).

객관적 이성은 "인간과 인간의 목적들을 포함하여 존재하는 모든 것들의 위계질서 또는 포괄적 체계를 발전"시키는 것을 목적으로 한다. 다시 말해 "최고선의 이념과 인간을 규정하는 문제 및 최고의 목표를 실현하기 위한 방법을 다루는 개념들"(GS6, 28)을 탐구한다. 객관적 이성은 모든 인간은 이성의 힘을 가지며, 현실적 질서는 이성을 반영한다는 전제로부터 출발해 ① 인간의 행위와 삶의 방식 판단, ② 본래적 '목적'의 이해, ③ 사물의 참된 본성 이해, ④ 절대적 진리의 발견, ⑤ 이성의 이념인 자유, 평등, 정의에 대한 관심과 실현을 모색한다. 호르크하이머에 따르면 플라톤, 아리스토텔레스, 스콜라 철학, 독일관념론 등과 같은 전통적인 철학은 객관적 이성의 이념에 그 토대를 두고 있다. 객관적 이성은 미신과 전통적 종교를 철학적 사유의 대상으로 대체하고 종교의 계몽을 야기하며 객관적 진리를 바탕을 둔 객관적 이성 자체를 하나의 '진리의 준거점'으로 삼는다. 여기서 주목해야 할 점은 호르크하이머가 객관적 이성에 의한 종교와 이성의 분리, 그리고 철학에 의한 종교의 대체 속에서 객관적 위기를 포착한다는 것이다.

계몽주의 철학자들은 이성의 이름으로 종교를 공격했다. 그런데 최종적으로 그들이 무너뜨린 것은 교회가 아니라 오히려 형이상학과 객관적 이성 개념 자체 그리고 고군분투하는 철학이 가지고 있는 힘의 원천이다(GS6, 39).

호르크하이머가 말하는 객관적 이성 자체의 자기동력 상실은 어디서 오는 것인가? 그것은 종교를 대체한 객관적 이성 자체가 자신을 절대성의 위치에 격상시키고 '신화적 본체'를 드러내는 데 있다. 그러한 객관적 이성은 삶과 분리된 '사변'이 되며 시대착오적인 낡은 것으로 치부되는 '위기'에 봉착한다. 한편 호르크하이머가 보기에 종교로부터의 분리를 야기한 근대적 이성으로서 객관이성의 위기는 동시에 '유화적' 태도 속에서 이성의 형식화를 이미 내포하고 있다. 유화적 측면이 종교문제와 관련해서는 종교를 '실천적인 사회적 도구'로 간주한다는 점과 관련된다. 종교를 도구로 파악하는 관점에 이미 이성의 형식화가 내재했다고 볼 수 있다. 호르크하이머는 근대적 객관이성을 가동시키는 당대 지식인, 국가지도자, 휴머니스트들의 종교를 보는 시각에는 객관이성이 개인적 차원에서 수행되고 있다고 본다. 객관이성의 개인적 차원의 일반화에 대한 지칭이 이성의 주관화이다. 호르크하이머는 객관적 이성의 본격적인 위기가 이성의 주관화·형식화에서 비롯되었다고 말한다. 이성의 주관화란 절대적 이성으로서 객관적 이성 개념 자체를 가상으로 간주하고 모든 합리적 개념의 객관적 내용마저도 주관적 이성의 관점에서 파악하고자 할 때 발생한다. 호르크하이머는 객관적 이성의 위기의 변화 양상을 다음과 같이 서술한다.

(이성에 관한) 주관주의적 관점이 거부할 수 없을 만큼 확고하다면 사고는 이제 어떤 목표가 그 자체로 바람직한 것인지를 결정하는 데 도움을 줄 수 없다. 이상적인 것의 수용 가능성, 우리의 행위와 신념에 대한 기준들, 윤리학과 정치학을 이끌어가는 원칙들, 이 모든 것과 관련된 우리의 최종 결정은 이성이 아닌 다른 요인들에 의존해서 이루어진다. 그것은 이제 기호와 선택의 문제가 될 것이며, 실천적·도덕적 또는 미적 결정 과정에서 진리에 대해 말하는 것은 무의미한 것이 되었다(GS6, 31).

　　여기서 주의해야 할 것은 호르크하이머가 회의주의나 일반적 의미의 주관주의와 주관적 이성을 동일하게 파악하고 있지 않다는 점이다. 위의 인용구에서 말하는 바는 주관적 이성[2]이 '개인의 이익 관심'에 따라 작동하는 이성이라는 점이다. 이성의 도구화는 이성의 중성화를 전제로 하며, 이성 중성화의 첨예화된 하나의 형식이다. 이성의 도구화를 위한 중성화란 "객관적 내용과 그것을 판단하는 힘과의 모든 관계를 이성에서 제거하고 무엇보다는 어떻게"(GS6, 72)를 문제 삼음으로써 도구적 수행능력을 최적화한다. 호르크하이머에 따르면 이성의 도구화는 실증주의와 실용주의라는 이론적 배후를 갖는다. "실증주의가 부각시킨 주관적 이성의 형식주의적 관점에서 이성이 객관적 내용과는 무관하다는 점이다."(GS6, 42) 실증주의는 이성적 활동의 본질로서 사유 자체를 "마치 산업생산 과정의 수준으로 축소"하고 "생산의 고정된 구성요소"(GS6, 42)로 파악한다. 특히 호르크하이머에게 "상업 문화의 정신"(GS6, 70)을 표현한 것으로 이해되는 실용주의는 "이성을 단순한 도구로 환원하는 것"을 자기 철학의 모체로 삼는 철학이다.

　　실용주의가 얼마나 다원적으로 묘사되는가에 관계없이 실용주의 안에서 모든 것은 단순한 대상으로 전락하고 궁극적으로 동일한 것이 되며 수단과 효과의 사슬을 구성하는 하나의 요소가 된다(GS6, 64).

　　이성의 도구화가 문제시되는 것은 "신화적·종교적·합리주의적 이념의 이론적 토대를 파괴"(GS6, 54)하는 데 있다. 도구적 이성은 호르크하이머가 여전히 유효한 것으로 간주하는 이성에 내재한 이념인 "정의, 평등, 행복, 관용"의 정신을 완전히 해체시킨다. 또한 도구적 이성과 "객관적 이성을 통해, 권위적 종교를 통해 또는 형이상학을 통해 수행되었던 기능들이 익명의

2　　주관적 이성은 문맥에 따라 이성의 형식화, 형식화된 이성, 이성의 중립화, 이성의 죽음, 이성의 질병, 도구적 이성 등 다양하게 표현되고 있다.

경제적 장치가 움직이는 메커니즘"(GS6, 59)을 사물화함으로써 본래의 의미를 상실하게 한다. 사물화는 이성 도구화의 전형인 것이다. 이성 도구화의 작동방식인 사물화가 가장 잘 드러나는 분야는 예술이다.

> 예술 작품을 문화상품으로 변화시키고, 그것의 소비를 우리의 현실적 의도와 노력으로부터 분리된 일련의 우연한 감정으로 변화시킨다. 예술은 정치와 종교로부터 분리된 것처럼 진리와도 분리되었다(GS6, 58).

이성의 도구화가 노동 영역에 미치는 영향은 노동력 향상을 위한 "건강 유지와 긴장의 해소"를 위한 여가레저 프로그램 개발, 웰빙 및 건강상품 개발, 문화산업의 각종 이벤트 기획과 엔터테인먼트를 제공하며 그것에 대한 '사회적·개인적 의미화와 이론'을 제공한다. 이성의 도구화는 생활 영역에서도 그 영향을 미친다. 호르크하이머에 따르면 "이성의 형식화가 충분히 진행되면 라디오 소리에 맞춰 체조 코스를 모두 마치는 것으로 자기 신체에 대한 의무를 다했다고 생각하고 …… 풍경의 개념이 전적으로 체험 관광의 대상"(GS6, 56)이 되어버린다.

그렇다면 이성의 도구화가 가져온 최종 결말은 무엇인가? 그것은 '이성의 우둔화'를 거쳐 도구적 이성의 도구적 성격의 훼손과 본질의 상실이다.

> 이성은 자신의 주관성을 형성하는 본질을 상실한다. 이러한 '도구'는 지나치게 자주 날을 갈면 간 면도날처럼 너무나 얇아지고, 결과적으로 주관적 이성에 제한적으로 부과된 순수한 형식주의적 과제를 완수할 수 있는 능력조차 상실한다(GS6, 172).

도구적 이성의 본질을 상실한다는 것은 도구적 이성의 '광신적인 숭배'에 그 뿌리가 있다. 호르크하이머에 따르면 주관적 이성에 대한 광신은 사유를 이념으로 대체시키고, 인간의 자기 성찰을 마비시켜 우둔한 백지상태로 이끈다. 결국 도구적 이성은 이성으로서의 자기비판 기능을 상실함으로써 '이성의 죽음'에 이르게 된다.

3. 객관적 이성과 도구적 이성의 화해 가능성

주관적 이성의 현대적 이름인 도구적 이성의 전일화를 주장한 호르크하이머는 절망과 희망의 상실만을 노래하지 않는다. 도구적 이성의 전일화는 단순히 사회적 사실성의 객관적 기술이 아니다. 도구적 이성의 전일화 상태를 판단하고 반성·비판하는 이성적 활동은 역설적으로 도구적 이성의 전일화 속에서도 희망의 싹이 여전히 살아 있음을 말해준다. 이것이 이른바 '이성에 대한 이성의 자기계몽 혹은 자기비판'이다. 호르크하이머는 이론적 대안이 객관적 이성의 복권과 주관적 이성에 대한 객관적 이성의 우위 확보라는 단순한 논리적 도식을 따르지 않는다. 오히려 그는 객관적 이성과 도구적 이성의 화해 가능성을 모색한다.

호르크하이머는 자기유지의 원칙 문제와 관련해 객관적 이성과 도구적 이성의 화해 가능성을 언급한다. 그는 스피노자가 『에티카』에서 천명한 '자기유지가 덕의 유일한 기준'이라는 원칙을 존재, 사회, 문명의 전개논리로 확장시킨다. 자기유지의 원칙을 모든 차원에서 보편적으로 적용할 때 이성은 주관화되며, 오직 기능적 사용의 도구로 전락하게 된다는 것이 호르크하이머의 기본 관점이다. 자기유지 원칙의 보편적 준용은 결국 이성의 질병과 함께 이성을 '광기'로 몰아간다. 그런데 "이성의 광기"인 도구적 이성이 광기로부터 벗어나 화해를 모색할 수 있는가? 여기에 대한 호르크하이머의 대답은 자기유지의 원칙 역시 객관적 이성 개념에서 고유한 위상과 의미를 확보할 수 있다는 사실에서 출발한다.

주관적 이성을 광기로 몰아가는 원칙인 자기유지의 이념은 동시에 운명 앞에 서 있는 객관적 이성을 보호할 수 있는 이념이기도 하다. 구체적인 현실에 적용시켜보면 이것은 주체의 자기유지라는 목적과 개별적 생명에 대한 존중을 포함한 사회의 객관적 목표에 대한 정의만이 객관적인 가치가 있음을 의미한다. 의식적이든 무의식적이든 객관적 이성 체계를 구성하게 만드는 동기는 자기유지라는 고유한 목적과 관련해서 주관적 이성이 보인 무기력함을 인식하는 것이었다. 이러한 형이상학적 체계를 구성하는 부분적으로 신화적인 형식 속에서 자기유지가 초개인적인 질서 가운데만, 즉 사회적 연대성을 통해서만 성취될 수 있다는 통찰을 표현한다(GS6, 176).

객관적 이성과 도구적 이성의 상호연관성은 호르크하이머의 지적처럼 주체의 자기유지에 경도된 도구적 이성도 사회경제적 상황과 조건 위에서 활동공간을 확보할 수 있다. 도구적 이성의 자기유지적 관심은 그것을 개인과 사회, 사회적 연대와 사회정의, 더 좋은 사회의 가능성을 탐색하는 객관적 이성과의 접점을 확보함으로써 자기유지를 위한 무한 경쟁과 갈등을 조절할 수 있다. 호르크하이머의 두 이성과의 화해의 가능성과 요청은 더 나은 사회의 건설이라는 목표를 실현하기 위한 구체적이고 정책적인 영역에서뿐만 아니라 현실 속에서 '두 이성의 화해를 정신적 차원에서 준비'하는 것이 철학적 활동의 핵심과제이기도 하다. 두 이성의 화해 가능성을 말하려면 호르크하이머는 그것과 '이성의 죽음' 테제와의 논리적 긴장관계를 해결해야 한다. 호르크하이머의 말을 통해 그의 '이론적 해결책'이 만만치 않다는 것을 증명할 수 있다. 그는 객관적 이성에서 주관적 이성으로의 이행은 '우연'이 아니며, 이러한 이행이 어떤 순간에 자의적으로 되돌릴 수 없다고 말한다. 계속해서 그는 객관적 이성을 인위적으로 부활시키고자 한 신토마스주의를 비판한다(GS6, 78). 위의 주장은 화해 가능성에 대한 모색을 주관적 이성과 객관적 이성 자체에서 찾으려는 '암중모색'의 표현이라고 볼 수 있다. 그럼에도 호르크하이머는 형식논리상 양립 불가능한 테제에 대해 특별한 언급을 하지 않고 있다. 화해 가능성의 구체성을 확보하기 위해서는 주관적 이성의 죽음의 문제를 재검토해봐야 할 것이다. 주관적 이성의 죽음을 선언하는 이성 자체는 '죽지 않은 이성'이며 그러한 전제에서 화해 가능성이 언급될 수 있다. 또한 주관적 이성과 객관적 이성 사이의 공유지점에 대한 구체적인 사례분석을 좀 더 면밀히 제공할 필요가 있다. 그렇지 않다면 그의 화해 논리는 '규범적 선언'이거나 '희망'이나 '요청적 성격'을 벗어나기 어렵다. 결국 문제는 주관적 이성이든 객관적 이성이든 '비판력의 회복'과 자기 활동적 반성능력이 회복되고 지속되지 않는 한 화해는 불가능한 셈이다.

3

부정적 역사철학[3]

1. 들어가면서

빌렘 반 라이엔의 지적처럼 호르크하이머는 프랑크푸르트학파의 이론가 중에서 철학과 역사의 관계에 대해 가장 집중적인 관심을 표현해왔다.[4] 그러나 호르크하이머는 체계적인 역사철학적 구성을 목표로 하지는 않았다. 이것이 호르크하이머 역사철학적 사유의 비체계성과 미완결성을 의미하거나 역사철학적 사유의 빈곤을 의미하지는 않는다. 호르크하이머 역사철학의 형식적 비체계성과 내용적 미완결성은 사회철학으로 자기 규정된 비판이론의 이론적 성격이 역사철학적 문제영역에 투영된 결과이다. 투영의 양상은 한편으로는 헤겔, 마르크스, 딜타이, 마키아벨리의 역사철학을 사회이론과 사회철학적 차원에서 비판하며, 다른 한편으로는 역사과정과 역

---

3 「호르크하이머: 역사철학비판과 부정적 역사철학」, 『철학논총』 제58집 4권.

4 빌렘 반 라이엔, 『비판으로서의 철학』, 이상화 역, 서광사, 2000, 95쪽. 서지조사 결과 호르크하이머의 역사철학에 대한 국내연구로 논문과 저서를 찾기 어렵다. 이는 아도르노, 벤야민, 마르쿠제, 하버마스를 중심으로 하는 국내 프랑크푸르트학파에 관한 연구경향에서 오는 것으로 보인다. 아울러 호르크하이머 전공자가 없다는 사실도 한 원인이 될 것이다.

사예측에 있어 개방적 관점과 미결정적 이론태도로 나타난다. 이 글에서는 호르크하이머의 역사철학적 사유의 특징을 살펴보기 위해 다음과 같이 크게 세 가지 문제를 중점적으로 다루게 될 것이다. 첫째, 헤겔, 마르크스, 딜타이, 마키아벨리 역사철학에 대한 비판의 내용과 공통점을 살펴본다. 둘째, 어떻게 역사필연성의 부정과 역사과정의 개방성이 비판이론의 이론적 입장과 내적으로 관련되는지를 해명한다. 셋째, 호르크하이머가 어떻게 헤겔과 마르크스의 역사철학에 등장하는 법칙화와 신격화, 마키아벨리나 딜타이에게서 보이는 역사문제의 심리학적 단순화와 환원적 역사인식 태도에 내재한 현실긍정과 정당화를 비판하고 긍정의 역사철학이 아닌 부정적 역사철학을 제시하는지 검토할 것이다.

2. 역사철학에 관한 비판

1) 헤겔의 역사철학 비판

호르크하이머의 헤겔 역사철학에 대한 비판의 중심에는 사회이론, 사회철학적 관점과 반형이상학적 관점이 자리 잡고 있다. 호르크하이머는 사회철학을 "인간 일반의 총체적인 물질문화와 정신문화"(GS3, 20) 속에 내재한 '인간의 운명에 대한 철학적 의미를 탐구하는 것'으로 이해한다. 대단히 폭넓은 차원에서 사회철학을 정의한 호르크하이머는 우리가 살고 있는 집단적 전체와 의미의 인식을 다루는 헤겔의 역사철학도 넓은 범주의 사회철학으로 파악하며, 바로 그 관점에서 비판적 검토를 시작한다(Schmidt, 1974: 47).

호르크하이머에 따르면 기존의 역사철학은 현상들의 혼란스러운 다양성에서 하나의 통일적이며 역동적인 구조에 대한 인식을 과제로 삼는다. 헤겔은 역사철학의 과제가 변증법적 논리에서 발생하는 이념(Idee)을 이해하고 이념의 계기성을 파악하는 것으로 보았다. 헤겔의 역사철학은 단순한 역사적 사실들에 대한 설명이 아니라 현실에서 자신을 관철하고 인간역사에 자신을 실현하는 이념의 힘에 대한 확신과 작용에 대한 인식을 의미한다. 헤겔은 표피적인 관찰을 통해 역사철학과 경험적 역사의 상호관계에 경험적 역사의 의미를 부여하는 방식과 역사를 역사 외적 척도에 의해 평가하고 설명하는 것을 거부한다. 헤겔은 실제적 현상들의 이해뿐만 아니라 이념이 실현된 것으로서의 시대, 민족정신, 국가, 이념의 운반자로서 세계사적 개인 등과 같은 본질적인 범주적 규정을 통해 자신의 역사철학을 정립시켰다.

본격적인 비판에 앞서 호르크하이머는 먼저 헤겔 역사철학의 성과에 대해 서술한다. 그에 따르면 헤겔의 업적은 역사인식에 있어 심리학의 의미를 새롭게 했다는 데 있다. 헤겔은 인간의 욕망과 정열을 역사의 추동체(Motor der Geschichte)로 간주한다. 그렇다고 헤겔의 관심이 개인이나 대중의 심리에 있는 것은 아니다. 그의 역사철학은 하나의 시원에서 산출되고 그 내용이 숨겨지고 아직 현실화되지 않은 것으로서 역사의 내적 정신인 이념 자체를 파악하는 것이다. 여기서 호르크하이머는 헤겔이 이념과 정신의 본질로 보고 있는 정신의 행위성(Tätigkeit)을 통해 어떻게 인간의 욕망과 정열이 작동하는가에 대한 설명을 의도적으로 배제한다. 호르크하이머는 헤겔의 역사철학을 이성의 힘이 산출한 증거로서의 역사, 다시 말해 역사에 작용하는 신의 인식(Gotteserkenntnis)과 같은 것으로 치부함으로써 헤겔 역사철학에 대한 비판의 근거를 마련한다. 호르크하이머에게 "신적 이념의 실재성을 인식"(Hegel, 1986: 53)하는 것으로서 헤겔의 역사철학은 하나의 "형이상학적 체계"(GS2, 295)이다. 다시 말해 "사유와 존재의 통일이라는 관념론적 신화에 기반을 둔 형이상학"5인 것이다. 역사를 정신이 실현되는 하나의 통일

---

5 호르크하이머는 자신이 비판한 헤겔의 역사형이상학이 자기이익을 추구하는 개인을 하나의 최종적이고 독립적인 통일체로 간주하는 자유주의적 세계관에 의해 해체되었다고 선언한다.

적이고 역동적인 과정으로 파악하는 헤겔적 역사형이상학에 대한 호르크하이머의 비판은 이성의 실체화와 이성의 실체화에 근거한 역사의 신격화(Vergöttung)에 모아지며 반형이상학적 성격을 갖는다. 호르크하이머에게 역사란 실체화된 이성의 자기완결의 역사가 아니라 인간의 끊이지 않은 활동이며 동시에 미완결의 과정이다. 같은 맥락에서 호르크하이머는 헤겔의 정신 개념을 거부한다. 헤겔에게 정신이란 "스스로를 야기하고 그 자신인 바를 스스로 형성하는 그러한 것"이며, 세계사란 정신의 자기표현 과정이다. 그러나 호르크하이머에게 "어떻게 정신이 서서히 의식을 형성하며 진리의 욕구에 다가가는지 보여주는 것"(Hegel, 1986: 52)으로서 세계사는 존재하지 않는다. 왜냐하면 정신 자체가 독립적인 힘을 갖지 못하며 인간으로부터 독립된 정신이란 존재하지 않기 때문이다."(GS3, 54) 호르크하이머에게 존재하는 정신이란 자연과 인간의 상호작용에 놓여 있는 사회적 삶의 과정에서 비롯된 것으로 전체 사회적 상황에 영향을 줄 수 있는 특정한 인간의 특정한 정신만이 존재한다. 정신 개념을 거부한 호르크하이머는 역사의 주체(Subjekt der Geschichte)를 인간 자신으로 설정한다. 호르크하이머에게 "역사 자체는 자신의 과제를 설정하거나 그 과제를 해결할 수 없다. 오직 현실적인 인간만이 행위하고 어려움을 극복하며 인간 자신이나 자연의 힘에 의해 형성된 개별적이고 일반적인 고통"(GS2, 251)을 해결할 수 있기 때문이다.

헤겔 역사철학에서 정신, 이성, 역사주체에 대한 비판의 근거는 다름 아닌 헤겔의 정신과 현실의 동일성 테제에 대한 회의에서 출발한다. 헤겔의 역사철학은 "모든 현실은 절대정신과 동일하다"(GS2, 248)라는 관념론적 사유에 기초한다. 호르크하이머는 정신이 의심스러운 추상적인 것이 아니라 하더라도 현실과 동일한 것이 될 수는 없다고 강조한다. 그에게 현실이란 역사과정 속에 변화하는 인간의 정신과 인간의 활동에 의해 형성된 '현실'뿐이다. 이것은 호르크하이머가 역사를 정신의 활동성이 아닌 역사적 과정과 사회 전체와 관계된 인간의 활동성과 대립시킴으로써 그의 헤겔 역사철학

비판이 사회이론, 사회철학에 바탕을 두고 있음을 말한다. 이러한 관점은 헤겔 역사철학의 정치적·사회적 영향에 대한 비판에서도 적용된다. 호르크하이머는 헤겔 역사철학이 역사 긍정주의(Geschichtsoptimismus)에 기초하고 있으며, 그의 역사철학이 현실 옹호와 정당화에 기여하고 있다고 비판한다. 위의 비판은 나중에 살펴볼 호르크하이머의 '부정적 역사철학'에 입각해 수행된다. 호르크하이머는 헤겔의 역사철학을 "인간이 받는 고통에 대해 습관적으로 거의 아무런 자극"(GS2, 354)도 받지 않고 외면하는 역사철학으로 간주한다. 또한 그는 헤겔이 역사를 정신의 역사로 간주함으로써 현존하는 지배와 그로 인한 인간의 고통의 문제를 희석시켜 버리는 현실옹호의 역사철학을 전개했다고 비판한다. 호르크하이머의 관점에서 헤겔의 역사철학은 기존 체제를 승인하는 긍정의 역사철학인 것이다. 이에 반해 마르크스의 유물론적 역사철학은 "세계의 개선을 위한 실제적인 노력들의 문맥 속에서 세계가 어떻게 발전되는지에 대한 세계의 변화"6를 설명하려 한다. 또한 마르크스의 역사철학은 역사의 주체가 정신이 아닌 주체의 노력에 관심을 기울인다는 점에서 호르크하이머의 헤겔 역사비판은 마르크스의 유물론적 역사철학의 논점을 일정하게 반영하고 있다. 현실을 "필연적인 것으로서 정신의 자기과정"(Hegel, 1986: 41)으로 파악하는 헤겔의 역사 필연성 테제에 대한 호르크하이머의 비판은 역사철학 장에서 마르크스의 역사필연성 논제비판과 함께 다룰 것이다.

---

6   Horkheimer, M., *Kritische Theorie I*, A. Schmidt(Hrsg.), Frankfurt a. M. 1968, 105쪽. 호르크하이머에게 유물론적 역사철학은 인간의 고통을 실제적으로 제거해 나아가려는 인식 태도와 내용으로 구성된 것이다. 다시 말해 유물론적 역사인식은 사회적 지배관계에서 발생한 인간의 고통을 제거해 나가려는 노력을 함축함과 동시에 실천적인 요구들을 반영하는 역사철학적 관점인 것이다.

2) 마르크스의 역사철학 비판

사회철학적 관점으로 역사를 독해하는 호르크하이머에게 마르크스의 역사 이해는 새로운 역사철학의 부류이거나 하나의 독특한 역사해석이 아니다. 호르크하이머의 관점에서 마르크스의 역사 이해는 '의식형성에 대한 비판과 그것에 상응하는 객관적 상황에 대한 비판'으로 이해되기 때문이다. 호르크하이머가 헤겔의 역사철학에 대한 반형이상학적 관점을 드러낼 때 그 자신이 명시적인 인용이나 언급을 하고 있지 않지만, 그의 관점은 마르크스의 역사철학적 입장에 기대고 있다고 할 수 있다. 그럼에도 마르크스가 주장하는 역사철학의 주요 테제를 호르크하이머가 모두 수용하고 있는 것은 아니다. 호르크하이머의 마르크스 역사철학에 대한 입장은 이중적인 측면을 갖는다. 먼저 그는 역사 과정에서 경제적 삶의 중요성을 인식하며, 사회분석에 있어서 그것의 중요성을 강조한다. "물질적인 상황에 의해 강요된 사회적 형식은 지금까지의 생산지도와 노동, 지배와 피지배의 분리"(GS2, 201)에서 비롯되었다. "인간사회의 삶의 과정을 추동하는 다양한 방식 중에서 경제적 카테고리는 역사적으로 근본적인 것"(GS3, 57)임이 틀림없다. 이와 같이 호르크하이머는 마르크스가 제기한 사회분석과 역사발전에 있어 경제적 카테고리의 중요성을 적극 수용하고 있다.

역사인식에 있어 경제적 카테고리의 중요성을 인정함에도 호르크하이머는 마르크스의 토대–상부구조론 관한 정통 마르크스주의의 도그마적 해석에는 비판적이다. 1931년 새로이 신설된 사회철학 담당교수 취임연설인 「사회철학의 현재적 상황과 사회연구소의 과제들」에서 호르크하이머는 헤겔의 정신결정론뿐만 아니라 마르크스적 토대결정론을 명시적으로 거부한다.

(그들은) 다음과 같이 설명한다. 경제와 정신은 각각 그 자신의 본질성을 드러내는 하나의 표현이라고 주장한다. 이것은 아마도 잘못된 스피노자주의이다. 혹은 다음과 같이 주장한다. 정신적인 내용이 역사를 만들고 그것이 인간

의 행위를 규정한다. 이것이 1차적인 것이다. 물질적인 삶은 반대로 부수적인 것이고 정신으로부터 파생된 것이다. 왜냐하면 세계와 역사는 정신에 의해 만들어지기 때문이다. 이러한 주장은 추상적이고 잘못 이해된 헤겔일 것이다. 혹은 사람들은 거꾸로 믿는다. 즉, 물질적 실체로서 경제는 하나의 유일한 사실을 말한다. 왜냐하면 인간의 심리, 개성, 법, 예술, 철학이 여과 없이 경제로부터 파생될 수 있기 때문이다. 이것은 경제의 단순한 반영물이다. 이것은 추상적이고 잘못 이해된 마르크스일 것이다(GS3, 32).

여기서 호르크하이머가 강조하고 싶어 하는 것은 토대－상부구조 관계의 진정한 변증법적 관계이다. 정신결정론과 경제결정론은 모두 잘못된 주장이라는 것이다. 호르크하이머는 마르크스주의 토대－상부구조 비판에 기초해 사회연구와 역사 이해의 기본 관점을 제시한다. 그에 따르면 사회의 제 현상은 단순히 경제적인 문제로 환원될 수 없다. 왜냐하면 사회의 제 현상이라는 것 자체가 "학문, 예술, 종교라는 정신적 내용뿐만 아니라 법, 윤리, 유행, 여론, 스포츠, 여흥, 삶의 양식 등을 포함하는 …… 문화 영역에서의 변형과 개인의 심리적 발달, 사회경제적 생활 간의 상호문맥"(GS3, 32)에서 출현하는 것이며 이러한 문맥에서 파악되어야 하기 때문이다. 또한 보다 면밀한 사회 분석과 역사인식은 특정한 시대, 국가, 집단, 그 집단의 경제적 위상과 집단 구성원의 의식, 행위지향, 실천적 행위의 방해요소와 제반 조건들 간의 상호 관련성 해명을 통해 가능한 것이다.

생산력과 생산관계의 관계에 대한 호르크하이머의 입장 역시 마르크스의 그것과 일정한 거리를 두고 있다. 마르크스에 따르면 "생산력 발전의 특정한 단계에서 사회의 물적 생산력과 기존의 생산관계는 모순"에 빠지고 "생산력의 일정한 단계로부터 이러한 관계가 뒤집혀져 사회혁명의 시기가 도래"(Marx/Engels, 1983: IV)한다고 강조했다. 이와 같은 역사예측의 실패를 호르크하이머는 "역사는 마르크스가 생각했던 것과 달리 진행되었다"(GS8, 306)고 표현한 바 있으며, 역사예측의 위험성을 경고한다. 호르크하이머는 생산력과 생산관계를 하나의 "역사의 추동체(Motor der Geschichte)"나 "보편적인 구조 도식(universales Konstruktionsschema)"으로 간주하면 불가피하게 교조적인 형이상학으로 변질될 위험에 놓이게 된다고 강조한다. 위의 해석 틀은 구체적인 현실연구가 필요한 경우에 경험적 차원에서 그 타당성이 검증되어야 하며, 어떤 경우에도 이 역사 설명도식이 필연적인 미래형성의 동력으로 지위가 격상되어서는 안 된다. 호르크하이머는 헤겔적 역사형이상학과 달리 마르크스의 유물론적 역사철학을 역사과정과 발전을 설명하는 더 적절한 이론으로 인정한다. 그러나 마르크스의 역사철학이 이론적 타당성을 견지하려면 교조화, 형이상학화와 역사예측의 위험성을 인식해야 하며, 역사의 진행에 대한 최종적인 답변과 사회문제에 대한 명료한 해결책을 담고 있는 완결된 이론이라는 입장을 버려야 한다. 이와 같은 마르크스 역사철학에 대한 비판은 다시금 마르크스 역사철학에 관한 호르크하이머 자신의 사회철학적 독해라고 할 수 있으며, 그 중심에 그의 사회철학의 중요한 개념인 '중단 없는 비판', '내용적 개방성'의 사유가 자리 잡고 있다.

3) 딜타이와 마키아벨리의 역사철학 비판

헤겔과 마르크스의 역사철학을 사회철학적 관점을 통해 비판한 호르크하이머는 동일한 관점을 딜타이와 마키아벨리의 역사철학에 적용시킨다. 특히 딜타이의 정신사로서 역사 개념 비판과 마키아벨리 역사철학의 중요한 전제인 인간 본성 동일론에 대한 비판은 사회철학으로 이해된 호르크하이머 역사철학관을 가장 잘 보여준다고 할 수 있다. 호르크하이머의 관점에서 딜타이의 역사철학적 사유의 강점은 헤겔의 역사철학과 비교할 때 분명해진다. 호르크하이머는 딜타이가 이성의 자기실현으로 표현되는 헤겔의 사변적 역사철학을 거부하고 인간정신의 산물로서 역사를 이해하려한 시도에 주목한다. 딜타이는 자신의 『역사이성비판』을 역사적 경험의 학문 정립을 위해 "인간의 (정신)행위에 의해 산출된 역사와 사회를 인식"하고 "형이상학적 체계 내에서 역사적인 현실을 파악하려는 모든 순수이성에 대한 비판"(Riedel, 1981: 35)으로 이해한다. 역사철학 분야에서 딜타이가 보여준 성과는 바로 심리학과 역사학의 실제적인 관계를 철학적 설명의 대상으로 삼았다는 데 있다. 주지하다시피 딜타이는 역사적 과정에서 경제, 법, 종교, 예술, 학문과 같은 문화체계들 등과 같이 다양한 형식의 문화적 표현 방식이 인간의 영혼(Menschenseele)의 실현, 정신의 객관화의 결과이며, 또한 이것은 끊임없는 변화 과정 속에 놓여 있다고 보았다. 딜타이의 역사 이해에 있어 심리적 사실(psychische Tatsachen)은 그 자체로 중요한 역사의 요소이며, 이것에 대한 분석 없이 역사 이해는 별다른 의미를 갖지 못한다. 호르크하이머에 따르면 심리학과 융화된 역사연구에 대한 딜타이의 요구는 영혼의 일관된 이해 연관 속에서 인간본질의 총체적 측면이 서술되어야 한다는 입장이다. 이러한 딜타이의 입장은 상이한 문화적 체계들이 하나의 '정신적 통일(geistige Einheit)'에 그 토대를 두고 있다는 믿음에 기초한다. 이와 같은 딜타이의 심리학은 이해심리학(eine Psychologie des Verstehens)으로 이해된다. 이해심리학에 바탕을 둔 딜타이의 역사철학적 사유에서 역사는 본질적으로 정신사(Geistesgeschichte)가 된다. 딜타이의 역사철학에 대한 호르크하이머의 비판은 바로 이 지점에서 시작된다. 호르크하이머가 보기에 "역사를 정신사로 이해한다는 것은 인간 스스로 자신을 이해하는 것, 느끼는 것, 판단하는 것, 간단히 말해 자신의 의식 그 자체와 본질적으로 동일하다는 믿음과 결부되어 있다."(GS3, 68) 딜타이의 역사철학적 근본 입장은 관념론적 전통으로의 후퇴이자 역사적 지평의 협소화를 야기한다. 호르크하이머는 역사를 정신사가 아닌 사회적 삶의 과정의 산물로 이해하며 사회적 삶의 과정을 인간적 요소와 인간 외적 요소의 결합으로 파악한다. 다시 말해 사회적 삶의 과정은 딜타이가 이해한 것처럼 인간 정신의 표현이 아니라 다분히 자연에 대한 인간의 전향적인 투쟁의 과정이다. 계속해서 호르크하이머는 딜타이 역사철학의 중요 전제인 통일적인 영적 삶(einheitliches Seeleleben)이나 보편적 인간 본성(allgemeine Menschennatur)의 개념을 거부한다. 이것은 특정 시대에서 일반적인 인간이라 할 수 있는 인간의 유사성에 대한 발견의 가능성 자체를 거부하는 것이 아니다. 인간의 실제적 욕구, 지각, 믿음의 특성들에 있어 그 유사성은 얼마든지 찾을 수 있다고 본다. 호르크하이머 비판의 초점은 이러한 유사성이 하나의 통일적인 인간존재의 차원으로 환원될 수 없다는 데 있다. 각 개인의 특성은 인간 존재로서 단지 그 자신에 놓인 역동성과 함께 사회 속에서 개인 운명의 전형적이면서도 특별한 상황과 관련이 있기 때문이다. 개인의 정신이나 영혼의 상태는 사회그룹 간의 상호관계에 의해 규정되며, 이것은 또다시 사회구조 자체에 영향을 준다. 여기서 호르크하이머가 강조하고자 하는 것은 딜타이 역사철학의 중요 개념인 영혼, 정신, 통일적 영혼 등이 자연에 대한 인간의 투쟁, 사회의 영향, 사회와 인간의 상호 영향 관계라는 다양한 관련성 속에서 파악되어야 한다는 점이다. 또한 사회는 딜타이가 이해하는 것처럼 '표면적인 조직형식들의 총체'도 아니며 '인간 본성의 다양한 측면들이 스스로 표현되는 한에서 존재'하는 것도 아니다. 사회분석 역시 지배, 종속, 자유, 억압에 대한 의식적이고 무의식적인 모든 애착과 같은 심리적 분석으로 환원될 수 없는 것이다.

딜타이의 이해심리학에 기초한 그의 역사철학 비판에 등장하는 호르크하이머의 사회철학적 관점은 마키아벨리의 『군주론』 등에 전제된 심리학적 전제들을 비판하는 논거로서 재등장한다. 호르크하이머는 딜타이 역사철학 비판에서와 마찬가지로 마키아벨리가 전개한 심리학적 역사 이해의 학문적 기여에 관해 언급한다. 호르크하이머는 마키아벨리에 의해 발전된 심리학적 역사 이해가 단순히 심리학에 영향 받은 현대의 역사이론에서만이 아니라 철학적 인간학의 문제에도 하나의 의미를 갖는다고 긍정적으로 평가한다. 그러나 마키아벨리 역시 근대의 역사철학적 사유에서 빈번하게 등장하는 오류를 동시에 지니고 있다. 그것은 그의 역사철학의 핵심 전제인 '인간 본성 동일론(die Theorie der gleichen Menschennatur)'을 의미한다. 마키아벨리의 역사철학적 오류는 생각하고 느끼는 인간의 고유한 방식을 역사적으로 변화 없는 자연적 요소로 간주하고, 어떠한 사회적 변화에도 영향을 받지 않는 독립적인 것으로 보는 데 있다. 호르크하이머에 따르면 마키아벨리는 인간의 영혼적인 근본 힘들은 각 시대에도 본질적으로 같다고 본다. 마키아벨리는 동일한 영혼의 요소들의 다양한 혼합도 우연적인 것으로 이해한다. 그는 역사에 있어서 실제적인 투쟁들과 관념들도 단지 다양한 성격에 기인한 것으로 간주한다. 이와 같은 마키아벨리의 입장은 역사에 등장하는 지배자의 열정과 욕망이 질서와 무질서, 정부의 형태마저도 결정하는 요소라고 주장하기에 이른다. 이것은 '인간 성격의 역사적 역할에 대한 과대평가'에 불과하며 명백한 오류이다.[7]

> 시대가 변화했음에도 인간의 성향이 그대로 머물러 있다는 이론은 잘못된 것이다. 지배자들이 옳은지 그렇지 않은지, 잔인한지 유연한지, 광신적으로 혹은 관용적으로 인간을 지배하기 바라는지는 그 지배자의 성격에 달려 있지 않다. 영원하고 동일한 인간 본성론, …… 동일한 욕망과 정열에 대한 이론은 오류이다(GS2, 200).

호르크하이머는 마키아벨리의 인간 본성 동일론, 성격에 대한 과도한 의미부여를 인간심리의 존재론적 설정(ontologische Setzung)으로 지칭한다. 인간 심리를 존재론적으로 설정하는 한 심리적 특성의 변화와 유지를 위한 사회적 조건들을 간과하는 오류를 범할 수밖에 없다. 호르크하이머는 마키아벨리의 인간 본성 동일론 근저에 일종의 자연주의(Naturalimus)가 자리 잡고 있다고 보았다. 이때 자연주의는 인간 본성 분석의 문제에서 '인간의 활동

---

7 위와 같은 입장은 마키아벨리 이론의 적대자나 추종자들에게 공통된 입장이었다. 디드로, 피히테, 프리드리히 대제, 리헬리우 등이 여기에 속한다.

성'과 '인간과 인간 외적 요소와 같은 환경'과의 변증법적 관계를 고려하지 않은 본성 환원론적 시각에 대한 비판을 지시하는 표현이다.

3. 호르크하이머의 역사철학

호르크하이머의 역사철학이 구조적이고 내용적 측면에 있어 비체계성과 미완결성을 갖는다는 데는 이론의 여지가 없다. 그러나 이러한 특징이 역사철학자로서의 그의 사유와 철학의 빈곤을 의미하지는 않는다. 호르크하이머는 체계적 서술의 측면에서 구조화되지 않고 단편적 서술형식을 의도적으로 수행한다. 내용적 측면에서 '건축학적 모델'을 의도적으로 배제한다. 이러한 호르크하이머 역사철학의 특징은 기존의 역사철학에 대한 비판적 입장을 드러내려는 내적 동기의 표현이다. 호르크하이머의 형식적 단편성과 비체계적이며 비통일적, 미완결의 역사철학은 ① 체계적 역사철학이 야만의 합법화와 부정적 역사현실의 정당화에 대한 비판적 대결과, ② 비판이론 자체의 이론 내재적 특성에 그 근거를 두고 있다. ①과 같은 호르크하이머의 입장은 기존의 철학과 자신의 역사철학을 역사긍정주의에 대항하는 부정적 역사철학의 구성으로, ②는 왜 호르크하이머의 역사철학적 사유가 사회철학적 성격을 갖게 되며, 역사적 필연성의 역사도식을 거부하게 되는가에 대한 단서를 제공한다.

1) 부정적 역사철학

호르크하이머는 기존의 역사철학이 인간의 사고를 현실공간에서 작용하는 힘으로 만들며 특정한 역사철학적 입장은 현실 옹호나 야만성의 합법화 경향을 드러내 왔다고 믿었다. 기존의 역사철학이 어떻게 현실적으로 작

동하는 힘이 되며, 현실 옹호를 위한 지배이념을 제공하는가? 호르크하이머
는 헤겔의 세계정신과 마르크스의 역사발전 법칙성의 신격화가 가져오는
부정적 영향에서 그 단서를 찾는다.

> 역사철학은 인간의 사유를 실제로 작용할 수 있는 힘으로 만들어 역사 속에
> 유입시킨다. 이러한 사고가 승리함으로써 역사를 끝맺으려 들게 됨에 따라 인
> 간의 사유는 자신의 내용을 구성하는 한 요소인 순수함을 상실했다. …… 기
> 독교에서 발생한 것이 …… 역사철학에서도 되풀이된다. 세계정신으로서든
> 내재적인 법칙으로서든 신격화가 일어난다. 이와 같은 방식으로 역사는 직접
> 그 반대되는 것으로 바뀔 뿐만 아니라 필연성, 즉 사건의 논리적 흐름을 끊고
> 싶어 하는 이념 자체도 왜곡한다. …… 기독교나 관념론, 유물론은 …… 그것
> 자체가 조직력 있는 역사의 힘으로 등장하며, 인류의 현실역사 속에서 조직이
> 라는 도구를 사용하여 피로 물든 역사를 떠맡게 되는 것이다(GS5, 255).

호르크하이머는 역사를 하나의 체계적이고 통일적인 이론으로 만들려
는 역사구성이 얼마나 위험한 것이고 실제로 그것이 인류에게 가한 역사적
고통에 이론적 단서를 제공했다고 확신한다. 통일적인 역사철학의 이론화는
"만연해 있는 고통에 눈을 감아버리는 태도"에서 나오며, "합리적 역사철학"
에서 기대할 만한 "좀 더 나은 상태에 대한 기대"와 "치료역할"(GS5, 255)은 실
현될 수 없다. 이 점에서 호르크하이머는 기존의 체계적·통일적 역사철학
에 내재한 역사에 대한 긍정적인 의무 부여, 역사의 객관적 의미탐구, 역사적
발전에 관한 도그마를 부정한다. 합리적 역사철학의 비판으로부터 호르크하
이머의 부정적 역사철학이 출발한다. 호르크하이머가 아도르노와 공동 저작
한 『계몽의 변증법』은 역사가 더 이상 자유의 계속적인 발전의 실현이라는
구성적 틀 내에서 주제화될 수 없으며, 오히려 그러한 발전의 불가능성을 인
식하는 장소임을 분명히 한다. 호르크하이머의 부정적 역사철학은 역사발전
이론의 자리에 '역사의 종말'을 제시하는 것이다(Geyer, 1980: 133). 가이어가

말하는 역사의 종말이란 역사긍정주의, 초개인적 역사가 역사의 시작과 함께 발생한 인간의 불행과 고통을 세계 역사과정 전체 속에서 파악하려는 호르크하이머의 부정적인 역사철학적 입장을 대변하는 개념이다. 부정적 역사철학은 "알려지지 않은 숨겨진 역사"(GS5, 263)를 드러내는 방식을 통해 문명 속에 깊이 내재하는 고통, 불운의 명증성과 고통의 객관성을 드러내고자 한다. 호르크하이머에게 인간 고통의 근본 원인은 자연지배의 결과이다. 인간은 위협적인 자연 앞에서 자기유지(Selbsterhaltung)를 위해 불가피하게 자연지배의 도정에 들어선다. 자연을 양화함으로써 자연을 대상화·수단화하는 자연지배의 논리는 인간과 자연관계를 넘어서 인간과 인간, 남성과 여성관계, 인간과 동물관계 등 인간 삶의 전 영역에 동일한 방식으로 관철된다. 자연지배를 가능하게 하는 것은 '도구적 이성(instrumentelle Vernunft)'의 개입이다. 자연지배의 역사는 도구적 이성의 전일화의 역사이며, 도구적 이성은 지배와 결합함으로써 고통을 산출한다.[8] 호르크하이머의 부정적 역사철학은 결국 자연지배의 역사에 대한 역사철학적 독해인 것이다.

역사를 고통으로 파악하는 호르크하이머의 역사철학적 입장은 1930년대 저작에서도 발견된다. 이 시기는 인간 일반이 경험하는 보편적 고통의 측면보다 계급관계로 인한 고통의 측면을 더 반영한다.

> 지금까지의 역사에서 모든 문화노동은 지배와 피지배 계층 분화의 결과로 인해 가능했다. 특정한 단계의 민족들의 삶에 항상 새롭게 지속되며 특히 각각의 진보에 결합되어 사회에 대가를 지불하는 고통은 사회구성원들에게 결코 동일하게 분담되지 않는다. 카오스로 빠져가는 위험 앞에서 인류는 지배관계를 지양하는 선택 이외에는 다른 선택의 여지가 없다(GS3, 138).

---

8 『도구적 이성비판』의 제1장 〈수단과 목적〉 편이 이성의 주관화·형식화·도구화에 따른 이성의 종말과 죽음을 다루고 있다면, 『계몽의 변증법』은 이성이 어떻게 지배와 결합하는가를 역사철학적 차원과 사회심리·사회이론적 차원에서 설명한다.

그럼에도 자연지배에 의한 문명의 발전, 사회발전의 대가로서 인간의 고통은 인간 삶을 구성하는 본질적인 것이며, 사회가 존속하는 한 역사의 제 단계에서 결코 사라지지 않는다는 관점은 호르크하이머의 역사철학에서 일관되게 관철되고 있다. 호르크하이머가 『계몽의 변증법』에서 전개하는 부정적 역사철학은 슈미트가 올바르게 지적한 바와 같이 "과거의 현재화−현재의 역사화(Vergegenwärtigung der Geschichte-Vergeschichtlichung der Gegenwart)"(Schmidt, 1976: 91) 전략을 취한다. 호르크하이머는 이와 같은 논증 전략을 "왜 인류는 진정한 인간 상태로 들어서지 않고 새로운 야만상태에 빠지는가"(GS5, 16)라는 주도질문으로 정식화한다. 그는 제1장 「계몽의 개념」에서 '신화는 이미 계몽이었다'와 '계몽은 신화로 되돌아 간다'는 테제를 결합시킨다. 이 두 테제의 결합은 자연지배의 논리와 문명의 논리를 동일문맥에서 파악함으로써 슈미트가 말하는 과거의 현재화와 현재의 역사화를 보여준다. 이는 고통의 발생과 고통의 현재성을 드러내는 전략이다. 「계몽의 개념」 부록인 〈오디세이〉와 〈사드〉에서 그리스 신화와 근대유럽을 계몽과 지배라는 문맥을 통해 고통의 원역사를 해명함으로써 만연한 고통의 역사로서 현재를 역사화하고 있다. 동시에 문명의 출발로서 〈오디세이〉에 함축된 지배와 억압의 문제를 문명사적 차원에서 해석함으로써 지나간 역사로서 역사의 현재화를 시도한다. 호르크하이머는 『계몽의 변증법』의 「반유대주의 요소들」에서 '최고도로 계몽된 자로서 나치주의자'들이 자연지배 이성, 도구적 이성의 대변자로 파악한다. 그는 총체화된 억압체계로서 나치즘하의 고통이 문명에 내재한 파괴의 경향성에서 비롯된다는 점을 논증함으로써 현재적 고통의 역사화와 자연지배의 부정성을 고발한다.

슈미트가 호르크하이머 역사철학 논의에서 주의를 기울이지 못했지만, 그의 논지를 좀 더 풍부하게 할 수 있는 개념이 『계몽의 변증법』에서 제기된 원역사(Urgeschichte)와 선역사(Vorgeschichte) 개념이다. 원역사 개념은 『계몽의 변증법』 서언에서 "반유대주의의 철학적 원역사"(GS5, 22)란 표현으로 처음 제기되었으며, 직선적 시간 개념으로서 사용되지 않는다. 호르크하이머에게 원역사는 현재의 관점에서 역사를 읽어내고자 하는 의도와 현재 역사의 계기성에 대한 발생론적 시각이 내포된 개념으로 파악해야 한다. 원역사란 반유대주의를 가능하게 한 신화와 계몽의 얽힘 관계, 퇴보와 발전의 얽힘 관계, 합리성과 합리성에 내재한 비합리성의 얽힘 관계의 계기성을 드러내는 개념으로 사용된 것이다.[9] 호르크하이머의 선역사 개념 역시 같은 맥락에서 해석할 수 있다. 선역사 개념은 한편으로는 단순히 역사 이전 시대를 지시하는 개념이 아니라 역사의 자기 파괴성을 가능하게 한 형성사를 지시하며, 다른 한편으로는 지금까지 자연지배의 논리가 관철되는 역사를 선역사로 이해하고 다른 역사의 시작과 그 가능성을 고려해 사용된 개념이다. 호르크하이머 역사철학에 나타난 과거의 현재화─현재의 역사화에 의한 논증전략은 불가피하게 부정적(negativistisch)인 특징을 갖게 되며, 개념적 차원에서는 "도구적 이성과 주체에 있어 자연의 기억이라는 순환적 조건"(Noerr, 1990: 88)으로 나타난다.

2) 역사 필연성 원리비판과 개방적 역사철학

호르크하이머는 헤겔의 사변적 역사철학과 마르크스의 유물론적 역사철학에 뿌리 깊게 자리 잡고 있는 이른바 역사적 필연성의 원리, 다시 말해 사건에 법칙적 원리를 부여하려는 역사적 구성의 이론적 입장을 비판해 왔

---

9   호르크하이머의 원역사라는 개념은 벤야민에게서 시사받은 바가 크다. 벤야민은 『파사주베르크』에서 19세기의 원역사를 쓰겠다는 의도를 보여주고 있다. 한편 하버마스는 『계몽의 변증법』의 〈계몽의 개념〉의 제1저자는 호르크하이머라고 주장하며 여기서 논의되는 호르크하이머의 역사철학이 벤야민의 역사철학에 근접하고 있다고 본다. 여기에 대해서는 Habermas, J., *Bemerkung zur Entwicklungsgeschichte des Horkheimerschen Werkes*", in: A. Schmdt/N. Altwicker(Hrsg.), Max Horkheimer heute: werke und Wirkung, Frankfurt a. M. 1986, 166, 171쪽; Benjamin, W., *Gesammelte Schriften*, R. Tiedemann/H. Schweppenhäuser (Hrsg.), Band V. 1, Frankfurt a. M. 1982, 576, 579쪽 참조.

다. 헤겔이 말하는 이성의 자기실현으로서 역사적 발전의 필연성은 호르크하이머에게는 형이상학적 도그마에 불과하다. 마르크스가 주장하는 역사발전 법칙성 역시 검증되지 않은 역사철학적 전망에 지나지 않는다. 호르크하이머는 "완전한 설명, 역사적으로 발생한 필연성을 관통하는 인식"(GS2, 250)은 불가능하다고 단호하게 주장한다. 이 점에서 호르크하이머 역사철학의 기본관점은 어떤 형식의 역사형이상학, 역사철학적 도그마에 반대한다. 그는 역사의 필연성 개념에 내포된 과거에 일어난 모든 것과 미래에 전개될 모든 것으로서 사건의 필연성 개념을 거부한다. 호르크하이머는 사건의 필연성 개념 대신 '의미 있는 필연성'을 주장함으로써 역사를 '현재적 지평' 속에서 조명하고자 한다.

> 경제적인 메커니즘의 필연적 산물로서 역사 진행 과정을 구성하는 일에는 그러한 과정으로부터 야기된 저항도 동시에 내포되어 있다. 또한 인류의 자기규정이라는 이념, 즉 인간의 행위가 어떤 메커니즘을 통해서가 아니라 자신의 결정으로부터 유발되는 어떤 상태라는 이념을 포함하는 것이다. 이 경우 이제까지 사건의 필연성에 대한 판단은 그것의 맹목적 필연성에서 의미 있는 필연성으로서 변화를 위한 투쟁이라는 의미를 갖는다(GS4, 204).

호르크하이머가 말하는 의미 있는 필연성이란 전통이론에서 주장하는 논리적 필연성을 의미하지 않는다. 또한 인간의 지배 영역 밖의 자연, 인간과 대립되는 개념으로서 자연에 내재한 자연 필연성을 의미하거나 자연의 필연성을 인식하지 못해 자연을 지배할 수 없었던 인간의 무력감이 함축된 필연성 개념이 아니다. 호르크하이머의 '의미 있는 필연성'이란 바로 "인간 자신이 만들어내는 사건"(GS4, 206)이라는 의미이다. 여기서 주목할 만한 것은 호르크하이머가 역사과정에 있어 '인간의 변화를 추구하는 활동'과 인간 행위의 자발성을 강조하는 데 있다. 결국 그가 말하는 의미 있는 필연성이란 현재의 지평 위에서 '이성적 사회의 건설'을 향한 해방적 관심과 실천을 의미하는 것이다.

기존의 역사철학이 다양한 형태로 가정하는 역사적 필연성 개념을 거부하는 호르크하이머는 역사의 진행, 역사의 변화, 미래역사의 전망에 대해 모든 가능성을 열어놓는 열린 태도를 보여준다. 그에게 역사의 진행과 관련한 모든 역사철학적 설명은 좋은 사회가 실현되지 않은 사회에서 더 나은 사회가 실현될 수 있다는 설명방식과 역사과정이 개인의 고통과 불행으로 이끄는 또 다른 설명방식으로 나누어진다. 이와 같은 역사철학적 설명 방식의 두 유형이 역사현실에 대한 정당화 차원을 의미하는 것은 아니다. 호르크하이머 자신이 상이한 역사철학적 설명 방식 중 후자인 부정적 역사철학을 전개하는 이면에는 현재의 역사과정과 다른 방식의 역사가 진행될 수 있음을 암시하고 비판하는 의미를 갖고 있다. 호르크하이머는 '오늘'에서 '내일'의 가능성, 미래의 역사를 예측하는 것 자체를 의미 있는 역사철학적 이론 활동으로 보지 않는다. 그렇다고 역사적 경향을 인식하는 것 자체를 부정하는 것은 아니다. 그는 역사적 경향에 대한 인식이 역사과정의 명확한 예측을 결코 보장해주지 못하기 때문에 역사예측을 무의미한 것으로 간주한다.

> 현재를 직접적으로 몰아가는 발전경향들의 결과에 힘입어 미래를 인식할 수 있다는 것이 미래에 대한 단순한 항목요약으로 전환되는 것은 옳지 않다. …… 과거 인류의 관찰로부터 일정하고 일반적인 특징들을 얻는다는 가능성 자체가 초역사적 계기성으로 그 가능성을 실체화하지 못한다. 인간 존재와 상호 의존적인 사회는 하나의 비교 불가능한 것이며 스스로 계속해서 구조를 변화시키는 전체이다. 지금까지의 역사시대별 인간적 특징들의 유사성이 현재의 사회운동을 이해하는 데 결정적인 개념형성을 가능하게는 하지만, 그것이 전체 역사의 근거로 의미를 갖는 것은 결코 허용되지 않는다(GS3, 85).

이와 같은 호르크하이머의 입장은 인간의 역사적 활동에 대한 확신에서 비롯되었다. 미래의 가능성은 인간의 활동 가능성에 의해 결정되는 것이지 오늘의 주어진 사태의 분석에 의해 예측될 수 있는 것이 아니기 때문이다.

> 가능성의 실현은 역사적인 투쟁에 달려 있다. 미래에 대한 진리는 단지 하나의 특별한 표식만을 갖는 것일 뿐 주어진 것에 대한 확정이 아니다(GS4, 224).

미래사회의 이상적인 조직이념에 관한 호르크하이머의 언급에서도 역사적 변화에 대한 그의 열린 태도를 확인할 수 있다. 미래사회의 이상적인 조직형식은 '누구나 자신을 실현할 동일한 기회가 부여된 자유인들의 연합체'이다. 호르크하이머는 어떻게 그와 같은 역사적 변화를 기획하고 실천할 것인가에 대한 전체 상에 관심을 기울이지 않고, 그것이 가지는 비판적 의미를 제기함으로써 규정적이지 않은 열린 인식 태도를 다음과 같이 보여준다.

> 그러나 얼마나 많은 경향들이 그러한 이념을 향해 나아갈 것인지, 얼마나 많은 변화가 이루어질 것인지, 개별적인 예비단계들은 그 자체로서 어느 정도 바람직하고 가치 있는 것인지, 이러한 것들이 그 이념에 대해 역사적으로 어떤 의미를 가질 것인가 하는 것은 그 이념이 실현되었을 경우에만 확정될 수 있는 것이다(GS4, 193).

위에서 살펴보았듯이 호르크하이머는 역사의 가능성에 대한 열린 태도와 함께 역사 예측의 무의미성을 지적하였다. 그렇다면 호르크하이머의 이와 같은 역사인식은 어디로부터 기인하는가? 이 문제에 관한 가장 설득력 있는 설명은 비판이론의 성격 자체, 호르크하이머의 비판이론에 대한 자기이해에서 찾을 수 있다. 호르크하이머는 사회연구소 소장 취임연설에서 비판이론의 이론적 성격에 대해 명확히 밝히고 있다. 사회철학으로서 비판이론은 단순한 개인이 아닌 사회의 구성원으로서 인간의 운명에 대한 철학적 의미를 최종의 목표로 삼지만, "그것의 이론적 요구가 허용되고 어느 영역이든 구속력 있는 규정으로 유효한 내용적이고 개념적인 규정의 발견"(GS3, 20)을 목적으로 하지 않는다. 비판이론의 기준과 내용성은 사회역사적 변화에 대한 중단 없는 비판적 이론 활동에 의해 구성되는 것일 뿐 이론체계 내에서 발견되는 것이 아니기 때문이다.

이론 전체로서 비판이론에 대한 일반적인 기준은 존재하지 않는다. 왜냐하면 그러한 기준은 언제나 사건들의 반복에 근거를 두며, 이로써 스스로 재생산되는 총체성에 근거하기 때문이다(GS4, 215).

역사인식과 역사철학적 설명의 개방성(Offenheit)에 대한 호르크하이머의 입장은 사회개혁의 가능성을 발견하기 어려운 '관리되는 사회'에서 '완전히 다른 것에 대한 이론적 설계'가 아닌 "동경"을 말하는 그의 후기 철학에서도 일관되게 관철되고 있다. 호르크하이머가 「전통이론과 비판이론」에서 언급한 비판이론의 이론적 특성으로서 개방성(Offenheit)은 1969년 연설문인 「비판이론 어제와 오늘」에서 다시 한 번 재천명되고 있다. 그에 따르면 "우리는 단지 현대사회에서 무엇이 나쁜가에 대해서 말할 수 있을 뿐 무엇이 좋은지에 대해서 말할 수 없다. 우리는 단지 나쁜 것이 사라지도록 노력해야 한다."(GS8, 339) '완전히 다른 것'의 비규정성의 또 다른 근거는 어떠한 이론도 사회구성원의 미래적 의사결정과 합의를 미리 이론적으로 선취할 수 없다는 점이다.[10]

---

[10] 호르크하이머의 완전히 다른 것의 동경과 비규정성은 유대교의 이미지상의 금지에 영향을 받고 있으며 이것은 아도르노에게서도 마찬가지로 확인된다.

4. 나오면서

　　호르크하이머의 헤겔, 마르크스, 딜타이, 마키아벨리의 역사철학 비판은 하나같이 사회철학적 관점에 입각한 비판이었다. 헤겔과 마르크스의 역사철학에 대한 호르크하이머의 비판은 역사적 필연성의 원리에 대항해 열린 역사철학, 설명의 개방성을 강조하는 고유한 역사철학적 입장을 정립시켰다. 특히 헤겔을 비롯한 기존의 역사철학에 대한 비판으로부터 그의 부정적 역사철학이 성립되었다. 부정적 역사철학은 그 내적 속성에 의해 불가피하게 완결성과 체계성·통일성을 목적으로 하지 않으며, 역사의 변화과정 속의 사회와 역사에 대한 지속적인 비판적 이론 활동을 자신의 과제로 이해한다. 또한 부정적 역사철학은 발생론적 관점을 '과거의 현재화와 현재의 역사화'의 방법을 통해 구체화한다. 호르크하이머의 역사철학적 사유는 역사를 '현재적 지평' 내로 끌어들이며, 동시에 인간의 불행과 고통의 문제를 역사적 관점에서 해석하고자 했다. 이런 점에서 체계적인 역사철학적 설명을 제공하는 역사철학이 아닌 보다 나은 이성적 사회를 지향하는 사회철학적 비판활동, 비판적 역사철학은 인간의 고통과 불행을 경험하는 모든 장소에 필요한 것이라 하겠다. 비판이론의 이념이 투영된 호르크하이머의 역사철학은 또 다른 유형의 역사철학적 사유가 아닌 중단 없는 사회비판을 통해 구현되는 역사철학인 것이다.

　　비판적으로 호르크하이머의 역사철학을 평가한다면 다음과 같은 점들이 지적될 수 있다. 호르크하이머 역사철학의 특징인 비체계성과 미완결성, 부정적 역사철학, 개방성 역시 그가 주장한 사회철학으로서의 역사철학이 아닌 그 역시 하나의 역사철학이며, 다른 성격의 체계성과 통일성을 갖는 역사철학일 수 있다. 호르크하이머의 역사철학적 사유의 내적 변화에서 오는 설명력의 한계 역시 지적될 수 있다. 미래예측의 무의미성을 주장하는 초기 호르크하이머의 주요 논거 중 하나는 '인간의 활동성'이었다. 그러나 호르크하이머는 그의 중기 철학에서 '개인의 몰락과 개인의 죽음'이라는 테제를 내세웠다. 후기 호르크하이머 철학의 중요한 논제인 '관리되는 사회'에서도 개인은 더 이상 자발성과 활동성을 지닌 존재가 아니다. 이러한 사회철학적 전망 속에서 호르크하이머는 역사적 예측과 관련된 자신의 초기 논거들에 대한 어떠한 이론적 입장을 표명하지 않았다. 인간의 자발성과 활동성을 기대하지 못하는 '관리되는 사회'에서 인간은 그저 '완전히 다른 것에 대한 동경'만을 희망할 수 있으며, 호르크하이머 자신이 기대한 동경의 비판적 성격이 발현될 가능성에 대한 예측 역시 이론 내적으로 허용되지 않는다. 이론의 개방성 자체가 사회철학으로서의 역사철학의 자기전망까지도 불투명하게 만들 수 있는 것이다. 이와 같은 이론 내적인 문제가 있음에도 호르크하이머의 역사철학적 입장은 역사의 주체를 인간의 활동성으로 보지 않는 관념적 역사철학이 위력을 발휘하는 곳, 교조화와 신격화된 역사철학의 힘이 작용하는 곳, 불행과 고통이 현재 경험되고 있는 사회, 사회와 역사현실에 대한 왜곡이 일어나는 곳에 여전히 강력한 저항의 논리와 의미 있는 역사철학적 관점을 제공한다.

4

개인의 종말과 해방의 가능성[11]

1. 들어가면서

호르크하이머는 아도르노와 같이 쓴 『계몽의 변증법』에서 개인의 종말 테제를 내세웠다. 같은 시기에 집필한 『도구적 이성비판』에서도 동일한 논의를 전개한다. 그러나 개인의 위기, 종말, 몰락, 죽음으로 다양하게 표현되는 그의 개인의 종말 테제는 사실 비판이론 형성기의 핵심논문인 1937년 「전통이론과 비판이론」, 1939년에 이루어진 「개인의 기원과 종말」[12]에 관한 아도르노와의 토론, 각종 노트와 아포리즘, '관리되는 사회'로 대변되는 그의 후기 사회철학에서도 변함없이 등장한다. 이는 그의 비판이론이 단지 '사회'만을 다루지 않고 '개인'을 중요한 연구주제로 삼아왔다는 것을 시사한

---

11 「호르크하이머: 개인의 종말과 해방의 가능성」, 『동서철학연구』 제55호.

12 위의 주제는 1939년 1월 3일 이루어진 호르크하이머와 아도르노의 「실증주의와 유물론적 변증법의 차이에 대한 토론」 중의 한 주제였다. 두 사람의 토론이 중요한 것은 이 토론에서 제기한 개인과 신화의 개념과 실증주의 비판의 주요 논거들이 『계몽의 변증법』의 토대를 제공했다는 데 있다. Max Horkheimer, Gesammelte Schriften Bd. 12, Frankfurt a. M. 1987, p. 436 이하 참조(이하 호르크하이머 전집 GS로 약칭).

다. 실제로 호르크하이머는 비판이론의 이론적 목표가 개인의 행복임을 명시적으로 언급한다. "모든 개인의 행복을 목표로 하는 비판이론"은 개인의 종말과 같은 "불행의 존속을 받아들일 수 없으며"(GS4, 221) 개인의 발생과 발전, 종말을 문명사적이며 사회이론적 관점에서 해명하고자 한다.

그러나 호르크하이머의 개인의 종말에 대한 테제는 다양한 영역과 지점에서 반론에 부딪힌다. 호르크하이머 역시 "개인은 어떤 경우에도 새로운 비인격적 제도 속에서 완전히 사라지지 않으며, 현대사회에서 개인주의가 전과 마찬가지로 거침없고 자유분방하다는 반론"(GS6, 162)들이 있음을 간파했다. 이론사적으로 가장 내적인 반론이 제기된 경우는 하버마스에 의해서이다. 하버마스는 호르크하이머와의 개인의 종말 테제와 직접적인 이론적 대결을 했다기보다는 자신의 의사소통 이론을 전개하는 데 있어 호르크하이머의 테제를 부정하는 이론적 전제로부터 출발한다. 하버마스의 의사소통 이론과 담론윤리학의 출발은 호르크하이머가 언급한 개인의 죽음이 아닌 자유로운 개인의 상호인정과 평등, 동일 권리의 인정을 전제로 한다(Habermas, 1995). 하버마스 이외에도 울리히 벡 같은 사회학자는 계몽 이후의 개인의 종말이 아닌 개인화(Individualiserung)와 개인 자유의 확대를 주장한다.[13] 오늘날의 일상적 세계경험에 근거해서도 정치적 민주주의의 발전, 문화다원주의, 가치 다원주의의 발전은 이기주의와 동의어로 사용되는 개인주의와 다른 자신만의 라이프스타일, 자신만의 고유성을 추구하는 개인주의적 삶의 양식이 일정하게 자리를 잡아가는 것도 사실이다. 호르크하이머가 개인의 종말 테제를 주장하던 시기에도 문화, 사회현상에서 개인주의의 확립과 확산을 확인할 수 있거나 그러한 경향을 확인할 수 있는 반례를 수집하는 것은 어렵지

---

13 울리히 벡에게 개인주의화는 사회현상이 아니라 20세기 중반의 사회적 생산물이다. 개인주의화는 시장, 법, 교육 등에 의존하는 가장 진보된 사회화 형태이며 18~19세기의 부르주아 개인주의와 후기 현대의 개인주의화 양상의 차이를 추적한다. 그는 개인주의의 다양한 이론적 스펙트럼과 개인주의화의 긍정성과 개인주의화의 부정적 결과들을 균형 있게 통찰한다. 울리히 벡, 홍성태 역, 『위험사회』, 새물결, 1997, 158쪽 이하 참조.

않았을 것이다. 한편으로 나치의 패망이 가까이 오고 있는 징후를 목격하고, 그 자리에 새로운 민주주의적인 정치체제의 건설을 예감하며, 다른 한편 미국식 민주주의, 합리적인 자본주의 사회를 체험하면서 왜 호르크하이머는 개인의 확립과 발전을 말하지 않고, 개인의 종말을 말하는가? 이것이 이번 장이 다루는 주제이다. 호르크하이머의 개인의 종말 테제는 비판이론 연구사나 호르크하이머 철학연구사에서 거의 다루어지지 않았다. 아도르노 연구사에서 관련 연구가 부분적으로 다루어졌을 뿐이다. 호르크하이머의 개인과 개인의 종말에 대한 사유는 파편적·비체계적·비통일적이지만 그의 사유 전 과정에서 일관되게 제기되는 주제임은 틀림없다. 이번 장은 이와 같은 그의 사유를 재구성하고 논의의 의의와 한계를 비판적으로 검토할 것이다. 이를 위해 ① 개인과 사회의 변증법적 관계, ② 개인의 발생에 관한 문명사적·사회이론적 논증, ③ 개별성의 세 가지 차원, ④ 개인의 종말 테제의 비판적 분석, ⑤ 진정한 개인해방의 가능성의 순서대로 논의를 전개할 것이다.

2. 개인과 사회의 변증법적 관계

호르크하이머에게 개인과 사회라는 개념은 그것 자체가 하나의 사회역사적 차원을 가짐과 동시에 사회역사적 범주이다. 개인의 문제를 고찰하는 경우나 사회를 고찰하는 데 있어 두 개념은 이론 내적 문맥 속에서 수행되어야 한다. 사회와 개인의 개념 역시 어느 한쪽으로 수렴되거나 환원될 문제가 아니라 상호 지시적 성격을 갖는다. 호르크하이머에게 사회를 떠난 자유로운 개인이란 허상에 불과하고, 사회 역시 단순한 개인의 총합이 아닌 개인들의 "사회적 실천의 산물"(GS4, 173)이며, 그것 자체로 하나의 자기 메커니즘을 작동하는 일종의 주체로 간주된다. 호르크하이머는 개인과 사회를 변증법적 관계로 파악하고자 한다. 개인과 사회의 변증법적 관계는 "개인과 사회의 대립"(GS4, 216)을 통해 작동된다. 이 대립은 개인이 사회 속에서 독자성과 자율성을 확보하려는 투쟁과 개인을 사회의 지배 아래 두려는 사회의 억압기제와의 갈등 가운데 발생한다. 호르크하이머가 개인을 구성하는 본질적 요소로 간주하는 개체성(Individualität)은 "개인의 경제적·사회적 생존조건과 개별성 사이의 대립"(GS6, 139)을 통해 구성되며, 사회와의 긴장과 대립을 가능하게 하는 토대는 정체성 의식과 행위의 자발성이다.

호르크하이머의 관점에서 보면 고전적인 형태의 이론들은 개인과 사회의 변증법적 관계를 제대로 고찰해내지 못했다. 전통이론은 "개인과 사회라는 구분을 통해 각자는 자신의 활동에 미리 규정되어 있는 한계를 자연적인 것"으로 받아들임으로써 긴장과 대립에 의한 상호규정성의 고찰에 실패했다. 칸트는 사회를 "목표지향적인 사회적 노동의 산물"로 보지 않고 개인의 사회적 활동을 "선험적인 힘, 즉 정신적 인자들의 총괄 개념"(GS4, 177)으로 이해했다. 헤겔은 개인과 사회의 모순을 발견했지만 절대정신이라는 "보다 높은 정신적 차원에서 이들을 화해"(GS4, 177)시키려 하였다. 호르크하이머는 칸트와 헤겔뿐만 아니라 마르크스 사회주의의 최종목표를 자율적인 개인으로 파악한다. 그러나 이들의 이론은 개인의 변증법(Dialektik des Individuums)을 간과했다. 개인의 변증법이란 사회와 개인의 변증법적 관계에 대한 다른 표현이다. 호르크하이머에게 개인의 변증법 요체는 "개인이 자율적이면 자율적일수록 점점 더 그 자율성이 감소"(GS14, 348)한다는 주장에 있다. 개인의 변증법은 개인이 사회질서의 하위체제로 편입되는 것을 전제로 한다. 개인 자체가 사회 밖에서나 사회에 앞서 존재할 수 없기 때문에 개인의 사회질서로의 편입은 불가피하며, 그것은 곧 개인의 자율성을 후퇴하게 만든다. 개인과 사회의 변증법은 개인과 사회의 긴장과 대립 관계를 유지할 때 작동되는데, 문제는 이러한 긴장과 대립이 사라지고 개인에 대한 사회지배가 심화된다는 것이다. 호르크하이머의 개인에 대한 사유는 이러한 문제의식으로부터 출발한다. 그는 사회에 대한 개인의 지배를 개인의 위기나 종말로 간주하면서 이와 같은 사태를 해명하기 위해 개인 발생의 문명사적 재구성과 사회적 가능조건과 사회적 현실화를 먼저 탐색한다. 그렇다면 자연과 인간의 대립, 사회와 개인의 긴장과 대립 속에서 개인은 어떻게 출현하는지를 살펴보자.

3. '개인'의 발생에 대한 문명사적 · 사회이론적 논증

호르크하이머의 개인의 발생에 대한 논증은 크게 두 가지 설명모델의 유기적 결합에 의해 이루어진다. 첫째는 아도르노와 함께 저술한 『계몽의 변증법』에서 인간의 문명사적 관점을 통해 개인의 발생을 설명한다.[14] 둘째는 근대 이후 자본주의의 발전에 따른 개체성의 보편적 원리에 대한 사회이론적 관점의 설명방식을 취한다. 호르크하이머와 아도르노에게 문명사는 자기유지(Selbsterhaltung)의 원리에 의해 작동된다.[15] 호르크하이머와 아도르노는 자기유지의 원리를 "생존이냐, 파멸이냐 하는 절박한 선택의 순간"(GS5, 53)에만 작동되는 것이 아니라 인간 삶을 가능하게 하는 보편적 원리로 이해한다.

호르크하이머와 아도르노에게 자기유지의 원리와 그에 따른 자연지배는 개인과 사회발생의 전제이다. 이들의 자기유지의 원리에 입각한 문명사적 설명도식은 자연과 문명의 분리를 통한 자아의 발생, 개체성의 출현을

---

14   가이어는 호르크하이머가 개인을 '특정한 역사와 사회적 상황에 정확한 상관 개념으로 파악'했다고 본다. 개인과 개별성은 역사적 조건과 사회적 조건, 그것의 변화를 동시에 반영하며, 이와 같은 그의 입장이 개별성을 추상적 이념으로 다루는 근대적 형이상학을 부정하게 만들었다고 지적한다. C. -F. Geyer, Kritische Theorie, München, 1982, p. 53.
15   호르크하이머는 자기유지를 자기유지의 원리, 자기유지의 이념, 자기 보존적 이성 등 문맥에 따라 다르게 표현한다. GS6, p. 140 이하 참조.

해명하는 것을 목표로 한다. 위협적인 자연 앞에서 자기유지라는 위험에 놓인 인간은 자연의 지배를 통해 자기유지를 성취한다. 자연의 지배를 통한 자기유지는 내적 자연의 억압을 목적 지향적으로 수행함으로써 외적 자연의 지배에 도달하게 된다. 자연의 지배과정에서 인간 종은 자연에 대한 종차원의 자기유지 메커니즘을 동시에 작동시킨다. 문명 과정에서 작동하는 자기유지의 원리는 개체적 차원의 욕구의 내적 억압과 사회의 자기유지를 위한 사회의 개체에 대한 이중적 억압형식으로 나타난다. 개체에서 나타나는 내적 억압은 욕망의 관리와 지배라는 억압적 형식으로 관철되는데, 이와 같은 "억압의 내면화는 개별성을 고양"(GS6, 144)하는 데 기여한다. 사회의 개체억압은 노동의 분업을 매개로 개체에 대한 사회적 요구와 지배로 나타난다. 외적 자연의 지배는 개인, 문화, 사회의 발생 조건이지만, 이 원리가 사회와 문화에 동일하게 나타남으로써 개인과 사회는 긴장과 대립의 계기와 지배의 계기를 동시에 갖는다. 호르크하이머와 아도르노는 자기유지의 논리의 문명사적 전개가 사회와 개인의 긴장과 대립을 해소하고 개인에 대한 사회의 지배가 관철되는 것에 주목한다.

> 자기유지의 과정이 시민적 분업에 의해 성취되면 될수록 그러한 과정은 그만큼 더 기술적인 장치에 따라 육체와 정신을 조작해야 하는 개인의 자기소외를 강요한다(GS5, 52).

이와 같은 문명사적 사태를 호르크하이머는 『계몽의 변증법』 이후에 쓴 그의 후기 노트에서 "자연지배로 인해 개인의 자율성이 확보되자마자 개인은 사라진다"(GS14, 348)라는 문명사적 알레고리로 다시 표현했다. 바로 위의 지점에서 호르크하이머와 아도르노의 문명사적 설명은 사회적 설명과 접점을 확보한다.

개인의 발생에 대한 호르크하이머의 문명사적 설명이 다소 추상적이라면, 개인 발생에 대한 사회적 설명은 좀 더 구체적으로 전개한다. 그는 먼저 르네상스를 기점으로 하는 근대적 개인 발생의 사회적 환경을 탐색한다.16 근대적 개인의 발생과 관련해 호르크하이머가 주목하는 것은 근대의 과학적 발전이다. 근대적 개인에게 과학은 "혼돈 속에서 개인이 형식을 통해 사물을 인식해 나아가는 방식"이며, 개인은 세계를 복잡한 추론을 통해 증명해내고 이해할 수 있는 "유일한 현실"로 만든다. 근대과학 시대에 개인은 유약하고 불안전한 존재이지만, 세계를 이론이나 실제에 있어서 파악하는 "유일한 원칙"(GS4, 255)을 소유하게 된다. 과학의 발전이 근대적 개인의 발생에 기여하듯이 과학의 발전은 종교를 보는 관점에 영향을 가져왔다. 종교는 이제 근대적 개인의 여러 가지 특수한 관심사 중의 하나로 전락한 것이다.

> 특수한 종교적인 내용은 개인의 특수한 관심사나 걱정, 목표 등으로부터 구분되며, 이제 시민의 여러 가지 생활 영역들, 가령 사적인 영역, 공적인 영역, 사업, 정치, 종교의 영역 등은 각각 분리되었다. 성인들의 종교로부터의 자유, 시민 고유의 무신앙이라는 것은 …… 사회적으로 이미 요구되는 결론 이외에는 …… 모든 것을 생각할 수 있다는 데에 그 본질이 있다(GS4, 264).

근대적 개인에게 종교적 이념은 은밀한 거짓이라고 생각되기에 이르렀다. 여기서 호르크하이머가 근대적 개인의 종교에 대한 자유주의적 태도를 개인과 개별성의 진전으로 보는 것은 분명하다.

근대적 개인의 출현과 함께 사회에 대한 관념도 변화하였다. 근대적 개

---

16 개인의 출현을 르네상스로 보는 것은 일반적인 시각이다. 개인의 위기를 논한 대표적인 인물인 겔렌, 아도르노, 호르크하이머, 란트만 등도 마찬가지이다. 그런데 개인주의의 확산을 보는 시점에는 차이가 있다. 호르크하이머와 아도르노는 부르주아적 개인의 탄생 시점을 확산의 출발로 보는 데 반해, 겔렌은 20세기 초반을 개인주의의 정점으로 보고 있다. 여기에 대해서는 A. Gehlen, Moral und Hypermoral, Wiesbaden, 1986, p.156; Th. W. Adorno, Gesammelte Schriften, Bd. 8, Soziologische Schriften I, hrsg v. R. Tiedemann, Frankfurt a. M., 1998, p. 450: Ders., GS4, p. 169 이하 참조.

인에서 사회는 무수한 영역과 무수한 주체들로 구성되고 각각 분리된 상태로 이해되었다. 호르크하이머에게 근대적 개인은 인간을 선험적으로 고독한, 그 자체로서 완결된 모나드(Monade)로서, 자신의 의지와는 무관한 복잡한 메커니즘에 의해 다른 모나드와 결합되어 있다는 형이상학의 개념 속에 반영되어 있다. 근대적 회의주의와 합리주의는 집단 속의 개인이 아닌 고립된 개인을 설정하며, 양자는 "고립된 개인의 행동이나 지식을 올바른 철학의 내용"(GS4, 255)을 구성하는 토대로 간주한다. 과학의 발달이 근대적 기인의 출현과 종교관의 발전에 영향을 미쳤다는 호르크하이머의 주장은 타당한 것처럼 보인다. 그렇다면 근대적 개인의 사회관과 근대철학에서 발견되는 개인에 관한 이해는 어디로부터 영향을 받고 있는가? 호르크하이머는 고립된 개인으로 이해하는 근대인의 자기인식은 다름 아닌 근대적 경제 질서의 산물로 보았다. 소유권의 확장과 자본의 논리가 개인에 체화되는 시기가 근대이며, 근대적 개인은 '생존과 행복을 위한 의식적인 공동작업'을 더 이상 수행하지 않고, '각자 자신을 위해 일하고, 생각하고, 자신의 보존을 염두'에 두는 것을 최고의 가치로 삼게 되었다. 다시 말해 근대적 개인은 "각 개인의 기본적인 경제 영역에서 자신을 이해관계의 고립된 주체로서 경험하고, 구매나 판매를 통해서만 타인과 결합하게 된다는 사실"(GS4, 70)을 인식한 개인이다. 이와 같은 근대적 개인을 호르크하이머는 '부르주아적 개인'으로 지칭한다. 그에 따르면 "부르주아적 개인은 자신을 필연적으로 집단과의 대립 속에서 보지 않고, 오히려 자신이 오직 개인적 이익관심의 무제한적인 경쟁을 통해서만 가장 조화로운 상태에 도달할 수 있는 사회에 속해 있다고 믿는" 개인이다. 호르크하이머가 부르주아적 개인의 가장 대표적인 원형으로 "19세기의 사업가"(GS14, 309)나 "독립적인 사업가"(GS6, 146)를 꼽는 이유가 여기에 있다. 부르주아적 개인은 경제적 개인이며, 그러한 개인이 개인의 원형으로 간주되는 이유로 호르크하이머는 ① 자신의 특수한 이익을 벗어나는 경우에도 가동되는 독립적 사유, ② 사유의 객관성, ③ 미래를 기획하고 예견하는 능력, ④ 자신의 요구를 관철하는 강한 추진력과 냉철함, ⑤ 사회발전 방향의 견인능력을 들고 있다.

부르주아적 개인에 대한 호르크하이머의 긍정적인 평가에도 부르주아적 개인은 "명확하게 물질적 이익의 자극에 사로잡힌 모든 사람들을 기반으로 존립하는" 개인이다. 그는 자신을 자신의 "자기 보존적 이성"에 가장 잘 종속시키며 "일반적인 자연법칙의 형식을 띠는 적절한 교환의 표상"(GS14, 273)과 "교환원리(Tauschprinzip)를 합리적으로 작동시키는 개인"이다. 호르크하이머는 이와 같은 부르주아적 개인으로 대변되는 근대적 개인의 인간학적 범주를 '낯섦(Fremdheit)'으로 규정한다. 근대적 개인의 상호관계를 규정하는 낯섦은 타자와의 관계에 있어 타인을 모두 경쟁자로 간주하며, 심지어 "자신의 이해관계에 따라 끔찍한 행위를 목격하여도 어처구니없는 합리화를 통해 만족하는 냉정함과 무관심이라는 성격"(GS4, 71)을 갖는다.

호르크하이머의 근대적 개인 발생의 사회적 전제 중에서 가장 핵심적인 것은 경제이다. 호르크하이머는 개인의 가치와 행복을 경제와 하나의 동일한 문제로 파악하는 근대적 경제 질서를 지적한다. 특히 19세기는 "노동과 경제적인 번영이 생활의 내용과 목표로서 시민계층뿐만 아니라 심지어 피지배계층의 개개인에게도 뼈 속까지 박혀 들어가던"(GS4, 267) 시기이다. 시스템 차원의 자본주의 확립과 심정적 차원의 완전한 내면화가 완성된 이 시기에 개인의 가치, 행복, 생명은 자본, 이윤, 부의 문제로 귀착된다.

개인의 생명 그 자체는 이러한 체계 속에서는 그것이 경제적인 메커니즘 속에서 이용되는 한 하나의 가치를 지니게 된다. 그러나 인간은 살아야 하기 때문에 그 자체로서 가치가 있다고 간주되는 것이 아니라 이윤경제의 가격요인으로만 가치를 지니는 것이다(GS4, 267).

근대적 자본주의 경제시스템의 확립은 근대 자유주의 사상과 결합해 경제주체로서 개인의 자유를 보편적인 것으로 설정하였다. "모든 개인은 온 인류를 자신의 내부에 지니고 있다"는 몽테뉴의 지적처럼 근대적 개인은 자유롭고 평등한 것으로 스스로를 이해했다. 그러나 호르크하이머는 근대적 개인이 교환체제 안의 자유롭고 평등한 계약 공동체의 시민이라거나 기회균등의 사회적 상호작용이라는 근대적 자유 개념이야말로 허위에 불과하다고 말한다. "교환을 통해 생계를 유지하는 자유로운 개인들의 평등, 자신과 힘의 근거로서의 노동, 달리 말해 시민사회의 이데올로기적 기반을 이루고 있는 원칙은 그러한 점에서 진정한 관계를 은폐하는 단순한 가상"(GS4, 274)일 뿐이다. 같은 맥락에서 호르크하이머는 근대적 개인의 탄생이 개인의 번영을 독자적인 영역으로, 개인의 행복을 최고의 목적으로 설정하였으나 그와 같은 근대의 자유주의적 이념은 하나의 이데올로기로 간주한다. 호르크하이머는 왜 근대적 자유 개념이 허위이고 이데올로기인가에 대해서는 자세한 논의를 전개하지 않지만, 크게 두 가지 차원에서 주장한다고 볼 수 있다. 첫째, 부르주아적 개인에서 개인과 개별성의 이념과 특성을 찾아낼 수 있지만, 부르주아적 개인의 효력범위는 한정적이라고 볼 수 있다. 둘째, 경제적 질서에 기초한 부르주아적 개인의 탄생은 곧 사회에 개인이 편입되고 종속되는 출발지점이기 때문이다. 호르크하이머는 부르주아적 개인에게 내재한 양가적 계기성을 잘 포착하고 있다. 다음 장에서 다룰 개별성의 이념, 개별성의 3차원에는 호르크하이머가 언급한 부르주아 개인의 긍정적 측면들이 상당 부분 반영되어 있다.

4. 개별성의 세 가지 차원

호르크하이머는 개별성(Individualität)을 크게 세 가지 차원에서 다룬다. 물론 그는 개별성의 3차원을 체계적으로 구성하지도 않았고, 개별성의 개념을 제시하기 위해 세 가지 차원을 통일적이고 종합적 관점에서 결합시키고 있지도 않다. 호르크하이머는 크게 규범적 차원, 인식적 차원, 심리적 차원에서 개별성의 차원을 다루는 것으로 보인다.

먼저 규범적 차원은 호르크하이머의 개인에 관한 정의와 그가 제시한 개별성의 이념에서 분명하게 드러난다. 호르크하이머에게 "개인(ein Individuum) 이란 사회에서 주어진 사실이나 규범을 아무런 저항 없이 수용하는 자(者)가 아니라 이에 맞서 자신의 위치를 위해 싸우는 자(者)"이다. 따라서 개인의 과제는 대중사회의 제도와 제도의 논리로부터 거리를 두면서 "자신의 고유한 삶을 형성"(GS14, 309)[17]하는 것이다. '거리를 둔다'는 의미는 근대적 개인들이 이해했던 모나드와 같은 고립된 개인을 의미하지 않는다. 호르크하이머에게 "완전히 고립된 개인은 하나의 환상"이다. "독립성, 자유를 향한 의지, 동정과 정의심과 같이 가장 높이 평가받는 개인적 품성들은 개인적 덕임과 동시에 사회적 덕이기도 하다. 완전히 발전한 개인은 완전히 발전한 사회의 완결이다."(GS6, 142) 위의 인용구는 개별성이 추구하는 이념을 제시하고 있다. 개별성의 이념으로서 독립성은 사유에 있어서의 독자성과 경제적 독립성을 지시한다. 둘째, 자유를 향한 의지는 개별성의 이념을 최초로 제시한 인물로 평가받는 소크라테스가 강조하는 개인의 자율성과 같은 의미이다. 셋째, 동정과 정의감은 사회적 연대와 사회정의라는 사회이론의 개념으로 환원될 수 있는 주장이다. 동정에 근거한 형제애에 바탕을 둔 사회연대와 사회정의는 개인이 '인간의 정당한 상태를 실현하려는 일에 대한 관심'에 기초한다. 호르크하이머는 앞서 제기한 세 가지 개별성의 이념을 실현시킬 수 있는 사회체제로서 진정한 민주주의의 구현을 강조한다. 왜냐하면 개별성의 이념은 "민주주의나 연맹체의 본질적인 요인들의 발전 수준"과 직접적으로 관련되어 있기 때문이다. 민주주의의 원리가 삶의 원리로 작동하

---

17 호르크하이머는 자신의 개인 정의에 부합하는 가장 적절한 모델로 19세기의 자유로운 사업가를 들고 있다. 이에 반해 개인에 반대되는 대표적인 경우는 법률조항에 무조건적으로 신뢰를 보내는 공무원과 획일주의자를 들고 있다.

기 위해서는 "정부에 대한 개인의 적극적인 관계, 개인에 대한 의사결정을 내리는 행정기관과 개인들의 지식과 의식 사이의 관계, 인간의 통제와 관리 상태에 관한 합의"(GS4, 223)에 기초해야 한다.

개별성의 다른 차원은 인지적 차원이다. 호르크하이머는 개인의 개념을 정체성(Identiät)의 문제로 인식한다. 호르크하이머에게 개인은 다시 "자신의 정체성에 관한 인식을 포함해 하나의 의식된 존재로서 자신의 고유한 개별성을 인식"(GS6, 136)하는 존재로 규정된다. 개인은 자연적 속성이 아닌 정신적인 속성의 존재양식을 갖기 때문에 "나 없이 어떤 개인도 없다."(GS12, 314) 『계몽의 변증법』은 개인의 자의식(Selbstbewußtsein)이 어떻게 발생하는지를 문명사적 관점에서 서술한 것으로 파악할 수 있다. 호르크하이머와 아도르노는 세계의 탈신화의 첫 단계인 전(前) 애니미즘 단계에서 "주체와 객체의 분리"(GS5, 37)의 싹이 이미 내재되어 있다고 보았다. 이는 주객분리를 통한 "자기동일성의 확보"로서 의식의 형성을 의미한다. 의식 혹은 자아의식은 주관과 대상의 분리, 자아(내적 자연)와 (외적) 자연을 구분한다. 의식은 개념적 사고, 동일성 사고를 가동시킴으로써 구분하고 분리하는 기능을 수행한다. 트로이에서 이타카로 항해하는 오디세우스를 개인의 원형으로 간주하는 호르크하이머와 아도르노는 자아를 잃어버리도록 유혹하는 사이렌에 대항해 오디세우스가 어떻게 자의식을 유지하는가를 서술한다. 오디세우스의 항해에 대한 철학적 주석은 오디세우스의 개인 자의식의 형성과정에 대한 주석이자 개인 자의식의 부정성을 드러내는 방식을 통해 개별성의 인지적 차원을 재구성한 것으로 해석할 수 있다. 개별성의 인지적 차원은 자연과 문명의 구분과 분리에서만 나타나지 않고, "인간이 자신의 삶과 영원한 것처럼 보이는 공동체 사이의 차이"를 인지하는 지점에서도 발생한다. 개인과 사회의 인지적 구분과 차이에 관한 인식의 근대적 형식은 햄릿으로 대변되는 개인에 대한 절대적 가치의 부여, 절대적 실체로서의 개인의 등장이다. 호르크하이머는 햄릿을 사회적 규범과 대결하고 사회적 관습과 요구의 부정을 통해 사랑이라는 사적 감정을 절대시한 개인으로 이해한다. 그에게 햄릿은 근대적 "개별성의 이념을 체화한 인물"(GS6, 143)인 것이다.

　　개별성의 또 다른 차원은 억압된 욕구를 발산하려는 심리적 차원이다. 욕망의 억압은 자연 지배를 통한 문명화를 가능하게 하는 내적 자연의 억압에서 시작된다. 호르크하이머에 따르면 문명화의 과정은 문명에 의한 인간의 본능과 정열의 억압 과정이다. 자기 보존적 이성, 도구적 이성이 작동하는 문명화의 과정이란 삶의 조직화, 합리화, 총체적으로 관리되는 삶의 확립을 의미한다. 호르크하이머에 따르면 위와 같은 이성에 의해 조정 관리되는 합리적 삶의 전일화는 "그 질서로부터 빠져나와 자연으로 돌아가려고 갈망"(GS5, 128)하는 것을 차단한다. 사회가 "개인의 욕구만족을 포기하는 요구를 관철"(GS6, 217)시킨다. 또한 사회는 개인이 품고 있는 비밀스런 소원을 이전에 일어났던 것보다 더 부끄럽게 여기도록 하게 만들며, 개인의 '존재의 차이'를 부정하는 그 '자신의 고유한 경찰관'이 될 것을 요구한다. 사회는 향유의 욕구마저도 문화산업의 심리적 기제를 통해 조정하고 관리한다. 동시에 도구적 이성은 감정숭배를 통해 자신을 보안하고자 감정의 숭배를 이데올로기 차원까지 끌어올리지만, 현실에서는 감정을 저속한 것으로 치부하며 추방시킨다. 호르크하이머가 "향유 속에서 인간은 사유로부터 벗어나 문명으로부터 탈출한다"(GS5, 128)고 말할 때, 그는 억압으로부터 벗어난 향유 속에 개별성의 표현과 그것의 실현 가능성을 포착한다. 호르크하이머에게 향유는 본능과 심리적 억압으로부터 벗어난 자유롭게 즐기는 상태뿐만 아니라 노동에서의 향유도 포함되는 포괄적 개념이다. 그가 말하는 개별성의 심리적 차원은 강력한 본능의 억압으로 위축된 판타지의 자유로운 표현과 동일성 사유가 억압하는 육체적 경험의 직접성의 경시로 인한 경험의 빈곤, 죽은 경험이 아닌 생동적인 '살아 있는 경험'의 실현을 수반한다. 또한 진정한 행복에의 욕구 역시 개별성의 심리적 차원에 속한다. 관리되는 사회에서 개인은 과연 행복할 수 있는가? 호르크하이머의 대답은 '아니다'이다. 개인의 이성을 충분히 발휘할 수 없는 사회적 조건, 개인의 사회에의 종속, 노동의 압력, 향락의 금지, 경쟁적인 투쟁에서 실패에 대한 지속적인 불안의 산출, 잘못된 명예욕과 그것들의 심리적 영향, 기아·질병과 고된 노동이 상존하는 사회에서 개인의 행복은 실현될 수 없다.[18] 왜냐하면 개인의 행복은 건강한 사회적 조건, 이성적인 사회 속에서만 보장될 수 있기 때문이다. 개별성의 심리적 차원은 바로 문명화의 과정에서 억압기제로부터 벗어나 개인의 욕망과 욕구, 행복의 자유로운 표현과 실현을 의미한다. 호르크하이머에게는 위에서 언급한 개별성의 이념과 개별성의 세 가지 차원의 이론적 규명보다 개별성을 실현하는 사회적 가능조건의 탐구가 중요한 문제였다. 그가 발견한 것은 개별성을 실현할 수 없는 사회적 조건과 기제들이다. 그것으로부터 호르크하이머는 개인의 종말을 말한다.

5. '개인의 종말' 테제

호르크하이머의 개인과 개별성 논의에서 가장 많은 지면을 차지하고 가장 반복적으로 등장하는 내용이 개인의 종말(Ende des Individuums)에 관한 언급이다. 호르크하이머에게 현대 자본주의는 "개인이 더 이상 존재하지 않는 사회"(GS5, 274)이다. 개인은 종말을 맞이했다.

시민사회에서 개인은 실현되지 않으며 하나의 이데올로기이다. 왜냐하면 시민사회는 오늘날 파시즘에서 드러나듯이 개인을 완전히 추상적으로 설정하는 것을 시민사회의 모든 단계에서 실행해왔다. 따라서 처음부터 순전히 기능

---

18 호르크하이머는 행복을 감정으로 생각하는 일반적 착각을 경계한다. 행복이란 "단순한 감정이 아니라 인간의 사실적인 상태"를 말한다. …… 행복을 쟁취하기 위해 요구되는 것은 적극적인 행동이다. 호르크하이머는 "행복이 원칙이 되는 경우에 혁명적인 행동이 요구된다"(GS4, p. 271)고 강조한다.

으로만 이해되는 개인은 시민사회의 기본 범주가 아니다(GS12, 438).[19]

그렇다면 개인의 종말 원인은 무엇인가? 호르크하이머는 개인의 종말 원인을 개인에서 찾지 않고 체제에서 찾는다.

> 개인의 몰락은 기술이나 자기보존의 동기 자체로 환원될 수 없다. …… 개인의 몰락에 대한 책임을 인간의 기술적 성과나 인간들 자신에게 돌려서는 안 된다. 오히려 그러한 책임은 모든 영역에 걸쳐 사회생활 전반을 지배하는 정신, 즉 객관 정신의 현재적 구조와 내용에 물어야 한다(GS6, 157).

호르크하이머에게 중요한 것은 '객관정신이 무엇인가'가 아니라 객관정신을 떠받치고 작동시키는 체제와 체제 메커니즘이다. 사회로 대변되는 체제 메커니즘이 앞 장에서 언급한 개인의 3가지 차원을 해체하는 핵심원인인 것이다. 이것을 호르크하이머는 "개인 자체의 실체성을 사회적으로 규정"(GS12, 439)하는 방식을 통해 개인의 종말을 가져온다고 보았다. 호르크하이머는 사회가 개인을 해체하는 사회구조적 조건을 크게 네 가지 관점에서 해명한다. 먼저 사물화의 관점이다. 호르크하이머의 사물화 비판은 교환가치의 전일화에 초점이 맞추어져 있다. 근대 자유주의 경제체제가 성립되면서 교환원리(Tauschprinzip)의 메커니즘이 모든 개별적인 영역에 빈틈없이 자리 잡게 되었다. 인간에게 중요했던 신, 사랑, 우정, 정의에 대한 동경이 추

19　여기서 호르크하이머는 이데올로기 개념을 아주 포괄적인 개념으로 사용한다. 호르크하이머는 역사적 과정과 사회적 토대를 두지 않은 사회에 범람하는 이념들은 모두 이데올로기로 간주한다(A. Schmidt, Materialismus zwischen Metaphysik und Positivismus, Darmstadt, 1993, p. 279) 이와 같은 관점에서 호르크하이머는 칸트, 피히테, 헤겔, 라이프니츠에 의해 전개된 모든 종류의 개인에 관한 형이상학(Metaphysik des Individuums)을 거부한다. 그에게 "개인적 주체 혹은 개인적 주체에 의해 형성된 신적 혹은 초월적 자아는 오늘날 집단과 사회에 자리를 내주기 위해 역사의 장에서 퇴장한 개인의 범주에 관한 신화적 설명"(GS14, p.151)에 불과하며, 그것은 의미 없는 개인에 관한 형이상학인 것이다.

방되고, 그 자리에 보편적 자연법처럼 교환의 원리가 황금률, 정언명법의 위상을 갖는다. 교환 원리의 전일화는 종국에는 인간의 고유한 삶을 상실시킨다. 호르크하이머는 교환가치로 환원되지 않는 그 어떤 것을 선택하고 행위하지 않는 것의 의미로서 삶의 상실을 말한다. 교환의 원리에 의한 삶의 상실은 개인의 의미와 가치지향 역시 교환의 원리에 의해 평가됨으로써 개인의 고유성이 제거됨을 의미한다. 교환의 원리만이 작동되는 사회에서 개인은 인격이 아닌 상품으로서 인식되며, 인간관계는 교환가치로 환원된다. 교환의 원리가 지배하는 사회에서 개인은 자기유지를 위해 효용성과 교환가치의 기준을 스스로 내면화한다.

인간과 자연, 그리고 인간들 사이는 너무나 서로 소외되어 그들은 다만 어떤 효용이 있는지 서로에게 어떤 해악을 가할 수 있는지를 알 뿐이다. 모든 사람은 사람들이 계산하고 있는 또는 계산조차 할 수 없는 그 어떤 실천의 주체가 되든지 객체가 되든지 하나의 요소에 불과하다(GS5, 286).

위와 같은 사회에서 개인은 "소유에 대한 집요한 갈망과 반성 없는 자기유지"(GS5, 273)의 내면적 경향성을 갖게 된다. 이제 모든 것을 사물화하는 교환의 원칙은 사회의 기본범주만이 아니라 인간의 성향 자체가 되었다. 개인의 성향마저도 교환의 원리에 의해 사회적으로 규정되는 것이다.

호르크하이머가 개인의 몰락을 야기하는 체제 메커니즘 중의 하나가 체제의 통합력이다. 개인의 체제에의 통합의 최종목표는 개인을 사회의 자기유지를 위해 "고유한 목적이 없는 도구"(GS6, 156)로 만드는 것이다. 다시 말해 사회체제의 요구에 순응(Anpassung)하게 만들어 사회조직의 한 부분으로 전락시키고 개인의 가능성을 스스로 희생하게 만드는 것이다. 사회는 개인에게 "놀이집단, 동급생, 스포츠 동호회보다 …… 더 엄격한 동질성을 강요하고 완전히 동화됨으로써 더 철저히 복종할 것을 강요한다."(GS6, 147) 호르크하이머가 개인을 순응시키는 대표적인 사회적 장치로 노동의 조직화와 대중문화산업을 들고 있다. 노동의 조직화는 모든 노동행위 자체를 이윤창출 행위로 간주하며, 노동계약, 노동과정, 노동조건, 노동 관리의 규칙화·규제화·획일화함으로써 노동을 관리의 대상으로 삼는 것을 의미한다. 노동의 조직화는 노동자를 산업의 요구, 기술적 요구에 종속시키고 노동조합을 통해 관리한다는 점에서 노동 자체의 왜곡과 노동자의 무기력을 야기한다. 대중문화와 문화산업은 개인과 사회의 잘못된 동일화를 자신의 과제로 삼는다. 문화산업의 기술은 개인들의 "노동시간과 여가시간 동안 그들의 눈과 귀와 근육에 산업주의적 행동양식을 주입"(GS6, 154)하며 개인 스스로 자신의 고유한 목적을 추구하지 않는 표준화·규격화·획일화된 사이버 개성과 표준화된 삶을 은밀한 방식을 통해 주입시킨다. 대중문화와 문화산업의 기술은 대중의 의식 조작을 통해 진정한 개인이 아닌 사회의 요구와 경향을 흡수하고 적응하려는 사이비 개인과 대중만을 만들어낸다. 이런 점에서 대중문화나 문화산업에서 제기되는 개인은 환상이며 "대중문화의 모든 수단은 개인이 현대사회를 완전히 원자화하는 기계 장치에 맞서서 어떤 식으로든 스스로를 보존할 수 있는 모든 가능성을 차단하는 가운데 개별성을 압박하는 사회적 강압을 더 견고하게 하는 데 기여한다."(GS6, 161)

개인의 종말을 야기하는 또 다른 사회적 기제는 위기의식의 끊임없는 재생산 메커니즘이다. 호르크하이머가 위기의식의 조장을 말할 때의 위기는 정치적 위기국면의 조성을 의미하는 것이 아니라 자본주의 사회에서 개인의 재산과 소유, 자산운용의 불안정성, 유동성, 금융파동 등과 관련된 위기를 의미한다. 그는 "거대한 산업권력 시대는 영원한 것처럼 보이는 소유관계로부터 발생하는 안정된 과거와 미래의 관점을 제거함으로써 개인을 무너뜨리려고 한다"(GS6, 160)고 보고 있다. 소유와 재산이라는 물적 토대의 불안성을 편재·관리함으로써 개인에게 어떠한 안전지대가 없다는 확신을 심어준다는 것이다. 호르크하이머의 지적은 여전히 생산패러다임이 지배했던 당시의 산업적 상황과 경제프레임을 고려한다면 흥미로운 주장이다. 그의 주장은 자본의 국제적 이동과 특정한 국가나 지역의 금융위기가 전 세계의 금융위기로 확산되는 것을 경험하는 전 지구적 금융자본시대인 오늘날의 상황을 잘 설명하는 듯하다. 그러나 오늘날의 수많은 금융상품은 리스크 관리의 안전성과 일정한 고수익 보장 금융상품을 통해 개인자산의 양과 자유의 등가 도식을 선전한다. 이 점들은 호르크하이머의 지적과 달리 역설적으로 불안정성과 유동성의 전문적 관리능력의 특화를 통해 개인의 자유로운 재산 및 자산권리의 전권을 위임받는 방식으로 개인을 무너뜨린다고 볼 수 있다. 금융지식과 금융자산 관리능력이 탁월한 국제적 금융사와 기관투자자들, 소수의 금융 전문인들만의 '게임'에 개인의 참여나 접근이 현실적으로 어려워진 상황이다. 위기의 조장을 통한 개인의 위기는 오늘날 호르크하이머의 지적처럼 일반적이기보다는 제한적이거나 선택적으로 작용한다고 봐야 할 것이다. 많은 사례를 열거하지 않아도 한국과 같은 사회에서 개인의 위기와 종말은 경제적 차원의 위기뿐만 아니라 정치적 위기의 조장메커니즘에 위해 조장된다는 것에 누구나 동의할 것이다.

개인의 종말을 야기하는 또 다른 메커니즘으로 호르크하이머는 이른바 "산업 활동의 신성화"(GS6, 156), 달리 말해 노동과 생산활동 지상주의를 언급한다. 이를 논증하기 위해 그는 애런슨을 인용하며, 미국의 개척주의, 휴식 없는 삶, 노동의 기쁨을 강조하는 태도들에 대해 비판적으로 기술한다. 미국적 자본주의의 초기 단계에 확산된 노동의 이상화로 지칭할 만한 노동이데올로기가 개인의 노동하지 않을 권리와 필요에 의한 노동할 권리를 침해하는 방식으로 개인을 사회에 종속시킨다는 점에서 동의할만한 주장이다. 그러나 오늘날과 같은 여가 사회에서 호르크하이머의 관점은 수정될 필요가 있다. 먼저 호르크하이머가 논거로 제시하는 노동의 형태와 유형은 종말을 고했다. 오늘날 사회는 사회생산성, 기업생산성을 위해 개인에게 노동뿐만 아니라 여가를 요구한다. 소위 휴테크는 창조적 노동, 노동생산성을 제고하는 세련된 방식이라는 논리를 전파한다. 이를 위해 호르크하이머가 지적하는 '관리되는 여가'가 등장하고 '관리되지 않는 여가'도 등장한다.[20] 창조산업, 콘텐츠산업이 중요한 산업 부분이 된 오늘날의 사회는 '관리되지 않는 자유로운 여가'를 선택적으로 용인하고 그것을 보다 높은 사회적 생산성의 증진을 위해 활용한다. 노동과 함께 여가를 조정, 관리, 지원하는 방식을 통해 개인은 사회의 요구를 수용한다고 봐야 할 것이다.

6. '진정한' 개인 해방의 가능성

앞 장에서는 개인의 종말을 야기하는 사회적 메커니즘에 대해 살펴보았다. 여기서는 호르크하이머가 개인 해방의 이념과 개인의 종말을 야기하는 사회의 메커니즘에 대한 저항과 분쇄의 가능성을 어떻게 보고 있는지를 살펴볼 것이다. 호르크하이머는 개인의 해방을 위한 이념으로 "자유인들의 공동체", "자연스럽고 거침없이 행동"(GS4, 256)하는 개인, 4장에서 논구한 개별성의 차원을 충실히 간직한 개인으로 구성된 사회를 제시한다. 자유로운 개인으로 구성된 해방된 미래사회는 "보다 나은 현실과 현실적인 사실들을 성취하고자 하는 동일한 주체 자신의 이념"(GS4, 191) 속에서 표상되는 세계이다. 그렇다면 개인은 사회적 강압으로부터 완전히 해방될 수 있는가? 호르크하이머에게 '개인의 해방'이란 사회의 강압으로부터 완전히 자유로운 상태를 의미하지 않는다. 그는 오히려 사회로부터 완전히 자유로운 개인, 사회와 완전히 격리된 개인의 존재 가능성은 '환상'에 불과하다고 말한다. 사회가 개인의 개별성을 인정하든 혹은 개별성을 말살하는 경향이 강화되

20 　호르크하이머, 아도르노, 마르쿠제, 울리히 벡, 리프킨의 노동과 여가에 관한 자세한 논의는 이종하, 「문화사회에서 노동과 여가」, 『철학과 현상학 연구』 제29집, 148쪽 이하 참조.

든 개인의 특성과 의미는 사회와의 관계 속에서만 규명될 수 있다. 그에 따르면 개인의 독자성과 자유를 향한 의지, 정의와 동정과 같은 개인의 특성은 사회와의 관계 속에서 형성된 것이다. 개인을 파편화·원자화함으로써 개인의 무력화, 개인의 종말사태를 목도하는 자본주의 사회에서 "개인의 해방은 (그러한) 사회로부터의 해방을 의미하는 것이 아니라 오히려 집단화와 대중문화의 시기에 정점에 이를 수 있는 원자화, 바로 그 원자화로부터 사회를 구제"(GS6, 142)하는 것을 의미한다. 여기서 자명한 것은 이른바 개인 그 자체나 개인 해방의 문제는 사회의 상태, 좀 더 정확히 말하면 개인-사회관계의 상태에 따라 문제 지평, 양상, 해방의 모색에 관한 내용이 달라진다는 점이다. 결국 자유로운 개인들의 공동체로서 미래사회의 가능성은 이념으로 제시될 뿐 구체적 실천전략은 확정적이지 않다. 다시 말해 "얼마나 많은 경향들이 그러한 이념을 향해 나아갈 것인가, 얼마나 많은 변화가 일어날 것인가, 개별적인 예비단계들은 그 자체로 어느 정도 옳고 가치 있는 것인가, 이와 같은 것이 이념에 대해 역사적으로 어떤 의미를 가지는지 하는 것은 이념이 실현"(GS4, 193)된 이후에나 판단할 수 있는 문제라는 것이다. 이와 같이 호르크하이머는 개인 해방의 이념을 제공하지만, 그 가능성과 전략에 대해서는 열린 태도를 보여준다. 열린 태도, 다르게 표현해 적극적인 대안을 제시하지 않으려는 이론적 태도의 이면에는 비판이론 자체의 내재적 성격에 기인한다.

개인 해방의 가능성과 관련해 더 중요한 문제는 호르크하이머 자신이 그 가능성을 어떻게 전망하고 있는가이다. 호르크하이머의 입장은 이중적이다. 여기서 이중적이란 개인 해방의 가능성을 부정하면서도 동시에 일말의 가능성과 희망을 놓지 않는 데 있다. 호르크하이머는 먼저 개인이 사회의 강압과 강제에 대한 저항능력을 더 이상 가지고 있지 않다고 단정한다. 개인이나 작은 그룹이 강력한 사회적 기제들에 자신들의 영향력을 행사할 가능성, 사회적으로 중요한 활동의 가능성, 임의적이고 개별적인 활동의 가능성은 이미 서구사회에서 사라졌다는 것이다. 개인의 무기력과 저항하는 개인의 가능성을 호르크하이머가 부정하는 것은 분명하다. 여기서 주의를 기울여야 할 것은, 그가 저항능력을 상실한 개인을 언급할 때 그 개인은 '조직 속의 개인'을 의미한다. 자신의 안전과 보호를 사회로부터 보장받기 위해 개별성의 이념을 스스로 포기하고 사회의 단순한 기능수행자의 역할을 하는 개인을 가리키는 것이다.

호르크하이머는 사회적 기능을 충실히 수행하는 종속적인 개인과 달리 저항을 통해 사회와의 긴장과 대립을 추구하는 상대적 자율성을 가진 개인의 가능성을 인정한다.

> 인간 내부에는 아직 약간의 저항력이 남아 있다. 집단의 계획이 계속해서 몰려오더라도 아직 인간성의 정신이 살아 있다는 것은 사회적 염세주의에 대한 반증이다. 인간성의 정신은 사회적 집단 구성원으로서의 개인 속에 살아 있는 것이 아니라 홀로 남겨진 상태의 개인 속에 있다(GS6, 279).

개인의 종말을 야기하는 사회적 메커니즘으로부터 벗어난 상대적으로 자유로운 개인은 자기결정 능력과 자율적인 행위능력을 전제로 한다. 호르크하이머는 그와 같은 개인이 구체적으로 누구인가에 대해서는 언급하고 있지 않으며, 그가 제시한 '자유로운 공동체'의 구성을 위한 개인 간의 연대와 조직화의 문제에 관해서도 아무런 대안을 제시하지 않는다. 이러한 그의 태도에 대해서는 구체성의 결여, 정치적 실천프로그램을 제시하지 못한 이론적 결핍을 보여준다고 비판하는 것이 가능하다. 호르크하이머의 입장을 변호한다면 그는 개인의 해방을 위한 정치적 실천프로그램의 현실화가 가지는 부정적 계기성을 인식한 것처럼 보인다. 즉, 자유로운 개인을 추구하는 정치적 실천이 다른 방식과 차원에서 개인을 강제할 위험성을 인식하는 부정적 계기성을 인식했다고 볼 수 있다. 호르크하이머의 입장에 관한 결정적인 비판은 개인과 개별성의 종말을 가져오는 가장 핵심적인 문제인 경제 체제에 대한 대안을 제시하지 못한다는 점이다.[21] 특히 이와 같은 비판의 정 당성은 호르크하이머의 다음과 같은 주장을 고려할 때 더 많은 정당성을 확 보할 수 있다. "현재의 사회 상태에서 경제가 인간을 지배하고 있으며 또한 경제라는 토대에 의해 현 상태를 변혁"(GS4, 222)할 수 있는 가능성도 동시에 가지고 있다. 비판이론에서 경제비판은 '새로운 생산관계가 정확하게 어떤 성질을 갖고 있는지', '그것이 불평등을 고착하는지', '불평등을 극복할 수 있 는지'를 따져봐야 한다. 비판이론은 "이론적·실제적 비판으로 그러한 경제 를 겨냥해야 한다."(GS4, 222) 개인의 종말을 야기하는 경제체제와 교환 원리 의 전일화에 구체적 분석과 대안의 미제시는 호르크하이머 자신이 요구한 비판이론적 경제비판의 방법을 수행하지 못하고, 현 사태의 부정성의 고발 이라는 비판이론의 부정적 방법론만을 고수했기 때문이다.

7. 나오면서

지금까지 호르크하이머의 개인, 개별성의 개념, 개인 종말 테제의 의미 와 한계를 살펴보았다. 호르크하이머의 개인의 종말 테제는 그가 언급했다 시피 이론의 여지가 많은 주장이다. 적어도 현상적으로 고찰한다면 호르크 하이머의 테제는 동의하기 어렵다. 개인주의가 풍미하고 개인의 자율성과 자유가 확장일로에 있으며, 프라이버시와 개인의 사적권리에 관한 법적보 장이 강화되는 추세이기 때문이다. 개인의 개별성의 신장을 뒷받침하는 다 양한 현상과 이론에도 그가 해명하고자 했던 것은 '개인이 자율적이면 자율

---

21 하르트만은 개별화된 개인의 경제행위 원리를 다시금 합리적으로 재조정하기 위한 변화의 기준에 관하여 호르크하이머가 침묵으로 일관한다고 지적한다. F. Hartmann, Max Hork-heimers materialistischer Skeptizismus, Fankfurt/New York, 1990, p. 475 참조.

적일수록 점점 더 그 자율성이 감소'되어 가는 개인의 변증법에 있다. '개인의 종말'의 다른 이름인 개인의 변증법은 성공적으로 해명하였지만, 몇 가지 이론적 결핍들을 지적하고자 한다. 첫째, 개인과 사회의 변증법적 관계를 논의하는 데 있어 구체적인 사례를 통해 설명하는 사회이론적 상상력이 좀 더 발휘되었어야 하며, 개인과 사회에 대한 변증법적 관계를 다루는 선행 논의에 대한 이론적 검토가 불충분하게 다루어지고 있다. 둘째, 근대적 개인이 가지고 있는 이중적 계기성이 해소되고 개인의 위기로 진행되는 과정에서 '내면화' 과정에 관한 심리학적 설명이 부족하다. 셋째, 근대적 개인은 종교로부터 자율성을 확보했으며, 종교 비판적 성격을 담지했다고 보는 호르크하이머는『도구적 이성비판』에서 기독교적 개인의 출현이 개인과 개별성의 발전에 기여했다는 또 다른 설명과 아무런 논리적 매개를 보여주지 못한다. 호르크하이머는 1936년의 논문「이기주의와 자유주의 운동」에서 칼뱅과 루터 및 순회 대중 설교가들이 근대적 정치체제의 안정과 경제 질서의 정착을 위해 어떻게 사회적 이해관계를 내면화시키고 있는지를 분석하는 데 지면을 할애하고 있다. 그런데 이와 같은 분석은 다시금 기독교가 개인의 발생과 개별성의 진전에 기여했다는 그의 테제와 양립하기 어렵다. 오히려 근대의 기독교는 개별성의 존중이 아닌 그것의 억압에 기여했다는 논리적 추론이 타당하다. 호르크하이머는 개인의 상승과 억압에 대한 기독교의 이중적 기능이나 기독교적 원리에 내재한 이중적 계기성을 언급하지 않음으로써 이론적 결핍을 노정하고 있다. 넷째, 개인의 종말을 야기하는 사회적 장치인 노동지상주의와 위기의식의 재생산 메커니즘은 오늘날의 사회에서 개인을 관리, 통제하고 내적 위기를 유발하는 메커니즘으로 보기 어려우며, 새롭게 재해석되어야 한다. 다섯째, 계몽된 개인과 계몽된 소수그룹이 누구이며, 이들의 자율성을 제한하지 않으면서 어떻게 개인해방을 위한 사회개혁을 참여시킬 것인가에 대한 실천적 고민이 결여되어 있다. 여섯째 호르크하이머는 개인해방의 이념을 제시하지만, 이를 실현하기 위한 구체적 대안에 침묵함으로써 진정한 개인의 해방을 위한 이론적 생산력을 담지하고 있지 못하다. 특히 개인 종말의 원인인 사회체제의 개혁과 그것에 기초한 경제체제의 중요성에 관한 지적에도 그와 같은 분석과 대안을 제시하지 못하는 이론적 한계를 노정했다. 호르크하이머의 비판이론이 가지는 방법론적 특성을 고려하더라도 그의 '개인 종말의 비판이론'은 위의 비판으로부터 완전히 자유로울 수 없다.

열거된 이론적 난점에도 호르크하이머의 개인 종말의 비판이론은 사회와의 긴장과 대립 가운데 '진정한 개인'을 모색하는 계몽된 개인에게 전체사회 속에서 그와 같은 개인적 모색의 의미를 조망하게 만든다. 또한 진정한 개인의 실현, 개인의 진정한 행복이 실현될 것이라고 약속하는 대중문화와 문화기술에 대한 비판적 방어력을 촉진시킨다. 호르크하이머는 개인 종말의 비판이론은 더 이성적인 사회, 자유로운 개인들이 사는 미래사회에 대한 이념을 갖고 개인의 종말 사태의 부정성을 제거하도록 촉구하게 만든다. 호르크하이머가 말하는 개인 해방의 가능성은 이와 같은 '비판적 태도' 속에 자리 잡고 있는 것이다. 관계 중심적 인간관계와 합리적 인간관계의 모호한 양립, 신자유주의 경제 질서, 물신주의, 물질만능주의, 위계적 사회질서와 민주적 사회질서의 병존, 권위주의 탈권위, 체면문화 등의 사회문화적·사회구조적 특징이 중첩된 한국 사회에서 '진정한 개인', '진정한 개인주의'의 실현 가능성과 그것을 가능하게 하는 사회적 구조의 개혁을 논할 때, 호르크하이머의 테제는 하나의 유의미한 단서를 제공한다.

5

사랑의 비판이론[22]

1. 들어가면서

　'사랑이 두 사람 간의 인격적 상호작용에 토대를 둔 친밀성의 사적 영역'이라는 일반적 통념은 오늘날 신화가 되었다. 비이성적인 사적 영역으로 간주되는 사랑에 자본주의의 논리가 작동되고 있다.[23] 결혼과 사랑의 분리, 성적 자유주의의 일반화, 결혼시장에서의 배우자 선택뿐만 아니라 사랑을 둘러싼 사적 영역은 연애컨설턴트 산업, 데이트 산업, 결혼정보회사와 웨딩플래너, 예식장, 드레스, 결혼사진 등을 망라하는 결혼 산업, 이주결혼 산업, 이혼 서비스 산업, 재혼 산업, 러브 모텔 산업으로 전문화 · 세분화되어가고

22　「사랑의 비판이론: 호르크하이머와 아도르노를 중심으로」, 『철학논총』 제61집 3권.

23　에바 일루즈(Eva Illouz)는 사적 영역과 공적 영역의 경계를 무너뜨리는 메커니즘으로 감정의 계량화 · 도구화 · 자본화하는 원리의 총체를 '감정 자본주의'라고 규정한다. 그는 자기계발 서적, 고통을 겪은 유명인들의 자서전, 심리치료 프로그램, 리얼리티 토크쇼, 격려집단, 데이트 사이트 등이 감정 자본주의의 단면을 잘 보여주는 것이며, 인터넷을 통한 사생활의 공개와 전시가 사적영역의 공적화의 좋은 사례라고 지적한다. 에바 일루즈, 김정아역, 『감정자본주의』, 돌베개, 2010.

있다. 소위 사랑 서비스 산업은 사랑과 자본주의 논리의 결합을 가속화시키고 있다. '혼테크'와 '사랑테크'는 다양한 계급과 계층에서 일상적 범주가 되었다. 이와 같은 사태와 관련해 사랑과 자본주의 논리의 대립과 결합에 관한 본격적인 철학적 논의를 찾아내는 것은 쉽지 않다. 한국 대중에게 가장 잘 알려진 러셀이나 프롬의 사랑론도 이와 같은 사랑의 현실에 대하여 언급하고 있지만, 단편적 지적이거나 '사랑의 윤리학'에 그치고 만다. 근대적 의미의 낭만적 사랑 개념이 등장하기 이전이나 이후나 사랑에 대한 철학적 논변은 '사랑의 형이상학'이라 해도 과언이 아니다. 이 점을 고려한다면, 호르크하이머와 아도르노의 사랑에 관한 성찰은 형이상학이나 새로운 철학적 사랑론이라기보다는 사랑의 사회철학이라고 말할 수 있다. 호르크하이머와 아도르노는 사회이론적 관점에서 사랑 논변과 사랑에 관한 체계이론으로서 '사랑의 사회이론'을 구성하는 데 관심을 기울이지 않는다. 양자는 사랑과 사회의 관계, 사랑과 경제의 문제, 자본주의에서 사랑의 양상과 현실에 대한 사회철학적 분석에 초점을 맞추고 있다. 호르크하이머와 아도르노의 사랑의 비판이론은 서구 자본주의 사회에서뿐만 아니라 한국 사회에서 사랑과 결혼의 현상을 이해하고 비판하는 데 하나의 의미 있는 단서를 제공한다. 이 글은 양자의 사랑의 비판이론을 비판적으로 재구성·재평가하기 위해 첫째, 사랑의 정의 가능성, 둘째, 가부장적 사회인 남성사회에서 사랑의 양상 분석, 셋째, 사랑의 사회적 조건과 '사랑의 죽음' 테제, 넷째, 새로운 사랑의 가능성, 다섯째, 비판적 성찰의 순서로 논의를 전개할 것이다.

2. 사랑의 정의 가능성

소크라테스가 『심포지엄』에서 사랑의 정의 내리기를 시도한 이래로 철학자들은 사랑을 다양하게 정의해왔다. 사랑의 정의 가능성과 불가능성에 대한 이론적 입장을 고려한다면, 호르크하이머의 입장은 사랑이 개념적으로 정의 불가능하다는 입장을 따른다. 이는 그가 사랑의 형이상학을 전개하려는 이론적 기획을 가지고 있지 않았다는 점, 그의 사랑론이 이성(異性) 간의 사랑을 주요 대상으로 한다는 점에 기인한다. 사랑에 대한 정의 내리기의 어려움은 사랑의 속성에 기인한다. 호르크하이머가 보기에 사랑은 본질적으로 비합리적인 것이고 제3자의 관점에서 이해 가능성을 그 자체로 담지하고 있지 못하다. 이러한 인식에서 사랑을 정의한다는 것은 무의미한 것이다. "사랑이란 그 자체로 비학문적인 개념"(GS5. 132)이다. 아도르노 역시 호르크하이머와 인식을 공유한다. 그에게 남녀 간의 사랑은 "비이성적인"(AGS, 4, 35) 것이다. 그런데 사랑에 대한 정의 가능성에 대해 호르크하이머와 아도르노는 더글러스 모건이 주장하는 것처럼 사랑의 본성에 대한 정의 내리기를 완곡하게 거부하는 태도를 취하지는 않는다.[24] '이상적인 사랑이란 어떤 사랑인가' 하는 문제와 관련해 호르크하이머는 사랑을 "타자에게 주는 것"이라 정의한다. 타자에게 주는 것으로서의 사랑은 "타자와 동일화하는 사랑"의 방식을 통해 가능하다. 타자와의 동일화는 사랑 관계 자체에 작동하는 것으로 호르크하이머가 간주하는 "허약한 헌신과 지배" 관계로서 사랑이 아닌 "타자에게 고유한 자신과 자기 정신의 완고함의 실제적 포기"(HGS6, 278) 속에서 성취된다. '타자에게 주는 것'으로서의 사랑은 결국 '이기적 자아의 포기를 통한 타자와의 동일화'인 것이다.

호르크하이머가 사랑＝주는 것＝타자와의 동일화라는 의미도식을 보여준다면, 아도르노는 주는 것으로서 사랑의 상호 관계성과 동일화 시도가 아닌 독립된 주체의 인정에 더 많은 강조점을 둔다. 아도르노는 호르크하이머보다 더 다양한 방식으로 사랑을 정의한다. 그는 사랑을 '교환될 수 없는

24　모건은 사랑의 본질이나 사랑의 진정의 의미를 해명하려는 모든 이론적인 시도가 의미 없으며, 단지 다양한 사랑에 대한 정의와 이론만을 발견할 뿐이라고 지적한다. 러셀 바노이, 황경식 외 역,『사랑이 없는 성』, 철학과 현실사, 2003, 354쪽 참조.

것', '대가 없이 주는 선물행위', '희생행위', '상호 헌신'으로 정의한다.

> (사랑하는) 두 사람은 무엇을 주어야 한다. 교환될 수 없는 것, 하소연할 수
> 없는 것으로서의 행복을 주어야 한다. 그와 같이 주는 행위는 받는 행위와 분
> 리될 수 없다. 어떤 사람이 타자를 위해 발견한 것이 그 타자에게 도달되지 못
> 할 경우 그것은 끝장이다. 메아리가 아닌 사랑은 사랑이 아니다(AGS4, 247).

아도르노의 사랑에 대한 정의는 일종의 교환가치를 거부하는 '선물행
위'이다. 자신이 원했던 것을 선물하는 것이 아니라 사랑하는 사람의 행복을
위해 상대방이 원하는 것을 선물하는 행위 속에는 "다른 사람을 주체"로 인
정하는 것을 전제로 한다. 선물행위로서의 사랑은 주체적 상호 규정과 행복
을 함축한다. 이런 의미에서 아도르노는 "모든 왜곡되지 않은 관계"에서 진
정한 선물로서의 사랑이 가능하며 "유기체적 삶에서 아직도 화해되지 않는
것은 바로 선물행위"(AGS4, 47)라고 말한다. 호르크하이머와 아도르노는 타
자에게 주는 행위로서 '사랑'에 대한 정의를 공유하면서, 현대사회에서 그러
한 사랑의 가능성을 역사적 측면과 사회적 측면에서 해명한다.

3. 남성사회에서 사랑의 성격

남녀 간의 왜곡되지 않은 관계에서 주는 행위로서의 사랑의 가능성은
존재하는가? 이러한 물음에 대한 호르크하이머와 아도르노의 첫 번째 탐구
는 남녀관계를 둘러싼 사회구조적 환경과 그것의 역사성 논구에 있다. 이들
에게 사랑은 사회구조적 환경으로부터 자유로운 현상이 아니다. 사적인 애
착감정으로서 사랑은 사회구조의 틀 내에서 해명되어야 한다. 호르크하이
머와 아도르노는 계몽 전후의 시대를 '남성사회(Männliche Gesellschaft)'로 규정

하며 남성지배 사회에서 남녀관계의 불평등이 사랑의 관계에서 어떻게 반영되는지를 고찰한다. 호르크하이머와 아도르노에게 남성사회는 계몽의 산물이다. 이들이 내세운 계몽의 남성성 테제는 자연지배에 기초한 문명화 과정에서 남성의 여성에 대한 성적 지배가 어떻게 형성되었는지를 해명한다. 자연지배의 과정에서 정착된 성적 노동 분업은 여성에 대한 남성의 사회적 지배로 나타난다. 자연지배 과정은 남성＝이성＝자연의 지배자＝주체라는 의미 도식과 여성＝비주체＝무력한 존재＝자연의 이미지＝비이성적 존재라는 의미 도식을 성적지배 원리로 작동시킨다. 자연지배 과정에서 발생한 성적 지배는 여성에게 강요하는 '희생의 내면화'를 여성 스스로 수용하게 만든다.[25] 남성사회에 의해 부여되는 "약하고 쓸모없고 공격당하기 쉬우며, 자신의 에스코트로서 말 잘 듣는 동물"(AGS3, 91)을 필요로 하는 여성성의 이미지는 '여성 자아'나 개별 인간으로서의 '자아'를 억압하는 성적 지배의 보편적 질서를 형성하였다.

호르크하이머와 아도르노는 남성사회에서 사랑은 여성에 대한 남성의 "동경과 명령"이라는 "교환형식"(HGS5, 96)[26]을 갖는다고 말한다. 여성에 대한 동경은 여성을 "고상하게 우상화"하거나 "숭고한 무엇으로 높이는 것"(HGS5, 132)으로 나타난다. 호르크하이머와 아도르노는 사드의 분석을 인용해 여성의 이상화와 여성숭배가 "도시나 농촌에서 무당으로서 예언자적

---

25 이종하, 「남성적 계몽의 해석학: 아도르노의 여성(문제) 이해」, 『철학연구』 제74집, 2006, 66쪽 이하 참조.

26 동경과 명령의 교환형식으로서의 남성사회의 낭만적 사랑 개념은 기든스의 사유에서도 나타난다. 기든스는 18세기 후반 이후 남성은 남성연대성의 의례들과 일 속에서의 자기정체성 실현욕구들이 여성에 대한 남성들의 무의식적·감정적 의존이라는 미스터리를 낳았다고 본다. 이 점은 호르크하이머와 아도르노의 남성의 여성 '동경'에 대한 기든스식 재해석이라 볼 수 있다. 그는 낭만적 사랑이란 권력 면에서 철저한 비대칭적 관계라고 말한다. 여성 종속적 관계라는 것이다. 이 점은 다시금 '명령'에 대한 기든스의 재해석으로 봐도 무방하다. 앤서니 기든스, 배은경 외 역, 『현대사회의 성, 사랑, 에로티시즘: 친밀성의 구조변동』, 새물결, 1997, 105쪽 이하 참조.

기능을 했던 여성들에 대해 우리 조상들이 가졌던 경외심에서 유래"한 것이
며, 모계사회에 그 출처가 있다고 보았다. 양자에게 여성에 대한 동경과 숭
배는 "두려움의 대상이 숭배의 대상으로 전환"(HGS5, 133)하면서 나타나며,
이러한 여성숭배의 원초적 감정에는 명령하는 남성의 폭력이 은폐되어 있
다. 낭만적 사랑의 감정 속에 여성지배의 폭력성이 자리 잡고 있다는 것이
다.[27] 여기서 호르크하이머와 아도르노가 말하고자 하는 바는 여성숭배가
"여성에 대한 억압을 여성에 대한 경외로 보상"(HGS5, 134)한다는 점이다.

남성사회에서 여성숭배는 여성 억압과 예속성을 승화하고 심미화한다.
여성은 남성적 질서를 자연스럽게 수용하고 남성은 여성에 대한 우위를 사
랑이라는 특수한 감정에서 여성의 승리처럼 장치한다. 또한 낭만적 사랑의
한 결과물인 결혼은 '마음'의 결합으로 심미화된다. 이를 호르크하이머와 아
도르노는 다음과 같이 표현한다.

> 연인에게 보내는 무한한 존경과 경탄 속에서 여성의 실제적인 예속성은 항
> 상 새롭게 승화한다. 이러한 예속성의 승인에 기초해 남성과 여성은 이따금씩
> 다시 화해하는 것이다. 여성은 굴복을 자유롭게 받아들이는 것처럼 보이며 남
> 성은 여성에게 승리를 양보한다. 기독교를 통해 이성 간의 위계질서, 즉 여성
> 적인 성격에 비해 남성적인 소유 질서를 우위에 두었던 질곡은 결혼 속에서
> 마음의 결합으로 승화된다(HGS5, 130).

---

27 이 점에 관한 한 체계이론가 루만은 호르크하이머와 아도르노의 입장과 대립적이다. 루만
  은 낭만적 사랑을 근대적 주체에 내재한 자유와 평등 이념의 내적 추동력으로 간주하며, 낭
  만적 사랑과 주체의 상호규정성을 강조한다. 루만의 해석은 낭만적 사랑에 대한 과도한 의
  미부여라고 볼 수 있다. 그의 주장은 현대사회의 수평적 사랑에서 적용 가능한 것으로 보인
  다. 루만의 주장은 낭만적 사랑의 대항 개념으로서 기든스가 제안하는 현대사회의 합류적
  사랑(confluent love) 현상에 해당된다. 기든스에 따르면 자유, 평등, 상호독립성, 공동의
  주체성 협상으로서의 사랑 형태가 실현된 것이 합류적 사랑이며, 그것은 현대적 사랑의 한
  형식이다. N. Luhmann, Liebe als Passion. Zur Codierung von Intimität, Frankfurt a. M.,
  1982, 41쪽 이하 참조.

호르크하이머와 아도르노에게 '낭만적 사랑'의 본질은 남성적 성적 욕구의 표현에 있다. 남성사회에서 낭만적 사랑이란 남성의 "육체적 충동을 은폐하고 합리화"(HGS5, 131)하는 것에 지나지 않는다. 낭만적 사랑에는 정신과 육체가 분리된다. 이를 호르크하이머와 아도르노는 사드의 소설『줄리엣』에서 누아르쾌이가 벨리체와 아라민트의 비교를 통해 표현한다. 낭만적 사랑에서 과장된 사랑의 유토피아란 "육체적 향락"에 불과하다. 그것은 "내가 사랑하는 것도 단순한 몸뚱이에 불과하며 내가 불평하는 것도 단순한 몸뚱이에 불과하다"(HGS5, 132)는 말로 요약될 수 있다. 호르크하이머와 아도르노는 남성사회의 낭만적 사랑에 내재한 사랑의 유토피아를 위와 같이 고찰하면서, 다시금 사드 소설의 주인공인 줄리엣의 언어를 통해 낭만적 사랑의 허구성을 비판한다. 호르크하이머와 아도르노는 사드의 줄리엣을 '니체적 가치전도의 첫 인물', '논리실증주의자들보다 더 합리성에 집착하는 인물'로 규정한다. 줄리엣은 남성사회에서 낭만적 사랑의 본질을 파악하고 그러한 "사랑으로부터 자유로운 것의 중요성"(HGS5, 118)을 파악한다. 낭만적 사랑으로부터 자유로워지는 줄리엣의 방식은 '성적 터부를 파괴하고 육체적 향락을 모두에게 허용하는 방식'이다. 이는 곧 남성본위의 낭만적 사랑에 대한 비판을 함축한다.

줄리엣은 부자연스럽고 비물질적이며 환상적인 성적 욕구에 비해 성기에 의한 섹스나 변태적인 섹스를 찬양함으로써 사랑의 유토피아적 과잉과 함께 육체적인 향락도 최상의 행복뿐만 아니라 가까이 있는 행복마저도 너무나 빈약하게 만드는 진부함에 떨어지게 만든다. 줄리엣이 지지하는 환상 없는 탕아는 섹스교사, 심리분석가, 호르몬 생리학자의 도움을 받아 실천적 인간으로 변화한다. 그는 스포츠나 위생문제에 대한 그의 태도를 성생활에까지 확장시킨다(HGS5, 132).

호르크하이머와 아도르노가 남성사회의 사랑에 대한 비판자로서 줄리엣을 재해석하지만, 줄리엣의 사랑은 '계몽 자체처럼 모순적'인 사랑의 방식이다. 왜냐하면 남성적 사랑을 비판하는 줄리엣이 남성적 사랑논리를 차용하고 작동시키는 방식은 '사랑의 파괴' 속에 숭고한 사랑의 개념과 가능성을 역설적으로 요구하기 때문이다. 이와 같은 호르크하이머와 아도르노의 관점은 남성적 사랑, 낭만적 사랑을 비판하면서도 동시에 그들이 낭만적 사랑의 가능성과 '힘'에 대해 부정하지 않고 있다는 점을 시사한다.

4. 사랑의 원리

사랑의 속성과 원리를 해명하기 위해 호르크하이머와 아도르노는 남성 사회에서의 사랑의 성격에 대한 분석 틀을 준용한다. 호르크하이머에게 남녀 간의 사랑은 동경(Sehnsucht)에 기초한다. 이와 같은 사랑은 성적 결합에 대한 동경에 토대를 두며, 성적 결합에 대한 동경이 크면 클수록 사랑은 더 강렬하다. 사랑의 속성은 리비도의 표현이며, 인간의 전 생애에서 사업과 마찬가지로 본질적인 요소인 것이다. 호르크하이머는 남녀 간의 사랑을 이기심의 표현으로 파악한다. 사랑에서 이기심의 계기는 다양한 역할을 하며 각각의 사랑의 기능과 강도에 따라 다르게 나타난다. 사랑에서 이기심은 타자를 타자로서 보지 않고, 자신의 인식과 가치체계, 자기 자신의 관점에서 타자를 이해하려는 태도에서 그 전형을 찾을 수 있다.

사랑하는 사람은 그 자신을 보듯이 애인을 사랑한다. 그 속에는 자신의 고유한 방식과 그가 속한 사회의 방식과 같은 역사가 있다. 애인이 그에게 좋게 드러나는 것은 좋은 것과 옳은 세계에 대한 자신의 고유한 생각을 나타내는 것이다(HGS6, 247).

호르크하이머와 아도르노에게 남녀 간의 사랑은 의존의 원리에 기초해 있다. 호르크하이머는 어린아이의 사랑처럼 남녀 간의 사랑도 정신적이든 물질적 차원이든 의존의 원리에 의해 유지된다는 것이다. 의존의 원리는 대등한 상호관계의 정립에 기초한 수평적 성격을 갖지 않는다. 호르크하이머에게 "사랑 그 자체는 고유한 힘과 권력의 증명"이기 때문에 남녀 간의 사랑은 "허약한 헌신과 지배 사이에서 하나의 길을 발견"(HGS6, 278)해야 하며, 그 경우 불평등한 상호 의존관계가 성립한다. 의존의 원리가 비대칭적으로 고착될 때 사랑은 "억압관계에 대한 증거"가 된다. 이러한 억압적 의존관계에서의 "사랑은 다른 봉건적 종속관계로부터 발생하는 반응현상 및 19세기까지 개인에게 충성을 유지해왔던 확실한 신뢰의 정도와 같은 것"(HGS14, 150) 이상을 의미하지 않는다. 주체-주체의 대등한 의존관계가 아닌 주체-비주체 간의 종속과 억압적 의존관계로서 사랑이 남성사회의 사랑의 원리라는 것이다.

아도르노는 의존관계로서의 사랑을 결혼제도의 분석을 통해 설명한다. 그에게 결혼은 인간존재의 궁극적 목적인 "자기유지의 트릭으로 작용"(AGS4, 32)한다. 결혼이 '경제적 이해공동체'의 성격을 갖는다면, 한쪽의 이해 당사자를 굴복시키는 종속적 의존관계가 성립하게 된다. 종속적 의존관계는 남성의 경제적 지배와 여성의 성적 유희 제공이라는 형식을 취한다.

> 결혼생활 제도의 토대가 되는 그 어두운 것들, 가령 아내의 노동과 재산을 남자가 야만적으로 관장하고, 그녀와의 잠자리에서 이전에는 기쁨을 가졌지만 결국 평생 동안 여자를 책임지게 되는 적지 않은 성폭행 등, 이러한 모든 것들이 가정이 파괴될 경우 지하실과 밑바닥에서 밖으로 기어나오게 된다 (AGS4, 34).

의존관계로서 사랑의 원리는 결국 여성의 남성에의 종속적 관계의 성립을 의미한다. 호르크하이머와 아도르노에게 오디세우스와 키르케의 관계, 오디세우스와 페넬로페의 관계에 함축된 여성의 "사랑이 증명하고 있는 것은 자신이나 다른 사람을 지배할 능력이 없다는 것"(HGS5, 96)을 말한다. 가부장적 남성사회에서 의존관계로서 여성의 사랑은 결국 "결혼만이 줄 수 있는 행복"(HGS5, 98)이라는 남성사회가 주조해낸 결혼 이데올로기에 편입되어 동화되려는 부단한 노력으로 나타난다. 남성사회가 만들어낸 사랑 원리의 종착점인 결혼은 남성에 의한 여성 억압으로 귀결되는 것이다.

그렇다면 호르크하이머와 아도르노는 종속적 의존관계로서 사랑의 부정성을 극복할 대안을 어떻게 제시하는가? 양자의 전략은 크게 두 가지로 나누어진다. 첫째는 진정한 사랑의 회복이다. 이는 주체-비주체에서 주체-주체로서의 사랑의 관계정립이다. 주체-주체에서 사랑은 남성-여성 관계에 작동하는 "계약에 의해 보호되는 교환의 형식"(HGS5, 96)을 폐기하고 "각자 자신의 독립적 삶"을 살아가면서 "자발적으로 서로에 대한 상호 책임을 떠맡는"(AGS4, 32) 것을 의미한다. 호르크하이머와 아도르노는 이와 같은 사랑만이 '타협'으로서의 결혼이 아닌 사랑의 결실이자 화해로서의 진정한 결혼에 이르게 된다고 말한다. 양자에게 사랑의 한 형식인 진정한 결혼이란 독립적이면서도 호혜적인 도움뿐만 아니라 "죽음을 함께 이겨나가는 연대감"(HGS5, 99)인 것이다. 둘째, 남성사회의 극복이다. 진정한 사랑의 회복은 단순한 '사랑의 태도 전환'에 의해 수행되지 않는다. 성적 지배의 해결 없이 종속적 의존관계로서 사랑의 가능성은 희박하다. 진정한 사랑은 여성해방을 전제로 하며, 여성해방은 사회 해방 없이 실현되지 않는다. 아도르노의 "사회적 해방 없이는 그 어떤 해방도 있을 수 없다"(AGS4, 97)는 주장은 남성사회의 구조변화 없이 남녀 간의 관계, 사랑의 원리 역시 제한적일 수밖에 없다는 것을 함축한다. 진정한 사랑의 원리는 남성사회가 지양되고 양성 평등적 질서에서 여성과 남성의 차이가 불러오는 '행복'에서 실현되는 것이다.

(진정한) 희망은 여성들의 왜곡된 사회적 성격들이 남성들의 왜곡된 성격들

과 같아지는 것을 목표로 하지 않고, 언젠가 고통 받는 여성과 더불어 행동을 즐기는 유능한 남성도 사라지는 것, 곧 차이의 치욕이 아닌 차이의 행복 이외에는 아무것도 남지 않는 것을 목표로 한다(AGS10.1, 82).

5. 사랑의 죽음

호르크하이머와 아도르노는 현대 자본주의 사회에서 '사랑의 결핍'과 '사랑하기의 어려움'에 대해 말한다. 심지어 호르크하이머는 "사랑의 죽음(der Tod der Liebe)"(HGS7, 397)을 선언한다. 양자는 '사랑의 죽음' 원인을 개인의 차원이 아닌 사회 자체에서 찾는다. 어떤 이유로 사회는 사랑이라는 사적 애착의 감정을 증발시키는가? 호르크하이머와 아도르노는 현대 자본주의 사회를 '하나의 전체'로 이해한다. 사회는 자유로운 행위와 인간 자유의 생산물이 아니다. 사회는 노동 분업에 의해 하나의 전체를 구성하며, 노동 분업은 사회의 자기유지와 사회 전체의 합리성을 제고한다. 노동 분업은 사회와 지배가 하나로 통합되는 매개 역할을 수행한다. 사회에 의해 부과된 노동 분업은 개인에게 억압의 경향으로 나타나며, 개인은 전체 사회의 단순한 기능수행자로 전락한다. 현대 자본주의 사회에서 개인의 사회적 노동은 개인의 '자기유지'를 위해 필수적이다. 사회적 노동의 기능수행자로서 개인은 "자기유지, 즉 자신의 기능이 객관성에 성공적인 동화 여부에 관한 판단"(HGS5, 51)을 스스로에게 가한다. 자기유지의 형식으로서 사회적 노동 분업은 인간의 행동방식과 가치를 결정한다. 이와 같은 사회체제 하에서 인간의 자기의식과 기능수행의 역할이 동일시된다. 자본주의 사회의 자기유지는 교환 원리의 전일화와 그것의 내면화를 전제한다. 호르크하이머와 아도르노에게 현대 자본주의 사회는 "이성 자체가 모든 것을 포괄하는 경제기구의 단순한 보조수단"(HGS5, 53)이 되어버린 사회이다. 이 사회는 오직 "노동과 경제적인 번영이 생활의 내용과 목표"인 사회이다. 인간은 "이윤경제의 가격요인으로만 그 가치를 지니게 된다."(HGS4, 267) 호르크하이머가 말하는 '관리되는 사회'[28]는 '교환가치가 전일화된 사회'의 다른 이름인 것이다.

호르크하이머는 모든 국면에서 교환의 원리가 작동되고 그것을 내면화한 사회에서 인간성의 변화에 주목한다. 그는 자본주의 사회의 인간학적 범주를 '낯섦(Fremdheit)'으로 규정한다. 자본주의 사회에서 상호관계의 특성인 낯섦은 타자와의 관계에 있어 타인을 모두 경쟁자로 간주한다. 낯섦의 상호관계는 "자신의 이해관계에 따라 끔찍한 행위를 목격하여도 어처구니없는 합리화를 통해 만족하는 냉정함과 무관심의 성격"(HGS4, 71)을 드러낸다. 다시 말해 교환 원리의 내면화는 인간을 냉정하고 무관심하게 만든다. 이와 같은 분석은 아도르노에게도 발견된다. 교환 원리에 의해 작동되는 사회원리의 내면화는 개인을 "사회적 모나드의 차가움"으로 변화시킨다. 교환 원리적 삶의 태도가 체화된 '차가움'의 속성은 인간관계를 매력, 가치의 차원이 아닌 "사업이해"를 우선적으로 고려하게 만든다. 심지어 아도르노는 사업이익 관심이 보편적인 법칙이 되어버린 사회가 자본주의 사회라고 말한다.

그렇다면 이러한 사회에서 사랑의 양상은 어떻게 나타나는가? 호르크하이머는 말년에 "관리되는 사회는 사랑을 알지 못한다"(HGS7, 358)라고 주장한다. 사랑의 죽음을 선언한 것이다. 이와 같은 의미의 주장은 『계몽의 변증법』에서 처음 등장한다. 호르크하이머와 아도르노는 교환가치에 의해 사물화된 사회에서 사물로 전락한 사랑에 대해 아래와 같이 표현한다.

---

28 '관리되는 사회(Verwaltete Welt)'는 자본의 집중화와 더불어 사회가 통일적으로 조직된 그룹의 관리체계로 진입과 경제적 과정들의 내적 논리가 사회의 모든 것을 규율화하고 조정하는 사회이다. 관리되는 사회는 관리가 사회에서 결정적인 권력을 점유하고 완벽한 관리체계를 지향한다. 관리되는 사회에서 자율적 주체의 가능성은 주어지지 않는다. 관리되는 사회는 사회가 자유와 사회정의를 향해 나아가지 않고, 관리메커니즘의 조정 하에 주어진 상황에 의문을 제기하지 않고 의식과 행위가 자동화(Automatisation)된 사회이다(HGS7, 377쪽).

사물화된 세계에서 직접성의 자리를 유지하고 있는 사랑은 차갑게 식고 왜곡되어, 사물로 전락한 인간들에게 나누어진다(HGS5, 137).

사랑을 사물로 전락시키는 사물화된 세계는 도구적 이성의 산물이다. 도구적 이성이 작동하는 모든 영역에서 사랑의 다양한 형식과 내용은 설 자리를 잃는다.

학문이나 산업은 이성 간의 낭만적 사랑뿐만 아니라 사랑 일반을 형이상학이라고 매도한다. 왜냐하면 이성 앞에서 어떠한 사랑도 ── 부부간의 사랑이든, 연인 간의 사랑이든, 부모의 사랑이든, 자식의 사랑이든 ── 유지될 수 없기 때문이다(HGS5, 139).

아도르노는 현대 자본주의 사회에서 사랑의 상실이 교환가치적 관계에 근거한 것이라고 지적하면서 그것의 병리적 현상을 비판적으로 서술한다.

시민사회에서 사랑은 부분적으로나마 교환관계에 저항하였지만, 마침내 교환관계가 사랑을 완전히 빨아들이고 만다. 다시 말해 마지막 직접성이 사랑의 모든 당사자 간의 거리로 인해 희생된다. 사랑은 주체가 스스로 부여한 가치에서 차가워진다. 그에게 사랑은 잉여의 사랑으로 드러나고 더 많이 사랑한 사람은 부당한 사람이 된다. 연인을 의심하게 되고 그것이 자신에게 되돌아오게 된다. 그의 애정은 소유적 잔인함과 자기파괴적 이미지로 병든다(AGS4, 191).

사랑에서 교환가치가 지배하고 있다는 아도르노의 분석은 사회적 관계에서의 교환가치 전일화가 사랑이라는 지극히 사적인 관계에서 침윤되고 말았다는 사회비판으로서 소위 '사랑의 경제학' 비판이다. 교환가치는 사회적 분업과정을 전제로 작동되는데, 파편화된 분업체계에 고립된 인간은 '사회적 모나드의 차가움'을 체화한다. 사회적 모나드의 차가움은 사랑의 사태를 변질시킨다. 차가움의 체화는 "더 이상 다른 사람을 사랑"(AGS4, 194)하지 못하게 만든다.

　　교환체제 하에서 차가운 모나드가 되어버린 인간은 사랑의 관계를 사회적인 교환가치로 환치해 버린다. 아도르노는 사랑의 관계가 교환가치적 관계로 전환될 때 사랑은 소유의 문제가 된다고 지적한다. 사랑에 교환가치가 개입되면 '교환될 수 없는 특별한 것'으로서의 사랑의 문제는 소유의 문제가 된다. 사랑의 주체들은 소유관계로 전환된다. 사랑은 경직되고 소유물과 같이 교환될 수 있는 기능적인 것이 되어버린다. 사랑의 내적 성질이 변질되는 것이다. 이렇게 "완전히 소유물이 되어버린 연인은 더 이상 소중하게 간주되지 않는다."(AGS4, 184) 교환가치로서의 사랑은 '사랑한 만큼만 사랑하기'라는 사랑의 경제학을 작동시킨다. 따라서 더 많이 사랑한 사람은 '부당한 사람'이 되거나 '공정한 사랑의 교환가치'를 평가하는 행위로서의 '사랑 의심하기'라는 자기파괴에 도달한다. 사랑의 교환가치적 평가 속에서 연인의 사랑은 나의 사랑과 타자 사랑의 동시적 등가원칙을 성립시킴으로써 자기파괴라는 병적 현상을 만들어내는 것이다.

6. '사랑의 죽음'에 대한 안티테제로서의 사랑종교론

　　호르크하이머와 아도르노는 사랑의 경제학적 관점에서 남녀 간 사랑의 불평등 구조, 교환가치의 전일화로 인한 사랑하기의 어려움과 사랑의 죽음을 극복하기 위해 사랑의 내적 가치의 재발견을 부각시켰다. 그런데 사랑 경제학의 내적 측면과 외적 측면을 다 고려한다고 해서 과연 호르크하이머와 아도르노의 주장처럼 '사랑의 죽음'을 하나의 객관적 사실로 간주할 수 있는가? 울리히 벡은 아도르노와 호르크하이머와 대립되는 '사랑의 유사종교화' 테제를 내세운다. 그는 '사랑의 죽음'이 아니라 사랑이 "신흥 종교의 지위로까지 격상"(벡, 1999: 292)되었다고 주장한다. 벡은 사랑이 "삶에 의미를 부여하는 중심축"(같은 책, 293)이 되었으며, 사랑이 '이전에 국가, 법률, 교회가 강요하던 낡은 속박과 제약에서 벗어나게 된 여러 희망과 청사진'으로서 "고유의 내적 논리, 갈등, 역설을 전개"(같은 책, 294)한다고 보았다. 그렇다면 사랑은 왜 새로운 삶의 중심축이 되었는가? 벡에 따르면 개인화 과정에 따른 전통적 결속의 단절은 개인에게 강제와 의무로부터의 자유를 획득하지만, 동시에 사회가 제공해왔던 지원과 안전감 역시 사라지게 만든다. 개인화는 삶을 '선택의 일대기'로 전환시키고 노동시장에서 개인을 부단한 생존 싸움에 내모는 결과를 가져왔다. 개인화의 결과는 불안과 외로움이다. 개인화된 사회에서 사랑의 숭배 이면에는 개인의 '불안'이 자리 잡고 있다는 것이다. 사랑은 불안과 외로움에 대한 최고의 해답이자 동시에 개인화의 위험에 저항하는 사적 수단이다. 이와 같은 사태에서 사랑은 "삶의 실체와 유의미성"(같은 책, 311)을 부여한다. "사랑이라는 강력한 힘은 그 자체의 고유한 규칙에 따라 사람들의 기대, 불안, 행동패턴 속에 자신의 메시지를 새겨놓고 사람들이 결혼하고 이혼하고 재혼하게 이끌고 있다."(같은 책, 297) 단절과 불안정성, 고향 상실의 실존적 체험을 통해 사랑 속에서 궁극적인 것을 소망하고 희망하는 태도는 "종교적 정신 상태를 구성"한다. "사랑이 궁극적인 대답을 가져다준다"는 믿음은 "유사종교적 믿음"(같은 책, 299)인 것이다. 이와 같은 유사종교는 "비전통적·탈전통적 종교"(같은 책, 304)이다.

　　벡이 주장하는 신흥종교, 유사종교로서의 사랑의 범람현상은 그가 분석한 독일 사회나 한국 사회에서도 사태의 객관성이라는 측면에서 본다면 동의할 수 있는 주장이다. 그런데 그와 같은 사태가 곧 호르크하이머와 아도르노의 '사랑의 죽음' 테제를 부정할 충분한 근거를 제공하는가? 이 점에 관한 한 벡의 논의는 호르크하이머와 아도르노 테제의 정당성을 역설적으로 증명하는 것으로 보인다. 벡에 따르면 "참된 사랑은 드물고 희귀한 상품"이 되었으며 이러한 상황에서 "사랑의 죽음과 더불어 '위대한 사랑'이 대대적으로 추구되고 있다."(같은 책, 325) 벡은 사랑이 없는 시대에 사랑은 동사가 아닌 "사랑 중독자나 사랑 상용자처럼 형용사"(같은 책, 343)로 사용된다고 말한다. 이와 같은 벡의 주장은 사랑의 죽음과 사랑의 종교가 병존함을 시사한다. 사랑의 사회적 도식에 대한 벡의 설명 역시 개인화된 사회에서의 차가움과 기능수행, 수동적·익명적 행위자 모델과 달리 능동적 행위자 모델을 상정한다는 점에서 기능수행의 총체로서 사회를 이해하는 호르크하이머와 아도르노의 사회관을 일정 부분 수용하고 있다고 볼 수 있다. 호르크하이머와 아도르노가 현대사회에서 상품형식으로서의 사랑, 사랑의 경제학을 통해 사랑의 죽음을 말하고 있다면, 벡은 개인화된 사회에서 사랑의 죽음 현상과 함께 사랑이 개인들에게 어떻게 삶의 가치와 의미를 구성해내는가에 대한 중립적이고 의미론적 차원에서 사랑의 사회학을 전개했다고 평가할 수 있다.

7. 진정한 사랑의 가능성

'사랑의 죽음'을 선언한 호르크하이머와 아도르노에게 진정한 사랑의 가능성은 존재하는가? 이들의 사랑의 죽음 테제는 체념적 기술이 아닌 사랑의 현실에 대한 적극적 비판의 성격을 갖는다. 그러한 비판의 토대 위에서 호르크하이머와 아도르노는 진정한 사랑의 가능성을 모색한다. 호르크하이머는 성애적 사랑이 좀 더 높은 차원의 사랑으로 승화될 때, 진정한 사랑의 가능성이 열린다고 강조한다. 그에게 사랑의 승화는 항상 '어떤 매개'를 전제로 한다. 제3의 것으로 명명되는 매개는 외부적 요인에 의해 사랑의 질적 승화를 촉진시킨다. 매개가 성공적으로 이루어지는 경우 사랑은 악한 것을 배제하고 선한 충동과 행위의 동기를 부여하며 이를 통해 사랑의 관계에 있어 진지성을 확보하게 된다. 호르크하이머는 제3의 매개에 의한 사랑의 사례로 "원시기독교 공동체에서의 사랑"을 제시한다. 원시 기독교 공동체의

"예수에 대한 사랑"(HGS6, 221)은 나와 타자를 사랑의 관계로 설정하고 사랑의 실천을 가능하게 한다. 또한 호르크하이머는 이성적이고 합리적인 사회의 건설을 위해 필요한 것이 사랑이라고 강조한다. 더 나은 사회의 건설을 위한 구조의 원리로 체제 공학적 합리성보다 우정, 사랑과 같은 시민적이고 개인적인 범주가 필요하다는 것이다. 여기서 그의 사랑 개념은 남녀 간의 사랑을 넘어 우정으로서의 사랑, 동료애, 인간에 대한 보편적 연대라는 인간애적 사랑 개념으로 확장된다.

아도르노는 진정한 사랑의 가능성을 모색하기 위해 사랑에 내재한 동적 경험의 내용, 사랑의 저항적 성격, 사랑의 잠재력에 주목한다. 아도르노가 보기에 진실한 사랑의 경험은 형상의 변화와 생명력의 결합을 의미한다. 이 점에서 그는 사랑 경험의 내적 가치를 미적 체험의 원형으로까지 격상시킨다.

> 미적인 체험은 성적 체험, 그것도 절정 상태에서의 성적 체험과 유사하다. 성적인 체험에서는 사랑하는 사람의 형상이 변화하고 그것의 응결과정이 가장 생명력 있는 것과 결합한다. 이러한 점에서 성적 체험은 미적 체험의 생생한 원형과 같다(AGS7, 263).

진정한 사랑은 사랑하는 주체 간의 매개를 통해 교환가치라는 사회적 범주를 저항하는 내적 속성을 갖고 있다.

> 사랑한다는 것은 경제와 같은 사방의 매개적 압력에 의해 사랑의 직접성이 위축당하지 않는 능력을 말하며, 그와 같은 신뢰 속에서 사랑은 그 자체로 매개되어 아주 강력한 대항의 힘이 된다(AGS4, 195).

사랑의 저항적 힘은 비록 의식 속에서만 작용하지만, 교환가치가 적용되지 않는 더 나은 사회를 표상할 수도 있게 만들기도 한다. 아도르노는 사

랑에서 더 나은 세계의 실현 가능성에 대한 희망을 '사랑 자체에 함축된 사
랑의 잠재력'에 찾아낸다. 그가 말하는 영혼 없는 세계에서 영혼 찾기로서
사랑의 잠재력에는 구제의 이념이 함축되어 있다.

> 사랑은 영혼이 깃든 것의 암호 숫자라 할 수 있는 영혼 없는 것에 심취한다.
> 왜냐하면 살아 있는 것들이 바로 잃어버린 것에서만 그 대상을 찾는 구원의
> 절망적인 욕망을 위한 현장이기 때문이다. 영혼이 부재할 때 비로소 사랑은
> 영혼을 의식한다(AGS4, 194).

사랑의 잠재력은 개인의 차원에서도 새로운 가능성을 담지한다. 아도
르노에게 사랑은 개인의 "퇴색된 삶을 재생"(AGS4, 202)하는 원천이기도 하
다. 그는 사랑에 내재하는 잠재력의 사회적 차원뿐만 아니라 개인적 차원의
행복과 결부시킨다. 사랑은 행복해지기 위해 다른 사람(남성)을 가능한 한 행
복하게 하기 위해 모든 것을 하는 것이 아니라, 자신의 행복을 위한 것이어
야 한다. 행복은 사랑의 잠재력을 실현하는 개인의 주관적인 능력에도 달려
있다. 진정한 사랑의 회복을 위한 좀 더 실천적 차원은 사랑의 독특한 능력
을 회복하는 데 있다. 사랑의 독특한 능력이란 차이를 인식하는 능력이다.
아도르노에게 "차이를 지각하는 능력이 사랑의 조건"(AGS7, 406)이며, 동시에
"유사하지 않은 것에서 유사성을 지각"(AGS4, 217)하는 것이 사랑의 능력이
다. 이와 같은 차이와 유사성의 발견하려는 것은 사랑의 동일성이 아닌 '사
랑의 비동일성'을 확보하려는 태도를 의미한다. 아도르노에게 진정한 사랑
으로 나아가는 길은 사랑의 대상을 동일화의 논리 속에 강제하지 않고, 사
랑하는 대상의 차이를 인정하고, 주체로서 지각하며, 그 주체와의 구성적
관계 맺기에 달려 있는 것이다. 한 발 더 나아가 아도르노는 이와 같은 에로
스 속의 상호 주체적 인식태도는 예술에 있어 대상성에 대한 주체의 구성적
관계의 원형을 제공하기도 한다.

8. 나오면서

    지금까지 살펴본 호르크하이머와 아도르노의 사랑의 사회철학은 오늘날 한국 사회의 '사랑의 사회적 현상'을 비판적으로 성찰하는 데 의미 있는 준거점을 제공한다. 이들은 남성사회에서 사랑이 어떻게 왜곡된 의존관계를 부정적으로 산출하는지 잘 보여주고 있다. 여성의 사회진출, 여성권익의 법적 보호와 성의 개방화가 진전된 사회문화 속에서도 사랑관계에서 가부장적 질서 혹은 남성중심 질서는 여전히 일정하게 작동되고 있는 게 현실이다. 데이트 비용의 남성 부담률, 결혼 시 주택 구입비의 남성부담과 같은 남성의 경제적 지위의 인정 질서는 남성 중심적 사랑문화의 경제적 토대를 제공하는 것이다. 남성사회적 사랑관계의 한국적 현상으로 피임의 여성 부담률, 남자의 외도와 여자의 외도를 바라보는 사회문화적 인식의 차이, 조건만남, 원조교제 등을 들 수 있다.

    호르크하이머와 아도르노가 수행한 사랑의 경제학 비판은 한국 사회에서 사랑과 결혼의 실태를 비판하는 데 적절한 이론적 틀을 제공한다. 사랑의 경제학은 '첫 만남에서 좋은 인상 남기는 법', '이성을 사로잡는 매혹의 4초 비법', '밀고 당기기 노하우', '남자 애태우기' 등과 같은 연애의 기술에 대한 수많은 책들과 강좌에서부터 시작해 결혼정보회사의 혼테크 강좌, 1,500여 개가 넘는 것으로 추정되는 결혼중개업체의 신분과 직업, 경제력, 미모 등을 위계화해 결혼시장의 양극화를 촉진시키고, 교환으로서 사랑의 문화를 사회적으로 확산시킨다. 은행 PB들이 상류층 간의 중매서비스를 제공하는 것은 자원 교환으로서 폐쇄적 사랑시장의 대표적 사례이다. 한국식 교환으로서의 사랑이 가장 잘 드러나는 것은 이주결혼이다. 2009년 결혼이주 여성은 총 12만 5,087명이다. 국적별로 보면 중국, 필리핀, 베트남 순이다. 이들 이주결혼 여성은 천만 원에서 수천만 원에 이르는 결혼비용을 제공한 한국남성들에 의해 이주결혼 상대자로 선택된 여성들이지만, 이주결혼은 실상 매매혼이나 다름없는 실정이다. 2009년 3월 캄보디아 정부가 불법 집단 맞선 행위를 적발한 뒤 한국인과의 이주결혼을 금지시키는 사태까지 발생한 것은 사랑＝돈＝결혼＝교환가치라는 물화된 사랑의식이 어떻게 반인권적 매매혼으로 나타나는지를 잘 보여준다. 사랑의 경제학이 일상적 의식이 되어버린 듯하다. 미디어는 이를 촉진하는 주요 행위자이다. 우리의 공중파 드라마에서는 사랑이 아닌 출세를 위한 결혼, 신분상승을 위한 결혼, 권력 획득을 위한 정략결혼, 경제적 풍요를 위한 결혼을 소재로 한 드라마가 주를 이룬다. 성공한 사랑과 결혼의 사례들이 지상파와 각종 매체의 메인을 장식한다. 김혜수−유해진 커플의 연애사건을 계기로 나타난 '유해진 다시 보기' 열풍은 진정한 사랑의 가능성에 대한 지지의 성격보다는 추남과 최고 미인, 평범한 조연급 배우와 최고의 여성배우의 사랑, 탈관습적 사랑에 대한 '놀라움'의 사회적 표출이다. 이와 같은 사정은 호르크하이머와 아도르노의 "진정한 사랑의 가능성에 관한 담론이 규범적 호소력을 충분히 제공하며, 진정한 사랑의 가능성의 실현을 위한 선행조건으로서 그들이 제시한 사회의 변화와 개혁이 한국 사회에 필요하다"는 점을 확인시킨다.

사랑과 결혼의 한국적 실태에 대한 비판적 성찰의 단서를 호르크하이머와 아도르노의 사랑의 비판이론에서 찾아낼 수 있음에도 그들의 사랑의 비판이론은 몇 가지 이론적 난점을 가지고 있다. 첫째, 호르크하이머와 아도르노는 사랑의 경제학을 사랑 내적 문맥에서만 분석하고 있을 뿐 사랑과 경제와 공적 영역에서 구체적으로 어떻게 결합되고 산출되는지에 대한 분석을 내놓지 못했다. 기든스의 지적처럼 사랑과 경제영역이 결합이 다양화·세분화·세련화된 것이 후기 근대적 현상(기든스, 1997: 31)이라고 하더라도 호르크하이머와 아도르노의 사랑의 사회철학을 전개한 1940년대에서 1960년대의 그것에 대한 미흡한 분석은 사회이론적 상상력의 빈곤이라고 비판할 수 있다. 둘째, 사랑관계의 다양한 속성과 의사소통적 코드화, 합류적 사랑과 같은 관계 맺기의 다양한 동인에 대한 분석을 결여한 채 사랑과 경제, 사랑의 선택과 경제적 선택으로만 환원하는 오류를 범하고 있다. 자본주의 사회에서 발견되는 탈교환가치적 사랑의 가능성과 양상에 대해 간과하고 있다. 셋째, 사랑에서 경제의 문제가 남성사회에서나 현대사회에서 핵심적 지위를 가지며 현대 자본주의에서 본질적 문제가 되었다는 호르크하이머와 아도르노의 이론적 가정은 사랑과 결혼의 사회문화사나 인류학적 연구 성과들에 의해 반론에 부딪힌다. 신부값, 결혼지참금, 결혼 시 물물교환의 역사는 사랑 없는 결혼의 역사에서 일반적이었다. 교환으로서의 사랑은 인류의 역사만큼이나 오래된 것이다. 사랑과 교환의 갈등이 항상 문제시되지 않으며, 사랑과 교환은 수반적 성격을 갖는다는 점도 인정할 필요가 있다. 가치 결합으로서의 사랑, 파트너로서의 사랑과 같은 수평적이고 인격적인 사랑의 형식과 교환으로서의 사랑의 형식이 병존하는 복잡한 사랑의 현상 역시 고려되어야 한다. 넷째, 호르크하이머와 아도르노의 '사랑의 죽음'과 '진정한 사랑'의 요구 사이의 이론적 공백을 노정한다. 양자의 변증법적 매개가 성공하지 못하는 한, '진정한 사랑의 가능성'에 대한 탐색은 규범적 주장에 머물게 된다.

6

동물해방론[29]

1. 들어가면서

　　동물해방과 비판이론가인 호르크하이머와 아도르노의 사회철학을 연결시키고자 하는 이론적 시도는 비판이론 진영에서나 동물 권리 이론가들에게 새롭고도 익숙하지 않다. 이러한 이론적으로 낯선 시도를 설득력 있게 전개하기 위해서는 호르크하이머와 아도르노의 철학에서 동물의 도덕적 지위나 동물권리 이론과 유사하거나 근접한 주장들이 있는가를 찾아보는 문헌학적 연구가 우선적으로 요구된다. 수잔 뷔트 슈탈이 옳게 지적하듯이 호르크하이머의 철학에서 체계적인 동물해방론이나 오늘날 동물해방론자들이 사용하는 종차별주의, 쾌고감수 능력과 같은 조작적 개념 등을 찾아볼 수 없다(Susann, 2007: 8). 이러한 특징은 기존의 동물권리 이론과 동물해방의 철학적 담론에서 호르크하이머와 아도르노의 동물해방에 대한 테제를 연구대상으로 삼지 않는 결과를 가져왔다. 그러나 호르크하이머와 아도르노의 저

29　「호르크하이머와 아도르노의 동물해방론」, 『환경철학』 제9집.

서에서 종차별주의 비판, 인간중심주의 비판, 동물의 권리와 동물해방에 대한 암시와 주장을 찾는 것은 어렵지 않다. 호르크하이머와 아도르노는 동물지배 비판과 동물해방에 대한 주장을 그들의 자연지배 비판의 연속선상에서 수행한다. 그들에게 동물지배는 자연지배의 부정적 결과로 인식된다. 호르크하이머와 아도르노의 동물지배 비판과 동물해방에 관한 논의는 존재론적·가치론적 근거에 기초한 기존의 담론들과 차별성을 보여준다. 이들의 논의는 동물지배의 발생론적 설명과 조직화된 동물지배에 관한 사회이론적 설명을 유기적으로 결합시킨다. 호르크하이머와 아도르노는 동물지배 비판과 동물과 인간의 화해를 위한 이론적 시도를 일관되고 체계적으로 이론화하지는 못했으며, 화해의 전략에서도 입장의 차이를 노정한다. 그럼에도 동물해방과 동물권리에 대한 논의에서 새롭게 평가받을 만한 고유성과 이론적 기여를 하고 있는 것도 분명한 사실이다. 이 논문은 호르크하이머와 아도르노의 동물지배 비판과 동물해방을 위한 이론적 단서를 해명하는 것을 목적으로 한다. 이를 위해 ① 동물지배의 선역사로서 자연지배 논리, ② 동물지배 비판의 주요 논거 분석, ③ 동물해방과 인간의 화해를 위한 호르크하이머와 아도르노의 이론적 시도를 비판적으로 검토할 것이다.

2. 동물지배의 선(先)역사로서 자연지배와 자연지배 논리

호르크하이머와 아도르노는 동물과 인간의 관계, 인간의 동물지배를 자연지배에 기초한 문명사의 필연적 결과로 파악한다. 동물지배는 인간의 자연지배 논리가 동물에 관철되는 결과라는 것이다. 자연지배의 논리는 양자에게 '합리성의 비합리성' 혹은 야만의 역사로 이해되는 문명사를 분석하는 중심 개념이다. 호르크하이머와 아도르노에게 자연지배는 '역사의 시작'임과 동시에 "합리화된 비합리성으로서 문명"(Horkheimer6, 1987: 107)의 출발을 의미한다. 원시 인간은 위협적인 자연 앞에서 공포경험을 체험한다. 이 공포의 경험은 외적인 자연에 대한 공포경험과 자연의 순환적 법칙으로 빠져나올 수 없는 무기력의 체험에서 야기되는 내적 공포경험을 포함한다. 이와 같은 공포 경험은 자기보존의 욕구를 내면화하며, 그것을 삶의 최고원리로 삼게 만든다. 공포의 대상으로서 자연 앞에서 "인간은 언제나 자연에 굴복할 것인지 자연을 지배하에 둘 것인지 선택해야 한다."(HGS5, 55) 자기보존의 원리를 체화한 인간은 미메시스, 신화적 사고, 동일성의 단계를 통해 자연지배에 이르게 된다. 자연은 단순한 객체로 전락하며 자연지배적 이성은 "모든 존재의 영역을 수단의 영역으로 총체적 변형"(HGS6, 106)을 감행한다. 자연지배는 단순한 외적 자연의 지배뿐만 아니라 내적 자연의 지배를 전제한다. 자연의 양화를 통해 "자연의 언어", "자연의 내적 가치"(HGS6, 113)는 상실되며, 내적 자연지배는 "인간을 그가 억압하는 바로 그 자연의 도구로 만드는 지배원칙의 변증법적 전도"(HGS6, 107)를 야기한다. 지배원칙의 변증법적 전도는 사회 내에서 지배체제의 성립으로 나타난다. 정신노동과 육체노동의 분리로 표방되는 사회적 노동 분업의 전일화는 사회의 작동원리인 교환법칙에 의해 수행되며, 이를 통해 사회적 지배가 형성된다. 사회에서 지배의 양상은 크게 ① 계급지배, ② 사회의 자기보존 원리의 외화로서 개인에 대한 사회의 억압, ③ 남성에 의한 여성지배로 나타난다. 호르크하이머와 아도르노는 호네트가 지적하듯이 인간-자연관계와 인간-인간관계를 범주적으로 구분[30]하지 않는다. 다시 말해 이들은 인간의 사회적 관계가 갖는 특수한 성격을 고려하지 않고, 인간의 자연지배 논리에서 작용하는 대상

---

30 호네트는 호르크하이머와 아도르노가 자연지배 개념을 인간의 상호작용이 발생하는 사회영역에서 유일한 사회적 지배의 형식으로 파악하는 것에 대해 '구조적 폭력에 대한 이해 부족' 때문이라고 지적한다. 사회영역에서의 구조적 폭력은 동의에 근거한 지배에 기초한다는 것이다. 호르크하이머와 아도르노의 자연지배 논리를 사회분석에서 여과 없이 적용하는 것은 호네트의 관점에서 보면 "비판이론의 사회분석으로부터 사회영역의 최종적인 함락"을 의미한다(Honneth, 1989: 65-69; 85-86).

화·수단화·사물화의 작동원리가 인간에 의한 인간지배의 양상에서도 동일하게 관철된다고 보고 있다. 자연지배의 논리는 다시금 인간과 동물 관계에서도 동일하게 작동한다. 자연지배의 논리는 동물을 '동물 자체'나 '진정한 존재 자체'로서 동물의 고유성을 파악하려 하지 않고 동물을 "몸, 사지나 동작, 생식활동"으로 대상화해 버린다. 호르크하이머와 아도르노는 동물의 가축화, 동물표본의 수집과 분류, 반려동물로 불리는 동물의 애완화 양상을 동물의 인간화로 이해하면서, 이것을 '자연(동물)을 완전히 지배하려는 인간의 야심에 대한 증거'라고 지적한다. 대상화·수단화·사물화의 논리로서 자연지배 논리의 한 형식인 동물지배에 대한 호르크하이머와 아도르노의 비판은 문명의 자기파괴성에 대한 비판, 계몽의 자기비판의 성격뿐만 아니라 자연과 동물의 본래적 지위와 권리에 대한 사유를 내포하고 있으며, '자연과 인간의 화해 이념' 속에 동물과 인간 간의 화해의 논리가 내재해 있다. 호르크하이머와 아도르노의 화해 이념은 '동물윤리', '동물권리', '동물복지'의 이론적 구성 이전에 인간의 동물지배에 대한 근본적인 비판을 시도한다. 이와 같은 문제의식은 동물에 가해지는 인간의 폭력(Gewalt) 문제를 부각시키고, 그와 같은 폭력의 단서가 되는 인간중심주의(Anthropozentrismus)의 문명사적 전개에 대한 이데올로기적 비판전략을 채택한다.[31]

---

31 권터 로가우쉬는 피터 싱어와 톰 레건의 동물윤리학을 비판적으로 검토하면서 진정한 종차별주의를 극복하는 정책이 현실화되기 위해서는 동물윤리가 아닌 이데올로기 비판이 선행되어야 한다고 주장한다. 필자가 보기에 로가우쉬가 언급하는 이데올로기 비판은 호르크하이머와 아도르노에서 성공적으로 이루어졌다고 본다. 종차별주의 극복의 문제는 사실 동물윤리와 동물과 인간관계에서 발생하는 이데올로기 분석이 유기적으로 결합되어야 하며 그가 말하는 '동물윤리 대신 이데올로기 비판'만으로는 해결될 수 없는 문제이다(Rogausch, 2007: 370).

3. 동물지배 비판

1) 인간이념과 이성의 동일시

서구 사상사에서 일반적으로 인간의 특별한 지위는 동물과의 비교를 통해 설명되어 왔다. 아리스토텔레스는 인간과 동물을 자발적 행동의 주체로 보며, 심지어 동물의 인식능력과 실천지를 인정한다. 그러나 동물이 '숙고'라는 이성능력을 소유하지 못함을 지적했다(조대호, 2009: 87). 아리스토텔레스 이래 아우구스티누스, 아퀴나스, 데카르트, 루소, 칸트, 쇼펜하우어, 20세기 초반의 철학적 인간학에 이르기까지 동물과 인간의 비교에서 항상 제시되는 논거는 ① 이성능력, ② 언어, ③ 도구의 제작과 사용, ④ 영혼의 존재 여부, ⑤ 지능의 차이 등이다. 호르크하이머와 아도르노는 이와 같은 사정을 다음과 같이 서술한다.

유럽의 역사에서 인간의 이념은 동물과의 비교를 통해 표현되었다. 동물의 비이성이 인간의 위엄을 증명한다. 이러한 대비는 유대인으로부터 스토아학파, 교부들, 그리고 중세와 근대에 이르는 시민적 사유의 모든 선조에 의해 만장일치로 분명하게 표명되어 왔고 이것이 서구 인간학의 근본 토대였다. 이것은 오늘날에도 유효한 것으로 인정되고 있다(HGS5, 277).

자연지배 논리의 관철로서 인간 이념과 이성의 동일시의 역사는 이성 있는 존재인 인간 종의 이성 없는 동물에 가하는 학대와 착취의 역사이다. "전쟁 중이든 평화 시이든, 투기장 속에서든 도살장에서든 원시인들의 계획적인 몰이에 마침내 굴복하는 코끼리의 죽음으로부터 오늘날 볼 수 있는 동물세계의 완벽한 착취에 이르기까지" 문명의 역사에서 은폐되어 있는 역사는 "이성이 없는 존재, 동물 존재 자체다."(HGS5, 278) 호르크하이머와 아도르노의 『계몽의 변증법』은 인간의 관점이 아닌 동물의 관점에서 은폐된 인간의 역사이자 인간의 동물지배 비판을 위한 "세계사의 철학적 구성"(HGS5, 254)의 성격을 갖는다. 문명사에서 동물의 지배와 착취는 인간중심적 관점 하의 자기변호와 결합되어 있다. 특히 호르크하이머는 인간의 이념과 이성 개념의 동일시에서 이성의 자기목적성이 상실된 채 '이성의 주관화', '형식화', '중립화', '도구화', '죽음'과 잘못 결합되어 있음을 강조한다. 이와 같은 잘못된 결합은 "윤리적·도덕적이며 종교적인 통찰의 매개체로서 이성 자신을 와해"(HGS6, 40)되게 하며, 이성에 내재한 이념인 "정의, 평등, 행복, 관용"(HGS6, 44)의 근거를 제거하는 결과를 가져왔다. 호르크하이머는 "인간의 행위와 삶의 방식을 판단하는 자신의 과제"(HGS6, 32)를 이성 자체가 제대로 수행한다면, 이성은 "어떤 목표가 그 자체로 바람직한 것인지 결정"(HGS6, 31)하는 데 의미 있는 단서를 제공할 것이라 믿는다. 그는 이성이념의 상실과 이성의 형식화에 관한 비판을 인간-동물관계에 대한 이데올로기적 비판에 직접적으로 적용하는 언명을 명확히 보여주고 있지 않지만, 그가 촉구하는 '이성의 자기반성'은 이성과 지배의 결합 및 그것의 한 양상으로서 인간의 동물지배가 '다른 양상으로 전개'되었을 것이란 숨은 믿음을 갖고 있는 것이다. 이성의 자기 목적성에 관한 이성의 자기비판은 동물지배의 정당성에 대한 반성을 수행하며, 이는 인간-동물관계에 대한 '다른 관계 설정'의 가능성을 담지하기 때문이다.

2) 인간중심주의-종차별주의 비판

호르크하이머와 아도르노에 따르면 이성적 존재로서 인간의 자기규정은 지구 전 생태계의 지배자로 '인간중심주의'라는 종차별주의 이데올로기를 가동시킨다. 종차별주의는 "인간과 다른 동물을 분리"(HGS5, 262)하며, "인간이라는 종이 지구에서나 우주 속에서 생존의 기회를 증진시키거나 감퇴시키는 것에만 관심"을 갖는다. 문명사에서 "진지한 의미가 부여된 모든 이

넘, 금기, 종교, 정치적 신조"(HGS5, 253)는 오직 종차별주의 작동의 강화를 위한 보조물에 지나지 않는다. 호르크하이머와 아도르노는 먼저 다양한 민족동화에서 발견되는 인간의 동물 변신에 대한 부정적 인식을 파헤침으로써 종차별주의의 신화를 해부한다. 양자에 따르면 인간의 동물변신은 저주의 형벌이자 고통으로 인식되어 왔다.

> 대부분의 민족이 갖고 있는 동화 속에는 인간이 동물로 변신하는 형벌이 종종 나타난다. 동물의 몸에 갇히는 것은 저주로 여겨진다. 모든 민족, 특히 아이들은 그러한 변신의 관념을 아주 친숙한 것으로 즉각 이해한다. 고대 문명들은 영혼의 윤회를 믿는 경우에도 동물의 형상은 형벌이나 고통으로 인식했다. 동물의 시선 속에 담겨 있는 말 없는 원시성은 인간이 동물로의 변신에서 느끼는 비슷한 두려움을 만들어낸다(HGS5, 279).

동물로의 변신에 대한 저주의 감정이 녹아 있는 신화에 대한 분석은 인간의 종차별주의가 자연지배의 과정과 역사적 궤를 같이하며 동물지배의 정당성에 대한 학습이 유아기부터 동화나 신화를 통해 내면화된다는 사실을 보여준다. 호르크하이머는 동물을 보는 인간의 태도와 동물지배가 사회적·문화적 차원에서 자연스럽게 형성되었으며, 그 속에 내재한 인간의 냉혹함과 잔인성을 비판한다.

> 지금까지 유럽사회에서 동물의 삶은 …… 동물의 지성과 본능의 발달이 억압되었다는 것을 보여준다. 동물의 운명은 우리의 문화 속에서 주도적인 냉혹성과 편향성을 반영한다(HGS4, 84).

호르크하이머가 동물지배에 관한 사회문화적 학습을 언급한다면, 아도르노는 '지각의 사회적 도식주의'에 나타난 동물지배의 자연스러움을 나타내는 언어적 표현에 주목한다. "야만인, 흑인, 일본 사람은 동물(원숭이) 같다"는 표현이나 "저건 단지 동물이야"(Adorno4: 118)[32]와 같은 언어표현에는 타자에 대한 폭력의 정당성을 타자와 동물스러움의 동일시에서 찾아낸다. 이러한 동일시는 병적인 투사(Projektion)에 의해 작동된다. 이와 같은 아도르노의 분석은 한국어 용법에서도 찾아볼 수 있다. '금수보다 못한 놈', '짐승 같은 놈', '네가 동물이냐'는 표현은 단지 행위자의 비도덕적 행위와 그의 인격에 대한 비난만이 아니라 야만성＝동물＝비도덕적 행위내용의 동일시라는 사회문화적 스키마가 작동되는 것이다.

호르크하이머와 아도르노는 종차별주의에 입각한 동물지배의 한 형식으로 동물실험에 가해지는 인간의 폭력을 비판한다. 양자의 비판은 오늘날 동물실험 반대론자들의 논거로 내세울 만한 주장을 제시한다. 그는 "의사가 병든 아이에게 주사하는 혈청이 아무런 방어력이 없는 동물들을 공격함으로써 얻어진 것"이며 "인간이라는 종이 갖는 지배적인 위상"(HGS5, 254)에서 발동하는 동물에 가하는 '공포 메커니즘'의 결과라고 말한다. "생리 실험실에서 무방비 상태의 동물"에게 가해지는 동물실험의 폭력은 배제되어야 한다. 동물실험실이 보여주는 것은 "기계적이고 조건반사적이며 맹목적으로 행동"하는 인간의 제어되지 않은 폭력성이다. 동물에 대해 맹목적인 폭력을 가하는 인간은 영혼을 가진 존재가 아니라 영혼이 퇴화되고 파괴된 존재이다. 호르크하이머와 아도르노는 동물에게 가해지는 온갖 조직적인 실험의 폭력성을 가진 인간 영혼과 무방비하게 폭력적 실험의 대상이 되는 동물의 영혼을 극적으로 대조시키면서 역설적으로 말한다. 그들에게 "영혼에 대해 말하고 영혼을 인식한다는 것은 오직 (실험당하는) 동물에게만 어울리는"(HGS5, 278) 표현인 것이다.

호르크하이머와 아도르노는 인간 유희의 대상으로 전락한 동물 서커스와 동물원에 관한 비판을 통해 생활세계에서 경험하는 동물지배의 한 유형

---

32 아도르노 전집은 AGS로, 해당권은 숫자로 표기함.

을 제시한다. 호르크하이머는 서커스의 코끼리 공연 사례를 통해 학대받는 동물의 운명을 비판적으로 서술한다.

> 고삐와 쇠갈고리에 의해 한가하고 평화로운 동물이 이끌어진다. 명령에 따라 오른발, 왼발을 올리고, 원을 돌고 힘들게 앉으며, 고삐의 따다닥거리는 소리에 맞추어 무거운 몸을 버티기 어려운 두 다리로 일어난다. 이것이 인간을 즐겁게 하기 위해 코끼리가 수백 년 동안 해야 했던 일이다(Horkheimer, 1974: 54).

아도르노에게 동물원은 동물의 자유를 부정하는 형식이자 자연을 완전히 정복하려는 인간의 자연지배 욕구의 반영이다. 동물원이 교육과 오락의 장소이자 종의 보존을 위한 순기능이 있다는 주장은 허구에 지나지 않는다. 동물원은 동물의 비극과 자유의 말살을 알레고리적으로 보여준다.

> 동물원은 어떤 견본이나 어떤 쌍이 종으로서의 종의 불행을 이겨냈다는 것에 대한 알레고리이다. 그 때문에 많은 동물을 보유한 유럽 대도시의 동물원은 파멸형식으로 작용한다. 두 마리의 코끼리, 두 마리의 기린, 한 마리의 하마, 이상의 동물들은 비극으로 가득한 것이다. 철창 없이 동굴로 만들어진 하겐벡의 옥외 동물공원은 결코 축복받은 곳이 아니다. 그 공원은 아라라트 산이 약속한 구원을 꾸며내면서 노아의 방주를 암시하고 있다. 그것은 광야로 나가고 싶은 동경의 철창을 보이지 않게 설치함으로써 동물들의 자유를 더욱 철저하게 부정한다(AGS4, 131).[33]

동물원이 가지는 또 다른 문제는 동물의 속성을 변질시킬 수 있다는 점

---

[33] 아도르노에게 동물원은 단순히 인간의 완전한 자연지배의 한 형식이자 동물권리의 부정만이 아닌 인간의 인간지배의 한 형식의 표현이다. 이것의 의미는 자연 그대로의 사파리 동물공원이 갖는 정치적 함의에 있다. 19세기 제국주의의 정치적 산물인 이와 같은 동물공원은 '이국적인 것', '진기한 것', '얻기 힘든 것'을 강탈하는 식민 지배의 산물인 것이다. 아도르노에게 동물원은 인간과 인간의 화해, 인간과 동물의 화해 불가능성을 상징하는 기호이다.

이다. 동물원에서 사육되는 "사자는 이미 오래전에 산아 제한에 예속된 말처럼 길들여져 있다."(AGS4, 131) 이와 같은 아도르노의 주장은 단지 철학적 주장의 진리성만을 보여주는 것이 아니라 과학적으로 지지되고 있다. 동물원의 동물들이 환경변화와 음식물의 변화로 생명의 단축과 형질의 변화를 가져왔다는 경험적 사례들이 보고되고 있다.[34] 동물 속성의 변질과 관련해 호르크하이머와 아도르노는 공포심의 내면화에 주목한다. 인공적인 환경조성에 따라 자유를 향유할 수 없는 동물들이 인간의 길들이기 방식에 적응하는 과정은 공포에 떠는 과정이며, 이는 동물의 영혼과 신체에 위축감을 초래한다는 것이다.

> 주변 자연의 직접적인 저항에 의해 억눌리게 된 변화의 잠재력이 내면화되어 신체기관들은 공포에 질려 지레 위축되고 만다(HGS5, 289).

동물의 '신체에 가해지는 손상이 몸을 마비시키는 공포'는 동물 자신의 종의 특성을 유지하려는 욕구와 인간의 폭력을 벗어나려는 동물의 시도로 나타날 수 있지만, 그것은 인간에 의해 분쇄된다. 동물에게 가해지는 폭력과 공포에 의해 "동물은 수줍고 우둔해진다(HGS5, 289)".

3) 동물사랑과 동물보호의 허구성 비판

호르크하이머와 아도르노에게 동물지배가 일상화된 문명세계에서 "동물을 존중한다는 것은 더 이상 감상적인 것"으로 용인되지 않는다. 동물지

---

34 범고래의 경우가 대표적이다. 범고래의 평균수명은 50~60년인데 플로리다 올랜도의 놀이공원인 시월드(Sea World)에서 범고래 쇼를 위해 관리되는 범고래의 수명은 25년 내외이다. 이들은 스트레스와 화학적으로 처리된 물로 인해 위장약을 상시 복용하며, 등지느러미가 붕괴된다. 작은 수족관과 사회성의 파괴는 범고래의 공격성을 드러내 인명피해를 가져오는 사건이 반복해서 벌어지고 있다.

배와 착취에 대한 반성능력을 상실한 인간에게 동물을 존중한다는 것은 인간의 "진보에 대한 배반"(HGS5, 286)인 것이다. 이와 같은 세계에서 인간이 동물에게 관심을 갖는 경우는 특수한 사례들에 한정된다. "합리적이 된 지구"는 "폭격기가 착륙하는 데 걸림돌"이 된다면 "키 큰 기린이나 흰 코끼리"를 제거한다. 동물이 인간의 관심사가 되는 경우는 "서커스의 화재나 큰 동물의 중독 소식"과 같이 "소유주에게 재정적인 피해를 입히면서 비참하게 죽어갈 때"(HGS5, 283)뿐이다. 또한 성적 지배의 대상인 여성의 불행의식이 동물에 대한 연대감으로 표현되기도 한다(HGS5, 283).

호르크하이머는 가축보호와 동물애호를 적극적으로 표방하는 것의 부정성을 들추어낸다. 그는 인간의 가축보호와 동물애호의 논리가 '허구'이며 동물지배를 심미화하는 이데올로기라고 비판한다. 가축의 사육자인 인간이 양을 잡아먹는 늑대에 대한 분노나 늑대의 잔혹한 살해 속에서 양심은 침묵하며, 늑대 살해의 기회는 인간이 '가축의 보호자'임을 스스로 확인하게 해준다. 호르크하이머에게 가축에 대한 인간의 "보호는 동시에 살해"(Horkheimer, 1974: 33)의 논리가 작동하는 것이며, 이것이 동물과 인간의 역사에 나타난 '문명의 변증법'이다. 가축 보호는 인간에 의해 선택된 종만을 '보호'한다는 미명 하에 다른 동물을 살해하는 세련된 동물폭력의 한 사례인 것이다. 호르크하이머는 1936년 논문 「이기주의와 자유주의 운동」에서 동물에 대한 감상적인 사랑 역시 인간의 나르시시즘적 행태로 나타나는 '순수하고 선량한 인간'임을 증명하고자 하는 일종의 자기생산적 이데올로기 작업으로 간주한다.

개인들이 의식적으로 잔인한 수법을 사용할수록 그들은 동물에 대한 사랑을 발견하지 못해도, 적어도 주장하기는 하는 것이다. "당신들은 내가 벌레 한 마리 죽이지 못하는데도 잔인하다고 한다"고 마라는 일단의 정적들을 죽일 것을 권하고 있다. 이 사회에서 동물에 대한 감상적인 사랑은 이데올로기적인 작업에 속한다. 이러한 동물에까지 뻗쳐오는 것은 자명하게도 일반적인 공통의식이 아니라 대개는 자신의 나르시시즘과 일반적인 의식에 대한 알리바이이다. 또한 그것은 자신의 이상적인 도덕에 일치하는 것이다(HGS4, 84).

위에서 제기한 호르크하이머의 동물에 대한 감상적인 사랑이 수행하는 이데올로기적 작업은 오늘날 다른 양상으로 발전하였다. 동물에 대한 감상적인 사랑이 나르시시즘적 사랑으로 발전하는 양상을 보여주고 있다. 나르시시즘적 동물사랑의 현대적 형태는 동물을 단순히 애완동물의 보지 않고 반려동물로 격상시키는 데서 확인된다. 애완견 수준이 아닌 반려동물은 가족의 일원으로서 인정되며, '장례식'을 치르는 것을 넘어 유산 상속의 법적 주체가 되었다. 2008년 미국 부동산 업계 거물 고(故) 리오나 헴슬리가 유언을 통해 자신의 애완견 '트러블'에게 1천 200만 달러(약 126억 원)의 유산을 남겼으며, 법원은 그 상속의 일부를 인정하는 판결을 내렸다.[35] 유명 팝가수인 마돈나의 애완견 건더(Gunther)는 2억 2,460만 파운드(약 4,587억 원)를 상속받았으며, 여러 채의 고급 주택을 소유하고 있다.[36] 동물에 대한 나르시시즘적 사랑은 동물에게 '유사주체'의 존재론적 권리를 부여함으로써 동물권을 인정하는 차원이 아니라 '실질적인 법적 주체'로 인정하는 셈이다.

4. 동물지배의 부정성과 그 결과

호르크하이머와 아도르노는 자연지배 논리의 관철이 인간-자연관계의 파멸을 가져올 것이라고 경고하며, 인간의 동물지배 역시 같은 결과를 야기할 것으로 판단한다. 그들은 인간중심주의가 인간의 파괴성만 편향적으로 촉진시켜 생태계의 파괴와 함께 인류의 파멸을 초래해 자연과 인간의 '모든 것을 낮은 단계에서 다시 시작'하는 '새로운 역사'의 시작을 가져올 것

35　http://news.khan.co.kr/kh_news/khan_art_view.html?artid=200806181020012&code=970211
36　http://news.mk.co.kr/outside/view.php?year=2009&no=430493

이라고 진단한다. 이 점에서 인간중심주의는 부정적 진리성을 갖는다.

> 자연사는 인류가 벌인 행복하고도 성공적이었던 승부를 미처 고려하지 못했을 것이라는 점에서 본다면, 사실 인간중심주의는 옳은 점이 있다. 인간의 절멸능력은 지구를 백지상태로 만들어버릴 수 있을 만큼 커질 것이다. 인류가 스스로를 파멸시키거나 지구상의 전체 생태계를 파괴시켜버릴 때 그래도 지구가 아직 충분히 젊다면 ── 유명한 말을 약간 변용하면 ── 모든 것을 훨씬 낮은 단계에서 다시 한 번 시작할 것이다(HGS5, 254).

이와 같은 호르크하이머와 아도르노의 진단은 종차별주의에 기초한 동물지배의 폭력성에 내재한 '희망의 상실'에 대한 언급에서도 '다시 한 번 시작할 수밖에 없다'는 회의적 시각이 드러난다.

> (폭력을 경험한) 동물의 종(種)들처럼 인류 내부의 정신적인 단계들이나 한 인간 내부에 있는 눈먼 지점들은 희망이 정지된 지점들로서, 이 화석화된 희망이 보여주는 것은 살아 있는 모든 것이 굴레를 벗어버릴 수 없다는 것이다(HGS5, 290).

인간중심주의와 동물지배의 부정성에서 '희망'을 발견하지 못하고 '다시 시작해야 하는 역사'를 염두에 두는 호르크하이머와 아도르노의 체념적 입장은 단지 체념으로만 끝나지 않는다. 이들의 체념적 태도는 '다른 역사의 시작점'에 대한 인식을 포함하고 있다는 점에서 절망적 체념이 아닌 생산적 체념의 가능성을 담지하고 있는 것이다. 호르크하이머나 아도르노가 인간과 자연의 화해 가능성과 동물과 인간의 화해 가능성을 표명한다는 점에서도 위의 체념은 생산적 체념으로 파악해야 할 것이다.

5. 인간과 동물의 화해 가능성

1) 화해를 위한 예비적 단계: 동물능력 다시 보기

인간과 동물은 화해할 수 있는가? 호르크하이머와 아도르노는 동물을 유사주체로 인정하고 화해의 당사자로 동물의 지위를 부여하는가? 인간과 동물의 화해를 위한 인간의 자기반성과 인간의 역할은 무엇인가? 호르크하이머와 아도르노의 동물과 인간의 화해를 위한 이론적 전략과 내용은 공유되고 있는가? 이 장에서는 이와 같은 문제의식을 갖고 논의를 전개할 것이다. 호르크하이머와 아도르노는 동물과 인간의 화해 가능성을 위해 인간과 동물을 분리하려는 강한 인간중심주의의 교정을 요청한다. 인간 스스로 자신의 고유성을 의식적인 계획, 사고능력, 추상능력, 특정한 목표들에 대한 유연한 추구능력으로 이해하며, 인간과 동물이 공통으로 갖고 있는 감정능력을 동물에게는 없는 것으로 간주한다(HGS14, 121). 필자가 보기에 호르크하이머와 아도르노는 인간과 동물의 화해 가능성을 위해서는 인간중심주의에서 편협하게 이해된 동물의 능력에 대한 재인식이 선행되어야 한다고 판단하는 것으로 보인다. 호르크하이머와 아도르노는 피터 싱어가 주장하는 동물의 쾌고감수 능력 이전에 감정과 욕구능력이 있으며, 심지어 인간들에서 보이는 정신의 계기들도 있다고 인정한다(HGS5, 279). 그는 동물에게도 불안, 슬픔, 고통의 감정이 있음을 말한다.

> 동물이 위로라는 것을 모른다고 해서 불안이 없는 것은 아니며, 행복에 관한 의식이 없다고 슬픔이나 고통이 없는 것은 아니다(HGS5, 279).

호르크하이머나 아도르노가 동물의 부정적 감정의 인식능력을 인정하면서도 긍정적 감정능력에 대한 능력을 인정하지 않는 듯한 태도는 동물에 가해지는 폭력의 내면화가 동물의 감성능력에 영향을 미친다는 점을 고려한 것으로 보인다. 호르크하이머와 아도르노의 동물의 감정지각 능력에 관한 주장은 사실 그들의 철학에 직간접적인 영향을 미친 쇼펜하우어의 동물 이해에 기초하고 있으며, 멀리는 루소의 동물 이해에 영향 받고 있다. 루소는 동물이 관념과 관념조합 능력, 감성적 존재로서 고통지각 능력을 제시하며 동물이 "인간에 의해 불필요하게 학대받지 않을 권리"(루소, 2008: 39)[37]가 있다고 주장한다. 이러한 루소의 주장은 아도르노와 호르크하이머의 동물 능력에 대한 입장과 생명체에 고통을 배제하려는 호르크하이머의 '생명의 연대론'에 수용된다. 호르크하이머와 아도르노는 루소가 주장하는 동물의 인간화, 동물의 가축화에 따른 동물의 능력과 속성의 변화[38]에 대한 입장 역시 수용하며, 한 발 더 나아가 동물 속성의 변화와 이에 따른 동물의 심리적 태도의 변화에 주목했다. 호르크하이머와 아도르노는 쇼펜하우어의 동물의 감성능력, 직관능력에 대한 주장을 그대로 수용한다.[39] 특히 호르크하이머는 나중에 살펴볼 동물 권리의 이론적 근거로 동고의 원리를 인간과 인간관계, 인간과 동물관계에 적용하려고 시도했다. 그런데 '동물 능력에 대한 다시 보기'를 주장함에도 호르크하이머와 아도르노 역시 동물의 이성능력을 동물과 인간을 구분하는 기준으로 삼는 서구적 전통과 패러다임을 완전히 부정하지 못한다. 호르크하이머와 아도르노는 동물이 감정, 욕구, 정신적

---

37 루소에 따르면 동물과 인간의 차이는 지성의 정도의 차이에 불과하며 감성적 능력에는 차이가 없다. 동물과 인간의 능력의 질적 차이는 인간이 '자유의 존재'로서 취사선택 능력과 '무한한 가능성의 존재'라는 점에 있다고 보았다. 그러나 루소는 동물을 기계로 보는 데카르트의 동물관을 완전히 벗어나지는 못했다.

38 루소는 동물의 가축화의 결과는 동물의 감각 능력의 퇴화뿐만 아니라 거칢, 용맹과 같은 동물의 속성의 절반을 상실하게 한다고 서술한다(루소, 2008: 58).

39 쇼펜하우어는 동물의 능력으로 원인과 결과에 대한 인식능력, 공간지각 능력, 동기지각 능력, 욕구 및 감성지각 능력, 죽음인식능력이 있음을 주장한다. 그러나 이성은 동물이 갖지 못하는 '인간의 특수한 정신 능력'으로 간주한다는 점에서 그 역시 '인간중심주의' 패러다임을 완전히 벗어났다고 보기 어렵다(쇼펜하우어, 2009: 71, 72, 93, 94).

계기가 있음을 인정하지만, 그것들을 조작하는 이성능력은 결여되어 있다고 주장한다(HGS5, 278). '개념이 없는 동물'로 묘사되는 동물과 "동물의 눈"과 "자아 성찰" 능력의 부재를 동일시(AGS4, 194)하는 아도르노의 주장에는 '동물의 능력 다시 보기'를 통한 동물지배 비판이 방어적·소극적 차원에 머물러 있으며, 동물과 인간의 관계에서 화해 가능성의 열쇠가 인간에게 있음을 전제하는 한계를 보여준다.

2) 동물과 인간의 화해를 위한 이론적 시도

지금까지 고찰한 바와 같이 호르크하이머와 아도르노는 동물지배 비판에 관한 한 주요 내용을 공유하고 있다. 그러나 동물과 인간의 화해 전략에 대한 양자의 이론적 입장은 다르다. 이는 독일 귀환 후 두 철학자가 새로운 철학적 이론을 구성해내면서 자연스럽게 나타난 결과다. 문제는 공동저작인『계몽의 변증법』이후 양자에게서 동물해방과 권리를 위한 논의가 더 심도 있게 다루어지지 않고, 새로운 철학적 작업의 주변에 머물면서 이론적 연결지점을 확보하지 못한 채 산발적으로 다루어지고 있다는 점이다. 이러한 사정을 고려하여 필자는 호르크하이머와 아도르노의 주요 이론에서 동물과 인간의 화해를 위한 이론적 접점을 찾아보고자 한다.

(1) 호르크하이머: 동고(同苦)의 원리와 생명의 연대

호르크하이머는 쇼펜하우어의 동고의 원리를 자연지배 논리의 결과로서 '고통의 객관성'을 경험하고 고통을 제어하는 행위의 도덕적 원리 그 자체가 될 수는 없다고 보았지만, 그 가능성을 인정해왔다. 인간―동물의 관계에 대한 이성적인 재설정의 문제와 관련해 호르크하이머 자신이 동고의 원리와 동물지배, 동물의 권리를 직접적으로 해명하지는 않는다. 그런데 그가 말년에 제시한 '생명의 연대' 개념을 고려한다면, 동고의 원리를 '동물생명권과 권리론의 도덕적 근거'로서 적극적으로 해석할 여지가 생긴다. 자연지배 논리의 관철로서 동물지배에 대한 비판은 이성적인 동물-인간관계의 재구축을 목표로 한다. 이에 대한 대안으로 호르크하이머는 "우주적 연대(universal Solidarität)" 이념을 제시한다. 그가 말하는 '우주적 연대'는 동고(Mitleid)에 기초하고 있으며, 동고의 원리가 인간-동물관계에 준용될 때 그것은 '생명의 연대'가 된다. 호르크하이머가 동물지배 비판에서 생명의 연대로 넘어가는 데 있어 이론적 공백을 메우는 단초가 동고의 원리이다. 그렇다면 동물지배 비판과 동물 생명권의 보장, 동물권리의 토대를 제공하는 동고의 원리는 무엇인가? 호르크하이머에게 동고[40]는 타자의 고통을 함께 느끼는 도덕적 감정을 의미한다. 동고의 원리가 인간-동물관계의 도덕적 행위원칙으로 작용한다면 그것은 '동물의 고통에 공감하고, 인간이 동물의 고통을 함께 느끼려는 도덕적 태도'를 산출할 것이다. 그런데 호르크하이머의 동물지배 비판의 이론적 대안으로서 '생명연대'론이 정당성을 확보하기 위해서는 인간-동물관계의 새로운 도덕규범으로서 동고의 원리에 대한 필연성과 보편성이 확보되어야 한다. 호르크하이머 자신은 인간-동물관계에서 동고의 원리가 유용한 동물지배 비판을 제어하는 도덕적 감정이 될 수 있지만, 그것이 보편적 도덕원리가 될 수 없다는 점을 지적한다. 그 이유로 실천의 예외성과 보편적 도덕원리가 될 수 없는 제한성을 논거로 제시한다. 호르크하이머에게 "동고는 그것의 실천이 예외적이라는 사실"로 인해 "우연성"에 기초하고 있다. 이와 같은 "동고의 성격"은 생명의 연대를 위한 보편적 도덕 원리로 위치 지어지는 데 한계가 있다.

그런데 보편적 도덕원리로서의 한계가 도덕적 감정으로서 동고의 원리 자체의 의미를 축소하는 것은 아니다. 호르크하이머에 따르면 동고의 원리

40　쇼펜하우어에게 동고는 타자의 고통을 보고 고통을 표상, 공감, 직접적인 자신의 고통으로 지각하는 것을 의미한다. 동고란 '타인의 고통을 같이 느끼는 것'이며, 호르크하이머나 아도르노는 쇼펜하우어의 동고 개념을 수용한다(쇼펜하우어, 2009: 619; 이종하, 2007: 14).

는 또 다른 도덕 감정의 형식인 정치에 의해 보완되어야 한다. 호르크하이머가 정치가 도덕 감정의 한 형식이라고 주장할 때 정치는 현실정치를 의미하지 않는다. 그는 정치의 궁극적 목적과 그 목적의 발생론적 관점에서 정치 개념을 재정의한다. 그는 정치가 인간해방과 보편적 행복을 목적으로 하는 한 정치는 동고라는 도덕적 감정에 토대를 두며, 그러한 정치를 동고의 사회적 표현으로 간주한다. 호르크하이머에게 정치는 규범적 개념으로서 자유, 평등, 정의를 주어진 사회적 조건 속에서 해방적 관심을 갖고 이성적인 상태로 실천하려는 일련의 관심과 규범적 태도와 그 실천, 즉 "정당하고 생산적인 질서의 실현"(HGS5, 320)을 목표로 하는 실천적 노력을 의미한다. 호르크하이머에게 정치는 인간의 고통을 매개하고 지양하는 개념이다. 도덕 감정인 동고의 사회적 표현형식으로서 정치가 인간과 인간, 인간과 동물 관계의 도덕적 준거점을 제공하려면 그러한 정치는 인간의 보편적 행복을 지향하는 정치가 아닌 인간, 인간과 인간의 생명력, 동물의 생명력을 활성화하는 정치가 되어야 할 것이다. 인간해방 역시 생명의 연대에 기초할 때 진정한 인간해방의 토대를 구축할 수 있다.

호르크하이머는 동고의 원리를 인간 상호 간의 사회적 연대 개념에서 지구 전체, 동물로 대변되는 생명의 연대로 확장한다. 그는 동고원리가 인간 상호 간의 관계를 넘어서 인간과 동물 관계에서 하나의 행위의 원칙이 되어야 함을 암시한다. 동고의 원리는 호르크하이머 동물권리론의 이론적 단서가 되는 것이다. 그에게 인간은 "공동의 고향으로서 지구라는 이념"(HGS5, 351)을 공유해야 하며, "인간의 연대는 생명 일반 연대의 한 부분"(HGS3, 136)이다. 자연지배 과정의 산물인 인간의 고통문제를 동고의 원리에 의해 극복하려는 호르크하이머의 전략은 다시금 지구 생명 일반의 연대 원칙 하에 복속시킴으로써 동물의 생명권을 인정한다고 볼 수 있다. 인간연대 원칙에 선행하는 생명연대 원칙의 우선성에 관한 그의 분명한 입장은 앞 장에서 서술한 그의 인간중심주의 비판의 논리적 귀결이라고 할 수 있다.

호르크하이머의 생명연대의 원칙이 종평등주의로 발전하거나 싱어의 경우처럼 채식주의의 입장으로 나타나지는 않는다. 호르크하이머에서 생명연대 원칙의 도덕적 행위자는 인간 연대를 실행하는 자임과 동시에 그 기반 위에서 도덕적 행위의 범위를 인간과 생명의 관계에까지 확장시키는 행위자를 지시한다. 동물의 생명권과 동물 권리의 인정과 이러한 인정의 수행적 주체는 다름 아닌 인간 자신인 것이다. 호르크하이머는 "동물들은 인간을 필요로 한다"(HGS3, 136)는 점을 명확히 함으로써 인간－동물관계에 있어 인간중심주의와 종평등주의 중간영역인 '확장된 인간주의'를 대변하는 것으로 보인다.

(2) 아도르노: 동물의 비동일성

아도르노가 전개한 동물지배 비판을 넘어서 동물의 권리와 동물과 인간의 화해를 위한 이론적 시도는 구체적으로 무엇인가? 아도르노가 동물－인간관계 문맥에서 명시적으로 다루고 있지 않지만, 그의 철학이론의 핵심 개념인 비동일성이 동물권리와 화해의 전거를 제공한다고 볼 수 있다. 아도르노에게 동물과 인간의 화해는 동물의 "비동일적인 것을 지각하는 태도"(AGS7, 202)에 기초한다. 인간종과 다른 동물의 비동일성(Nichtidentität der Tiere)이라는 다름과 차이의 인정이 필요하다. 다른 종으로서 차이의 인정은 동물이라는 '객관의 우선성(Vorrang des Objekts)'을 전제한다. 객관의 우선성은 "지배권에 대해 존재자의 잠재적 자유"를 의미하며, "객관의 우선성에 내재한 부정성은 객관의 화해되지 않은 상태, 타율성을 부정"(AGS7, 384)하는 것을 말한다. 이를 동물과 인간관계에 적용하면 인간종의 동일화 강압논리를 작동하기 이전에 동물을 동물 그 자체로 승인할 것을 요구하는 것이다. 동일화의 논리는 사물의 자체성(Selbstheit)을 완전히 드러내지 못하며 "개념과 그것이 불러일으키는 것 사이에 뛰어넘을 수 없는 빈 공간"(AGS6, 62)을 만들어낸다. 인간종이 작동하는 동일화의 논리는 인간중심주의적 관점에서 동물을 파악한다. 동일화의 논리는 동물을 구분, 분류하며 '동물의 이름'을 규정한다(Hoffman, 2007: 185). 다양한 동물 종의 이름 붙이기에 작동되는 동일화의 논리에서 아도르노가 주목하는 것은 이름(개념)으로 포착되지 않는 동물고유의 그 어떤 것, 이름 이상(Mehr)의 어떤 것이다. 동물 자체와 동물 이름사이에 작용하는 동일성의 논리는 객관의 우선성을 제거하고 동물의 대상화를 통해 동물 자체의 고유성을 완전하게 포섭하지 못한다. 아도르노는 오직 동물 자체의 존재에 의해 그들의 이름이 표현될 수 있다고 믿는다. 동물의 이름은 인간에 의한 이름 붙이기가 아닌 동물의 "주체 자신의 표현"(AGS7, 172)에서 나와야 한다는 것이다. 왜냐하면 유인원처럼 동물은 충분한 표현능력이 있고, 동물의 표현에는 그들의 고유한 원역사가 있기 때문이다. 이름 붙이기에 내재한 동일화의 논리는 결국 동물지배의 정당성을 확보하는인식론적 작동원리인 것이다. 그렇다면 아도르노는 '이름 붙이기'를 거부하는가? 그에게 동일성은 일종의 사유 법칙과 같은 것이다. 아도르노는 '사유한다는 것은 동일화하는 것이다'라는 헤겔의 입장을 부정하지 않는다. 그가말하고자 하는 것은 동일성에 내재한 강압의 논리, 다시 말해 지배의 계기성이다. 동일성 논리의 지배 계기성을 명확히하고 그것의 '한계'를 설정하고자 하는 것이 그가 말하는 비동일성이다. 그것은 동일성에 의해 완전히 파악될 수 없고 동일성에 의해 떨어져나간 질적 계기에 주목하며 잘라져 나간질적 계기와의 일련의 소통이자 그러한 태도 방식을 가리킨다(AGS6: 18, 23, 156, 164, 174). 동물의 비동일성은 다름(Andersheit)과 차이(Differenz)를 승인함으로써 확보된다. 아도르노의 관점에서 보면 다름과 차이의 인정이 곧 동물의 권리론으로 이행되지는 않는다. 그에 따르면 다름과 차이는 나치의 반유대주의에서 보여주듯이 차이의 반성이 아닌 차이에 대한 '증오', '차별', '제거의 대상'이 되기도 하기 때문이다(이종하, 2005: 349 이하). 인간과 동물의 차이에 대한 반성은 가능한가? 아도르노는 "이름을 부정함으로써 이름에 접근"(AGS6, 62)하는 방식을 채택한다. 인간에 의한 이름 붙이기가 아닌 무소 스스로 "나는 무소다"라고 말하는 방식이다. 이와 같은 차이에 대한 반성의 단서는 어린아이와 동물의 관계에서 찾을 수 있으며, 이 관계의 모델이 곧 동물과 인간의 화해 가능성을 담지한다.

아도르노는 동물과 인간관계의 회복을 위한 단서를 어린아이와 동물의 근친성에서 찾는다. 이 근친성은 어린아이들의 동물에 대한 공감능력과 어린아이와 동물이 사용하는 언어의 유사성에 놓여 있다. 언어의 유사성은 미메시스적 언어에 의한 소통과 관련이 있다. 미메시스적 언어에 의한 소통방식의 근친성을 아도르노는 어릿광대, 어린아이, 원숭이에서 찾는다. 언어적 소통 방식의 유사성은 곧 대상화에 의한 개념적 매개나 배제 없이 '따라 하기'를 통한 소통의 가능성과 소통에의 욕구를 함축한다.

> 어릿광대 같은 요인을 통해 예술은 동물들만 살았던 선사시대의 역사를 기억하고 위안을 받는다. 동물원의 유인원은 어릿광대가 하는 짓과 똑같은 짓을 한다. 아이들이 광대에서 느끼는 공감은 예술에서 느끼는 공감이기도 하다. 이것을 어른들은 동물들에 대한 공감과 마찬가지로 아이들이 느끼지 못하게 만들어버렸다. 인류는 동물과의 유사성을 완전히 없애버리지 못했다. 그래서 인류는 이러한 유사성을 갑자기 재발견할 수 있으며 행복에 잠기곤 한다. 어린아이들의 언어는 동물들의 언어와 같아 보인다. 어릿광대가 동물과 유사하다는 점은 원숭이가 인간과 유사하는 점과 상응한다(AGS7, 181).

소통방식의 형식적 유사성을 넘어서 어린아이와 동물의 질적 관계는 인간과 동물의 화해적 관계의 상징이 된다. 어린아이와 동물관계에서 동물은 '교환될 수 없는 것'로서 동물 그 자체가 되며 자신의 고유성을 유지한다. 아도르노에게 지배와 억압이 지양된 어린아이와 동물의 관계양상은 동물과 인간관계의 유토피아인 것이다.

동물과 어린아이의 관계를 통해 알 수 있는 것은 유토피아가 동물로 변장해 있다는 점이다. …… 동물은 인간 없이 그 어떤 인식할 수 있는 과제로 존재함으로써 흡사 자기의 본래 이름, 즉 단연코 교환될 수 없는 것을 제시한다. 바로 이 때문에 어린아이는 동물을 좋아하며 그들의 동물 관찰을 행복하게 만든다. '나는 무소다'라는 말은 무소의 형상을 의미한다(AGS4, 261).

6. 나오면서

호르크하이머와 아도르노의 동물지배 비판은 동물해방론의 기수로 알려진 피터 싱어가 1975년 동물해방론을 주창하기 30년 전에 이루어졌다. 호르크하이머와 아도르노는 동물지배 비판과 동물해방에 대한 주장은 싱어가 그의 『동물해방』에서 기술하는 동물이 처해 있는 구체적 사례를 열거하거나 그 저작의 목적처럼 인간의 동물에 대한 태도와 실천을 변화시키려는 데 있지 않았다(싱어, 1999: 13). 호르크하이머와 아도르노의 동물지배 비판과 동물해방론은 실천적 목적보다는 동물지배에 대한 역사적·사회적 설명이론을 제공한다. 이 점에서 양자의 동물해방론은 싱어의 그것보다 보다 근본적이고 동물해방에 대한 메타이론을 선취적으로 구성했다고 평가할 수 있다. 또한 호르크하이머와 아도르노의 동물지배 비판은 싱어가 비판하는 인간중심주의, 종차별주의를 발생론적 관점에서 심도 있게 다루며, 그가 말하는 동물의 쾌고감수 능력을 인정한다. 호르크하이머와 아도르노는 싱어의 '최소한의 고통을 느끼지 않을 것과 관련된 이익 등등 고려 원리(principle of equal consideration of interests)보다 더욱 근본적인 주장을 하였다(싱어, 1999: 42). 인간과 동물이 느끼는 동일한 양의 고통을 고려해야 한다는 원리 이전에 호르크하이머와 아도르노는 자연지배 논리의 산물인 인간의 다양한 고통을 지양하는 인간해방과 동물해방을 요구하고 있기 때문이다. 이들에게는 이성적인 사회의 건설 없이 사회해방, 여성해방, 동물해방 더 나아가 전 지구적 차원의 생명연대 가능성은 확보되지 않는다. 이 점에서 싱어의 동물해방론은 의미 있는 주장이지만, 화해의 실천적 가능성을 담지하기 위한 사회구조에 관한 총체적 분석의 결여라는 한계를 노정한다. 동물권 논의에서 거의 주목을 받지 못했던 호르크하이머와 아도르노의 동물해방론이 새롭게 재평가받아야 할 이유가 여기에 있는 것이다.

호르크하이머와 아도르노의 동물지배 비판과 동물해방과 권리에 대한 이론적 입장에서 몇 가지 점들이 지적되어야 한다. 첫째, 양자가 보여주고 있는 동물과 인간의 화해 가능성에 대한 체념과 화해에 대한 요청, 이론적 시도 사이의 이론적 긴장이다. 양자의 체념은 생산적 성격을 가지며 철학의 궁극적 과제가 화해를 위한 구제작업이라는 근본 이해를 가지고 있다는 것을 고려하는 한 양립 불가능성의 오해로부터 벗어날 수 있다. 둘째, 양자가 보여주는 동물과 인간의 화해 모델인 어린아이−동물 관계로의 관계 양식의 전환, 전 지구적 생명연대, 동물의 비동일성 인정에서 동물의 도덕적 지위를 유사주체로 간주하면서도 화해의 중요행위자는 인간에게 한정하는 것으로 보인다. 이 점은 싱어의 주장처럼 "착취 집단 스스로 자신들이 받는 처우에 반대해서 조직적으로 항의할 수 없다는 점"(싱어, 1999: 14)을 고려했다고 볼 수 있지만, 확장된 인간주의의 특징을 보여주는 것이다. 이 점과 더불어 호르크하이머와 아도르노가 동물권리에 대한 문명사적 관점과 철학적 관점을 비판하고 동물 능력 다시 보기를 시도하지만, 기존의 동물을 보는 인간중심주의적 시각으로부터 완전히 벗어나지 못한 점이 지적되어야 한다. 셋째, 호르크하이머와 아도르노는 동물지배 비판과 동물해방을 주장했지만, 동물권리에 대한 체계적 이론구성에 실패했다. 이는 동물해방의 문제를 역사철학적·사회철학적 시각에서만 접근하는 분석 틀의 내재적 한계와 사회분석의 주변현상으로 동물해방 문제를 인식하는 데서 기인한다. 넷째, 호르크하이머와 아도르노의 동물해방론은 동물해방을 위한 구체적인 정치사회적 실천 문제에 관심을 기울이고 있지 않다. 인간의 동물지배에 대한 이데올로기 비판의 유의미성을 갖기 위해서는 규범적 차원과 실천적 차원의 변증법적 매개가 필요한 것이다. 호르크하이머와 아도르노의 동물해방론의 이론적 한계에도 이들이 주장한 동물지배 비판과 동물권리를 위한 이론적 시도의 고유성과 독창성은 이론과 실천 영역에서 새롭게 조명되어야 할 충분한 가치가 있다.

제4부

비판이론의 연속성과 단절
그리고 새로운 차원의 비판이론

– 후기의 비판이론

1

정치교육의 실천철학[1]

1. 서 론

비판이론(critical theory, kritische Theorie)을 수용하는 교육철학에서 가장 많이 다룬 주제는 하버마스(Jürgen Habermas)의 의사소통 행위이론에 관한 교육철학 논의이다(Young, 1990, 1991; 한기철, 2008). 1세대 비판이론가 중에는 '절반의 교육(Halbbildung)' 비판으로 알려진 아도르노(Theodor Adorno)의 교육철학에 대한 연구가 꾸준히 이어져왔다(이종하, 2007: 199-228). 이에 반해 비판이론 학파의 정초자인 호르크하이머(Max Horkheimer 1895~1973)의 교육철학과 그의 비판이론 철학이 전후 독일의 교육철학과 교육정책에 미친 영향에 대한 연구는 거의 이루어지지 않았다. 독일 교육철학 내에서 프랑크푸르트학파의 교육철학이 언급되는 경우에도 호르크하이머의 교육철학에 대한 진술은 찾아보기 쉽지 않다. 이러한 사정은 호르크하이머가 교육철학 고유의 단일연구를 하버마스나 아도르노만큼 수행하지 않았다는 점과 그의 철학적

---

1 「호르크하이머의 정치교육론에 대한 이해」, 『교육철학』 제46집.

관심이 주로 역사철학과 사회철학에 집중되어 있다는 데에서 연유한다. 호르크하이머가 교육철학에 대해 연구사적으로 무관심하다는 것과 연구 성과가 부족하다는 것이 그의 교육철학과 정치교육[2] 방면에서의 활동 자체를 과소평가할 충분한 이유는 되지 못한다.

호르크하이머는 비판이론가 중에서 누구보다 명확하게 사회와 교육의 상호관계에 관한 일관된 입장을 표명해 왔으며, 4세대에 이르는 비판이론가 그룹 내에서 정치교육철학과 실천적 정치교육활동을 가장 왕성하게 해왔다. 이번 장은 이 점에 착안해 호르크하이머의 정치교육철학과 정치교육 실천을 다룰 것이다. 이를 위해 ① 호르크하이머의 비판이론의 이념과 과제, 방법, ② 호르크하이머 비판이론과 교육의 관계, ③ 호르크하이머의 비판이론의 교육학적 전환으로서 정치교육론의 발생배경, 내용과 의의 그리고 그 한계점을 검토할 것이다.

2. 호르크하이머의 비판이론과 교육관

1) 비판이론의 이념, 과제 그리고 방법

호르크하이머의 비판이론은 한마디로 "더 나은 사회를 위한 사유"(GS8, 338)의 체계 및 태도이다. 따라서 그의 비판이론은 가치중립적이거나 사실

---

2   정치교육은 독일어인 Politische Bildung을 글자 그대로 번역한 것이다. 이 용어는 영미권에서 사용되는 시민교육(civic education)에 해당한다. 사회교육 혹은 정치학 방면에서 시민성(citizenship)을 기르는 것을 목표로 하는 민주시민교육의 이론적·실천적 차원이 바로 이 개념이 의미하는 바다. 영미권의 민주시민교육은 구체적인 정치적 사안에 대한 교육이 아닌 일반적이고 보편적인 차원의 '시민을 위한 민주주의 교육'을 의미하는 반면, 독일에서 정치교육의 의미는 변화의 양상을 보여 왔으면서도 오늘날 정치교육은 구체적인 정치적 사안과 관련된 법적·정치적·이데올로기적 측면을 고려한 교육을 의미한다(조상식, 2009: 210).

기술적이지 않다. 호르크하이머 비판이론의 이념은 "노예적 상태로부터 인간의 해방(die Emanzipation des Menschen aus versklavenden Verhältnissen)"(GS4, 219)이다. 인간해방이 성취된 사회란 이성적으로 조직된 사회를 의미한다. 다시 말해 "착취와 억압이 없고, 실제로 총체적인 주체, 즉 자의식을 가지는 인간이 살아가며 통일적인 이론의 형성이나 개인들을 포괄하는 사고에 대해 논할 수 있는 상태"(GS4, 214)에 있는 사회를 말한다. 이성적 사회의 건설에 대한 기대는 자본주의의 강력한 흡인력으로 인해 혹은 '관리되는 사회'에 있는 자본주의의 총체적 지배로 인해 회의와 체념의 목소리에 묻히곤 한다. 호르크하이머는 말년에도 초기부터 후기 사상까지 자신의 기존사회에 대한 비판과 변화의 추구가 비판이론의 영구과제임을 분명히 한 바 있다(GS8, 339와 345). 중단되지 않는 사회비판을 통해 더 나은 이성적인 사회를 건설하려는 호르크하이머 비판이론의 특징은 다음과 같이 요약될 수 있다.

- 연구대상으로서 사회적 총체성
  - 사회적 총체성에 대한 인식
  - 체계와 행위자에 대한 변증법적 이해
- 주체−이론−대상 간의 상호규정성과 사회이론의 구성
  - 사실판단이 아닌 존재판단(Existentialurteil)의 우위
  - 추상적·중립적 주체가 아닌 목적의식, 자발성, 이성적 주체의 인정
- 비판 개념과 변증법적 방법론
  - 모순을 모든 개념과 사실에 특징적인 것으로 인정
  - 부정성(否定性)으로서 사회비판

호르크하이머는 '사회 총체성' 개념을 사용하면서 사회 전체를 연구 대상으로 삼는다. 어떻게 사회적 총체성에 대한 인식이 가능한가? 전체로서의 사회를 비판이론적으로 어떻게 인식하는가? 이러한 질문에 대해 비판이론은 제한적인 의미에서 긍정의 답변을 제시한다. 호르크하이머는 사회를 일

종의 역사적 총체성과 인간의 사회적 실천의 결과물로 간주한다. 여기서 사회적 총체성에 대한 인식이란 사회 안에서의 사실, 사건, 사태, 상황을 개별학문, 개별 관점, 개별 방법론에 의거하여 고립된 상태에서 관찰하지 않고, 사회적 상호작용과 영향력, 특정한 사회의 발전 단계와 역사적 문맥에 기초해 사회를 인식하고자 하는 사회 인식론적 태도를 의미한다. 따라서 사회적 총체성을 인식한다는 것은 사회 전체를 규정하는 체계(System)와 '행위자인 인간 주체'의 관계를 변증법적 상호규정성에 입각하여 분석한다는 말이다.

　　한편 사회이론의 설계는 정보 수집 및 가설 수립을 연역에 의한 논리적 엄밀성의 확보에 두기보다 사건이 전개되는 전체상과 그것에 대한 존재판단(Existentialurteil)에 기초한다. 가치중립적인 사실판단(Tasachenurteil)과 달리 존재판단은 가치지향적인 삶을 영위하는 행위자로서 인간과의 연관성을 고려하는 규범적인 판단을 말한다. 그러한 의미에서 사회이론은 이론가가 지향하는 사회적 상태에 기초해 현재 사회에 대한 지속적인 존재판단과 의식의 상호작용 속에서 구성되어야 한다. 호르크하이머의 비판적 사회이론은 사실판단-존재판단-의식 간의 유기적 관계 안에서 이론을 구성한다. 그에 따르면 사회이론은 "사회에 대한 끊임없이 변화하는 이론적인 존재판단에 근거하는 것이며, 사회도 그러한 존재판단과 역사적인 실제 사이의 의식적인 상호연관에 의해 조건적인 속성"(GS4, 208)을 가진다. 사회적 상태에 대한 존재판단의 이론화는 쉬우면서도 어려운 문제이다. 쉬운 이유는 사회적 현상들을 설명하는 데 있어 "경제적인 것이 의식적인 사안을 더욱 직접적으로 규정하고, 문화영역의 상대적인 저항력과 실체가 사라졌기 때문"이다(GS4, 211). 반면 어려워진 이유는 "개인들이 고삐 풀린 경제적 역동성의 단순한 매체로 전락함으로써 새로운 사회적 상황과 인간운명이 급속히 빠른 속도로 산출되기 때문이다."(같은 곳. 강조는 인용자) 비판이론 구조의 변화는 이처럼 사회발달에 따라 영향을 받게 된다. 이러한 의미에서 호르크하이머는 비판이론이 "진화과정"(GS4, 212) 속에서 자신을 발견하게 된다고 한다. 같은 맥락에서 호르크하이머는 "비판이론 전체에 관한 일반적 기준이 존재하지 않는다"고 말한다. "왜냐하면 그러한 기준은 언제나 현상들의 반복에 근거를 두고 있으며 그로 인해 스스로 재생산되는 총체성에 근거를 두고 있기 때문이다."(GS4, 215)

호르크하이머에게 사회적 실재는 언제나 모순을 내포하고 있다. 따라서 모순은 반드시 비판적인 분석을 필요로 한다. 여기서 모순에 대한 지적, 곧 비판이 단순히 부정성(Negativität)의 계기에만 머물 뿐 내용을 구성하지는 않는다는 지적이 있을 수 있다. 이에 대해 호르크하이머는 비판이론의 구체적 비판 내용이 비어 있다는 것을 의미하는 것이 아니라 비판이론의 가능성이 변화하는 사회에 관한 끊임없는 '비판적 태도의 존재(Existenz des kritischen Verhaltens)'에 뿌리를 두고 있다고 주장한다. 요컨대 비판이론이란 비판적 사고와 비판적 태도에 근거한 자기생산적 이론 활동의 연속적 과정인 것이다. 그렇다면 호르크하이머가 말하는 비판적 인식태도는 어떤 성격을 갖는가? 그것은 '긍정적'이지도 '생산적'이지도 않은 '부정적' 인식태도이다. '생산적'이지 않다는 말은 비판이론이 사회변혁에 대한 전략과 사회비판에 대한 구체적인 프로그램과 행동지침을 제시하지 않는다는 의미에서 생산적이지 않다는 것이다. 그럼에도 진정한 이론은 '부정적'일 수밖에 없다고 호르크하이머는 주장한다. 호르크하이머는 비판이론이 미래사회에 대한 긍정적인 상(象)을 제시하지 않은 채 현재 사회의 부정성에 대한 지속적인 비판을 제시하는 이유를 어느 강연에서 다음과 같이 설명한다.

비판이론에 있어서 결정적인 측면에 대해 예나 지금이나 우리는 분명하게 인식하고 있습니다. 그것은 좋은 사회에 대해서 우리가 미리 규정할 수 없다는 사실입니다. 우리는 현재 사회의 나쁜 것에 대하여 말할 수 있을 뿐입니다. 그러나 어떤 것이 좋은 것일 수 있는지에 대하여 말할 수 없으며, 다만 나쁜 것이 사라지도록 노력해야 한다는 것입니다(GS8, 339).

왜 이러한 부정적 방법이 반드시 '생산적'이지 않은가? 부정적 방법의 '생산성'은 다른 의미의 생산성 개념을 함축하고 있는가? 이를 해명하기 위해 '생산적'이라는 말에 함축된 양의적(兩意的) 측면을 고려해야 한다. 사회의 변화 전략과 이를 위한 실천 강령을 이론적으로 제시한다면 그것은 생산적인 비판사회이론이라고 할 수 있는가? 그것이 적어도 '생산적' 비판사회이론이 되기 위해서는 실천 가능성이 담보되어야 한다. 미래에 대한 환상을 심어주는 것, 사회 변혁의 슬로건만을 제시하는 것은 진정한 실천력을 담보하지 못하기 때문에 '생산적'이라고 할 수 없다. 그것은 오히려 특정한 정치집단에게 '생산적 효과'를 유발할 위험을 내포하고 있다. 호르크하이머의 비판이론은 적극적 의미의 '생산적' 사회비판이론은 아니지만, 소극적 의미의 생산적 사회비판이론임에는 틀림없다. 왜냐하면 비판이론은 "나쁜 것을 예상하고 폭로하는 것을 통해 더 나은 것을 실현하는 데 기여할 수 있도록 시도"(GS7, 418)하기 때문이다. 호르크하이머의 철학과 비판이론은 이러한 이유에서 비관주의의 색채를 강하게 띠고 있다고 평가되어 왔음은 분명한 사실이다(Post, 1971). 하지만 그는 진보가 필연적으로 수반할 수밖에 없는 부정성들을 비판하는 것이 비판이론의 과제이며, 이론적 비관주의자가 가장 실천적인 긍정주의자일 수 있다고 분명하게 믿고 있었다(GS8, 353).

2) 호르크하이머의 교육관

호르크하이머의 교육에 대한 관심은 '비판이론의 이념이 교육에 어떻게 실현될 수 있는가'라는 문제의식 차원에서 다루어진다. 다시 말해 그는 사회철학적 관점을 교육문제에 적용함으로써 자신의 교육철학을 사회철학의 토대 위에 구축하고자 한다. 비판이론의 이념이 인간의 해방을 지향하듯이, 호르크하이머에게 교육(Bildung)의 목적 또한 인간해방(Emanzipation)에 있다(Friesenhahn, 1985: 154). 인간의 해방을 위해 교육은 개인주의에 목표를 둔

교육철학과 달리 '사회 전체의 이성적이고 인간적인 건설'을 위해 사회 전체의 개선과 사회 전체를 대상으로 한 교육, 사회 자체의 교육을 지향해야 한다. '사회 자체의 이성화 및 인간화'는 인간해방을 목적으로 하는 교육의 전제조건이다. 이러한 교육은 "진리, 자유, 인간성"의 이념을 추구하며 이데올로기, 사물화, 비(非)관용, 권위주의적 성격과 대립되는 개념이다(Horkheimer, 1963: 20).

호르크하이머에게 사회철학적 관점에 기반을 둔 교육철학적 관심은 필연적으로 전통적 교육학, 이른바 관념론적 교육학에 대한 비판으로 이어진다. 호르크하이머에게 따르면 전통적인 의미에서의 교육은 ① 원시적 자연(성)을 변형시키는 것, ② 자연적 소질을 형식화하는 것, ③ 교육받지 않은 상태를 극복하는 것, ④ 질적인 것, ⑤ 인간의 사명을 실현하는 것, ⑥ 인간의 심성에 대한 통제 등과 관련된 개념으로 이해된다(GS8, 409ff). 여기서 그가 보기에 전통적 의미의 교육은 진정한 교육과 그렇지 않은 교육이라는 도그마적 구분에 근거한다. 이 도그마적 범주화를 시도하는 이면에는 교육이 예술작품처럼 인간을 형성해낼 수 있다는 전제가 자리 잡고 있으며, 인간을 '고유한 형식화'(즉, 교육)의 대상으로 간주하는 교육철학적 이념이 숨겨져 있다. 헤르더, 쉴러, 훔볼트, 슐라이어마허로 대표되는 인격형성, 내면화, 자기형성의 관념론적 교육이념에 그러한 도그마적 구도가 전제되어 있다는 것이다. 이러한 전통적인 교육이념들은 개체화된 자아와 관련된 교육이념으로서 "자족적인 자아의 우상화(Vergötzung)"에 토대를 두고 있으며, "개인의 경직화, 교만, 특권의식의 형성에 기여"(GS8, 414)하는 부정적 결과만을 초래한다. 사회와 교육의 변증법적 관계에 주목하는 호르크하이머에게 전통적·관념론적 교육이념은 오늘날 더 이상 유의미한 주장이 되지 못한다. 왜냐하면 도덕성의 완성, 내면성의 완성, 완전성의 실현이라는 교육이념은 사회와 교육의 변증법적 관계, 사회가 교육에 미치는 규정력, 그러한 교육이념이 실현 가능한 사회적 제반조건 등을 도외시하기 때문이다. 호르크하이머에 따르면 "사회로부터 독립적으로 존재하는 삶의 영역들"은 지난 수백 년 동안 진행된 "사회와 자연 관계의 변화(GS8, 422)"에 의해 더 이상 존재하지 않는다. 교육영역 역시 전체 사회로부터 독립적인 고유영역이 될 수 없으며, 사회와의 상호 규정적 관계 속에 놓여 있을 수밖에 없다.[3] 따라서 사회와 교육의 변증법적 관계 속에서 교육을 이해하고자 하는 한 교육은 사회에 대한 올바른 지식과 이해 및 실천을 추구해야 한다. 이러한 의미에서 호르크하이머는 "교육이라고 불리는 것은 사회에 대한 앎과 사회 속의 과정들을 고려하지 않고는 더 이상 생각될 수 없다"(GS7, 121)고 말한다.

3. 호르크하이머의 정치교육론

1) 정치교육에 대한 관심

호르크하이머의 정치교육에 관한 관심은 나치체제에 대한 경험과 전후 독일의 과거극복에 대한 사회정치적 상황으로부터 촉발되었다. 초기 호르크하이머에게 정치교육 및 일반적인 교육문제는 주변적인 관심거리에 불과했다. 1930년 사회연구소(Institut für Sozialforschung) 소장에 취임한 호르크하이머의 이론적 관심은 새로운 사회이론의 창출에 있었다. 이 시기 호르크하이

---

3   그렇다고 호르크하이머가 교육의 상대적 자율성을 부정하는 것은 아니다. 그에게 교육이 단지 전체 사회의 특수한 하위체계(Subsystem)에 불과한 것은 아니다. 오히려 호르크하이머는 교육 개념 자체를 문화의 지평에까지 확장시킨다. 호르크하이머는 일반적 의미의 문화 자체도 넓은 의미의 교육(Bildung) 개념으로 포착하려 한다. 이때 문화는 교육의 이념과 문화의 이념이 공유하는 자유, 인간성, 진리가 실현된 사회적 상태를 지칭한다. 호르크하이머의 관점에서는 억압된 자연에 대한 맹목적 폭력이 폭넓게 자행되지 않으면서 동시에 화해 속에서 삶을 유지할 수 있는 상황도 하나의 교육으로 간주될 수 있다는 것이다. 물론 이와 같은 관점은 문화와 교육의 지향점을 공유한다는 맥락에서는 설득력을 갖고 있지만, 교육과 문화의 내재적 특성을 고려하지 못한다는 난점을 안고 있다.

머의 사회이론은 상당히 복합적인 성격을 띠고 있었다. 호르크하이머는 헤겔과 칸트의 관념론을 마르크스적 관점에서 비판한다는 점에서 마르크스주의 전통에 있으면서도 마르크스의 토대와 상부구조이론, 경제 환원주의와 같은 마르크스의 주요 테제에 대해 거리를 두면서 비판을 하고 있었다는 점에서 정통 마르크스주의와는 다른 새로운 마르크스주의 전통을 만들었다(Hartmann, 1990; Barbara, 1999). 또한 프로이트 심리학을 비판적으로 수용하면서 사회분석을 위한 심리·문화적 방법론의 분석도구로서 적극 활용했다. 또한 개별 주제에 대한 학제적 연구를 통해 통합이론을 구성하고자 하였다.

전통이론[4]과 대결하면서 자신의 고유한 사회철학인 비판이론을 확립해가던 이 시기에 호르크하이머는 이론 내적 측면에서나 실존적 삶의 측면에서 심대한 영향을 미친 중요한 역사적 경험을 한다. 그것은 다름 아닌 나치체제에 대한 경험[5]이다(Berg, 1999). 나치 정권이 들어서자 유대계인 호르크하이머와 그의 사회연구소는 독일에서 더 이상 정상적인 연구 활동을 할 수 없게 되었다. 그는 스위스 제네바를 거쳐 1934년 5월부터 컬럼비아 대학에서 망명 연구 활동을 시작했다. 1939년 히틀러에 의해 유대인의 종족 멸종을 위한 작업이 본격화되자 호르크하이머는 나치체제에 대한 이론적 대항으로서 반유대주의에 대한 연구프로젝트를 준비하기 시작했다. 그는 미국 유대인협회(AJC)의 지원을 받아 〈편견연구〉 시리즈를 발간한다.[6] 이러한

4　호르크하이머에게 전통이론이란 넓은 의미에서 과학주의적 철학이론 일반과 변증법적 논리에 입각하지 않은 사변철학도 포함된다. 호르크하이머의 논문 「전통이론과 비판이론」이나 주저인 『도구적 이성비판』에서 전통이론은 실증주의 및 실증주의적 철학을 주로 가리킨다. 호르크하이머의 전통이론에 대한 가장 급진적인 비판은 실증주의를 하나의 이데올로기로 간주하는 대목에 있다. 실증주의가 "하나의 검열관과 진리의 심판자 노릇을 하는 한 이데올로기와 다를 바 없다"는 입장이다.

5　호르크하이머는 이미 1920년대 후반부터 독일에서 나치가 발흥하게 될 것이라는 두려움을 가졌다고 밝히고 있다(GS7, 366). 1933년 1월 나치가 정권을 잡은 그 겨울학기에 호르크하이머는 〈철학개론〉을 강의하고 있었는데, 히틀러가 제국의 수상으로 결정된 그날부터 학기가 끝날 때까지 '자유의 개념'에 대해 강의를 했다. 이렇듯 그의 강의는 자신과 가족뿐만 아니라 사회연구소 소장으로서의 불투명한 미래에 대한 불안의 표현이었다.

일련의 연구는 나치에 대한 개인사적 경험과 이론적 대항이라는 직접적인 동기에서 연유하고 있지만, 전후 나치체제의 극복이라는 차원에서도 제기된 정치교육론의 사상적 토대가 되었다.

호르크하이머의 정치교육에 대한 본격적 관심은 전후 독일 사회의 건설을 위한 기초연구에서 확인할 수 있다. 호르크하이머는 1942년부터 1949년에 이르기까지 노이만(Franz Neumann), 마르쿠제(Herbert Marcuse), 키르히마이어(Otto Kirchheimer)를 미국정부의 비밀업무부서 과제수행에 참여시킨다. 이 비밀업무의 연구주제는 전후 새로운 독일의 문화와 교육, 교육제도의 확립에 일정한 영향력을 행사할 초안을 작성하는 것이었다. 사회연구소의 연구방향과 연구 활동 전반에 막대한 영향력을 행사했던 것처럼 호르크하이머는 이 비밀과제의 수행에 있어서도 연구기획 및 연구 진행에 직간접적인 영향력을 행사하였다. 이들의 보고서는 호르크하이머가 1952년에 헤센(Hessen) 주(州) 정부 문화부장관 루트비히 메츠거(Ludwig Metzger)에게 제안한 긴급 교육프로그램(Sofort-Erziehungs programm)에 단서를 제공하였다. 이 서신에서 호르크하이머는 교육개혁 요구와 함께 정치교육의 필요성을 역설하고 있다.

독일에서는 항상 교육체계의 우수성과 계몽적 시각에서 성공하지 못한 토대 사이의 오래된 불일치가 지배해왔다. 이와 같은 일반적인 상황은 우리로 하여금 교육개혁을 긴급히 요구한다. 따라서 긴급 교육프로그램을 장기적 관점에서 설정해야 한다. 긴급 교육프로그램은 심화된 고급과정으로 운영되어야 한다. 또한 작금의 주 상황을 고려하여 현재의 사회, 정치, 경제, 문화의 기

6　이 시기에 호르크하이머는 나치 체제에 대한 철학적 분석을 구상하게 되며 나치체제에 대한 역사학적·인간학적 성찰을 하게 되었다. 결국 호르크하이머의 나치 경험은 그의 이론적 성격을 마르크스주의적 토대에서 확립된 비판적 사회이론으로부터 보편적 문명비판과 이성비판이라는 철학적 분석으로 이행하게 만든 직접적인 계기인 셈이다. 그 결과 호르크하이머는 아도르노와 함께 저술한 『계몽의 변증법』에서 나치 출현의 문명사적 기원을 자연과 문명, 계몽과 신화, 목적적 이성과 도구적 이성이라는 개념장치를 통해 해명하였다.

본적인 문제들을 시민에게 충실히 가르칠 수 있는 신뢰할 만한 인물들에 의해 이루어져야 한다(MHA IV, 2, 48).

나치를 피해 원하지 않는 망명 연구 활동을 했던 호르크하이머는 1950년에 독일로 돌아왔다. 호르크하이머가 많은 망설임 끝에 귀국을 결정한 배경에는 독일 대학의 재건, 독일 사회의 재건에 기여할 수 있다는 기대와 정치교육을 통해 전후 독일 사회의 과거 극복에 일조할 수 있다는 희망이 자리 잡고 있었다. 호르크하이머가 재건된 프랑크푸르트 대학의 총장을 맡으면서 심혈을 기울인, 교육의 민주적 체계화와 민주적인 교육실습도 그가 격동기 동안 고민해왔던 정치교육적 관심과 실천의 표현이라고 할 수 있다(Rosen, 1995, 48).

2) 전후 독일의 정치교육

전후 독일은 승전국의 주둔 시기를 거쳐 아데나워 정부 시대를 열었다. 제2차 세계대전 이래 1950년대와 60년대의 독일 사회를 지배한 담론은 과거 극복(Vergangenheitsbewältigung)이다.[7] 과거 극복 개념은 현실 정치를 설명하는 기술적 개념이라기보다 '이념 정치적' 성향이 강한 개념이다. 과거 극복의 문제는 승전국의 관점과 독일 재건 세력 주체들에 따라 다양한 영역과 분야에서 다양한 방식으로 규정되고 실천되었다. 과거 극복은 인적 청산,

---

7 과거 극복이란 개념은 역사학자 헤르만 하임펠(Herrmann Heimpel)이 처음 사용하였다. 이후 에크하르트 예제(Eckhard Jesse)는 과거 극복 개념 속에 범죄, 범죄의 종결, 민주화라는 세 가지 관점이 중첩되어 있다고 말한다(Horkheimer, 1967; Mohler, 1968; Reichel, 2007; Fischer/Lorenz, 2009). 한편 전후 영향력 있는 사회학자인 헬무트 쾨니히(Helmut König)에게 과거 극복이란 비민주적 과거국가에 대한 새로운 민주체제의 지식과 행위의 총체를 지칭하는 개념이다. 이 개념은 새롭게 확립된 민주주의가 구조적·인적·정신적 유산에 대해 어떻게 접근할 것이며, 이를 어떻게 처리할 것인가, 과거의 역사적 부담에 대해 어떤 방식으로 자기규정할 것이며 정치문화 속에 스스로를 어떻게 위치지울 것인가 등과 같은 문제를 가리킨다(König, 1998: 375).

전범(戰犯)과 협력자에 대한 소송과 처벌, 법률의 재정비, 피해자 보상, 경제 시스템과 사회문화적 개혁, 교육개혁 등 다양한 논의 지평을 보여준다(Frei, 1996).

과거 극복을 위한 교육적 대응의 초기형식은 재교육(reeducation) 프로그램으로 나타났다. 재교육 프로그램은 제2차 세계대전 기간에 이미 미국, 프랑스, 영국 연합군에 의해 기획되었다. 이들은 종전 후 독일의 학교체제와 교육정책의 초안을 마련했으며, 정치교육으로서 재교육 프로그램은 그 일환이었다. 연합군 관리위원회는 1947년 6월 25일 독일의 교육민주화를 위한 기본법을 입안하면서 재교육 프로그램의 두 가지 목표로서 시민적 책임감의 육성과 민주적 생활방식의 확립을 제시했다.[8] 1950년대 초반부터 본격화된 재교육 프로그램은 한편으로는 공산주의에 대한 교육과 비판, 다른 한편으로는 '민주주의 교육'으로 요약될 수 있다. 독일 중앙정부 역시 정치교육의 중요성을 인식하여 1952년에 민주주의를 위한 재교육 프로그램의 담당 중앙정부 기구인 연방재향업무원(Bundeszentrale für Heimatdienst)을 설립했다. 교육정책적인 측면뿐 아니라 단위 교육 분과 차원에서 정치교육은 매우 중요한 위치를 점유했다.

정부와 학계로 하여금 정치교육에 대해 폭발적으로 관심을 갖게 만든 직접적인 계기는 1959년 12월 25일 쾰른(Köln)의 유대인 성당 앞에서 벌어진 독일제국당 소속 두 당원에 의한 반유대주의 시위사건이었다. 나치주범과 협력자에 대한 인적 청산이 주요 사회정치적 이슈였던 시기에 이 사건은 독일 사회뿐만 아니라 국제사회에서 민감하게 받아들여졌다. 이 사건은 과거 청산 담론에서 이른바 '극복되지 않은 과거(unbewältige Vergangenheit)'라는 개념을 유행시켰으며, 1960년대 과거 극복을 사회적 차원의 중요한 과제로 삼는 계기를 제공했다. 교육적 차원에서 이 사건은 기존 재교육 프로그램의

---

8   www.bisverlag/tiedar98/kap3.pdf 참조.

실패를 반증하는 것으로 판명되었으며 시민단체, 노동단체, 학교 등 광범위한 차원에서의 '과거 극복의 교육적 접근'을 시도하도록 만들었다. 새로운 교육학적 접근의 초점은 나치에 대한 재평가와 '민주주의자 없는 민주주의'에 대한 교육적 처방에 맞추어졌다. 이와 같은 분위기 속에서 정치교육 전문학술지인 『사회, 국가, 교육』이 창간되었다. 또한 독일 중앙정부는 기존의 정치교육을 담당하던 중앙 기관인 연방재향업무원을 연방정치교육원(Bundeszentrale für politische Bildung)으로 확대 개편한다.[9]

정치사회적으로 민감한 시기에 발생한 이 사건은 호르크하이머의 과거 극복에 대한 입장과 과거 극복을 위한 교육학적 접근에 대한 필요성을 더욱 확고하게 만들었다. 과거 극복에 대한 호르크하이머의 이론적 입장은 이중적인 차원을 띤다. 다시 말해 호르크하이머는 과거 극복에 대한 이론적 전략을 사회심리적 차원과 체제이론적 차원에서 제기한다. 그는 제2차 세계대전 이전인 1936년에 이미 『가족과 권위에 대한 연구』에서 사회심리 연구방법론을 채택했다. 1942년에 아도르노와 함께 저술을 시작한 『계몽의 변증법』의 제3장인 「반유대주의 요소」는 잘못된 투사라는 개념을 활용해 사회심리적 차원에서 나치의 발생과 확산을 설명한다(GS5, 160ff). 또한 같은 시기에 저술한 『편견연구』에서도 사회심리적 방법론을 준용한다. 다른 한편으로 그는 사회심리적 설명과 이론적으로 조응되지 않는 사회 체계 이론적 시각에서 과거 극복의 대상인 나치즘을 분석한다. 호르크하이머에 따르면 나치즘은 파시즘의 변형들 중의 하나이며, 파시즘 자체는 발전된 자유주의 경제체제에서 발생하는 현상이다. 발달된 자유경제 체제에서 사업자의 자본축적은 용이하며 개인적·자유주의적 자본가는 사회적·경제적·인적 자

---

9 1997년 5월 26일 뮌헨선언(Münchener Manifest)에서 연방정치교육원이 밝히고 있는 정치교육의 과제는 독일 통일 이후의 특수한 사정을 고려한 원칙을 제외한다면 전후 정치교육의 방향과 크게 다르지 않다. 시민의 정치적 참여의 촉진, 민주주의의 안정을 위한 노력, 다양한 방식과 작업을 통한 정치교육, 초당파적이고 독립적인 정치교육원칙 등이 여기에 해당된다(조상식, 2009: 223).

본을 자유롭게 재편성·재구조하는 공간을 창출한다. 이는 자유로운 자본가의 입장에 근거해서 사회적 기관과 자원을 임의로 재창출함으로써 권위주의 국가의 탄생을 가능하게 만든다. 독일의 나치즘은 이러한 권위주의 국가의 출현요소, 독일문화, 독일의 뒤늦은 사회발전 등의 요소들이 혼합함으로써 출현한 것이며, 반드시 독일만의 특수한 경우라고는 볼 수 없다는 것이다. 이렇듯 호르크하이머는 사회 체계 이론적 차원에서 이른바 특수사례론(Sonderwegtheorie)을 거부한다. 또한 호르크하이머는 그의 주저인『계몽의 변증법』과『도구적 이성비판』에서 나치즘의 발생론적 근거를 일반화·보편화함으로써 다시금 특수사례론을 부정한다. 이 두 저서에서 과거 극복의 대상인 나치즘을 자연지배 논리의 가장 부정적인 양상이며 도구적·기술적·주관적 이성의 승리로 파악한다. 나치즘은 '이성의 종말'이 야기한 사건이라는 것이다(GS6, 27ff).

호르크하이머에 의해 수행된 나치즘의 일반화 및 보편화는 과거 극복을 목적으로 한 정치교육론에도 그대로 반영된다. 특수사례론을 부정하는 호르크하이머는 나치즘과 직접적 관련이 없는 세대들에게 오로지 죄책감만을 가지도록 일깨우는 것은 잘못된 교육이라고 강조한다(GS8, 548ff). 호르크하이머에 따르면, 나치즘에 대한 정치교육은 자의식에 손상을 입히는 과거극복의 정치교육이 아닌 참된 자의식을 형성하도록 이끄는 교육이 되어야 한다. 호르크하이머는 과거 극복을 위한 올바른 정치교육의 방향을 묻는 베르라탈 고등학교(Werratalgymnasium) 교사의 물음에 다음과 같이 대답한다.

모든 좋은 의도에도 불구하고 학교에서 히틀러 시대를 다루는 교육이 역사적 인식을 심화시키는 데에 이르지 못하고 있습니다. …… 제3제국에서 발생한 사건의 인식을 위해서는 집단적인 죄의 고백이나 오로지 히틀러 제국에 대한 계몽만이 아니라, 역사 일반에 대한 진지한 사회·역사적 계몽이 필요합니다(Albrecht, 2000: 400).

호르크하이머가 말하는 역사 일반에 대한 진정한 계몽이란 다른 역사적 상황과의 비교방법을 통해 나치시대와 같은 인간에게 가한 고통의 사례를 탐구함으로써 인간 역사의 방향과 인간의 진정성을 학생 스스로 탐색하게 만드는 계몽 및 자기계몽적 활동을 의미한다. 호르크하이머에게 과거 극복의 정치교육은 진지한 사회·역사적 계몽을 위한 교육이고, 이러한 교육활동의 중심은 죄책감의 자극이 아닌 '자유를 위한 교육'과 '차이를 인정하는 민주주의 교육'을 통해서 가능하다고 보았다. 앞서 언급했듯이 호르크하이머가 과거 극복의 교육학적 처방으로서 민주주의 교육을 확신하는 배경에는 1959년 사건이 있다. 그는 제도적 민주주의가 실현된 전후 독일에서 나치 시대의 잔재인 반유대주의 시위 발생을 진정한 민주주의 교육의 결여에서 찾았던 것이다. 위의 사건은 호르크하이머에게 진정한 민주주의와 과거 극복의 문제는 동일한 차원의 문제임을 인식하게 만들었다.

3) 정치교육론

정치사회적으로 매우 유동적인 전후 독일의 상황에서 호르크하이머는 정치교육의 필요성을 두 가지 차원에서 제기한다. 그는 이론적 차원에서 '정치적 자유'를 지속적으로 확보함으로써 민주적 삶의 질서를 유지할 수 있는 의미 있는 수단으로서 정치교육을 강조한다. "정치적 자유를 확립하기 위해 유혹에 빠지지 않는 확실한 의지가 요구"(GS7, 159)된다. 이와 같은 의지는 정치교육을 통해 유지·강화된다. 정치교육의 실천만이 제도적 민주주의라는 형식적 민주주의의 차원을 넘어서 질적·내용적 차원으로 발전할 수 있다.

최근까지 정치교육이 집중적으로 이루어졌지만 독일인의 일상생활과 독일 학교의 현실을 둘러보면 여전히 민주적 토양이 부족하며, 민주주의 신념에 대한 교육이 좀 더 성숙해져야 함을 확인할 수 있다. 아래로부터의 민주주의, 공론적 기회에의 참여, 민주적 참여 등과 같이 전반적으로 발전이 지체되어 있다(MHA IX, 235, 7a, 1).

호르크하이머는 전후 독일의 상황이 제도적·형식적 민주주의 하에서 출현한 나치정권의 시대와 다를 바 없을 정도로 제도적 민주주의의 틀을 벗어나지 못한 것으로 인식했다. 그가 강조하고자 하는 것은 '삶의 전 영역에서 기초 민주주의의 실현'이다(MHA IX, 235). 호르크하이머가 이론적·실천적 차원에서 제기하고 있는 정치교육의 필요성이 전후 정치교육의 부재라는 사실에 근거하는 것은 아니다. 호르크하이머가 지적하고자 하는 것은 지금까지 행해진 정치교육의 내용적 빈곤성과 불충분성이다.

> 독일에서는 지난 10년간 일자리 문제와 삶의 질 보장에 대해 많은 시간과 돈을 소비했다. 이에 반해 우리는 국민 모든 계층에서 광범위하게 올바른 정치의식을 형성하도록 하는 데에 충분한 노력을 하지 못했다. 우리는 1960년대 자유롭고 민주적인 헌법을 가진 나라의 총체적인 힘의 영향권에 살고 있다. 하지만 대부분의 시민은 자신들을 성장하게 하는 자유와 의무의 가치에 대해 의식하지 못한다. 그로부터 민주주의자가 없는 민주주의의 위험이 발생할 수 있다(MHA IX, 235).

위의 인용문에서 호르크하이머는 정치교육의 목적이 민주주의자를 만들어내는 것이며, 정치교육의 대상이 학생에 한정되지 않고 전체 시민을 대상으로 이루어져야 함을 강조하고 있다.

호르크하이머의 정치교육 필요성에 대한 언급과 기존 정치교육의 문제에 대한 지적에서 간파할 수 있듯이, 정치교육의 목적은 민주적인 인간 육성에 있다. 아울러 전후 독일 사회에서 민주적 인간육성을 가능하게 하는 전제조건으로서 과거 극복이 정치교육의 또 다른 목적이다. 두 번째 목적으로서 과거 극복은 정치교육의 일반적 목적이 아닌 전후 독일의 특수한 상황을 반영한 정치교육의 목적이라 할 수 있다. 호르크하이머는 정치교육의 목표, 내용, 방법론을 구체적으로 제시하지 않았다. 그렇지만 노동조합원을 대상으로 한「노동조합에서의 교육기조」란 연설문에서 그 단서를 찾아볼 수 있다. 호르크하이머는 노동조합에서 이루어지는 정치교육의 목표를 ① 사회연결망의 인식과 변화에 대한 굳건한 의지의 매개, ② 이론적 · 실천적 비판능력 함양, ③ 자기신뢰, 정체성, 민주주의와 인권에 관한 신념의 통합적 매개, ④ 자유로운 조직과의 통합 매개, ⑤ 노동문제연구소의 설립과 노동아카데미 개설을 위한 역량강화에 두었다(GS8, 216). 호르크하이머가 밝히고 있는 노동자 정치교육의 목표들 중에서 ④와 ⑤를 제외한 나머지 교육목표는 학생과 일반 시민을 대상으로 하는 정치교육의 목표와 크게 다르지 않다.

계속해서 호르크하이머는 노동자 정치교육의 구체적 방향을 크게 다섯 가지로 제시한다. 그 내용은 다음과 같다.

- 사회이해 교육에 기초(단순한 이론교육이 아닌 심화된 분석과 비판적 인식)
- 고유한 가능성과 올바른 목표설정에 대한 인식능력 배양
- 새로운 학문적 성과를 각자의 고유 문제에 적용하는 능력 배양
- 대학과의 교육 연대(특정연구 지원체제 구축)
- 노동자 정치교육을 위한 다면적 접근 필요: 경영자의 지원, 철학적 훈련
  (GS8, 216-220)

호르크하이머가 제시한 다섯 가지 노동자 정치교육 방향의 요체는 노동자 실천능력의 배양에 있다. 다시 말해 노동자의 문제인식, 가능성과 한계에 대한 인식, 목표설정과 합리적 수단의 조직화, 문제해결을 위한 네트워크의 구축과 활용을 통한 문제해결 능력 배양을 교육 방향으로 삼고 있다. 노동자 정치교육의 다섯 가지 방향에서 특히 주목해야 하는 것은 정치교육에 관한 다면적 접근이다. 호르크하이머는 노동자 정치교육에서 지원체제의 다변화를 역설한다. 노동조합이 자체 주관하는 정치교육이 아닌 경영자의 지원이 요구된다는 것이다. 여기서 지원은 단순한 물적 자원의 제공

을 포함한 폭넓은 행정, 교육, 지원 서비스를 의미한다. 이러한 요구는 노사 간의 협력 하에 정치교육이 이루어져야 유의미한 정치교육이 가능하다는 믿음에 근거한다. 한편 호르크하이머는 정치교육의 다면적 접근에서 형식적 측면보다 내용적 측면을 중시한다. 그는 노동자 정치교육이 단순히 민주주의 교육, 사회비판 교육이라는 이론 교육에 편중되거나 특정 이데올로기적 성향을 추구하는 것을 경계한다. 올바른 정치교육을 위해서 호르크하이머는 문학, 수사학, 음악비평, 철학교육도 동시에 이루어져야 한다고 주장한다. 이러한 주장은 사회를 폭넓게 이해하는 데 인문적 소양교육이 필요하다는 인식에 바탕을 두고 있다. 같은 맥락에서 호르크하이머는 정치교육에서 예술교육의 중요성을 부각시킨다. 그 중요성은 예술적 경험이 정치적 감수성과 경험 능력을 확장하는 데 유의미한 수단이라는 점에 있다.

> 심미적 차원에서 세련된 경험은 정치적 경험능력에 이바지한다. 범주적으로 구별된 두 영역은 사회 변화에서 하나가 될 수 있다. 바람직한 사회를 창출하기 위해서는 정신적인 것을 움직이게 하며, 그로부터 정신을 살아 있게 하는 것이 중요하다. 오랜 예술작품들도 그런 이유로 세계의 변화에 관련되어 있다(GS8, 211).

예술교육과 함께 노동자 정치교육에 포함되어야 하는 것은 철학교육이다. 철학교육은 철학적 지식의 습득이 아닌 비판적 사고능력 배양에 초점이 맞추어져야 한다. 호르크하이머는 비판적 사고 훈련으로서의 철학교육이 획일화된 사고를 탈피하고 도그마화된 신념 체계에 대한 맹목성을 제어하는 데 효과적이라고 보았다.

호르크하이머의 시각에서 정치교육의 내용과 교과과정은 확정적일 수 없다. 정치교육은 사회에 대한 인식을 명확히 할 수 있는 모든 관련 내용을 다루어야 하며, 특정한 내용만을 학습하게 해서는 안 된다. 그 이유는 "(정치)교육은 법, 의학, 경제와 같은 특정한 사안이나 직무영역을 의미하지 않으며, 역사의 요구가 사회에 나타나는 것으로서 사회에 대한 교육"(Albrecht, 2000: 412)이기 때문이다. 정치교육의 내용적 개방성은 그 자체로 끊임없이 변화하는 사회에 대한 열린 인식태도와 함께 정치교육이 사회변화의 내용을 항상 새롭게 담아내야 한다는 것을 시사한다. 또한 정치교육의 내용은 사회에 대한 이론적 지식이 아닌 실천적 지식 중심으로 구성되어야 한다. 왜냐하면 호르크하이머에게 정치교육은 "삶의 영역과 관련된 요구들에 단순히 순응하는 것이 아니라 그것을 이해하고 지속적으로 사유하는 것"(Albrecht, 같은 곳)이기 때문이다.

정치교육에서 교사의 역할은 실로 중요하다. 호르크하이머는 교사가 민주주의 발전에 있어서 다른 사회 영역의 종사자들보다 특별한 위치에 있다고 말한다.

> 민주주의가 제도화된 오늘날, 전 세계에서 민주주의는 중요한 이유들로 인해 매우 심각한 위험에 직면해 있다. 젊은 세대가 민주주의를 발전시키기 위해서는 많은 일들이 일어나야만 한다. 오늘날 교육자는 각각의 교육단계에서 맡은 역할과 다른 위치를 점유해야 한다(GS7, 159).

정치교육에서 교사는 민주적인 삶의 질서를 가르치는 사람이다. 따라서 교사는 권위적이어서는 안 되며 '권위 없는 교사'가 되어야 한다. 권위 없는 교사는 자유로운 의사표현을 방해하지 않으며 합리적인 의사소통을 이끌어내는 조정자이다. 권위 없는 교사는 특정한 이념이나 이데올로기를 일방적으로 주입하지 않고, 다양한 관점과 입장을 비판적으로 토론하는 민주적인 교사를 말한다. 호르크하이머는 정치교육에서 교사가 갖추어야 할 중요한 덕목으로서 '눈높이 교육'을 제시한다. 정치교육의 내용을 학습자의 수준에 맞추어야 한다는 것이다. 눈높이 교육은 사회문제에 대한 추상적 논변이 아닌 학습자의 삶과 생활공간에서 제기되기 쉬운 문제에 천착하여 학습자가 이해할 수 있는 언어와 난이도를 고려하여 이루어지는 교육이다. 호르크하이머의 정치교육 교사론에서 주목할 만한 것은 그가 일종의 협동적 교육행위를 강조한다는 점이다. 호르크하이머에게 정치교육은 그 특성상 교사에 의해서만 이루어질 수 있는 성격이 아니다. 정치가, 행정가, 사업가, 전문가들 역시 정치교육에 책임이 있다(GS8, 153). 이들의 책임은 두 가지 맥락에서 그 의미를 갖는다. 먼저 이들이 각자의 고유한 활동 영역에서 민주적인 태도와 민주주의적 실천을 해야 할 책임이 있다. 다음으로 교사와 이들간의 협동적 교육 행위에 대한 책임이다(GS8, 153). 이렇게 호르크하이머는 정치교육에 관한 한 사회적 공동책임론의 제기를 통해 개별 정치가나 행정가 혹은 전문인을 정치교육에 참여시키는 것을 적극 권장한다.

4) 호르크하이머의 정치교육 실천

호르크하이머는 정치교육에 대한 이론적 입장뿐만 아니라 구체적인 정치교육 실천 활동을 통해 1960년대 독일 사회와 정치교육 부문에 커다란 영향력을 행사했다. 호르크하이머가 정치교육과 관련하여 행한 실천적 활동은 크게 두 가지로 구분된다. 하나는 독일 중앙정부의 정치교육에 대한 자문과 조정을 맡은 정치교육위원회 위원으로서의 활동이고, 다른 하나는 1960~1971년까지 정치교육소를 개설해 민주주의 교육을 위한 미국 교육연수 프로그램의 운영 책임자로서의 활동이다. 먼저 정치교육을 위한 독일정부자문위원회 위원으로서의 활동을 살펴보자. 앞에서 언급한 바 있는, 1959년 12월 25일 독일제국당 소속 당원에 의해 자행된 쾰른에서의 히틀러 휘장 행진사건과 이후 몇 차례 유사 사건들은 독일 정부의 과거 극복 노력과 재교육 프로그램이 성공적이지 못했음을 반증하는 사건이었다. 반유대주의를 기치로 내건 이 사건들은 독일 중앙정부로 하여금 사태의 심각성을 인식하고 즉각적인 대응을 하게 만들었다. 당시 독일 중앙정부의 내무부장관은 정치교육 문제에 관한 중앙정부 자문위원회(Kommission zur Beratung der Bundesregierung in Fragen der politischen Bildung)를 설치했으며, 호르크하이머는 위원으로 임명되어 자문활동을 하게 되었다.

이 위원회는 민주주의화와 과거 극복의 문제에 대한 자문을 주 업무로 하였으며, 지방정부 단위의 정치교육사업에도 일정한 영향력을 행사했다. 위원회에서 호르크하이머는 재독일 미국유대인협회(AJC)의 대변자로서, 그리고 미국 소재의 거대 유대인 기관과 독일 정부 사이의 접촉 창구로서의 역할을 수행했다. 이 밖에도 정치교육을 통한 독일과 미국의 관계증진, 아이히만 재판과 관련하여 미국에 대한 독일 정부의 미디어 담당 역할을 수행하였다.

호르크하이머의 정치교육 실천과 관련하여 정치교육연구소(Das Studien-büro für politische Bildung)의 운영은 주목할 만하다. 정치교육연구소의 주요 업무는 민주적 삶의 방식을 익히고 배우는 차원에서 미국 민주주의 교육 연수 프로그램을 실시하고 각종 정치교육을 조정하는 기능이었다. 원래 이 사업을 처음 주도한 것은 호르크하이머가 아니다. 미국유대인협회는 1959년에 독일의 반유대주의 시위에 대응하기 위해 정치교육에 초점을 맞추고 그들이 기획하는 교환연수 프로그램의 독일 측 책임자를 찾고 있었다. 이 사업 자체는 당시 아데나워 정부의 정치적 지원도 받고 있었다. 미국유대인협회는 그들의 재교육 프로그램 사업을 호르크하이머에게 위임하였다. 1961년에 호르크하이머는 그의 영향 하에 있었던 사회연구소에 연수 프로그램 담당부서를 설치하고, 1차 연수 주관 책임자였던 민센(Friedrich Minssen)을 실무 책임자로 임명한다. 호르크하이머는 이 사업과 관련해 몇 가지 중요한 제안을 하였다. 그는 ① 사회 통합적 수업과 권위주의 수업의 차이를 잘 보여주는 영화의 제작 보급, ② 연수 프로그램 대상자를 정치학자와 교육학자에서 학생들까지 확대할 것, ③ 직업적인 정치교육 담당자의 육성과 정치교육을 위한 전국연합조직의 결성, ④ 원격 정치교육 강좌의 운영, ⑤ 사회과목 담당 예비교사에 대한 정치교육 실시, ⑥ 교과서에 정치교육 반영, ⑦ 정치교육 교과서의 개발, ⑧ 기존 정치교육 잡지 이외의 소식지 발간 등을 제안했다. 호르크하이머의 제안은 대부분 수용되었다. 정치교육 연수 프로그램은 1960년부터 1971년까지 총 22회에 걸쳐 이루어졌다. 이들의 연수형태는 정형화된 연수 틀을 벗어나 민주적인 분위기와 삶의 스타일을 체험하는 데 초점이 맞추어져 있었다. 연수 참가자는 자유롭게 연수계획서를 제출하고 승인된 연수계획에 따라 한 달 간의 자유연수 보고서를 제출하는 것이었다.

정치교육연구소는 1971년에 공식적으로 폐쇄된다. 호르크하이머의 후임인 아도르노가 소장으로 있었던 사회연구소에서 정치교육 연구부서는 융화되지 않는 이질적인 조직이었던 것이다. 미국 연수 프로그램에 비판적이었던 아도르노는 1960년대 중반에 사회연구소로부터 정치교육연구소의 분리를 주장하였다. 그러나 실질적인 분리가 이루어진 직접적인 원인은 재정적인 문제에서 비롯됐다. 프랑크푸르트 시 당국과 중앙정부인 외무부는 각각 1966년과 1968년에 재정 지원을 중단했다. 이후 정치교육연구소는 폐쇄 전까지 미국유대인협회 등의 재정 지원으로 근근이 유지되었다. 이 시기에 독일 내 학생혁명과 베트남전으로 인한 독일 내의 미국 비판적 사회 분위기에도 호르크하이머는 미국 연수 프로그램의 지속을 주장하였다. 이러한 측면은 호르크하이머의 정치적 보수화와 관련이 있다. 1960년대 이래 호르크하이머는 소련공단당과 동유럽 사회주의에 대한 극도의 불신을 가지고 과격한 언어로 비난했다.[10] 이러한 정치적 보수화는 사회철학의 이념을 고수하면서도 초월적인 문제, 특히 종교철학적 문제에 관심을 기울이는 결과를 낳기도 했다(이에 대한 개관으로서 Post, 1971; Hoβfeld, 1973을 참조).

---

10   호르크하이머는 소비에트 체제가 '총체적 관료주의(totalitäre Bürokratie)'에 도달했으며 오히려 혁명 전의 차르 시대보다 자유가 존재하지 않는다고 주장했다. 또한 동유럽 사회주의의 독재화를 비판하면서 동유럽 독재체제를 "거짓조직(Lügengebilde)"으로 간주한다. 호르크하이머는 공산주의 체제에서 마르크스의 철학은 단지 의식조작의 도구로 이용되어 왔다고 비난한다(GS7, 91, 196).

호르크하이머에 의해 추진된 정치교육 미국 연수 프로그램에 대한 평가는 다양하다. 연수자들은 민주적인 수업운영, 민주적인 미국 교육 시스템의 연구, 수업에서 영화나 텔레비전 같은 미디어 활용, 미국 모델에 의한 사회 통합적 수업유형의 개발, 정치교육 교수법의 심화연구, 교육개혁 등의 필요성을 제기하였으며, 이와 관련된 관련 도서를 저술하기도 하였다. 그러나 연수 프로그램 참여자들이 늘 연수에 대한 긍정적인 평가를 내리는 것은 아니었다. 베트남전에 반대하는 참여자들은 미국이 평화교육을 위한 모델 자체가 될 수 없다고 보았다. 또한 학교 시스템 자체의 본질적인 차이와 문화적 전통의 차이, 교육재정의 차이, 교육가치 지향의 차이를 간과하고 미국적 모델을 지향하는 것은 일면적인 시각이라고 지적했다.

호르크하이머의 정치교육연구소와 같은 교육 실천적 활동은 교육영역에서 과거 극복을 위한 실천적 노력이라고 볼 수 있다. 이와 같은 실천적 노력은 진정한 의미의 과거 극복이란 민주화가 뿌리내릴 때 가능하다는 인식에 근거한다. 따라서 호르크하이머가 추진했던 정치교육연구소는 교육적 차원의 과거 극복과 민주화를 모토로 한 정치교육 실천의 장이었던 셈이다. 호르크하이머의 정치교육을 위한 실천적인 활동의 성과는 독일 정치교육의 제도화에 기여했다고 평가할 수 있다.

4. 호르크하이머 정치교육론의 의의와 한계

호르크하이머의 정치교육론은 과거 극복, 탈나치화, 민주화로 요약되는 전후 독일의 사회적 과제라는 역사적 배경에서 전개되었다. 이러한 시대 문제를 고민하면서 호르크하이머는 자신의 사회철학적 이념과 방법론을 교육 부문에 적용하게 되었으며, 그 결과물로서 나온 것이 바로 정치교육론이다. 호르크하이머의 정치교육론은 이해와 비판을 통한 사회의 인간화와 더 나은 사회를 지향한다. 그의 정치교육론은 전후 독일 사회의 재건이라는 특수한 상황에서 과거 극복으로서의 정치교육, 과거 극복을 위한 교육 실천적 대응으로서 민주주의 교육을 그 목표로 설정했다. 이 점에서 그의 정치교육론은 교육철학이 현실변화에 어떻게 대응하고 이론화해야 하는지 모범적으로 보여준다. 아울러 호르크하이머의 정치교육을 위한 실천적 활동과 제안은 '역사사회적 요구에 비판적 지식인이 무엇을 해야 하는가'에 대한 의미 있는 대답을 제시해준다.

과거 극복을 위한 정치교육과 민주주의를 위한 정치교육이 어떻게 이루어져야 하는가라는 문제에 대해 호르크하이머는 교육학자들이 기대할 만한 대답을 내놓지는 않는다. 다만 그는 자신의 사회철학에 기반을 둔 정치교육의 목표와 방향만을 제시한다. 해방된 사회를 향한 정치교육은 사회의 총체적 이해를 추구하며, 특정 이데올로기 교육이나 의식화 교육이 아닌 비판적 인식능력, 즉 참된 의식 형성을 강조한다. 또한 정치교육의 대상을 시민 일반으로 확장해야 한다는 그의 주장은 높이 평가할 만하다. 특히 이 점은 한국 중등교육의 사회과 교과담당 교사나 정치·사회적 문제를 다루는 대학교육 담당자에게 시사하는 바가 크다. 호르크하이머의 입장에서 보았을 때, 특정 사회 문제에 대한 다양한 정치·사회적 담론의 스펙트럼을 보여주지 않고 특정한 이론적 입장이나 정치적 입장을 일방적으로 주입하는 교육은 진정한 정치교육이 될 수 없으며 단지 이데올로기 교육에 불과하다.

호르크하이머 정치교육론에서 다시금 음미할 부분은 정치교육의 내용에서 예술과 철학교육의 위상에 대한 지적이다. 정치교육에서 예술과 철학교육의 강조는 성숙한 민주주의의 가능조건이 단순히 정치제도와 사회에 대한 이론적 인식능력에서 비롯되는 것이 아니라 성숙한 인문적 소양과 그에 바탕을 둔 정치적 감수성에 기인한다는 사실에 있다. 이 주장은 성숙한 민주주의, 질적 민주주의, 절차적 민주주의의 실현이 성숙한 인간에 의해 가능하다는 전제에서 출발한다. '삶의 전 영역에서 기초민주주의의 실현'은 호르크하이머가 명시적으로 언급하고 있지 않지만 전인교육의 아이디어를 암묵적으로 수용하는 것으로 평가할 수 있다.

호르크하이머의 정치교육론은 그 빛나는 성과에도 몇 가지 한계를 노정하고 있다. 첫째, 호르크하이머의 정치교육론은 학교에서의 정치교육에 대한 일반적인 내용을 보여주기는 하지만 학교에서 정치교육의 특수성과 시민정치교육과의 차별화되고 심화된 논의를 진전시키고 있지는 못한다. 둘째, 정치교육에서 '권위 없는 교사' 개념을 개괄적으로 제시하고 있는데 정치교육과정에서 이상적인 교사상으로서 '권위 없는 교사'의 실현조건에 대한 구체적 논의가 생략되어 있다. 셋째, 탈나치화의 교육적 대안으로서의 민주주의 교육을 위한 미국 연수 프로그램의 총괄 책임자로서 열성적으로 활동해왔지만, 기초민주주의의 대안으로서 미국 민주주의에 대한 사회철학적 · 교육철학적 분석이 결여되어 있다. 넷째, 선행 문제와의 연장선상에서 보자면 호르크하이머는 자신의 많은 저작에서 언급한 미국 자본주의 비판, 미국 사회 비판, 미국적 의식 비판과 민주적 삶의 모델로서 제시한 미국적 민주주의와의 이론 내적 긴장과 갈등에 대해 해명하고 있지 않다. 다섯째, 호르크하이머의 정치교육론은 사회철학적 관심에서 수행된 교육학적 전환의 결과물이라고 볼 수 있다. 이 점에서 보았을 때, 그의 사회철학의 핵심 방법론인 부정적 방법이 정치교육론에서 같은 방식으로 적용 가능한가에 대해 확신할 수 없는 것도 사실이다.

2

비판적 도덕철학[11]

1. 들어가면서

호르크하이머의 비판이론에도 도덕철학이 존재하는가? 그의 비판이론에서 윤리학적 담론이 있는가? 아도르노, 하버마스, 마르쿠제, 벤야민을 통해 비판이론의 정수를 읽어내려는 이론사적 시도에서나 호르크하이머 철학에 관심을 갖는 일부 비판이론 논자에게서도 위와 같은 질문은 충분히 제기될 수 있다. 호르크하이머 연구사에서조차 그의 도덕철학은 연구 관심이 아니었다. 호르크하이머에 관한 연구는 대부분이 그의 역사철학과 사회철학에 집중되어 있으며, 시기적으로는 1930~40년대를 주요 연구대상으로 삼아왔다. 이러한 연구사적 사정은 일차적으로 호르크하이머 자신에게 그 원인이 있다. 그는 도덕철학적 저작이 극히 적고 도덕철학에 관한 단일 주제 연구를 체계적으로 전개하지 않았다. 그럼에도 호르크하이머 철학에서 그의 도덕철학은 일정한 지위를 점유한다. 이는 도덕의 이념과 비판이론의 이

---

11 「호르크하이머의 비판적 도덕철학」, 『철학논총』 제60집 2권.

넘이 인간해방이라는 동일한 목적을 지향하기 때문이다. 호르크하이머의 비판적 도덕철학은 사회비판의 차원에서 수행되었다. 그의 도덕철학적 문제의식은 과연 '도덕이 인간을 행복한 상태로 이끌 수 있는지, 도덕이 이성적이고 합리적인 사회를 구현해 나아가는 데 얼마만큼 기여해 왔으며, 기여할 수 있는가?'라는 물음에서 출발한다. 이러한 물음은 도덕과 인간, 도덕과 사회, 도덕과 인간 역사의 내적 관계 규명, 관념론적 도덕철학에 대한 비판적 시각, 도덕의 사회적 역할에 대한 계보학적·사회이론적 비판의 관점을 내포한다. 호르크하이머 도덕철학적 관점은 '비판적'이다. 여기서 비판적이란 ① 기존의 관념론적 도덕이론에 대한 유물론적 도덕비판을 전개한다는 점, ② 도덕의 사회적 기능에 대한 사회철학적 비판을 시도한다는 점, ③ 도덕을 근거의 문제가 아닌 실천의 문제로 인식하고 그만의 고유한 '도덕적 감정론'을 전개한다는 것을 의미한다. 이 논문은 호르크하이머의 비판적 도덕철학을 재구성하고 평가하는 것을 목적으로 한다. 이를 위해 도덕의 사회철학으로서 호르크하이머 도덕철학의 성격과 도덕 일반과 도덕이론 비판의 내용 및 비판적 도덕철학으로서 도덕 감정의 두 형식에 대한 논의를 다룰 것이다.

2. 도덕의 사회철학

호르크하이머 도덕철학의 특징을 한마디로 요약한다면 유물론적 도덕철학, 도덕에 관한 사회철학적 비판이라고 할 수 있다. 이 점에서 호르크하이머는 마르크스 도덕비판의 충실한 계승자라고 할 수 있다. 마르크스에게 "도덕, 종교, 형이상학 그리고 그 밖의 이데올로기와 그것에 상응하는 의식의 형식들은" "사유의 생산물"(Marx/Engels, 1981: 26)이며 이 사유는 물적 토대에 기초해 구성된다. 사유의 물적 토대란 사회적 생산관계에 기초를 둔다.

이 글에서 문제 삼는 호르크하이머의 비판적 도덕철학은 마르크스 도덕비판의 기본 시각과 그의 유물론적 역사관을 도덕비판의 방법론으로 채택한다. 마르크스는 『독일 이데올로기』에서 "온갖 의식 형태나 의식의 생산물을 정신적 비판이나 자기의식으로 환원"시켜 비판하는 것의 무의미성을 지적한다. 그는 "의식형태, 철학, 종교, 도덕 등을 이 시민사회를 근거로 하여 설명하고 또한 시민사회라는 토대를 근거로 하여 그것의 형성 과정을 추적"(같은 책, 38)하는 방법론을 제안했다.

호르크하이머는 마르크스의 입장에 따라 유물론적 도덕철학은 다양한 시대와 사회적 계급관계를 고려하면서 도덕의 문제에서 발생하는 현실적인 관계를 규명해야 한다고 주장한다. 따라서 사회적 관계를 벗어나 관념론적이고 초월적인 모든 도덕철학은 "조화로운 환상"(GS7, 389)에 불과하다. 관념론적 도덕철학은 도덕 문제에서 역사적인 관점을 전혀 고려하지 않는다. 관념론적 도덕철학에서 도덕은 초시간적·초역사적인 '범주'로 간주된다. 그에게 "모든 인간 행위의 연쇄는 전적으로 시간－공간적 세계 안에서 진행된다." 도덕의 행위는 "초역사적 심급"(GS3, 131)이 될 수 없다. 따라서 인간의 행위, 도덕적 행위가 어떤 초시간적·초역사적 종교적 권위나 도덕적 명령에 의해 발생하는 것으로 가정하고 행위의 발생과 도덕 판단을 일종의 원행위자로 돌리는 것은 의미 있는 행위에 대한 판단이 될 수 없다. 도덕은 "인간생활의 터전이라고 할 수 있는 역사적 현실 속에서" 도덕과 사회의 상호작용으로 파악한 인간 상에 근거해야 하는데, 오히려 "그러한 인간 상과는 반대의 형상에 비추어 인간을 평가해왔다."(GS4, 16) 여기서 호르크하이머는 사회적 관계에 입각하지 않은 도덕에 관한 초월론적 논증과 초시간적·초역사적 도덕원리를 부정한다고 볼 수 있다. 호르크하이머는 직관과 논증에 의해 도덕이 그 근거를 갖게 되는 것이 아님을 분명히 한다. 같은 맥락에서 호르크하이머는 셸러나 하르트만 도덕철학에서 전제하는 "영원한 가치의 왕국"(GS3, 132)을 거부한다. 하르트만에게 있어 도덕적 가치란 '이상적인 그 자체로 존재'하는 것으로 인간과 인간의 의식으로부터 독립적으로 존재한다. 도덕적 가치는 인간이 따라야 하는 '무조건적 요구'이며 시간 속에서 변화하는 것이 아니다(Hartmann, 1962: 151). 호르크하이머가 보기에 도덕적 가치의 독자성 · 객관성 · 영원성을 전제로 하는 윤리적 입장은 특정한 도덕적 가치의 역사적 조건과 제약성을 제대로 파악하지 못하는 데서 유래한다. 이와 같은 관점에서 도덕적 가치의 영원성과 객관성을 철학적으로 논증하려는 모든 시도는 이데올로기적 혐의로부터 자유로울 수 없다. 왜냐하면 호르크하이머에게 영원한 가치에 관한 모든 말은 이데올로기의 왕국에 속하기 때문이다. 호르크하이머의 유물론적 도덕철학에서 도덕은 인간 삶의 표현 그 이상도 이하도 아니다.

> 유물론은 도덕을 특정한 인간의 삶의 표현으로 고찰한다. 유물론은 도덕의 발생과 발전과정을 삶의 조건들로부터 이해하려 한다. 즉, 도덕을 진리 자체를 위해서가 아니라 특정한 역사적 동력의 연관관계 속에서 파악하고자 한다(GS3, 131).

호르크하이머의 유물론적 도덕철학은 도덕의 발생, 도덕의 발전, 도덕적 행위와 판단의 문제를 사회적 관계와 그것의 산물로 파악한다. 영원한 도덕은 존재하지 않으며, 특정한 사회적 조건 속에서 특정한 도덕과 도덕이론의 발생, 사회 변화에 따른 도덕의 변화 양상을 추적하는 데 논의의 초점을 맞춘다. 이와 같은 호르크하이머의 유물론적 도덕철학은 도덕비판 혹은 도덕의 사회철학이라고 할 수 있다. 도덕의 사회철학은 도덕의 사회적 기능에 대한 비판을 첫 번째 과제로 삼으며, 그 비판의 중심에 도덕과 지배의 관계가 자리 잡고 있다.

3. 도덕과 지배의 관계

호르크하이머에게 도덕은 지배의 수단이다. 특히 그는 근대 초의 도덕과 사회의 관계에 주목하면서 도덕과 지배의 관계를 다음과 같이 서술한다.

혁명이 빈번했던 시기에 관한 기록을 보면, 언제나 종교적·국가적 열광이 일어난 곳에서는 시민적인 미덕과 도덕성이 언급되고 있었다(GS4, 58).

호르크하이머는 근대적 시민의 미덕과 도덕성의 구체적 내용을 해명하기 위해 루터, 칼뱅과 같은 종교 개혁가와 로베스피에르, 루소를 언급한다. 이들이 요구하는 추방되어야 할 부도덕으로는 노동하지 않는 태만, 향락이나 쾌락과 같은 사적 행복을 추구하는 태도이다. 예를 들면 춤, 도박, 모든 축제, 연극과 오락의 추방이다. 반면에 권장해야 할 도덕적 가치로는 자제력, 책임감, 근면성, 절제, 금욕적 태도, 순종, 규율, 법의 준수, 노동에 대한 사랑, 국가에 대한 희생정신이다. 호르크하이머에 따르면, 이들에 의해 표출된 근대의 공적인 도덕은 위의 것들을 증오하고, 도덕적인 것의 순수성을 강조하고 신성화했다. 지배를 위한 도덕의 이데올로기적 기능의 구체적인 사례는 '어린아이를 순수함, 무죄의 상징'으로 만드는 것이었다. 호르크하이머에게 근대적 지배 권력은 위와 같은 상징 조작을 통해 대중에게 '어린아이와 같은 순수성을 내면화'시킨다.

어린아이를 순수함의 상징으로 신성시하는 것은 충동을 강제로 내면화하는 수단이면서 또한 이에 대한 표현이기도 한 시민정신에 속하는 것이다. 사람들은 어린아이가 욕심을 가지고 있지 않다고 꾸며냈으며, 자기들이 행하기 어려운 체념이 어린아이에게는 어렵지 않다고 여겼다. 이론적이고 실천적인 힘을 가진 자나 인간의 무한한 가능성을 보장해주는 자로서가 아니라 순수성, 무죄, 어린아이다움 등을 상징하는 것으로서 시민사회의 어린아이들은 하나의 이상

형을 보여주었다(GS4, 60).

호르크하이머에 따르면 종교 개혁기나 이후 도덕의 이데올로기적 작용은 대중연설과 종교집회 참여의 강제성 부여를 통한 도덕적 훈련으로 나타난다. 근대적 도덕은 "대중의 욕구와 충동을 내면화"(GS4, 44)시킴과 동시에 실제적인 억압으로 작용한다. "본능이나 행복에 대한 무조전적인 욕구는 공동의 복지와 도덕적인 노력을 위해 배척되었다."(GS4, 19) 호르크하이머의 이러한 입장은 도덕 폭력론으로 발전한다.

종교가 약화된 상황에서 사회 안에서 자신의 입장을 관철하는 것이 이해관계만으로 안 될 때, 이에 대한 지적인 근거를 찾아내려는 것은 헛된 노력"에 불과하며, 이러한 도덕론은 "도덕 자체가 아무런 근거가 없다는 의식에서 나온 일종의 폭력행위이다(GS5, 108).

호르크하이머에 따르면 "폭력이 법에 의해 아무리 은폐되어 있을지라도 사회의 위계질서는 궁극적으로 폭력에 의존"(GS4, 133)하는데 도덕이 사회적 위계질서를 존속시키는 한 도덕은 하나의 사회적 폭력의 수단이 된다. 도덕적 폭력의 작용방식이 위에서 아래 방향으로 나타나는 것이 적절한 사례이다. 사회적 위계질서의 존속을 목적으로 도덕은 ① 상위의 시민계층에 속한 자들이 스스로 도덕이라고 가정하는 규범들의 도덕적 정당화 노력, ② 자신을 도덕적 존재로 규정하고 승인받으려는 시도, ③ 자신들이 속한 계급의 도덕을 다른 계급에 강요하는 도덕적 폭력 메커니즘에 의해 작동된다. 이것을 호르크하이머는 다음과 같이 표현한다.

시민계층의 상위에 속하는 전형적인 인간들에게 전체 사회에 대해 자신이 속한 계급의 도덕적인 선전이 다시 작용한다. 그들 자신의 이데올로기에 의하면 착취나 다른 인간들과 사물들을 마음대로 처리하는 것은 기쁨이 아니라 오

히려 전체에 대한 봉사이고, 사회적인 활동이며, 미리 제시된 길에 따라 살아
가는 것이다(GS4, 19).

이와 같은 호르크하이머의 도덕 폭력론은 마르크스의 부르주아 도덕비
판에서 찾아볼 수 있는 대목이다. 또한 도덕과 지배의 관계에서 도덕의 기
능을 비판적으로 기술할 때 일반적으로 지적할 수 있는 주장이다. 그런데
호르크하이머는 19세기 시민계층의 경제적 상황에 근거해 도덕 폭력론의
특수한 경우를 다룬다. 그에 따르면 19세기의 자유주의 경제학자들, 자유경
쟁의 선구자들과 지지자들은 자유경쟁이 점차 심화됨에 따라 적절한 통제
가 필요함을 강하게 인식했다. 적절한 통제를 위한 방법은 법률을 기본 축
으로 다양한 방식으로 수행되었는데 그중 하나가 도덕이라는 것이다.

사회 전체가 주어진 형식에 따라 재생산되기 위해서는 광범위한 국가적 조
치가 필요했다. 개별적인 경제 주체의 지평을 벗어나는 사회적인 이해관계는
경제정책, 법률, 기타 국가적인 제도들이나 교회 조직, 사적인 조직, 그리고 철
학적인 기반을 가지는 도덕을 통해 이루어졌다(GS4, 16).

물론 19세기의 무산자 계급에 관한 한 격화되는 상호경쟁에서 경제윤
리에 관한 도덕적 강제력을 행사할 필요는 없었다. 호르크하이머에게 유산
자 계급의 과도한 자유경쟁에서 물질적 이해관계의 표현을 도덕적으로 제
한하는 공적 경제윤리의 강요는 19세기의 예외적이며 특수한 상황을 반영
한 것이다. 도덕과 지배의 관계에서 일반이론이든 특수 사례이든 호르크하
이머에게 도덕이 지배의 수단이 되는 것은 분명하다. 호르크하이머 자신은
도덕의 정치사회적 기능에 대한 비판적 분석 틀을 부르주아 도덕철학, 관념
론적 도덕철학을 대변하는 칸트의 도덕철학 분석에 일정 부분 적용시킨다.

4. 칸트 도덕철학의 비판

호르크하이머에게 칸트의 도덕철학은 부르주아 도덕철학 중 가장 세련된 형식의 도덕철학이다. 그에게 부르주아의 도덕은 "법과 갈등을 일으키지 않으면서 법의 각각의 장점을 잘 이용하는 것"(GS14, 313)으로, 칸트의 도덕철학은 부르주아적 사유의 반영이자 시민사회의 윤리적 의무규정을 근거 짓기 위한 시도로 간주된다. 칸트의 도덕철학은 "상호 존중의 의무를 이성의 법칙으로부터 도출하려는 시도"이자 "부르주아적 사유가 행하는 통상적인 노력의 일환으로 문명이 존속하는 데 필요한 필수적인 고려를 물질적인 이해관계나 폭력이 아닌 다른 무엇에 의해 근거"(GS5, 108) 지으려는 것이다. 이 지점에서 호르크하이머는 칸트의 도덕철학에 내재한 체제 옹호적인 성격을 비판한다.[12] 호르크하이머가 보기에 칸트의 도덕철학에서 발견되는 도덕의 법칙화에 의한 도덕의 이상화·절대화는 세계가 이미 정상적이며, 정신에 있어 모든 것이 질서 있게 존재한다는 것을 전제로 한다. 좀 더 정확히 말하면, 칸트의 도덕의 절대화는 도덕 법칙적 행위를 한다면 질서 있는 세계가 될 것이라는 가정에서 출발하는 것이다. 호르크하이머에게 칸트의 이러한 가정은 현실에 부합되지 않으며, "현실과 판타지를 구분하지 못하는 결핍"(GS3, 122)에서 비롯된 것이다. 칸트의 가정은 이미 세계와 사회의 변화를 배제하고 도덕을 준수하는 의무의식과 희생을 감내하는 도덕률만을 강조함으로써 권력에 봉사하는 결과를 초래한다.

호르크하이머가 명료하게 언급하고 있지 않지만, 칸트의 '덕론'과 실천

---

[12] 이와 같은 입장은 호르크하이머 철학 전체의 발전과정에서 주로 비판 이론기와 이성 비판기에 집중되어 있다. 호르크하이머의 칸트 수용과 비판은 그의 철학이 발전하는 단계에 따라 상이하게 이해될 뿐만 아니라, 문맥에 따라서도 칸트철학에 대한 평가가 다양하게 나타난다. 호르크하이머의 칸트철학의 시기별 특징과 평가에 대해서는 전석환, 「비판이론에 있어서 칸트 철학의 수용과 그 변용: 막스 호르크하이머(Max Horkheimer)를 중심으로」, 『칸트연구』 제24집, 129쪽 이하 참조.

적 이성의 의무주체인 도덕적 자아론에 관한 그의 유물론적·사회철학적 비판은 칸트의 논의가 갖는 암묵적인 체제 기여적 성격에 대한 비판을 배후에 놓고 전개한다고 볼 수 있다. 호르크하이머에 따르면 칸트의 "자아 내부의 도덕법칙"은 동점심 및 다른 모든 믿음과 신념을 "정화하며 정화된 자아를 마치 하나의 "거역할 수 없는 심리적 자연사실"로 간주한다. 그러나 칸트가 설정한 도덕적 자아는 허구적 상상물에 불과하다. 왜냐하면 호르크하이머에게 자아는 역사·사회적 조건 위에서 그것과의 변증법적 상호규정을 통해 생성되는 것이기 때문이다. 그에 따르면 자아를 규정하는 핵심적 기제는 도덕과 같은 가치론적 토대에 근거하는 것이 아니라 경제적 토대에 기초한다.

> 칸트가 최고의 지점이라고 부른 심급인 자아 자체는 실제로는 물리적 생존의 조건일 뿐만 아니라 그 산물인 것이다. 스스로가 스스로를 돌보아야 하는 개인들은 성찰하고, 예견하고, 조망하는 심급으로서의 자아를 발전시켰으며, 이 자아는 세대가 바뀌면서 경제적인 자율성과 생산을 위한 소유가 어떠하냐에 따라 확장되기도 하고 위축되기도 한다. 마지막으로 자아는 소유를 박탈당한 시민을 떠나 전체주의적인 대기업의 총수들에게 넘어갔다(GS5, 110).

칸트의 도덕철학에서 도덕적 자아는 온갖 종류의 리비도를 거부하며, 자신을 이성의 지배 아래 두게 된다. 이때 칸트는 이른바 '초연한 무감동'을 덕의 필수적인 전제로 간주하며, 열정과 정념, 동정을 도덕법칙으로부터 분리시킨다. 초연한 무감동은 감정을 배제시킨다. 동정이라는 것 역시 칸트에게는 '여린 마음'에 불과하며 결코 '덕'이 아니다. 호르크하이머는 칸트가 감정을 도덕에서 배제시킴으로써 그의 도덕은 사랑도 화해도 모르는 차가운 도덕법칙이 되었다고 비판한다. 그에게 '초연한 무감동 상태(Apathie)'를 도덕적 건강성이자 덕의 조건으로 간주하는 칸트의 주장은 무기력한 자아의 반영이자 개인의 자발성이 공적 영역에서 자유롭게 발휘되지 못하고 사적 영역으로 후퇴하는 것을 의미한다.

초연한 무감동은 부르주아적 역사에서뿐만 아니라 고대에서도 저 소수의 행복한 사람들이 엄청난 역사의 흐름에 직면하여 자신의 무기력을 자각하는 전환기에 등장했다. 초연한 무감동은 개인의 자발성이 사적 영역으로 후퇴하는 것을 지적하는 것으로서, 결국 사적 영역은 시민의 적절한 실존형식으로 자리 잡게 되는 것이다(GS5, 119).

정언명법에 대한 호르크하이머의 비판은 그것의 절대성과 실천 가능성을 문제 삼는다. 정언명법은 역사나 사회적 개인의 목소리가 아닌 "신성의 직접적인 목소리"(GS4, 452)만을 반영한다. 이와 같은 호르크하이머의 정언명법의 절대화와 무조건성이 가져오는 강제력, 즉 인간 행위의 자율성이 도덕법칙 하에서 억압되고 획일화됨으로써 도덕법칙에 대한 비판적 성찰이 제약된다는 것을 드러내려는 것이다(Benhabib, 1986: 133). '신성의 직접적인 목소리'로서 칸트의 정언명법은 도덕의 "영원한 범주(ewige Kategorie)"(GS3, 113)[13]로 주장되지만, 도덕을 인간 삶의 표현으로 규정하는 호르크하이머에게 칸트의 주장은 현실과의 관계를 전혀 고려하지 않은 사유의 전권이 만들어낸 마술에 불과하다. 이제 정언명법에 대한 호르크하이머는 비판은 그것이 칸트의 언명처럼 '모든 행위의 참된 동기를 제공하며 행위에 대한 도덕적 판단의 기준으로 실제로 작동하는가?'의 문제로 넘어간다. 호르크하이머가 보기에 칸트는 인간의 내부에는 끊임없이 발생하는 개인과 사회 전체 이해관계의 갈등을 간파하지도 못하고, 정언명법의 역할이 사회적 전체 삶의 관

---

13 호르크하이머는 칸트의 정언명법을 논증하는 순수이성의 법칙, 순수 선의지, 이성의 사실성, 이성의 자율성과 도덕법칙의 동일시는 사유의 전권이자 현실(Wirklichkeit)을 넘어선 논리라는 의미에서 영원한 범주라고 말한다. Kant, I., *Kritik der praktischen Vernunft*, in: Weischedel, W.(Hg.), Immanuel Kant Werke in Zehn Bänden, Bd. 6, Darmstadt, A54 140쪽 이하 참조.

계 속에서 필연적으로 규정된다는 사실도 인식하지 못했다. 따라서 정언명법의 작동은 여전히 모호한 채로 남아 있다.

왜 보편이 특수 위에 확립되어야 하는지, 또 어떻게 개별자에게 보편과 특수가 조화를 이룰 수 있는지에 대하여 전혀 알려지지 않았다. 정언명법은 …… 개인을 일정한 불안과 불명료 속에 둔다. 그의 정신 속에서는 개인적 이해 관심과 전체 이해의 모호한 관념, 개인적 목적성과 보편적 목적성의 싸움이 계속된다. 그럼에도 어떻게 도덕적 기준에 따른 이성적인 결정이 양자에서 가능한지에 대해 통찰할 수 없다. 근본적으로 극복될 수 없는 끊임없는 반성과 지속적인 돌봄이 발생한다(GS3, 115).

호르크하이머에게 도덕과 심리 간의 갈등은 근대 부르주아적 자본주의 사회의 충실한 반영이자 결과이다. 왜냐하면 이 시기에 경제적인 논리는 개인의 삶에 있어 보편적 자연법(das allgemeine Naturgesetz)임과 동시에 인간사회의 자연법으로서 정언명법의 기능을 수행한다. 근대적 부르주아 자본주의 시대에 발생하는 도덕적 갈등의 불가피성은 자유로운 경쟁과 전체 사회에서의 실존 간의 합리적인 관계가 정립되기 어려운 데서 기인한다. 그것은 다시금 부르주아적 경제체제의 구조적 결함에 바탕을 두고 있다.

호르크하이머의 칸트 도덕철학에 대한 비판은 도덕과 사회의 비변증법적 전개, 도덕의 절대화에 대한 비판, 체제 옹호적 성격비판, 정언명법 작동 원리의 모호성으로 요약할 수 있다. 이러한 비판은 철저하게 호르크하이머의 유물론적 도덕철학, 비판적 도덕철학에 입각한 것이다. 그런데 부르주아 도덕철학의 대변자로서 칸트철학에 대한 호르크하이머의 비판 동기 중의 하나는 부르주아 도덕의 무기력(Ohnmacht der Moral)이 20세기의 나치와 권위적인 국가체제를 야기하는 데 간접적으로 일조했다는 믿음에 근거한다.[14]

---

14 GS14, 372쪽 참조. 슈미트는 아무런 전거의 제시 없이 호르크하이머의 부르주아 도덕비판의 핵심동기가 혁명의 실패와 나치체제의 등장에 대한 도덕철학적 해명이라고 가정한다.

호르크하이머가 갖는 혐의는 위와 같은 비극적 상황을 촉진시킨 부르주아 도덕철학에서의 철학 내재적 동력을 비판적으로 분석해내는 것이다. 그런데 유감스럽게도 호르크하이머의 칸트 도덕철학에 대한 비판적 분석은 그가 갖는 혐의를 입증하려는 체계적 논증을 시도하기보다는 칸트의 도덕철학에 대한 사회철학적인 비판이 주류를 이루고 있다. 호르크하이머가 논증하는 칸트 도덕 철학이 갖는 체제 옹호적 성격이 곧 나치체제 발생의 도덕철학적 선(先)역사라고 주장하기에는 무리가 따른다. 호르크하이머는 이에 대한 이론적 공백을 채우려는 시도를 등한시하고 있다.

5. 호르크하이머의 비판적 도덕철학

호르크하이머의 비판적 도덕철학은 칸트나 관념론적 도덕철학이 지향하는 도덕적 행위의 최종 근거를 부정하고, '도덕적 감정'에 그 토대를 둔다. 그에 따르면 도덕적 감정이란 역사적·사회적 조건에 따라 다양하게 변화한다. 호르크하이머는 동정과 정치를 현재의 사회적 조건에 조응하는 도덕적 감정의 두 가지 형식으로 간주하며, 동정과 정치가 가지는 "생산적인 힘(produktive Käfte)"(GS3, 145)을 강조한다. 여기서는 도덕적 감정의 표현으로서 호르크하이머의 '동정과 정치' 개념에 기초한 호르크하이머의 비판적 도덕철학을 검토할 것이다.

그는 호르크하이머가 도덕철학 비판과 나치 발생의 도덕철학적 선역사를 하나의 관점에서 체계화하지 못한다는 점을 인식하지 못한다. Schmidt, A., *Materialismus zwischen Metaphysik und Positivismus*, Opladen, 1993, 179쪽 참조.

1) 도덕의 근거로서 도덕적 감정

앞서 호르크하이머가 유물론적·사회철학적 관점에서 기존의 윤리학에 관해 행한 비판을 살펴보았다. 그렇다면 그는 자신의 비판에 근거해 어떻게 자신의 고유한 도덕철학을 제시하고 어떻게 도덕의 최종 근거를 논구하는가? 호르크하이머는 먼저 '과연 도덕의 최종 근거를 논증할 수 있는가'에 대하여 회의한다. 그에게 "도덕은 증명될 수 없고, 개별적인 가치 역시 순수 이론적으로 근거 지어질 수 없다"(GS3, 146)고 단언한다. 도덕 자체를 근거 지을 수 없고 도덕의 최종 근거를 증명해낼 수 없다는 것은 호르크하이머가 칸트 정언명법의 보편타당성을 부정하고 그것의 모호성과 애매성을 지적하는 지점에서 이미 시사되었다. 도덕의 최종 근거를 근거 짓기 어려운 보다 근본적인 이유는 호르크하이머의 독특한 도덕 개념에 토대를 두고 있다. 그에게 도덕은 근거의 문제가 아니라 심리적인 상태의 문제, 즉 도덕적 감정(das moralische Gefühl)의 문제이다.[15] 호르크하이머에게 영원한 도덕적 가치라는 것은 존재하지 않는다. 그에게 도덕은 "욕구와 기대, 이해 관심과 인간의 정열"처럼 사회와의 관계 속에서 변화"하는 "하나의 심리적 상태(eine psychische Verfassung)"(GS3, 113)이다. 호르크하이머가 도덕을 심리적 상태와 동일시할 때 윤리적 주관주의나 윤리적 정서주의와 동일한 의미를 지시하는 것이 아니다. 호르크하이머에게 윤리는 심리적 사실성(psychischer Tatbestand), 즉 도덕적 감정으로서 "자연적 법칙과 거리를 두면서도 사적인 애착이나 소유와 관련되지 않는 관심"(GS3, 113)을 의미한다. 도덕적 감정은 명예, 완전

---

15 호르크하이머의 비판적 도덕철학의 한 축인 도덕 감정론은 그 뿌리가 쇼펜하우어의 동고의 윤리학에 있는 것은 자명하다. 그는 쇼펜하우어의 동고의 개념을 도덕 감정론에서뿐만 아니라 역사철학의 핵심 개념으로 수용한다. 그러나 호르크하이머는 도덕적 감정론의 한계를 인식하고 쇼펜하우어의 동고의 윤리학을 넘어서기 위해 그만의 고유한 '정치' 개념을 수용했다. 이는 '쇼펜하우어 윤리학의 사회철학적 보충'이라고 할 수 있다. 호르크하이머 전체 철학에서 쇼펜하우어의 영향에 대해서는 Rosen, Z., *Max Horkheimer*, München, 1995, 66쪽 이하 참조.

함, 동경 등과 같은 것을 그 목적에 두고 있는 사랑과 유사하며, 이러한 사랑은 행복한 인류의 가능한 일원이 될 수 있는 한 사람과 관련된 개념이다.[16]

호르크하이머에게 도덕적 감정 중의 하나인 사랑의 개념은 개인의 욕구와 개인의 잠재력을 완전히 실현시키는 미래를 지시하는 개념이자 동시에 모든 인간의 행복한 삶의 방향을 가리키는 개념이다. 그에 따르면 이와 같은 행복에 대한 요구가 포함된 도덕적 감정은 정당성이나 도덕의 최종 근거를 문제시하지 않는다. 호르크하이머는 특정한 도덕적 감정의 발생과 도덕적 감정의 다양한 형식 및 내용에 관한 논의를 더 이상 진행하지 않는다. 다만 그는 도덕적 감정 역시 도덕의식처럼 사회적 상황에 따라 변화한다고 강조한다. 호르크하이머에게 경제적 관계가 확립된 부르주아 사회의 모순적 조건 안에서 표출되는 도덕적 감정의 표현은 동고(同苦, Mitleid)와 정치(Politik)이다.

2) 동고와 정치

호르크하이머에게 도덕적 감정으로서 동고[17]가 동고의 형상학자 쇼펜하우어의 주장처럼 도덕적 행위의 원리가 될 수 있는가? 호르크하이머는 이

---

16   여기서는 이성애적 사랑을 의미하지 않고, '인간에 대한 사랑', '개인의 행복에의 염원'을 기원하는 사랑의 개념이다. 호르크하이머는 현대에서 사랑은 교환가치 체계에 의해 해체되었으며, 자본주의 사회에서 사랑은 '의존의 원리'에 따른다고 말한다. 문제는 자본주의 체제하에서 진정한 사랑의 어려움에 대한 호르크하이머의 테제와 인간애를 발휘하는 사랑의 개념을 어떻게 매개될 수 있는가에 대한 논의가 생략되었다는 점이다.

17   Mitleid에 대한 번역어로 '연민'과 '동정심' 등이 사용되고 있는데, 김선희 선생의 번역처럼 '동고'가 적절한 번역어이다. 쇼펜하우어에게 고통은 타자의 고통을 보고 고통을 표상, 공감, 직접적인 자신의 고통으로 지각하는 것을 의미하기 때문에 Mitleid란 '타인의 고통을 같이 느끼는 것'이다. 호르크하이머가 사용하는 동고나 아도르노의 동고 개념 역시 쇼펜하우어의 동고 개념을 그대로 수용하고 있다. 쇼펜하우어, 홍성광 역, 『의지와 표상으로서의 세계』, 을유문화사, 2009, 619쪽 참조; 김선희, 「인문치료, 고통에 대해 묻다?: 쇼펜하우어에 있어서 고통과 치료의 해석학」, 『동서철학연구』 제54집, 2009, 413 쪽 이하 참조; 이종하, 『아도르노: 고통의 해석학』, 살림, 2007, 14쪽 참조.

문제에 대하여 이중적 입장을 취한다. 다시 말해 동고의 제한적 성격을 비판하면서도 그와 동시에 규범 윤리적 차원에서 윤리적 행위 근거로서 동고의 가능성을 제한적으로 인정한다. 호르크하이머는 사회에서 발생하는 인간의 고통과 불행에 대한 관심을 동고로 파악하며, 그러한 태도를 도덕과 동일시한다. 이 점에서 동고는 고통에 참여하거나 고통을 극복하려는 규범적 태도, 즉 도덕적 행위의 원리로서 작용할 수 있다. 그러나 도덕적 행위 원리의 규범적 근거가 되기에 동고는 제한적일 수밖에 없다. 왜냐하면 동고는 우연적이며, 부정적 현실에 대한 체념적 반응이기 때문이다. 호르크하이머는 니체와 사드의 동고의 윤리학에 대한 비판을 수용하면서 이 점을 지적한다.

> 동고는 그것의 실천이 예외적이라는 사실로 말미암아 비인간성의 법칙을 확인하는 것이다. 동정심은 불의의 지양을 이웃사랑이라는 우연성에만 내맡김으로써 동고를 완화시키고 싶어 하는 보편적 소외의 법칙을 어쩔 수 없는 것으로 받아들인다. 개인으로서 동고를 베푸는 자는 보편성의 요구, 즉 삶의 요구 —— 이러한 요구를 거절하는 보편성이나 자연이나 사회에 대항해서 —— 를 대별할지 모른다. 그러나 개별 인간이 행하는 내적 보편성과의 일치는 그 고유한 약점으로 인해 기만적인 것임이 드러난다. 동고의 부드러움이 아닌 동고의 제한적 성격이 동고를 의심스러운 것으로 만든다(GS5, 126).

동고의 윤리학이 도덕 윤리로서 규범적 전거를 제시하는 데 있어 또 다른 문제는 동고의 윤리적 실천에서 나타나는 '나르시시스적 변형' 때문이다. 호르크하이머에게 박애주의자의 자부심이나 사회사업가의 도덕적 자의식에서 찾아볼 수 있는 '동정의 나르시시즘'은 빈부격차라는 경제적 사실의 확인에서 오는 심리적 우월감의 왜곡된 형식인 것이다. 동고의 윤리학과 동고의 실천이 가지는 도덕적 행위근거로서의 이론적 한계를 극복할 수 있는가? 이론적 한계를 극복하기 위해서는 쇼펜하우어가 선택한 동고에 동기된 도덕적 행위원리의 보편화(Noerr, 1997: 185)를 설득력 있게 논증해야 한다. 그러나 쇼펜하우어의 논증은 호르크하이머에게 이미 실패한 것으로 판정되었다. 또한 칸트 윤리학 비판에서 호르크하이머가 취한 도덕의 사회철학은 보편적 도덕원리의 이론화 자체를 부인한다. 현실적인 관점에서 호르크하이머는 정부나 일반시민 지성계의 여론 주도층의 도덕적 감정이 약화되었고, 양심에의 호소, 도덕의 호출이 역사에서 결정적인 역할을 한 적이 없다는 사실을 강조한다. 그렇다면 호르크하이머의 선택은 무엇인가? 도덕적 감정으로서 동고는 호르크하이머에게 그것의 한계에도 규범적이고 추상적으로 포착된 그의 정치 개념에 수용한다.

도덕적 감정의 한 표현형식으로 인간해방을 지향하는 정치 개념은 동고라는 도덕적 감정을 매개로 한 정치이며, 동시에 동고의 사회적 형식이라고 할 수 있다. 호르크하이머에게 정치란 이름 있는 도덕철학자들에 의해 '보편성의 행복'으로 표현되었던 것으로, "특수와 보편적 이해 관심의 통일"(GS3, 137)에 의한 행복의 산출을 목표로 한다. 호르크하이머는 정치의 이념을 자유, 평등, 정의로 구분된다. 이것은 도덕에서도 이미 동일하게 선취하고 있는 이념이지만, 정치는 구체적인 실현을 문제 삼는다. 호르크하이머에게 중요한 것은 이념의 구체적인 내용이 아니다. 왜냐하면 이념의 내용은 영원한 것이 아니라 역사적 변화에 따라 달라질 수 있기 때문이다. 호르크하이머에 따르면 정치 이념으로서(의) 자유, 평등, 정의는 다양한 방식과 형식으로 형성되는 것이다. 위의 이념들 자체는 각각의 사회적 상황에 따라 특정한 내용성을 갖는다. 가령 인류역사의 근본적인 특징인 불평등의 제거는 다양한 시대와 장소에서 요구되었으며, 그것에 대한 인간의 반응 역시 항상 특정한 반응형식을 보여 왔다. 같은 맥락에서 그는 평등의 구조를 창출해내는 데 있어서도 다양한 방식으로 이루어질 것이라고 진단한다. 호르크하이머는 19세기 정치적 평등이 법 앞에서의 평등, 법적 평등이었다면 현대 자본주의 사회에서 평등의 정치적 실현은 법적 차원이 아닌 경제적 불평등의 해소가 평등의 내용성을 규정한다고 보았다. 호르크하이머에게 정의의 개념은 행복이 우연하고 임의적이며 외부적인 요소에 의해서 규정되지 않는 것을 내포한다. 그는 이것 역시 자유나 평등처럼 다양한 방식과 형식으로 실현될 것이라고 진단한다.

호르크하이머에게 정치는 규범적 개념으로서 자유, 평등, 정의를 주어진 사회적 조건 속에서 해방적 관심을 갖고 이성적인 상태로 실천하려는 일련의 관심과 규범적 태도와 관련된 개념이다. 또한 정치란 이와 같은 관심과 규범적 태도를 가지고 "올바른 사회(die richtige Gesellschaft)"(GS8, 316)의 건설을 위해 "정당하고 생산적인 질서를 실현"(GS8, 320)하려는 일련의 노력을 통칭하는 개념이다. 개인적 차원에서도 정치의 이념은 실현되어야 한다. 즉, 개인 스스로 주관적이고 객관적인 조건을 의식하면서 정치의 목적을 실현하기 위해 모든 힘들을 결합하는 노력 역시 정치의 실천인 것이다.

3) 새로운 도덕이념으로서 인간연대와 생명의 연대

호르크하이머는 유물론적 도덕비판을 전개했던 1930년대나 신학적 전망과 비판이론의 이념을 접목하려고 시도했던 후기에 있어서도 비판적 도덕철학의 새로운 도덕이념으로서 인간의 연대(Solidarität der Menschen)을 일관되게 제시한다. 인간 연대의 궁극적 목적은 "사회와 개인의 인간적인 상태를 실현하는 것"(GS4, 83)이라는 사회철학적 언어로 서술되거나 불필요한 고통과 불행이 없는 인간사회라는 보다 추상적인 언어로 표현되기도 한다. 호르크하이머는 인간 상호 간의 연대 실현을 도덕성의 실현으로 파악한다. 그에게 인간의 상호연대는 비단 새로운 도덕이념을 넘어 정치 이념의 구성 요인인 자유, 평등, 정의를 실현하는 시대적 형식이다. 인간의 연대는 "의미 없는 불행에 대항하는 투쟁을 위한 공동의 의무"(GS8, 322)라는 의식에서 출발한다. 인간 상호 간의 연대는 "고통과 맞서 싸우기 위해, 자유롭게 살기 위해, 진리를 인식하기 위해, (각자의 고유한) 힘의 실현을 위해"(GS8, 323) 필요하다. 호르크하이머가 말하는 인간의 연대는 특정 사회의 계급연대, 특정 민족의 연대, 인종적 연대, 지역적 연대, 계약적 연대를 의미하지 않는다. 호르크하이머는 1968년에 저술한 『지구: 우리의 고향』에서 "공동의 고향으로서 지구라는 이념"(GS8, 321)에 토대를 두는 지구 위에 존재하는 인간의 보편적 연대를 지향한다. 호르크하이머에게 더 나은 미래를 위한 인간의 연대는 우리 자신이 태어난 고향으로서의 지구라는 생각을 가질 때 비로소 가능하게 될 것이라고 보았다.

호르크하이머는 새로운 도덕이념으로서 연대의 개념을 인간 상호 간의 사회적 연대 개념에서 지구 전체, 동물로 대변되는 생명의 연대로 확장한다. 그의 자신의 입장을 1930년대 초에 분명한 논조로 표현한다.

> 인간의 연대는 생명 일반 연대의 한 부분이다. 각자의 실현 과정에서의 진보는 이와 같은 연대의 의미를 강화한다. 동물들은 인간을 필요로 한다. 인간과 동물 간의 통일을 완전히 조명한 것은 쇼펜하우어 철학의 명예이다. 인간의 커다란 재능, 특히 이성은 인간이 동물에서 갖는 공통성을 전적으로 해체하지 못한다. 인간의 특징들이 특별하게 형성되었지만, 인간의 행복과 불행이 동물의 삶과 유사성이 있는 것은 분명하다(GS3, 136).

호르크하이머가 제시한 새로운 도덕 이념으로서의 인간연대와 생명연대는 그가 도덕적 감정의 두 형식을 말할 때 이미 내재된 논리이다. 다시 말해 호르크하이머가 고통과 불행의 제거를 위해 두 이념을 제기할 때, 그 배후에는 다시금 도덕적 감정으로서 동고의 윤리가 작용한다. 새로운 도덕이념을 실천영역에서 적용하는 것은 정치의 문제이다. 호르크하이머는 인간연대에 관한 이론적 논거의 구성보다는 연대의 가치와 필요성을 제기하는데 힘을 쏟고 있다. 이것은 도덕을 논거의 문제로 보지 않는 그의 도덕철학적 입장을 충실히 반영한 것이라고 평가할 수 있다. 그런데 왜 인간연대에서 생명의 연대로 이행해야 하는지에 관해서나 생명 개념을 동물에 한정하는 문제 등에 대해서는 논의를 결여하고 있다. 그럼에도 그가 제시한 인간 연대와 생명연대의 새로운 도덕이념은 고통과 불행이 인간세계와 생명세계에 존속하는 한 도덕적 요청의 성격과 도덕적 감정을 불러일으키기에 충분하다.

4) 비판적 윤리학의 난점

호르크하이머의 논의는 몇 가지 문제를 안고 있다. 먼저 그는 동고와 정치의 관계가 어떻게 설정되어야 하는지, 상호 간의 이론 내적 긴장과 대립, 실천 영역에서의 문제들에 대하여 아무런 논의를 보여주지 못한다. 그는 윤리와 정치의 고유성과 실천 영역에서의 불일치를 간과하며, 동고와 정치의 이론적·실천적 조화를 전제로 논의를 전개하는 한계를 노정한다. 다음으로 호르크하이머는 쇼펜하우어 동고의 개념을 자본주의 사회에서 필요한 긍정적인 도덕적 감정으로 수용하는 데 긍정적 도덕의 감정이 왜 반드시 동정으로만 표현될 수 있는지에 대해 그는 아무런 설명을 하지 않는다. 긍정적 도덕의 감정은 동고 이외에도 책임감, 배려 등 다양하다. 또 다른 문제로 호르크하이머가 언급하고 있는 '정치' 개념은 규범적 개념의 차원에서 다루어질 뿐만 아니라 정치를 지나치게 이상화하고 있다. 그는 실천행위로서 정치의 윤리화나 윤리의 정치화에 대한 담론을 전개하지 않은 채, 그의 비판이론이 지향하는 이성적인 사회의 이념과 정치를 동일시함으로써 '정치'의 비판이론으로서 이론적 지위를 견지해내지 못한다. 도덕 감정의 표현으로서 정치에 대한 호르크하이머의 논의는 도덕으로부터 정치의 분리를 암묵적으로 전제하고 있다. 그런데 호르크하이머가 수행한 도덕과 정치의 범주적 분리는 도덕의 범주가 정치에 수렴되는 것처럼 보인다. 왜냐하면 호르크하이머는 인간적인 사회의 이념이나 인간의 존엄성이 존중되는 사회에서 도덕은 자신의 근거를 잃게 될 것이라고 주장하기 때문이다. 이와 같은 주장은 다음과 같은 질문에 대답해야 한다. 인간적인 사회, 호르크하이머가 즐겨 사용하는 표현인 '이성적인 사회'가 건설되면 인간 상호 간, 사회 운용과 인간과의 관계에서 도덕은 더 이상 자신의 역할을 요구받지 않는다는 의미로 이해되어야 하는가? 인간적인 사회는 인간과 인간의 상호 이익 갈등, 인간과 사회의 전체 이익과의 조정과 조화가 자연스럽게 해소되는 사회를 의미하는가? 이상적인 사회에서는 어떠한 방식으로 이러한 문제를 해결하는가? 도덕이 불필요한 인간적인 사회는 어떻게 가능한가? 도덕이 불필요한 사회는 이상적인 사회로서 유토피아를 의미하는가? 호르크하이머 자신이 설정한 인간적인 사회는 역설적으로 완벽한 도덕성이 구현된 도덕적 사회라고 말해질 수 있지 않은가? 아니면 동고와 고통의 문제가 완벽한 사회공학에 의해 자동 조절되는 테크노피아 사회인가? 호르크하이머는 여기서 제기한 문제들에 대해 침묵으로 일관한다.

인간적인 사회에서 도덕의 불필요성에 관해 호르크하이머의 입장은 미묘한 변화를 보여준다. 「유물론과 도덕」이라는 같은 제하의 글에서 그는 동고가 작동되어야 하는 사회에서 도덕의 존재 이유는 여전히 상존하지만, 인간과 인간의 관계가 합리적으로 조정되는 사회에서 도덕은 그 사회의 배후에서 작용할 뿐이라고 지적한다. 이것은 호르크하이머가 인간적인 사회로의 변화 과정에서 도덕은 도덕적 요구로서의 역할을 적극적으로 감당하며, 인간적인 사회가 실현된 이후에도 도덕은 이상적 인간관계의 합리적 조정을 위한 규범적 전거를 암묵적이고 소극적인 차원에서 수행한다는 것을 인정하는 것으로 판단된다. 결국 호르크하이머가 주장하려는 것은 도덕의 사회적 역할의 변화라고 이해되어야 하며 잉여도덕론이나 도덕 불필요성 논제라고 오해해서는 안 될 것이다.

6. 나오면서

호르크하이머의 비판적 도덕철학은 초월적인 도덕 개념의 부정, 사회
변화에 따른 도덕 개념의 변화, 도덕과 지배의 친근성, 도덕적 행위와 도덕
판단의 사회적 맥락성, 도덕의 이론화가 아닌 도덕적 실천의 강조, 도덕적
실천에서 도덕적 감정의 우선성, 도덕적 감정의 표현으로서 정치적 실천의
도덕적 계기, 도덕이념과 인간 해방의 동근원성을 강조한다. 이와 같이 호
르크하이머의 비판적 도덕철학의 중요한 뼈대는 마르크스의 도덕비판, 쇼
펜하우어의 동고 윤리학의 사회철학적 독법과 비판이론이 유기적으로 결합
되어 있다.

도덕이 인간을 행복한 상태, 그것을 가능하게 하는 인간적인 사회로 우
리를 이끌 수 있는가? 비판적 도덕철학의 출발점이었던 이 질문에 대한 호
르크하이머의 답변은 회의적이다. 도덕은 지배에 봉사해왔으며, 도덕의 절
대화는 역사 속에서 도덕의 무기력으로 나타났다는 것이 그의 입장이다. 호
르크하이머는 자신의 비판적 문제의식을 풀어나가기 위해 도덕적 행위의
원천을 도덕적 감정의 두 형식인 동고와 정치가 가지는 생산적 힘에 기초해
논의한다. 그런데 호르크하이머의 비판적 윤리학의 이론적 대안이라고 할
수 있는 그의 도덕 감정론은 도덕을 이론의 문제가 아닌 실천의 문제로 간
주한 그의 근본입장과 부딪힌다. 더 나아가서 비판적 도덕이론가로서 호르
크하이머의 동고의 윤리학은 그의 동고 윤리학의 제한적 타당성에 근거하
고, 정치를 도덕적 차원에서 재해석함으로써 독립적인 도덕철학이 가져야
할 이론적 견고함을 충분히 보여주지 못하고 있다. 호르크하이머의 비판적
도덕철학에 내재한 근본적 약점에도 도덕을 실천의 문제로 간주하고, 도덕
이 체제 기여에 봉사하는 것이 아니라 인간적인 사회, 이성적인 사회의 건
설을 위해 이바지해야 한다는 그의 시각은 오늘날 한국 사회의 도덕적 현실
을 비판적으로 성찰하고자 할 때 매우 중요한 입각점을 제공한다. 부와 권

력이 정의이고 도덕이라는 한국 근현대의 역사적 경험에서 체화된 우리의
도덕의식은 사회개혁과 도덕의 문제를 동일 문맥에서 파악한 호르크하이머
의 도덕철학적 입장의 한국적 재서술이라고 볼 수 있다. 우리 사회의 도덕
적 질서의 붕괴와 도덕적 무기력을 해결하는 방법은 도덕률의 동어반복적
인 호소나 도덕교육 환원론, 더 나은 도덕이론에 있지 않고, 호르크하이머
의 주장처럼 "그러한 도덕의 존재근거를 제거시킬 수 있는 상황을 조성함으
로써 가능하다."(GS4, 83)

3

'아주 다른 것에 대한 동경'의 사회철학[18]

1. 들어가는 말

서구 사회에서 과학의 발달과 과학적 세계관의 확산, 종교다원주의로 인해 '종교의 위기'에 관한 담론이 전개되어 온 것은 어제 오늘의 일이 아니다. 흥미로운 것은 9.11 테러사태 이후 서구 사회에서 대중적 차원의 영성 활동이 증가하였으며, 종교사회학자 영역에서 종교성의 새로운 차원에 대한 새로운 담론이 활발하게 이루어졌다는 점이다. 철학 분야에서도 하버마스, 로티, 바티모, 데리다 등이 주도하는 미래사회의 종교에 대한 철학적 담론이 활발하게 제기되고 있다. 현실과 이론 영역에서 전개되는 이와 같은 현상을 혹자는 '종교의 르네상스'나 '종교로의 회귀'로 표현한다. 이 논문은 위와 같은 종교철학적 담론의 논제들을 일정 부분 공유하지만, 기본적으로 '사회비판으로서 종교비판'을 일관되게 수행한 호르크하이머의 종교철학을 논제로 삼는다. 특히 호르크하이머 후기의 종교적 사유인 "완전히 다른 것

---

18 「후기 호르크하이머의 아주 다른 것에 대한 동경의 사회철학」, 『철학탐구』 제28집.

에 대한 동경(Die Sehnsucht nach dem ganz Anderen)"을 중심으로 다룰 것이다. 기존의 호르크하이머 연구자들에게 "아주 다른 것에 대한 동경"은 그의 초기·중기 사유와 구별되는 호르크하이머 철학의 종교적 전회를 의미한다. "아주 다른 것에 대한 동경"이야말로 '비판이론의 이념을 포기하고 종교로 회귀'하는 호르크하이머의 후기 철학을 함축적으로 보여준다는 것이다. 이들 논자들은 호르크하이머가 말하는 "아주 다른 것"이 종교적 맥락에서 절대자나 신을 의미하는 것으로 해석했다. 논자의 차이에도 신학적 해석은 후기 호르크하이머에게 나타나는 정치적 보수화[19]와 '관리되는 사회'로 표명되는 후기 산업사회에 대한 그의 부정적 인식과 항상 결합되어 있다. 이와 같은 신학적 해석의 문제성은 호르크하이머의 종교철학적 사유가 후기 철학에서만이 아니라 전체 사유단계에 나타났다는 사실을 간과하며 '아주 다른 것에 대한 동경'을 포함한 종교철학적 사유 전반에서 비판이론의 이념이 일관되게 관철되고 있다는 사실을 놓치고 있다. 또한 호르크하이머의 특정 주장을 과도하게 신학적 문맥에서만 해석하는 문제를 갖고 있다. 이 논문은 '아주 다른 것에 대한 동경'에 관한 사회철학적 해석을 시도하기 위해 첫째, 비판이론의 이념과 종교문제의 상호관련성, 둘째, 종교 발생과 종교의 사회적 역할 셋째, 기독교 비판 및 종교 종말 테제와 비판이론의 연관성 넷째, '아주 다른 것에 대한 동경'의 신학적 해석의 부적절함을 비판적으로 검토할 것이다.

---

19 후기 호르크하이머의 정치적 보수화는 독재화된 현실사회주의의 비판과 부정, 건강한 보수주의의 정치적 역할의 중요성, 미국식 민주주의 모델의 사회적 학습과 이를 위한 조직의 책임자 역할수행 등에서 찾을 수 있다. 여기에 대한 자세한 논의는 이종하/조상식, 「호르크하이머의 정치교육론에 대한 이해」, 『교육철학』 제46집, 2009, 192 이하 참조.

2. 비판이론의 이념과 종교비판

바흐만이 정당하게 지적한 바와 같이 호르크하이머의 종교에 대한 비판적 관심은 초기에서부터 후기의 저작과 각종 인터뷰 등에서 확인할 수 있다(Lutz-Bachmann, 1986: 108). 그의 종교에 대한 논의는 몇 편의 짧은 글을 제외하고는 여러 단편과 저작에서 드물게 언급될 뿐이며 체계적인 새로운 종교철학을 제시하지는 않았다. 이러한 호르크하이머의 종교에 대한 서술방식은 형식성의 비통일성과 비체계성을 노정하지만 관점과 내용에 있어서는 상당한 일관성을 보여주고 있다. 호르크하이머의 종교비판이 일관성을 확보할 수 있는 이유는 그가 비판이론의 이념을 충실하게 자신의 종교분석과 비판에 적용하기 때문이다. 호르크하이머는 "천상과 지옥에 대한 믿음이 아주 커다란 사회적 역할"(GS8, 348)을 수행하기 때문에 종교비판이 사회비판을 문제 삼는 비판이론의 중요한 연구대상이 되어야 함을 천명한다. 그의 종교비판은 '이성적인 상태에 대한 관심으로 완전히 장악된 기존사회에 관한 비판이론'의 이념을 따른다. 비판이론의 이념은 해방된 사회를 지향한다. 비판이론의 해방적 관심은 "기존 사회에 대한 비판", "현재의 상태에 대한 비판"(GS4, 191)을 과제로 삼으며 사회 전체의 변화를 추구한다. 해방된 사회는 자유롭고 착취를 배제한 연대성에 기초한 공동체를 의미한다. 호르크하이머는 이와 같은 해방의 비판이념을 신의 개념과 종교에 내재한 해방적 계기, 종교의 사회 동학적 역할에서 발견한다. 호르크하이머는 종교의 현세 부정적 태도에 함축된 부정성의 인식을 통해 종교의 현실 비판적 태도를 강조한다. 이 점은 종교의 사회적 역할 부분에서 상론할 것이다. 비판이론은 사회나 역사를 조물주나 위인의 창조물로 보지 않으며 인간 활동의 산물로 파악한다. 같은 맥락에서 호르크하이머는 '인간이 종교를 만드는 것이지 종교가 인간을 만들지 않았다'는 마르크스의 관점을 그대로 수용해 종교가 "인간 손"의 산물임을 주장한다.

믿음은 사유의 원시적 형식으로부터 발생했다. 아주 작은 형태로 기능했던 그것은 인간의 손에 의해 형성된 것이었다(GS7, 362).

인간의 손에 의해 만들어진 종교는 "고립된 개인"이나 종교 창시자에 의해 만들어지는 것이 아니다. 여기서 인간의 손은 사회 전체 "개인들의 상호관계"(GS2, 255)의 활동성 자체와 그것의 전체 과정과 생산물을 의미한다. 이 점에서 호르크하이머는 종교를 "사회적 동학의 결과"(KT, 371)로 파악한다. 비판이론은 사회적 총체성을 매개로 사회비판을 전개하듯이 인간 활동의 산물인 종교 역시 '사회 전체 구조와 필연적으로 결합'되어 있으며, 사회 전체와의 관계 속에서 의미 있는 이해에 도달할 수 있다. 종교가 순수한 정신의 산물이나 사회적·역사적 관계로부터 독립된 독자적인 영역과 현상으로 이해되지 않는 한 종교의 사회적 기능과 역할 및 변천은 사회·역사적 전체 맥락과 그것의 상호작용 속에서 파악되어야 한다. 왜냐하면 비판이론은 "사회가 하나의 전체라면 …… 사회적인 상황의 변화에 따라 부분적인 영역도 변화"(GS4, 210)한다는 것을 인식하기 때문이다. 종교에 관한 이론적 입장과 입장의 변화 역시 사회·역사적 변화에 따라 "비판이론 구조의 변화"(GS4, 215)가 불가피하다는 비판이론의 기본 입장을 따른다. 호르크하이머의 종교 역할 비판과 기독교 비판, '아주 다른 것에 대한 동경'에 담긴 그의 종교철학에는 이와 같이 변화, 과정, 상호작용, 부정성에 근거한 중단 없는 비판으로서 비판이론의 이념을 곳곳에서 확인할 수 있다.

3. 종교의 발생과 역할에 대한 비판

호르크하이머의 종교적 동경과 종교 발생의 원인에 대한 설명은 사회 이론적 관심에서 제시되고 있다. 비판이론의 이론적 관심이 사회적 불행과 고통에 집중되듯이 종교에 대한 동경 역시 사회적 불의에 관한 경험의 축적, 비참함과 고통에 대한 경험에 토대를 두고 있다.

> 한 사람이 참으로 깊고 낮은 곳에 있고 그가 고통의 영원성 속에 버려져 있다면 그는 빛 속에 서 있으면서 그에게 진리와 정의를 맛보게 하는 누군가가 오고 있다는 생각과 같은 구원의 이미지를 품는다. 그것은 그가 살아 있는 동안 결코 발생하지 않는다. 그를 죽음으로 몰아가는 고통 속에 살아 있는 순간에도 그와 같은 일은 일어나지 않는다. …… 그런데 언젠가는 이 모든 것이 원위치로 돌아간다. 거짓들, 그에 의해 만들어진 거짓 이미지와 그 스스로도 저항할 수 없는 거짓 이미지는 진리 앞에서 사라지고 만다. 그의 실제적인 삶, 그의 사유와 목적들과 마찬가지로 그에게 가해지는 고통과 불의가 마침내 드러난다. 그와 같은 거짓 이미지를 잘못 이해하며 어둠 속에서 죽어간다는 것은 실로 비참한 것이다(GS2, 452).

호르크하이머에 의하면 비참함과 고통의 경험, 현세의 운명에 대한 불만족이 초월적 존재를 인정하게 만드는 강력한 힘으로 작용한다. 초월적 존재인 신 개념 자체는 현세적 삶과 현실에 대한 다른 척도를 부여하게 만든다. 이러한 경험은 인간으로 하여금 신의 개념 속에 정의(Gerechtigkeit)의 측면을 부각시킨다. 동시에 그것은 정의가 현세적 삶에 충분히 실현되지 않았다는 사실을 반영한다. 호르크하이머의 논의 문맥에서 보면, 종교적 동경은 사회적 불의와 개인적 불행이 존재로 인해 도덕적 자극의 원천으로서 종교가 요청되는 상황에서 발생한다. 위와 같은 사회적 상태에서 종교는 자신의 정당성을 확보할 수 있다. 종교는 양심, 감성에 따른 거부, 타살, 공포, 불의, 테러에 저항하도록 자극하는 데에서 자신의 정당성을 갖게 된다(GS14, 129). 이것이 호르크하이머가 "종교 속에는 셀 수 없이 지속된 세대들의 소망과 동경, 고발의 목소리가 스며들어 있다"(GS3, 326)라는 것의 의미이다. 종교적 동경의 사회적 원인에 대한 분석과 함께 호르크하이머는 종교의 기능을 중심으로 종교의 사회적 역할에 대한 분석을 시도한다. 그의 분석은 마르크스의 그것처럼 이데올로기적 분석의 성격을 공유하면서도 종교의 사회적 역할에 관한 중립적이고 긍정적인 측면을 강조한다는 점이 특징적이다. 호르크하이머는 먼저 종교의 사회적 기능에 관한 이데올로기적 비판을 수행한다. 그에게 종교는 지배의 도구이며 동시에 현세적 삶의 질서를 옹호하는 이데올로기이다.

> 역사적으로 종교기구들은 결코 현세적 실천에 변화를 야기하는 작용을 해오지 못했으며 부분적으로는 그 자신이 하나의 세력으로 발전했다. …… 지금까지 종교적으로 포장된 자극들, 예를 들면 현세질서에 대한 불만족 등이 오늘날 다른 형식으로 작용하고 있다는 것이 밝혀진다면, 종교가 하나의 단순한 이데올로기에 지나지 않는다는 비판은 옳은 것이다. …… 중요한 것은 오늘날의 기독교가 종교적이지 않고 기존 질서에 대한 조야한 설명을 제공한다는 것이다(GS2, 371).

호르크하이머는 종교가 가지는 현세 옹호적인 자세와 지배 이데올로기로 작동하는 현실을 종교적 사유의 역사와 종교철학의 내적 원리에서 찾는다. 먼저 종교사유의 역사에서 토마스 아퀴나스의 이론적 역할에 대한 호르크하이머의 평가를 살펴볼 필요가 있다. 그에 따르면 초기 기독교인들의 진지한 종교적 경험들은 아리스토텔레스의 이론을 차용한 토마스 아퀴나스에 의해 교리화되었다. 여기서 중요한 문제는 종교적 경험의 이론화와 교리화가 가져온 사회적 결과이다.

> 토마스는 광범위한 개념적 장치와 기독교의 철학적 토대 구축을 통해 외관상의 자율성을 종교에 부여했다. 이때 부여된 자율성은 종교를 오랫동안 도시사회의 정신적 진보로부터 독립시켰지만, 그럼에도 그 진보와 조화시킬 수 있었다. 토마스는 가톨릭 교리를 군주와 시민계급을 위한 가장 가치 있는 도구

로 만들었다. 실제로 그는 성공을 거두었다. 이어진 수세기 동안 사회는 이처럼 고도로 발전된 이데올로기적 장치를 가진 행정을 성직자들에게 위탁할 준비가 되어 있었다(GS6, 83).

호르크하이머에게 종교의 교리가 '군주와 시민계급을 위한 가장 가치 있는 도구'가 되는 이유는 자명하다. 왜냐하면 종교의 교리가 정치영역에서의 활동을 승인하는 역할이나 일상생활에서의 상비약과 같은 역할을 수행하는 세속적인 목적으로 종교의 실용화가 이루어지기 때문이다. 종교가 현세질서의 옹호수단으로서 작용하는 좀 더 본질적인 이유는 종교철학이 가지는 '현실'에 대한 이해에 바탕을 두고 있다. 호르크하이머에 따르면 "가톨릭 철학은 현실성을 어떠한 부정적인 요소도 포함하지 않고 결코 변화하지 않는 것"으로 파악한다. 이것은 "자기모순적인 어떤 것, 즉 절대적이어야만 하면서도 결코 어떠한 변화도 함축하지 않는 실재"(GS6, 86)라는 신 개념의 현세적 반영인 셈이다. 신의 이념에 기초한 현실이해는 종교의 "절대적인 원칙을 현실적인 힘으로, 현실적인 힘을 절대적인 원칙"으로 확립하고자 하는 종교적 신념의 결과이다. 여기에 절대적인 종교적 "힘과 현실성을 동일시하는 (인식)태도"(GS6, 85), 종교적 "진리와 좋음을 현실과 동일시"(GS6, 103)하는 태도가 숨겨져 있다.

종교의 사회적 기능에 대한 이데올로기적 비판이 호르크하이머의 종교기능분석의 전부는 아니다. 그는 종교가 가지는 긍정적 측면과 사회비판적 측면을 부각시킨다. 종교가 인간실존에 미치는 긍정적 측면은 종교심리적 차원에서 찾아볼 수 있다. 호르크하이머는 종교가 가지는 심리적 기능으로서 종교의 상징을 중요하게 여긴다. 종교는 종교적 상징물을 통해 고통 받는 인간에게 자신의 고통과 희망을 표현하게 하는 도구를 갖게 만든다. 종교의 중요한 기능은 바로 종교적 상징과 상징물을 통해 발현되는 것이며 그것이 심리적 표현의 도구로 작용하는 것이다. 또한 종교는 "사회적 삶에서 대중들에게 강요되는 욕구단념을 보상"(GS2, 261)해주는 기능을 수행한다. 희망과 죽음 이후의 영광이 중요한 보상수단이 된다.

이보다 좀 더 근본적인 차원에서 호르크하이머는 종교에 내재한 사회 비판적 측면을 강조한다. 종교적 시각은 현실의 곤고함, 불행에 대한 비판적 관점을 함축한다. 동시에 현실에 대한 종교적 관점은 유토피아적 잠재성을 갖는다. 호르크하이머에게 종교적 동경은 일종의 "보편적 정의와 선의 출현에 대한 동경"(KT, 372)을 의미한다.

> 종교적 동경이 비록 사회적 실천으로 이행한 이래로 부정되어야 할 하나의 가상(Schein)이 되었지만 그럼에도 완전히 사라지지는 않는다. 왜냐하면 그것은 완전한 정의의 상(Bild)을 함축하기 때문이다(GS3, 326).

이러한 종교적 동경은 현실적인 불의와 불행을 극복하려는 요구의 표현이며, 자유와 평등, 정의, 사회적 연대, 동경 등이 실현된 사회를 기대하는 유토피아적 소망의 표현이다.[20] 왜냐하면 종교는 단순히 "고유한 내면으로의 회귀나 각각의 정부에 대한 복종"(KT2, 235)만을 주장하지 않기 때문이다. 호르크하이머는 이런 의미에서 종교가 "역동적 계기성(ein dynamischer Moment)"(KT2, 235)을 가진다고 보았다. 종교의 긍정성에 대한 적극적인 인정과 함께 호르크하이머는 신학의 긍정성 측면 역시 부정하지 않는다. 그런데 여기서 말하는 신학은 교리로서의 신학, 학문으로서의 신학 혹은 신에 대한 학문을 의미하지 않는다. 호르크하이머가 이해하는 신학은 다름 아닌 "세계가 현존하고 있으며 그 세계가 절대적인 진리, 최종적인 것이 아니라는 의식"이다. 여기서 신학은 지금의 세계의 불의에 머무르지 않고 "불의가 최종적인 말이

---

20 고통의 표현과 고통의 극복이라는 관점에서 호르크하이머는 위고와 톨스토이의 문학 작품을 높게 평가한다. 호르크하이머는 "신자인 빅토르 위고와 톨스토이는 기존 상태의 비참함을 놀랍도록 잘 표현하고 있다. 그들은 계몽된 구츠코프나 프리드리히 테오도르 뷔셔보다도 더 날카롭게 그것과 싸우고 있다"(KT, 275)고 평가한다.

될 수 없다는 것에 대한 희망"(GS7, 389)으로서의 신학, 다르게 될 수 있으며 불의의 굴레를 끊어낼 수 있다는 믿음으로서의 신학이다. 결국 '종교적 동경'이나 '신학'이라는 호르크하이머의 개념 사용에서 그가 발견한 종교의 긍정성은 '정의로운 사회, 인간 고통이 극복된 사회'의 다른 표현이라 볼 수 있다.

종교가 가지는 두 가지 측면에 대한 호르크하이머의 분석에서 확인할 수 있는 기본 전제는 예술, 철학 등과 같은 다른 문화적 영역과 마찬가지로 종교가 사회에 어떤 형태이든 영향력을 행사한다는 점이다. "생산적 기능과 방해적 기능(produktiv oder hemmende Funktionen)"(KT, 295)은 종교의 긍정적·사회비판적 측면과 체제 옹호적 측면을 가리킨다. 또한 호르크하이머는 종교가 좁은 의미의 문화적 제도인 이상 종교 자신의 이해와 권력을 추구하며 상대적 차원의 자기법칙성(relative Eigengesetzlichkeit)을 갖는다는 것을 인정한다(KT, 289). 호르크하이머가 종교의 상대적 자율성과 종교의 사회적 영향력을 인정하지만 이것은 어디까지나 제한적 의미를 갖는다. 그에게 종교의 자율성과 영향력은 역사적 역동성과 사회 전체의 과정 속에서 사회와의 상호관계에 의해 규정되기 때문이다. 이와 같은 관점은 호르크하이머 종교비판을 관통하고 있으며 그의 기독교 비판에서도 일관되게 적용되고 있다.

4. 기독교 비판

호르크하이머의 기독교 비판은 크게 종교적 도그마 비판, 제도로서의 기독교 비판, 기독교 문화와 윤리에 대한 비판, 기독교 성직자에 대한 비판 등 다양한 차원에서 수행되고 있다. 그는 기독교의 핵심인 부활, 심판, 영생의 개념을 거부한다. 이와 같은 개념들은 하나의 도그마적 설정(dogamatische Setzung)에 지나지 않으며 영원한 것에 대한 인간의 욕구를 해소하는 종교적 장치일 뿐이다. 호르크하이머는 기독교의 도그마를 '신화'로 간주한다(GS2, 371). 그런데 이 신화는 긍정적 계기성과 부정적 계기성을 동시에 갖는다. 기독교 신화의 긍정성은 신화가 가지는 현실 비판적 성격이다. 기독교 신화의 부정적 계기성은 '앞으로 나아가려는 인간의 사유동력'을 소멸시키는 데에 있다. 여기서 주의를 기울여야 하는 것은 호르크하이머가 원론적 차원에서 종교적 긍정성을 인정하지만 종교적 가상의 위험성을 비판하는 데 무게중심을 두고 있다는 점이다.

제도로서의 기독교에 대한 호르크하이머의 비판은 종교 본래의 긍정성을 상실한 기독교의 부정적인 정치사회적 기능에 초점이 맞추어져 있다. 호르크하이머는 초기 기독교를 현존하는 질서에 대한 부정과 저항의 표현으로 간주하며 그것이 가지는 긍정적 측면을 높이 평가한다. 문제는 기독교적 질서가 지배하면서 기독교 스스로 인간의 욕구를 재조정하고 그 자체 하나의 세력으로서 자신이 가졌던 최초의 저항적 성격, 긍정적 잠재력을 상실했다는 데 있다. 기독교가 하나의 문화적 기능을 수행하는 사회에서 기독교는 오히려 부정의 한 사회질서를 신의 정의라는 이름으로 거짓 설명함과 동시에 기존질서를 옹호하는 기능을 수행한다는 것이다.

기독교에서 신의 주재를 현세의 현상과 일치시키려고 하면 할수록 종교의 의미는 역전된다. 그것은 모든 현세적 지배가 신의 정의라는 가상적 설명을 제공하는 것일 뿐만 아니라 그것 자체가 부정한 현실 상황을 억누르는 것이 되고 말았다. 그와 같은 방식으로 문화적 기능, 이상적인 사회를 표현하는 기독교는 국가의 동맹체가 되어 자신의 의미를 상실했다(GS3, 326).

호르크하이머의 기독교 비판은 제도로서의 기독교만이 아니라 기독교 제도를 운영하는 교회, 교부나 목사들에게도 향한다. 교부와 목사에 대한 비판은 니체의 바울에 대한 비판과 유사한 관점을 보여준다. 호르크하이머는 예수의 의미를 전복한 교부나 목사를 비판한다. 인간을 위해 죽은 예수,

고통의 편에 섰던 예수의 종교적 사건으로부터 "교부들은 하나의 종교를 만들었다. 즉, 그들은 악한 것들에 위안이 되는 교설을 만들었던 것이다. 그이후 그와 같은 교설은 예수 사상과 실천에 아무런 관련이 없게 되었으며 고통을 받는 자들과 아무런 관계를 갖지 않게 만드는 데 성공하였다. 오늘날 누군가 복음을 읽지만 정작 그를 대표하는 사람들을 위해 죽었다는 사실을 인식하지 못한다면 성경을 가르칠 자격이 없다. 이러한 신학은 지독한 조소거리가 될 것이다."(GS6, 292)[21] 교부들이 하나의 종교를 만들었다는 말은 바울과 아우구스티누스에 의한 교회의 세속화를 의미한다. 호르크하이머는 바울을 세계와 대립되는 개념으로서 기독성(Christentum)[22]을 버리고 세속과 결합하는 세계에 영향력을 행사하는 국가교회로의 초석을 놓은 인물로 평가한다. 바울에 의해 세계에 비타협적인 예수의 비판적 실천복음이 "불의에 적응"하고 반대로 "세계에 대한 요구"를 비난하며 실천적 "행위 대신 기도"하는 제도화된 종교로 변모하게 되었다(GS5, 242 이하).[23] 아우구스티누스에 대한 호르크하이머의 비판은 더욱 신랄하다. 그에게 아우구스티누

---

21 호르크하이머는 이른바 '예수 없는 기독교'의 원인을 기독교의 정신화와 '정신화된 신학'에서 찾는다. 정신화된 신학은 예수의 사건 모두를 자연적인 존재의 차원이 아닌 정신적인 존재의 차원, 자연적 사건의 상징과 의무부여를 통한 정신적인 것으로 변화시킴으로써 순수성의 자리에 정신을 불어넣으며 종교적 지식과 확신을 절대화시킨다. 호르크하이머는 정신화된 신학과 거리를 둔 '순수한 신학적 사유'로 파스칼, 레싱, 키르케고르, 바르트의 종교사유를 들고 있다.

22 호르크하이머는 기독교 정신(Christentum)과 기독교 체계 및 기독교적인 것 일반(Christenheit)을 구분한 키르케고르를 높이 평가하면서 그의 구분을 준용한다. 이러한 호르크하이머의 의도적 구분에는 "기독교계가 그들의 역사 이래 기독교 정신이 요구하는 것과 반대로 행해왔다"(GS14, 362)는 인식이 자리 잡고 있다.

23 뇌르터스호이저는 호르크하이머가 바울이 수행한 종교와 교회의 세속화를 예수가 함축하는 비판적 이론과 실천변증법의 전복으로 이해한다. 그는 호르크하이머가 바울을 비판하는 이유를 ① 교회의 조직화, ② 통일적 이론체계 구축, ③ 내면화 추구―기존의 잘못된 현실에 대한 비판적 관점을 포기, ④ 잘못된 사회의 습관, 관습에 동조에서 찾는다. 여기에 대해서는 Nötersheuser, H.-W., *Sehnsucht nach Wahrheit und Gerechtigkeit. Kritische Gesellschaftstheorie und Religionskritik in der Philosophie Max Horkheimers*, Freiburg, 1977, 134쪽 참조.

스는 본격적인 의미에서 "국가와 교회의 조화"(KT, 331)를 신학적으로 근거 지운 인물이다. 아우구스티누스는 신약의 '카이사르의 것은 카이사르에게, 신의 것은 신에게로'를 신학적으로 변론함으로써 초기 기독교에 나타나는 "세계의 낯섦(Weltfremdheit)"을 결정적으로 부정하고 종교를 국가에 일치시키려고 시도했다. 호르크하이머의 관점에서 볼 때 종교와 국가의 결합, 국가 종교로서의 기독교를 주장하는 아우구스티누스에 의해 기독교는 초기 기독교가 가지는 현세 비판적·현실 부정적 특성, 정치사회적 권력과 지배관계에 대한 비판이 사라지고 권력과 불의와 결합하는 현실 긍정적 특징을 갖게 되었다는 것이다. 계속해서 호르크하이머는 근대적 지배체제에 그들이 어떻게 봉사했는가라는 관점에서 루터와 칼뱅에 대한 비판을 수행한다. 그에 따르면 루터의 민중에 대한 혐오와 경시는 민중에 대한 억압과 착취를 인정하게 만들었다.

> 루터는 정부가 아니라 다루기 어려운 민중이 문제가 될 경우 실제로 외적인 노예상태의 인정을 내적 자유로 파악했고 기독교적 사랑과 평등을 손쉽게 억압, 착취, 살인과 통일시켰다(KT, 224).

체제봉사자로서 루터와 칼뱅에 대한 분석은 그들의 신학적 입장이 민중에게 미치는 영향에서 찾아볼 수 있다. 루터는 이성에 대한 깊은 거부감을 드러낸다. 그는 이성을 "신을 모독하고 불쾌하게 만드는 창녀"(KT2, 212)와 같은 존재로 이해하며 에로스적 문화, 욕구, 사치를 적대시한다. 이것은 민중의 내부에 잠재한 욕구의 내면화를 통한 욕구의 억압과 지배자들에 대한 피지배 민중의 요구를 다른 쪽으로 돌리는 데 기여한다. 호르크하이머가 보기에 루터와 칼뱅은 민중들의 더 나은 삶에 대한 본능적 욕구, 경제적 불평등의 해소, 참되고 실제적인 공동체의 도입 등에 대한 욕구를 저지하면서 새로운 사회에 적응하고 동조하는 태도와 가치를 주입시켰다. 루터와 칼뱅은 근대적 자본주의 사회의 종교적 토대를 세우고 민중을 이 체제로 유도하는 데 중요한 기여를 했다. 양자는 노동, 이익, 자기목적으로서 자본소유권에 대한 긍정적 의미부여와 함께 현세적 행복과 천상의 행복을 하나로 이해하는 관점을 확산시켰기 때문이다.[24] 루터와 칼뱅은 신의 축복을 받은 삶과 사업적 성공을 동일하게 보면서 그것을 구원의 증표로 이해하는 종교적 관점을 확산시켰다. '수입의 높고 낮음이 구원의 보증'이라는 믿음이 그것이다. 호르크하이머에게 루터와 칼뱅은 시민경제에 필요로 하는 새로운 기독교적인 노동윤리를 제공한 "자본주의적 도덕의 수행자"이다. 그러나 그들의 새로운 노동윤리는 "타락한 종교적 도구"(GS2, 372)[25] 이상이 아니다. 그들의 노동윤리에는 자본과 신의 영역, 현세와 지상의 경계가 허물어진다. 이것은 호르크하이머가 초기 기독교에서 강조했던 '세계의 낯섦'을 상실함으로써 불가피하게 종교의 현실비판 성격을 무화시킨다. 호르크하이머의 관점에서 루터와 칼뱅의 종교사유는 '세계의 낯섦'에 기초하는 종교적 입장이 아니라 '세계에 작용'하려는 종교적 입장이며 이때 수반되는 자기비판력 상실과 그에 따른 현실 옹호적 태도는 호르크하이머가 이해하는 종교의 본연의 사회비판적 관점에서 보면 일종의 '타락'이며 체제봉사의 논리이다.

같은 맥락에서 사회·정치적 폭력에 대한 성직자들의 정당화 행위가 문제시된다. 호르크하이머는 예수가 신전에서 상인들을 채찍질한 것이 교부나 목사들에 의해 정치적·사회적 폭력에 대한 신학적 정당성을 부여하는 것으로 오용되어 왔다고 비판한다. 프랑스 혁명기에 절대왕정에 의한 피

24　호르크하이머의 루터와 칼뱅에 대한 비판이 사회이론적 비판이라면, 베버의 청교도 분석은 종교 내적, 종교심리적 분석이라는 차이가 있다. 그럼에도 자본주의 사회체제에 대한 청교도의 기여로서 노동과 자본에 대한 새로운 의미의 창출과 확산에 대한 호르크하이머의 설명이 베버의 그것과 커다란 차이를 보인다고 보기 어렵다.

25　호르크하이머는 루터와 칼뱅이 근대적 시민질서 확립에 봉사한 부정적 측면뿐만 아니라 이들에 의해 수행된 종교개혁이 가지는 긍정적 측면도 언급하고 있다. 즉, 교회의 권력과 권위로부터의 해방이 그것이다.

비린내 나는 폭력과 1차 세계대전 당시 수백만 기독교인의 절멸에 대한 변호가 다른 누구도 아닌 교부나 목사들에 의해 자행되어 왔다. 특히 호르크하이머가 언급하는 인물은 다비드 프리드리히 슈트라우스와 고트프리트 트라우프이다. 슈트라우스는 『예수의 생』으로 잘 알려진 자유주의 신학자인데 호르크하이머는 슈트라우스가 파시즘을 선취했다고 주장한다. 호르크하이머는 무력에 의한 독일 통일전쟁에 대한 열렬한 신봉자였던 슈트라우스에게서 독일인의 본질과 독일적인 것의 이데올로기에 숨겨진 폭력성을 읽어내는 것이다.[26]제1차 세계대전 당시 신학자와 목사로 활동했던 트라우프는 호르크하이머의 시각에서 볼 때 "제국주의 정책에 대한 완전히 인정"(KT2, 252)한 국가주의적 개신교도에 지나지 않았다. 문제는 성직자에 의한 폭력의 정당화 행위뿐만 아니라 부당한 폭력에 저항하는 고통 받는 사람들의 저항과 혁명적 행위들에 대해서도 그들은 기독교 윤리를 도구 삼아 현세 너머의 환상을 심어주는 방식으로 방해해왔다는 점이다.

호르크하이머의 기독교 비판에서 간과할 수 없는 또 다른 문제는 언행 불일치 문제이다. 그는 기독교 문화가 지배하는 서구사회에서 인간의 윤리적 삶에 나타나는 윤리적 언명과 행위의 불일치에 대한 문제를 '거짓 논리'라고 비판한다. 그에 따르면 기독교가 서구에 공인된 이래로 유럽인들에게 나타나는 도덕적 척도들과 유럽인들의 행위에 실제로 나타나는 현실적인 간극에 대하여 어떠한 종류의 시정 가능한 방법도 제시하지 못했다. 기독교인들은 항상 그들의 힘으로 어쩔 수 없는 불행이 존재해왔으며 모든 것은 신의 예시로서 매일매일 인간을 위해 희생한 존재를 숭배해야 한다는 거짓을 일삼아 왔다. 호르크하이머가 보기에 이러한 거짓이야말로 전형적인 유

---

26 호르크하이머는 『계몽의 변증법』에서 파시즘(나치즘)에 대한 성직자들의 선취와 옹호에 대한 비판보다 파시즘에 대한 기독교적 연원을 깊이 강조한다. 파시즘이 형식적으로는 민족, 국가의 순수성을 강조하지만 그들의 반유대주의는 기독교의 반유대주의 전통과 은밀하게 결합되어 있다고 지적한다. 이와 같은 맥락에서 그는 독일의 기독교인들에게 사랑의 종교(기독교)가 남긴 것은 오직 반유대주의뿐이라는 테제를 내세운다.

럽적 삶의 행적을 표시하는 것에 지나지 않는다. 또한 이러한 간격이 있다는 주장 자체가 오히려 낯설고, 특이하거나 감상적이며 불필요한 주장으로 받아들임으로써 거짓의 자기변호를 역설적으로 수행한다. 이 점에 있어서는 유대인이나 기독교인이나 아무런 차이가 없다. 호르크하이머는 종교의 현실화와 그러한 목적에 부합되지 않는 것의 제거 사이의 타협이야말로 모든 것을 바꿔치기하는 거짓말에 의한 신과의 화해일 뿐이라고 강조한다.[27]

5. 종교의 중립화와 종교의 종말

역사·사회적 맥락에서 종교분석은 호르크하이머가 주장하는 종교의 중립화 테제에서도 확인할 수 있다. 호르크하이머는 종교의 중립화가 무엇인가에 대한 명확한 개념적 정의를 시도하지 않는다. 그의 논의 문맥에서 살펴볼 때 종교의 중립화는 종교가 특정한 사회와 특정한 시기에 자신의 종교적 영향력을 발휘하지 못하는 수동적인 상태를 의미한다. 호르크하이머는 사회적·개인적 차원의 영향력의 퇴조와 종교적 다원주의 상황 하에서 선택의 개방성, 종교 취향의 기호화 차원에서 종교적 중립화를 언급한다. 종교의 중립화가 가지는 부정적인 측면은 앞서 언급했듯이 종교의 긍정적 측면인 종교의 참된 정신, 종교와 진리의 연관성의 상실에 있다.

그렇다면 종교 중립화를 야기한 원인은 무엇인가? 호르크하이머에 따르면 근대적 이성, 호르크하이머의 새로운 개념인 객관적 이성의 득세가 종교 중립화의 원인 중 하나이다. 객관적 이성은 "인간과 인간의 목적들을 포함하여 존재하는 모든 것들의 위계질서 또는 포괄적 체계를 발전시키려는

---

27 종교적 주장, 종교적 수사와 행위의 불일치 문제는 기독교와 기독교 문화가 지배하는 서구 사회에서만 적용되는 문제는 아니다. 이 문제에 대한 호르크하이머의 비판은 유대교에도 동일하게 적용된다. 여기에 대해서는 GS12, 284쪽 참조.

목표"(GS6, 28)와 "객관적 진리 개념"(GS6, 35)을 추구한다. 이와 같은 근대의 객관적 이성은 "전통적 종교를 철학적 방법의 사유와 통찰로 대체시키고, 그처럼 철저하게 스스로가 전통의 원천"(같은 쪽)이 되고자 한다. 객관적 이성의 등장과 함께 종교에 대한 다양한 입장과 객관적 논의 자체가 그 유의미성을 상실하게 되었다. "어떻게 세계가 창조되었는지, 무엇이 세계의 목적인지, 그리고 인간이 어떤 태도를 취해야만 하는지"(GS6, 38)와 같은 종교적 물음은 새로운 합리성의 토대를 묻는 철학적 질문으로 대체되었다. 호르크하이머에 따르면 종교중립화는 결국 종교를 배제하는 결과를 가져왔으며 오늘날 종교가 하나의 문화상품, 일상생활의 상비약 정도로 전락하는 결과를 낳았다.

종교 중립화의 또 다른 원인으로 정치영역, 군대영역에서의 천재, 경제적 리더들 및 국가의 등장이다. 역사적으로 보면 이러한 것이 종교의 영향력을 실질적으로 축소한 핵심요인들이다. 특히 호르크하이머가 주목하는 것이 근대국가의 등장이다. 근대국가의 등장은 신의 지위를 의심스럽게 만들었다. 민족과 나라에 대한 '사랑'은 계몽의 시대 이래로 초개인적 공동이익에 관한 의식을 촉진시켰다. 호르크하이머에게 근대국가의 의미는 보편적인 삶의 의미(Sinn für das Leben der Allgemeinheit)와 조건과 관련된다. 종교가 민족과 나라에 대한 사랑에 의해 약화되었다는 호르크하이머의 분석은 종교가 초기의 국가 개념에서 확인할 수 있는 보편적 삶의 의미나 고통 받는 인간(die leidenden Menschen)에 대한 연대 감정을 구체적으로 실천했다면 다른 양상으로 전개될 수 있었다는 것을 함축한다. 종교의 중립화와 영향력 약화의 종교 내적 요인은 억압적 현실에 침묵하고 현세를 옹호하며 교회가 지배자들과 연합한 사실에서도 찾을 수 있다. 종교의 중립화 양상은 전통적 사회화 기관이었던 가정 내의 종교교육의 양상에서도 찾아볼 수 있다. 전통과 부모에 의한 교육, 역할모델에 의한 교육이 어느 곳에서나 일어나고 있으며 이러한 새로운 변화는 "더 이상 종교교육이 존재하지 않는다"(GS7, 360)는 주장을 가능하게 만든다.

그렇다면 종교의 무력화, 종교의 종말은 극복될 수 있는가? 있다면 그 가능성은 어디에서 발견할 수 있는가? 이러한 질문에 대한 호르크하이머의 대답은 부정적이다. 그는 "교회가 그들의 초기상태처럼 살아 있는 상태로 깨어나게 해야 한다는 논의들 역시 허황된 희망에 지나지 않는다. 왜냐하면 선한 의지, 불행에 대한 연대감, 더 나은 세계를 향한 노력들이 종교적 겉옷을 완전히 던져버렸기 때문이다."(GS3, 327) 위와 같은 분석을 통해 호르크하이머는 과감히 종교의 약화를 넘어서 종교적 영향력의 급격한 퇴조, 종교의 종말(Ende der Religion)을 선언한다.

> 종교는 과학과 기술 앞에서 자신을 유지할 수 없다. 교회의 노력과 보상은 약아빠진 청소년들에게 통용되지 못한다. 모든 자극은 허사가 되고 만다(GS14, 129).

이것은 종교에 대한 "과학과 기술의 승리"를 의미하며 "학문 분야에서 종교분과 영역의 고립화와 사멸"을 의미한다. 호르크하이머에게 생활세계에서의 "종교적 사유의 퇴조"(GS14, 166) 역시 전혀 의심의 여지가 없는 사실이 되었다.

그러나 호르크하이머에게 종교의 중립화가 야기한 종교의 상실이 부정적으로 이해되지만은 않는다. 왜냐하면 종교의 상실은 호르크하이머에게 종교제도와 종교 세력의 영향력 상실을 의미하며 종교적 믿음 속에 보존되고 유지되어온 욕구와 소망들이 그것을 방해하는 형식으로부터 벗어나는 긍정적 계기성을 함축하기 때문이다. 호르크하이머의 '아주 다른 것에 대한 동경'은 위와 같은 희망과 자유와 개인의 행복을 표방하는 이성적인 사회의 건설에 대한 기대가 결합되어 있다.

6. '아주 다른 것에 대한 동경'의 사회비판적 함의

비판이론의 관점에서 출발한 호르크하이머의 종교비판이 후기 호르크하이머에 있어서 초월적·신학적 계기성을 더욱더 드러내고 있다. 이러한 변화를 호스펠트는 "무신론적 마르크스주의자로부터 초월성을 예감하는 비마르크스주의자로의 변화"(Hoβfeld, 1973: 50)로 파악한다. 후기 호르크하이머가 보여주는 신학적인 것, 초월적인 것에 대한 탐색의 원인을 포스트는 마르크스주의와 초기 비판이론의 이론적 범주로 기술할 수 없는 그 무엇에 이르렀기 때문이라고 보고 있다(Post, 1971: 52). 그뮌더는 후기 호르크하이머가 초기의 비판이론의 이념인 정의로운 사회의 이념을 희생시키면서 신학으로 접근했다고 주장한다(Gmünder, 1985: 47). 이들의 주장은 호르크하이머가 이해하는 신학의 의미, 신학적인 것이 담지하는 현실 비판적 함의에 주목하지 않으며 1930년대 방식의 사회비판 프로그램을 일관되게 수행할 수 없는 '완전한 관리사회'로의 변화와 이에 대한 비판이론적 대응에 커다란 관심을 갖지 않는다. 이들 논자들의 관점에서는 초기 호르크하이머 사회비판이론의 체념적 형식이 후기 호르크하이머의 종교철학으로 이해되고 있다. 이들이 제시하는 주요 논거는 호르크하이머의 다음과 같은 주장이다.

> 신학적 계기를 그 자신에 담지하지 않은 어떠한 철학도 존재하지 않는다. 왜냐하면 그것은 우리가 살고 있는 세상이 상대적인 것으로 해석될 수밖에 없다는 인식에 기반하기 때문이다(GS7, 276).

> 비판이론은 적어도 신학적인 것에 대한 사고, 즉 다른 것에 대한 사고를 내포한다(GS7, 398).

초기 호르크하이머의 비판이론이 종교성으로 회귀하고 있는지의 여부를 확인하기 위해서는 먼저 신의 존재 여부에 대한 호르크하이머의 답변에서 단서를 찾아낼 수 있다. 호르크하이머는 단호하게 신의 존재 여부는 증명될 수 없다고 말한다. 인간의 유한성에 대한 의식이 신의 존재를 증명하는 것이 될 수도 없다. 또한 이 세계에 현존하는 실제적 고통과 불의의 체험이 전지전능한 신의 존재를 믿게 하는 근거가 될 수 없다. 오히려 수천 년 동안 지구상에 고통이 가시지 않았다는 관점에서 보면 신에 대하여 말할 수 없으며 기독교에서 주장하는 전지전능하고 인자한 신이 존재한다는 교리는 실로 믿기 어려운 것이다. 인간의 빈궁함이 신에 대한 관념을 가능하게 할 수 있어도 신 존재의 절대적 확실성을 보증하는 것이 되지는 못한다. 종교의 근대적 자유화는 종교의 종말(Ende der Religion)을 가져왔다. 이것을 다시 되돌릴 수는 없다. 신 존재의 확실성에 대한 호르크하이머의 답변에서 신학적 계기(theologisches Moment)와 신학적인 사유(Gedanken als Theologische)가 전통적인 의미의 기독교 신학과 기독교 신학의 전제인 신의 실재와 아무런 직접적인 관련성을 갖지 않는다는 점이 중요하다. 호르크하이머는 위의 두 개념과 동의의 의미층위를 가지는 좀 더 중립적인 개념을 사용하기도 하는데 그것이 바로 "다른 것에 대한 동경"이다. 여기서 '다른 것' 역시 절대자를 의미하지 않는다. 호르크하이머 자신은 절대자(das Absolute)를 다른 것(das Andere)로 언명하지만 신을 의미하는 것이 아니라고 분명히 말한다. 호르크하이머에게 '다른 것'이란 도그마로서의 신이 아니라 비참함이 해소되는 세계, 불의가 해소되는 세계를 의미한다. 이러한 동경이 함의하는 것은 다름 아닌 "완전한 정의에 대한 동경(Sehnsucht nach vollendeter Gerechtigkeit)"(GS7, 393)이다.

신을 부른다고? 우리(호르크하이머와 아도르노)는 신을 부르지 않습니다. 우리는 선하고 전능한 신이 있을 것이라고 주장할 수 없습니다. 좋음(das Gute)이 어떻게 이루어질지 우리는 말할 수 없습니다. 우리는 단지 신의 도그마 대신 비참함이 최종적인 것이 아니라는 동경을 키워나갈 수 있습니다(GS7, 362).

다른 것에 대한 동경이 후기 호르크하이머의 종교철학적 변화를 강조하는 일련의 해석자들이 말하는 것처럼 '합리적이고 이성적인 사회의 건설'이라는 초기 호르크하이머의 비판이론의 이념을 체념하거나 포기한 것으로 해석될 이유가 없다. 호르크하이머는 비판이론에서 신학적 사유의 측면을 포함하는 것이 "이성적, 다시 말해 정의로운 사회의 형성을 부정하는 의미가 아니다"(GS7, 398)라고 주장하기 때문이다. 또한 1968년에 행한 연설인 「비판이론의 어제와 오늘」에서 신학적인 문제인 비극의 문제와 연관해 불안, 위험, 고통, 빈곤, 폭력에 대하여 계속해서 말해야 하는 것이 비판이론의 과제였으며 오늘의 과제이기도 하다고 강조한다.

다른 것에 대한 동경은 유대교적 전통에 뿌리를 두고 있다. 호르크하이머 자신은 정통파 유대인 교육을 받고 유대인으로 살지 않았지만 유대교적 전통에 익숙해져 있다. 그 자신이 유대교에서 핵심적 믿음의 지침으로 밝히고 있는 것이 희망(Hoffnung)이다.[28] 이러한 유대교적 희망은 "부정, 냉혹함, 적대적 관계가 지배하는 현존의 세계와 다른 더 나은 세계"(GS14, 391)에 대한 희망이다. 이 점에서 호르크하이머의 다른 것에 대한 동경이 종교적 출처를 따져볼 수는 있지만, 종교성을 강하게 내재하고 있다고 주장하기에는 무리가 따른다. 호르크하이머에게 희망이란 자유롭고 정의로운 공동체, 인간적인 사회, 모든 생명공동체의 보편적 연대에 대한 희망이며 그것이 그가 말하는 비판이론적인 신학적 계기이고 신학적인 것의 의미이다.

호르크하이머의 '다른 것에 대한 동경'에서 "현존하는 것에 대한 비판"이라는 비판이론의 이념은 실천프로그램의 구체화로 나타나지 않고 '부정

---

28 호르크하이머는 유대교의 핵심교리가 희망이라면 기독교는 원죄(Erbsünde)와 믿음이라고 말한다(GS, 392쪽 이하). 원죄는 유대교에서 부수적인 사항에 불과한 데 반해 기독교에서는 기독교의 본질을 드러내는 핵심교리이다. 그에 따르면 믿음은 토마스 아퀴나스에게서 볼 수 없는 것으로 자연과학적 지식과 기독교 경전의 상호화해 불가능성을 해소하기 위한 탈출구로서 기독교의 발견물이다. 기독교는 '이성이 권능이 없다'는 것을 설명하기 위해 믿음을 발견한 것이며 믿음은 이성의 탈출구로서의 성격을 갖는다(GS14, 347, 392).

성'의 형식으로 나타난다. 이 부정성은 현실에 눈을 감고 지상의 희망을 불어넣는 종교적 판타지와 구분되는 고통 받고 부정의 한 현실에 대한 부정성에 기초한다. 부정성의 이론 내적 동인은 악을 표시하고 고발할 수 있지만 절대적 선, 절대적 옳음에 대해서는 말할 수 없다는 인식에 근거한 것이다. 부정성의 내용은 진보의 대가(Kosten des Fortschritts)들이다.

호르크하이머는 희망을 부정성에서 찾는다. 부정성에 내재한 희망을 통해 '현실의 구체적 변화에 대한 한계'를 넘어서는 전략을 채택한 것이다. 문제는 이러한 전략이 헬드가 표현한 것 같이 "이성적인 사회에 대한 관심과 연관된 호르크하이머의 초기 자취들이 여전히 남아 있으나, 그것들이 매우 희미한 것"(헬드, 1999: 223)처럼 보일 수 있다는 점이다. 헬드가 가지는 인상은 후기 호르크하이머에 사상에서 페시미즘적인 측면을 보기 때문이다. 그러나 호르크하이머는 페시미즘을 부정적으로만 이해하지 않는다. 그에게 페시미즘은 "인간의 과오에 대한 관념"(GS8, 353)과 관련이 있다. 페시미즘은 관리되는 사회가 되어버린 역사적 과정과 그로 인한 인간의 정신과 상상력의 축소와 관련된 의식이다. 호르크하이머의 페시미즘이 사회적 실천에 대한 단념과 포기를 의미하는 것은 아니다. 그는 여전히 "우리가 세계의 (관리되는 사회로의) 과정을 변화시키지 못한다 해도 우리는 어찌됐든 개인으로서 가능한 행위"를 할 수 있으며 "이러한 행위를 한다면 사회적 경향도 변화"(GS13, 150)될 수 있다는 믿음을 고수한다. 이 맥락에서 호르크하이머는 "이론적으로 비관주의자가 된다는 것은 실천적인 긍정주의자"(GS8, 353)가 되는 것이라고 주장할 수 있었다. 비판이론이 가지고 있는 부정주의가 상황의 변화 가능성을 추구하고 실천의 상실이나 정적주의에 빠지지 않는다는 사실은 호르크하이머의 아주 다른 것에 대한 동경과 희망의 철학에도 적용되는 것이다.

7. 나오는 말

　　지금까지의 논의는 초기 호르크하이머가 천명한 비판이론의 이념「전통이론과 비판이론」과 후기 호르크하이머가 비판이론의 역사를 회고하면서 정리한「비판이론의 어제와 오늘」, 그리고 다른 저작들에서 수없이 반복된 비판이론의 이념의 틀 내에서 종교비판의 필연성과 사회비판의 일환으로서의 종교비판, 종교적 현실인식에 내재하는 기존사회에 대한 비판과 부정, 기독교 비판, 종교의 종말과 관리사회에서의 '아주 다른 것에 대한 동경'이 다루어졌다는 것을 확인하였다. 이러한 확인은 첫째, 호르크하이머의 종교비판이 그의 철학에서 주변적인 것이라고 판단하는 오해를 방지하고 둘째, 호르크하이머의 종교비판이 마르크스의 이데올로기적 종교비판과 크게 다르지 않다는 일반적 인식으로부터 벗어나게 하며 셋째, 호르크하이머의 종교철학에 대한 기존 철학계의 제한된 소개보다 그의 종교철학에 대한 체계적인 전망을 가지게 하며 넷째, 후기 호르크하이머의 '아주 다른 것에 대한 동경'이 '비판이론 이념을 포기하거나 희미하게 간직한 신학으로의 전환'이라는 일련의 부적절한 오해를 바로잡는 데 기여할 것이다. 이론적인 측면에서 볼 때 호르크하이머 종교비판의 유효성은 종교가 사라지지 않는 사회에서 사회와 종교의 상호관계와 변화의 양상에 대한 비판적 성찰이 이성적인 사회의 건설이라는 비판이론의 이념에 따라 지속되어야 한다는 점에서 확인할 수 있다. 그의 종교비판은 부정성으로서의 종교성이 정신화된 신학, 제도화된 종교(기독교)에 의해 소멸된 시대에 다시 말하면 종교성이 없는 제도종교인 기독교의 산업화와 사회적 영향력이 나날이 강화되는 한국 사회에 '종교성이 담지해야 하는 내용이 무엇이어야 하는가?'에 대한 깊은 반성의 단서를 제공해준다. 또한 호르크하이머의 '아주 다른 것에 대한 동경'은 개인적·기복적 신앙의 차원을 넘어 정의와 모든 생명체의 공동체라는 종교 본연의 진리성과 진정한 인간적인 사회의 이념과 실현이 참된 종교와 그것과 다른 것이 아님을 강하게 호소하고 있다. 진정한 인간성의 실현은 정의와 연대 속에서 꽃피는 것이지 종교적 도그마와 제도종교 속에 있는 것이 아니기 때문이다.

참고문헌 | REFERENCE

1. 호르크하이머의 저서

Horkheimer, M., Gesammelte Schriften Bd. 1, A. Schmidt/G, S, Noerr(Hg.), Frankfurt a. M. 1987.

______, Gesammelte Schriften Bd. 2, A. Schmidt/G, S, Noerr(Hg.), Frankfurt a. M. 1987.

______, Gesammelte Schriften Bd. 3, A. Schmidt/G, S, Noerr(Hg.), Frankfurt a. M. 1987.

______, Gesammelte Schriften Bd. 4, A. Schmidt/G, S, Noerr(Hg.), Frankfurt a. M. 1987.

______, Gesammelte Schriften Bd. 5, A. Schmidt/G, S, Noerr(Hg.), Frankfurt a. M. 1987.

______, Gesammelte Schriften Bd. 6, A. Schmidt/G, S, Noerr(Hg.), Frankfurt a. M. 1987.

______, Gesammelte Schriften Bd. 7, A. Schmidt/G, S, Noerr(Hg.), Frankfurt a. M. 1987.

______, Gesammelte Schriften Bd. 8, A. Schmidt/G, S, Noerr(Hg.), Frankfurt a. M. 1987.

______, Gesammelte Schriften Bd. 9, A. Schmidt/G, S, Noerr(Hg.), Frankfurt a. M. 1987.

______, Gesammelte Schriften Bd. 10, A. Schmidt/G, S, Noerr(Hg.), Frankfurt a. M. 1987.

______, Gesammelte Schriften Bd. 11, A. Schmidt/G, S, Noerr(Hg.), Frankfurt a. M. 1987.

______, Gesammelte Schriften Bd. 12, A. Schmidt/G, S, Noerr(Hg.), Frankfurt a. M. 1987.

______, Gesammelte Schriften Bd. 13, A. Schmidt/G, S, Noerr(Hg.), Frankfurt a. M. 1987.

______, Gesammelte Schriften Bd. 14, A. Schmidt/G, S, Noerr(Hg.), Frankfurt a. M. 1987.

______, Gesammelte Schriften Bd. 15, A. Schmidt/G, S, Noerr(Hg.), Frankfurt a. M. 1987.

______, Gesammelte Schriften Bd. 16, A. Schmidt/G, S, Noerr(Hg.), Frankfurt a. M. 1987.

______, Gesammelte Schriften Bd. 17, A. Schmidt/G, S, Noerr(Hg.), Frankfurt a. M. 1987.

______, Gesammelte Schriften Bd. 18, A. Schmidt/G, S, Noerr(Hg.), Frankfurt a. M. 1987.

______, Gesammelte Schriften Bd. 19, A. Schmidt/G, S, Noerr(Hg.), Frankfurt a. M. 1987.

______, *Kritische Theorie. Eine Dokumentation*, A. Schmidt(Hg.) 2Bde, Frankfurt a. M. 1968.

______, *Persönlichkeit der Vorurteil*, in: Bundeszentrale für politische Bildung(Hg.), Über Vorurteile, Bonn, 1963.

______, *Bewältigung der Vergangenheit,* in: Das Prisma. Schulzeitug der Wertalschule, H. 1, Hergen, 15-19. 1967.
______, Zeitschrift für Sozialforschung 1932-1942, Reprint: München 1980.

2. 2차 참고도서

김덕영,『논쟁의 역사를 통해 본 사회학』, 한울, 2003.
다니엘 벨, 이상두 역,『이데올로기의 종언』, 범우사, 1984.
레이몬드 게스, 신중섭 · 윤평중 역,『하버마스와 프랑크푸르트학파: 비판이론의 이념』, 서광사, 2006.
루소, 주경복 외 역,『인간 불평등 기원론』, 책세상, 2008.
루카치, 박정호 · 조만영 역,『역사와 계급의식』, 거름, 1986.
마키아벨리, 강정희 · 김경희 역,『군주론』, 까치, 2008.
마틴 제이, 황재우 역,『변증법적 상상력』, 돌베개, 1986.
바이체커, 송병옥 역,『과학의 한계』, 민음사, 1996.
빌렘 반 라이엔, 이상화 역,『비판으로서의 철학』, 서광사, 2000.
송호근,『칼 만하임의 지식사회학 연구』, 홍성사, 1984.
쇼펜하우어, 홍성광 역,『의지와 표상으로서의 세계』, 을유문화사, 2009.
아리스토텔레스, 최명관 역,『니코마코스 윤리학』, 서광사, 2004.
알프레드 벨머, 이종수 역,『비판사회이론』, 종로서적, 1981.
앨런 차머스, 신일철 · 신중섭 역,『현대의 과학철학』, 서광사, 1985.
울리히 벡 · 엘리자베트 벡–게른샤임, 강수영 외 역,『사랑은 지독한 혼란』, 새물결, 1999.
이종하,『아도르노: 고통의 해석학』, 살림, 2007.
______,「남성적 계몽의 해석학: 아도르노의 여성 이해」,『철학연구』제74집. 2006.
______,「아도르노와 카시러의 나치분석」,『헤겔연구』제17집, 2005.
______,『아도르노의 문화철학』, 철학과 현실사, 2007.
전석환,「이성으로부터 '아주 다른 것에 대한 동경'까지」,『종교연구』29, 2002, 125-146.
조대호, 동물의 자발적 행동과 숙고: 아리스토텔레스의 동물행동학에 대한 예비적 성찰, 철학연 구회, 87권, 2009. 87-118쪽.
조상식,「민주시민교육의 교육이론적 지평」,『교육사상연구』제23권 제1호, 209-228.
페터 지마,『이데올로기와 이론』, 문학과 지성사, 1996.
프랜시스 후쿠야마, 이상훈 역,『역사의 종말』, 한마음사, 1992.
피터 싱어, 김성한 역,『동물해방』, 인간사랑, 1999.

한기철, 『하버마스와 교육』. 학지사, 2006.

헬드, 백승균 역, 『비판이론 서설』, 계명대학교 출판부, 1999.

Adorno Th. W., *Der Positivismusstreit in der deutschen Soziologie*, Hamburg, 1976.

Adorno, Th. W., *Was bedeutet: Aufarbeitung der Vergangenheit*. In: Theodor W. Adorno *Eingriffe*. Neun kritische Modelle Frankfurt/M. 1963.

Adorno, Th. W., *Gesammelte Schriften, Bd. 4, Soziologische Schriften I,* hrsg von R. Tiedemann, Frankfurt a. M. 1998.

______, *Gesammelte Schriften, Bd. 6, Soziologische Schriften I,* hrsg von R. Tiedemann, Frankfurt a. M. 1998.

______, *Gesammelte Schriften, Bd. 7, Soziologische Schriften I,* hrsg von R. Tiedemann, Frankfurt a. M.1998.

Albrecht, C.(2000), *Die politische Pädagogik der Frankfurter Schuhle,* in: Die intellektuelle Gründung der Bundesrepublik, 389-447.

Asbach, O., Kritische Gesellschaftstheorie und historische Praxis. Entwicklung der Kritische Theorie bei Max Horkheimer 1930-1942/3, Frankfurt/M. 1997.

Barbara, L. E., *Max Horkheimer zwischen Sozialphilosophie und empirischer Sozialforschung,* Frankfurt/M. 1999.

Benjamin, W., *Gesammelte Schriften,* R. Tiedemann/H. Schweppenhäuser(Hrsg.), Band V. 1, Frankfurt a. M. 1982.

Berg, N., *Der Holocaust und die westdeutschen Historiker,* Wallstein Verlag. 1999.

Birkner, H. J., Max Horkheimer, in: Die Religion der Religionskritik, hrsg. von Wilhelm Schmidt(Münhen 1972) 80-89.

Bonβ, W., "Psychoanalogie als Wissenschaft und Kritik", in: A. Honneth/W. Bonβ (Hg.), *Sozialforschung als Kritik,* Frankfurt a. M. 1987.

Brukhorst, H., "Dialektischer Positivismus des Glüks. Max Horkheimers Dekonstkultion der Philosophie", in: Zeitschrift für philophischeForschung 39/3(1985), 353-381.

Carnap, R., Die alte und die neue Logik, in: Skirbekk(Hrsg.): *Wahrheitstheorien*, Frankfurt a. M. 1989, p.73-95.

Derrida, J., Die Religion, Frankfurt/M, 2001.

Dilthey, W., Der Aufbau der geschichtlichen Welt in den Geisteswissenschaften, in ders., *Gesammelte Schriften,* Bd. VII, Göttingen, 1979.

Dubiel, H.(1978), *Wissenschaftsorganisation und politische Erfahrung*, Frankfurt a. M.

Ehrlichm, E. L., Max horkheimers Stellung zum Judentum, in: Emuna, 8/6(1973) 457-460.

Fischer, T./Lorenz, M. N., *Lexikon der 'Vergangenheitsbewältigu' in Deutschland. Debatten- und Diskursgeschichte des Nationalsozialismus nach 1945.* transcript-verlag, Bielefeld. 2009.

Frei, N., *Vergangenheitspolitik. Die Anfänge der Bundesrepublik und die NS-Vergangenheit*, München 1996.

Friesenhahn, G. H., *Kritische Theorie und Pädagogik*, Berlin 1985.

Geiger, Th., *Ideologie und Wahrheit. Zur soziologischen Kritik des Denkens*, 1968.

Geyer, C. F., *Aporien des Metaphysik- und Geschichtsbegriffs der kritischen Theorie,* Darmstadt 1980.

Geyer, C.-F., Zur Nähe klassischer und moderner Theodizenversuche zum mythischen Denken. Platon/Leibniz/Horkheimer, in: Franziskanische Studien 57, 1975, 166-299.

Gmünder, U., *Kritische Theorie*, Stuttgart 1985.

Gumnior, H., Zur Vorgeschichte und aktuellen Situation des Interviews, in: Max Horkheimer. Die Sehnsucht nach dem ganz Andern. Ein Interview mit Kommentar von Helmut Gumnior, Hamburg 1970.

Habermas, H., *"Bemerkung zur Entwicklungsgeschichte des Horkheimerschen Werkes"*, in: A. Schmdt/N. Altwicker(Hrsg.), Max Horkheimer heute: werke und Wirkung, Frankfurt a. M. 1986.

Habermas, J., Bemerkungen zur Entwicklungsgeschichte des Horkheimerschen Werks, in: A. Schmidt/N. Altwiclker(Hg.), Max Horkheimer heute: Werk und Wirkung, Frankfurt a. M. 1986.

Habermas, J., Zwischen Naturalismus und Religion, Frankfurt/M. 2005.

Hartmann, F., *Max Horkheimers materialistischer Skeptizismus -Frühe Motive der Kritischen Theorie,* Frankfurt/M./ New York 1990.

Hegel, G. W. F., *Vorlesungen über die Philosophie der Geschichte,* Frankfurt a. M. 1986.

Hoffman, A.. Ein Königstiger als Vegetarianer, in: *Das steinerne Herz der Unend- lichkeiterweichen*, hrsg. von Susann, W. S., Aschaffenburg 2007, 172-205.

Holl, H. C., Religion und Methaphysik im Spaet Max horkheimer, in: Max Horkheimer heute. Hrsg. v. A. Schmdt und N. Altwicker(Frankfurt/M. 1986) 129-145.

Honneth, A., *Kritik der Macht*, Frankfurt a. M. 1989.

Honneth, A., *Die zerrissene Welt des Sozialen,* Frankfurt a. M. 1990.

Honneth, A./Wellmer, A.(Hrsg), *Die Frankfurt Schule und die Folgen,* Berlin/New York 1986.

Hoβfeld, P., "*Max Horkheimers Wandel vom ätheistischen Maxistenzum Transzendenz ah-nenden Nichtmaxisten"*, in: *Theologie und Glaube*, 63. Jg. 1973.

Hossfeld, P., Max Horkheimers Wandel vom atheistischen Maxisten zum Transzendenz ahnenden Nichtmaxisten, in: Theorie und Glaube 63/1, 1973, 50-63.

Joas, H., Gesellschaft, Staat und Religion, in: ders.(Hg), Säkularisierung und die Weltreligionen, Frankfurt/M. 2007, 9-43.

König, H., *Von der Diktatur zu Demokratie oder Was ist Vergangenheitsbewältigung*. München 1998.

Kremer, K., Kritische Theorie und Theologie in der Frue- und Spaetphilosophie Max Horkheimers, in Trierer Theologische Zeitschrifte 86/3, 1977, 161-178.

Kunstmann, W.(Hrsg.), *Kritische Theorie zwischen Theologie und Evolutionstheorie,* München 1981.

Küstners, G-W., *Der Kritikbegriff der Kritischen Theorie Max Horkheimers,* Fankfurt a. M. 1980.

Larrain, J., *Marxism and Ideologie*, 신희영 역, 『마르크시즘과 이데올로기』, 1998.

Lenk, K., "Ideologie und Ideologiekritik im Werk Horkheimer", in: A. Schmidt/N. Altwicker(Hrsg), *Max Horkheimer heute: Werk und Wirkung*, Frankfurt a. M. 1986.

Lutz-Bachmann, M., Humanität und Religion. Zu max Horkheimers Deutung des Christentums, in: Max Horkheimer heute. Hrsg. v. A. Schmdt und N. Altwicker, Frankfurt/M. 1986, 108-128.

Mannheim, K., *Ideologie und Utopie*, 임석진 역, 『이데올로기와 유토피아』, 1991.

Marx, K,. *Karl Marx-Friedrich Engels Werke, Bd.13*, Berlin 1983.

Marx, K./Engels, F., *Deutsche Ideologie*, in: Institut für Maxismus-Leninismus (Hg.), Werke von Marx und Engels(MEW), Bd. 3, Berlin(Ost) 1983.

Mohler, A., *Vergangenheitsbewältigung. Von der Läuterung zur Manipulation.* Stuttgart 1968.

Müller, T., *Die Idee einer materialistische Dialektik. Eine historisch-systematische Untersuchung zum Begriff der materialistische Dialektik Max Horkheimers,* Fankfurt a. M. 2001.

Noerr, G. S., *Zur Dialektik von Vernunft und Natur in der Kritischen Theorie Horkheimers, Adornos, und Marcuses,* Darmstadt 1990.

Nörtersheuser, H.-W., *Max Horkheimer. Sehnsucht nach Wahrheit und Gerechtigkeit. Kritische Gesellschaftstheorie und Religionskritik in der Philosophie Max Horkheimers,* Freiburg 1977.

Post, W., *Kritische Theorie und metaphysischer Pessimismus. Zum Spätwerk Max Horkheimers*, München 1971.

Reichel, P., *Vergangenheitsbewältigung in Deutschland: Die Auseinandersetzung mit der NS-Diktatur von 1945 bis heute.* München 2007.

Reijen, W.v./Bransen, J., *Das verschwinden der Klassengeschichte in der ⟨Dialektik der Aufklälung⟩*, in: Horkheimer, M., *Gesammelte Schriften, Schmidt, A./Schmid Noerr, G..(Hrsg.), Bd5. Frankfurt a. M. 1987, 453-457.

Ricoeur, P., "Ideologie und Ideologiekritik", in: B. Waldenfelds/A. Pazanin(Hrsg.), *Phänomenologie und Maxismus 1. Konzept und Methoden*, Frankfurt a. M. 1977.

Rogausch, G.. Tierliebe, Tierschutz und Nobless Oblige als Manifestationen des Speziesismus, in: *Das steinerne Herz der Unendlichkeit erweichen*, hrsg. von Susann, W. S., Aschaffenburg 2007, 334-373.

Rogler, E., Horkheimers materialistische ⟪Dechiffrierung⟫ der transzendentalphiloso phschen Erkenntniskritik, in: A. Schmidt/N. Altwiclker(Hg.), Max Horkheimer heute: Werk und Wirkung, Frankfurt a. M. 1986.

Rorty, R., Vattimo G., *Die Zukunft der Religion*, Frankfurt a. M. 2006.

Rosen, Z., *Max Horkheimer,* München 1995.

Salamun, K.(Hrsg.), *Ideologien und Ideologiekritik*, Darmstadt 1992.

Schliwa, H., "Der marxistischer und bürgerlicher leninistische Begrif der Ideologie und Wesen und Funktionen der sozialistischen Ideologie", in: W. Müller (Hrsg.), *Sozialismus und Ideologie,* Berlin, 1969.

Schmid Noerr, G.,, Nachwort des Herausgebers: Nachgelassene Zeugnisse zur Frühgeschichte der Kritischen Theorie, in: Horkheimer M., *Gesammelte Schriften, Schmidt, A./Schmid Noerr, G..(Hrsg.),* Bd 11. Frankfurt a. M. 1987, 409-417.

Schmidt, A., *Die ⟪Zeitschrift für Sozialforschung⟫ — Geschichte und gegenwärtige Bedeutung, Einleitung zur Reprimtausgabe der Zeitschrift*, in: Zeitschrift für Sozialforschung, München 1970.

Schmidt, A., *Kritische Theorie als Geschichtsphilosophie,* München 1976.

Schmitt, A., *Zur Idee der Kritischen Theorie*, München 1974.

Susann, W. S.. Editional, in: ders., *Das steinerne Herz der Unendlichkeit erweichen*, Aschaffenburg 2007, 7-13.

Wellmer, A., *Zur Dialektik von Moderne und Postmoderne,* Frankfurt a. M. 1985.

Wiggershaus, R., *Max Horkheimer zur Einführung*, Hamburg 1998.

Wittgenstein, L., *Tractatus logiko-philosophicus,* in: Ludwig Wittgenstein Werkausgabe I, Farnkfurt a. M. 1995.

Young, R. E., A *Ciritical Theory of Education: Habermas and our Children's Future*. Pearson Education Ltd. UK. 이정화 · 이지현 역, 『하버마스, 비판이론, 교육』, 교육과학사, 2003.

Young, R. E.(1991), *Critical Theory and Classroom Talk. Multiligual Matters*. 이정화 · 이지현 역, 『하버마스의 비판이론과 담론교실』, 우리교육, 2003.

http://news.khan.co.kr/kh_news/khan_art_view.html?atid=200806181020012&code=970211

http://news.mk.co.kr/outside/view.php?year=2009&no=430493

찾아보기 | I N D E X

동물의 권리 251, 269
동물지배 255, 257
딜타이 52, 190, 192

ㄹ

루터 335, 336

ㅁ

마르쿠제 22, 89, 286, 302
마르크스 46, 55, 57, 63, 67, 73, 141,
　　187, 303, 341
마키아벨리 93, 190, 193
만하임 144, 145, 147, 149
문명사 209, 210
문화 38, 75, 78, 210
문화비판 81
민주주의 291, 300, 301

ㅂ

바울 333, 334
반유대주의 106
베르그송 53, 54, 161
베이컨 138, 139
벤야민 22, 166, 302
변증법 73, 130
변증법적 관계 194, 207, 283
병적인 투사 106
보편적 연대 86
부르주아 100, 212
부정 171, 335, 343, 344

부정성 88, 173, 343
부정의 344
부정적 방법 39, 282
비동일성 162, 268, 269

ㅅ

사랑 230, 231, 236, 243
사물화 179, 219
사적 유물론 73, 75
사회 204, 211, 240, 248
사회연구소 21, 23, 25
사회철학 88, 203, 278
생명의 연대 265, 267, 319
생철학 47, 51
서술 130
선물 232
세속화 334
쇼펜하우어 51, 61, 322
슈미트 197
시스템 213, 288
신체 259
실용주의 125, 126, 127
실증주의 114, 123, 151
실증주의 비판 122
실천 47, 280, 282, 297

ㅇ

아도르노 19, 43, 207, 246, 268, 269
아우구스티누스 254, 334
아주 다른 것에 대한 동경 324, 327
억압관계 237
여성지배 234, 252